Lotus Notes 6 für Dummies - Schummelseite

Navigieren zwischen Dokumenten

Um dahin zu kommen...	...tun Sie das	...oder das
Zum nächsten ungelesenen Dokument	Taste [Tab]	[F4]
Zum vorangegangenen ungelesenen Dokument	[⇧]+[Tab]	[⇧]+[F4]
Zum nächsten Dokument	[↑]-Taste	
Zum vorangegangenen Dokument	[↓]-Taste	

Arbeiten mit Dokumenten

Um das zu tun...	...probieren Sie das
Lesen eines ausgewählten Dokuments	Drücken von [↵] oder Doppelklicken auf das Dokument
Löschen des ausgewählten Dokuments	Drücken von [Entf], (im Mail-Ordner) Bewegen des Dokuments über Drag&Drop in den Papierkorb oder Wählen von BEARBEITEN|LÖSCHEN
Dokument schließen	Drücken von [Esc] oder Wählen von DATEI|SCHLIESSEN
Dokument bearbeiten	Drücken von [Strg]+[E] oder Wählen von AKTIONEN |DOKUMENT BEARBEITEN
Senden einer Nachricht	Auswahl von AKTIONEN|DOKUMENT SENDEN oder Klicken auf die Schaltfläche SENDEN oder SENDEN UND ABLEGEN
Dokument weiterleiten	Auswahl von AKTIONEN|DOKUMENT WEITERLEITEN oder Klicken auf die Schaltfläche WEITERLEITEN oder WEITERLEITEN OHNE ANHÄNGE
Memo senden, während Sie sich in einer anderen Datenbank befinden	Auswahl von ERSTELLEN|MAIL|MEMO oder Drücken von [Strg]+[M]
Sich von einem Feld zum nächsten bewegen	Drücken Sie [Tab], um zum nächsten Feld zu gelangen oder [⇧]+[Tab], um zum vorangegangenen Feld zu gelangen
Aktualisieren einer Ansicht	Drücken von [F9] oder Auswahl von ANSICHT|AKTUALISIEREN

Text markieren

Um dies auszuwählen...	...tun Sie das
Ein Wort (im Bearbeitungsmodus)	Doppelklicken auf das Wort
Einige der folgenden Worte (Bearbeitungsmodus)	[Strg]+[→] oder [↓]-Taste
Einige der vorangegangenen Worte (Bearbeitungsmodus)	[Strg]+[←] oder [↑]-Taste
Gesamter Text im aktuellen Feld	Auswahl von Menü BEARBEITEN|ALLES AUSWÄHLEN oder Drücken von [Strg]+[A]
Einen großen Textbereich	Cursor an den Anfang setzen, mit gedrückter [⇧]-Taste an das Ende klicken
Vom Cursor bis zum Anfang des Feldes	Drücken von [⇧]+[Strg]+[Pos1]
Vom Cursor bis zum Ende des Feldes	Drücken von [⇧]+[Strg]+[End]

Lotus Notes 6 für Dummies - Schummelseite

Schnelle Hilfe

Um das zu erhalten...	...tun Sie das
Hilfe für aktuellen Task	Taste F1
Hilfethema	Menü ?|Hilfethemen
Hilfe bei Fehlermeldungen	Taste F1, wenn die Fehlermeldung erscheint

Verwendung von Lesezeichen

Verwenden Sie dieses Lesezeichen...	...um dies zu tun
	Öffnen Ihres Eingangs
	Öffnen Ihres Kalenders
	Öffnen Ihres Adressbuchs
	Öffnen Ihrer Aufgaben
	Öffnen des Replikators
	Öffnen von Sametime*
	Öffnen Ihrer Favoriten
	Öffnen von Datenbank-Lesezeichen

* Das Sametime-Lesezeichen wird nur angezeigt, wenn der Administrator dieses Lesezeichen aktiviert hat.

Lotus Notes 6
für Dummies

Stephen Londergan

Lotus Notes 6 für Dummies

Übersetzung aus dem
Amerikanischen
von Monika Ratnamaheson

mitp

Bibliografische Information Der Deutschen Bibliothek
Die Deutsche Bibliothek verzeichnet diese Publikation
in der Deutschen Nationalbibliografie;
detaillierte bibliografische Daten sind im Internet über
<http://dnb.ddb.de> abrufbar.

ISBN 3-8266-3063-7
1. Auflage 2003

Übersetzung der amerikanischen Originalausgabe:
Stephen Londergan: Lotus Notes 6 For Dummies

Printed in Germany

Cartoons im Überblick

von Rich Tennant

»Schon wieder eine Raumsonde von den Erdenbewohnern, die Kontakt mit Außerirdischen suchen. Hätten Sie doch eine E-Mail-Adresse angegeben!«

Seite 135

»Also, wenn Sie eine Nachricht für irgendjemanden haben, schreiben Sie sie einfach auf einen Zettel und heften diesen mit den Magneten an den Kühlschrank. Nur vorübergehend, bis wir unser E-Mail-System wieder in Schwung gebracht haben.«

Seite 55

»Er hat gesehen, dass du einen Laptop dabei hast, und fragt, ob er kurz seine neuen Mails ansehen kann.«

Seite 27

»Sag' dem Chef, er hat noch mehr flammendheiße Mails von Du-weißt-schon-wem bekommen.«

Seite 245

»Ich bekomme gerne Beschwerdebriefe per E-Mail. Löschen macht weniger Mühe als wenn man das Ganze in den Papierwolf befördern muss.«

Seite 311

Seite 353

»Wer sieht sich dieses Manuskript an? Ich habe eine E-Mail erhalten mit dem Betreff, »Der eingebettete Virus, der die Verlags-Server zerstörte, als das Manuskript abgelehnt wurde.«

Seite 371

Fax: 001-978-546-7747

Internet: www.the5thwave.com

E-Mail: richtennant@the5thwave.com

Inhaltsverzeichnis

Kapitel 2
Sich mit Notes vertraut machen 41

Teil II
Alles eine Sache der Mail 55

Kapitel 3
Sie müssen meine E-Mail kriegen 57

Kapitel 7
Meistern Sie Ihre Mail 113

Teil III
Die Geheimnisse der Datenbanken 135

Kapitel 8
Kalender und Termine 137

Kapitel 12 Grundsätzliches über Datenbanken 197

Kapitel 13 Die Verwendung von Datenbanken 209

Kapitel 15
Ihre Dokumente gestalten 269

Kapitel 16
Notes, wie Sie es wollen 293

Teil VI
Die Zehnerlisten 353

Kapitel 20
Zehn Dinge, die Sie niemals tun sollten 355

Kapitel 21
Die zehn häufigsten Notes-Probleme 361

Kapitel 22
Zehn neue Dinge, die Sie über Lotus Notes 6 wissen sollten 367

Einführung

Und warum haben Sie dieses Buch nun eigentlich gekauft? (Vielen Dank auch, dass Sie es gekauft haben!) Vielleicht hat sich Ihr Unternehmen für den Einsatz von Lotus Notes 6 (der jüngsten und besten Version von Lotus Notes) entschlossen, und auch wenn Sie bereits mit den Vorgänger-Versionen von Notes Erfahrung haben, ist diese jüngste Version doch ganz neu für Sie. Oder aber Sie haben mit einem ganz anderen Programm (wie etwa Microsoft Outlook) gearbeitet, nun aber beschlossen (oder andere haben es für Sie beschlossen), in Zukunft Notes zu verwenden. Vielleicht haben Sie auch noch nie E-Mails verschickt und wollen sich nun mit Notes in Ihre E-Mail-Laufbahn stürzen. Dieses Buch ist für jeden geeignet, der Lotus Notes 6 oder Lotus Domino 6 benutzt oder benutzen möchte.

Lotus Notes gibt es seit 1989. Kein Wunder also, dass es so populär ist – und laut IBM (der Firma, die Notes herstellt) wird Lotus Notes von über 85 Millionen Benutzern verwendet.

In der ersten Ausgabe dieses Buches, das bereits 1993 erschien, mussten noch sehr viele grundlegende Dinge erklärt werden – was ist eine E-Mail, warum ist eine E-Mail so viel effizienter als die bisherigen Gesprächsnotizen auf Papier (uff!) und warum kann der Einsatz eines PCs zum Kommunizieren Ihr Leben um so vieles leichter machen. Nun befinden wir uns im 21. Jahrhundert und in diesem Buch gehen wir davon aus, dass das Konzept von E-Mails inzwischen allgemein verstanden wird und dass die meisten Menschen von Dingen wie Webseiten, E-Mail-Lesebestätigungen und Modems zumindest schon gehört haben.

Natürlich können Sie Lotus Notes für sehr viel mehr verwenden als nur für E-Mails: Es ist ein schlaues Programm, das Sie auch für viele andere wichtige Dinge einsetzen können. So können Sie Notes verwenden, um Ihren Kalender zu verwalten, Sie können Notes verwenden, um mit anderen Personen zusammenzuarbeiten (ein wichtiger Aspekt!), und Sie können Lotus Notes aber auch verwenden, um aus dem Internet Informationen abzurufen.

Wir werden uns in dieser Ausgabe also nicht mit den Grundlagen von E-Mails und Internet aufhalten, sondern uns vor allem auf die Dinge konzentrieren, die Ihnen das Leben erleichtern. Sicherlich gehen wir richtig in der Annahme (zumindest hoffen wir es), dass Sie Besseres zu tun haben, als rumzusitzen und Computerbücher zu studieren. Darum will dieses Buch Ihnen eine Fülle an praktischen Informationen und Tipps geben und Ihnen zeigen, wie Sie Notes verwenden, ohne sich mit unnötigen Dingen rumschlagen zu müssen. Natürlich müssen auch einige Grundlagen erklärt werden, aber wir werden Unwesentliches auf ein Minimum beschränken – versprochen!

Über dieses Buch

Wir wissen, dass Sie sehr beschäftigt sind und es hassen, irgendwelche Computerhandbücher zu lesen. Wir haben dieses Buch deshalb so konzipiert, dass wir Ihnen nur das erzählen, was Sie wirklich wissen müssen, um so schnell und schmerzlos wie nur möglich starten zu können.

Neben anderen Dingen beschreibt dieses Buch,

- ✔ wie man elektronische Nachrichten an eine oder eine Gruppe von Personen verschickt – vergessen Sie die Kopiermaschine, innerbetriebliche Briefumschläge und ähnliches Zeug.
- ✔ wie Sie die E-Mails, die Sie erhalten, lesen, beantworten und (gelegentlich) auch ignorieren können.
- ✔ wie Sie Memos an Ihre Kollegen im Büro oder auch über Internet an andere Personen senden.
- ✔ wie man Nachrichten organisiert, druckt, speichert und weiterleitet.
- ✔ wie man Notes für die Zusammenarbeit verwendet, wie man Notes-Datenbanken liest und verteilt und wie man Informationen in diesen Datenbänken so speichern kann, dass andere diese sehen können.
- ✔ wie man sensible und geheime Informationen vor neugierigen Augen verstecken kann.
- ✔ wie man ansprechende Dokumente erzeugt.
- ✔ wie man mit dem Büro von zu Hause oder von einem Hotelzimmer aus kommunizieren kann.
- ✔ wie man durchs Internet fährt, ohne seinen Sessel verlassen zu müssen (oder in diesem Falle Notes).

Sie haben jetzt die Wahl: Entweder Sie lesen dieses Buch von vorn bis hinten (nicht unbedingt in einem Zug). Sie können sich aber auch die speziellen, Sie interessierenden Themen aussuchen und, wenn es für Sie sinnvoller ist, nur diese Abschnitte lesen. Über beide Wege erhalten Sie die Informationen, die Sie brauchen. Im Allgemeinen sind die Kapitel unkompliziert, sodass Sie keine Probleme haben werden, wenn Sie einzelne Kapitel oder Abschnitte überspringen. Sie können auch den Index oder das Inhaltsverzeichnis verwenden, um mehr Informationen über ein spezielles Konzept zu erhalten.

Wir bemühen uns, technologisches Gebabbel und Fachgeschwafel so weit wie möglich zu vermeiden. Wenn Ihnen ein spezieller Ausdruck nicht bekannt ist, benutzen Sie immer das Glossar am Ende des Buches.

Verrückte Vermutungen

Ohne Sie persönlich anzurufen, stellen wir einmal die folgenden Vermutungen über Sie an, lieber Leser:

- ✔ Sie wollen wissen, *was*, aber nicht unbedingt *warum*. Wir überlassen das Warum den Computerfreaks und konzentrieren uns auf das, was wichtig ist, damit Sie so bald wie möglich mit Notes arbeiten können.
- ✔ Sie haben Zugang zu einem Computer, auf den bereits jemand Lotus Notes 6 installiert hat.
- ✔ Sie sind bereit, einen Scheck über € 221 an Ihre geliebten Lotus Notes für Dummies-Autoren auszustellen. (Nur ein Witz, obwohl wir Trinkgeld natürlich jederzeit zu schätzen wissen.)

Konventionen in diesem Buch

Wenn Sie etwas eingeben sollen, dann wird es im Text wie folgt fett gedruckt: **Tippen Sie das** und drücken Sie die [↵]-Taste (In diesem Falle schreiben Sie »Tippen Sie das« und nicht »Drücken Sie die [↵]-Taste«. Aber das haben Sie wahrscheinlich schon selbst herausgefunden.).

Manchmal verweisen wir auf Text, den Sie auf dem Bildschirm sehen können. Wenn wir auf eine Nachricht verweisen, die auf dem Bildschirm erscheint, schaut es so aus: *Einige Worte auf Ihrem Bildschirm*. Wenn der Text mehr als ein paar Worte umfasst, schreiben wir es folgendermaßen:

```
Dies ist eine Computernachricht, genau so, wie sie auf Ihrem Bildschirm
erscheint.
```

Wir bitten Sie häufig, im Menü eine Auswahl zu treffen oder die Schaltflächen zu benutzen. Wenn wir Sie bitten, eine Schaltfläche anzuklicken, postieren wir ein Bild dieser Schaltfläche am Rand. Menübefehle sehen folgendermaßen aus: Wählen Sie DATEI|DATENBANK|NEU. Sie müssen nur den ersten Menüpunkt anklicken, dann in der Dropdown-Liste den zweiten anklicken usw. Oder Sie drücken auf der Tastatur die [Alt]-Taste und gleichzeitig den unterstrichenen Buchstaben des jeweiligen Menübefehls. Um das Menü DATEI (der Buchstabe D ist hier unterstrichen) anzuzeigen, drücken Sie beispielsweise die Tastenkombination [Alt]+[D].

Wenn Sie einen Befehl benutzen und sich eine Dialogbox öffnet, sehen Sie diese im Buch (natürlich in brillanter Schwarz-Weiß-Qualität), und wir verraten Ihnen, wie sie zu benutzen ist.

Wie das Buch strukturiert ist

Die Einteilung der Kapitel in diesem Buch orientiert sich an der Reihenfolge, in der sich die meisten Leute mit Lotus Notes vertraut machen.

Teil I: Die ersten Schritte mit Notes

Im ersten Teil des Buches schaffen wir die unvermeidlichen Definitionen aus dem Weg und starten dann gleich damit, wie Notes auf Ihrem Computer installiert wird. Wenn Sie Teil 1 lesen, ist das in etwa so, als würden Sie herausfinden, wozu all die Knöpfe und Zeiger auf dem Armaturenbrett eines Autos dienen, bevor Sie versuchen, diesen Wagen zu fahren.

Teil II: Alles eine Sache der Mail

Der zweite Teil des Buches handelt von den Dingen, die Sie bei Notes am meisten verwenden werden: Das Senden, Empfangen und das Arbeiten mit E-Mails und Memos. Hier erfahren Sie auch, wie Sie mit Notes Ihren Kalender und Ihre Aufgaben verwalten können.

Teil III: Sich in die Geheimnisse von Datenbanken vertiefen

Die Kapitel des dritten Teils zeigen Ihnen, wie Sie an die Datenbanken Ihrer Firma gelangen, wie man Dokumente liest und neue erstellt und wie sie Ihre eigenen Datenbanken erstellen können. Sie werden auch noch einige andere coole Dinge entdecken und so Ihre bereits verblüffenden Kenntnisse des Programms noch erweitern.

Teil IV: Notes dem persönlichen Gebrauch anpassen

Vielleicht möchten Sie spezielle Zeichen (beispielsweise das Copyright-Symbol ©) schreiben, den Stil von Abschnitten modifizieren, die Arbeitsweise von Notes individuell und persönlich gestalten, Notes zusammen mit anderen Programmen benutzen, nach Informationen suchen oder Ihre Lesezeichen verwalten? Wenn das auf Sie zutrifft, ist dieser Teil 4 ein absolutes Muss für Sie!

Teil V: Notes weltweit

Wenn Sie bereit sind, einen Gang höher zu schalten und Ihr Wissen über Notes in das 21ste-Jahrhundert mitnehmen möchten, dann fahren Sie unverzüglich mit Abschnitt 5 fort. In diesem Teil erfahren Sie, wie Sie Notes auf einer Geschäftsreise mitnehmen, von Notes aus direkt ins Internet gelangen und Notes dazu bringen, mit den Programmen und Plätzen zu kommunizieren, in bzw. an denen Sie sonst Ihre Informationen ablegen.

Teil VI: Die Zehnerlisten

Jedes einzelne Buch in der Dummies-Reihe hat einen Teil mit Zehnerlisten. Warum sollte das in diesem Buch anders sein? In diesem Teil präsentieren wir Ihnen eine Reihe nützlicher Fakten. Dieses Schatzkästchen voller Tipps enthält 10 coole Tricks, mit denen Sie Ihre Freunde beeindrucken können, 10 Dinge, die Sie niemals tun sollten, und viele andere coole Leckerbissen. Die Zehnerlisten in diesem Buch sind nicht annähernd so aufregend wie die in Dr. Ruths *Sex für Dummies*, aber sie finden bestimmt Ihr Interesse.

Anhang

Wir beenden das Buch mit einem Glossar, das noch einmal die Ausdrücke und Konzepte aufführt, die im Laufe des Buches erklärt wurden.

Was Sie nicht unbedingt lesen müssen

Wir halten natürlich jedes einzelne Wort in diesem Buch für informativ, verständlich und oft auch ziemlich amüsant, und wir können uns eigentlich keinen Grund vorstellen, warum Sie nicht jeden dieser brillanten Sätze in diesem Buch lesen möchten. Andererseits haben Sie vielleicht etwas Besseres zu tun. So haben wir die besonders trivialen Details mit einem Technisches-Zeug-Symbol markiert, damit Sie wissen, was Sie überspringen können (und was nicht).

Symbole in diesem Buch

Wir verstreuten lauter kleine Bildchen (wir nennen sie Symbole) auf den Seiten dieses Buches. Lesen Sie weiter, dann erfahren Sie, was jedes Symbol bedeutet.

Dieses Symbol warnt Sie davor, dass diese Information hochinteressant ist für, uh, Streber. Sie wissen schon, die Art von Leuten, derentwegen die Mathematikstunden nie mit dem Klingeln zu Ende waren, weil sie so viele Fragen hatten. In einigen Schulen wurden diese Personen nur allzu oft das Opfer von Prügel, aber das ist eine andere Geschichte. Nicht dass Sie plötzlich das Opfer einer Gruppe von Footballspielern werden, wenn Sie diese Abschnitte lesen, andererseits ...

Dieses Symbol sagt Ihnen, dass ein kleines Stückchen Wissen des Weges kommt, um Ihnen das Leben mit Notes ein bisschen leichter zu machen. Definitiv lesenswert!

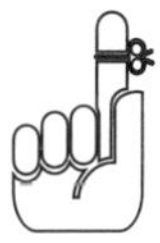

Und während Sie den Weg des Lebens dahinstolpern, sollten Sie daran denken, dass diese kleinen Anmerkungen Dinge sind, die Sie nie mehr vergessen sollten. Zum Beispiel „Sie sollten immer ... hmm, es hatte doch etwas zu tun mit hmm ... Wir kommen später darauf zurück.

Ignorieren Sie diese Icons auf Ihr eigenes Risiko hin. Wir haben Sie gewarnt!

Dieses Icon weist auf neue Features in Lotus Notes 6 hin oder auf Aufgaben, die in den Vorgängerversionen anders gehandhabt wurden.

Wohin soll's jetzt gehen?

Los geht's, Sie haben viel zu lesen. Haben Sie keine Angst, einfach herumzuexperimentieren, und vergessen Sie nicht: Probieren Sie die Notes-Hilfefunktion so früh und so oft wie möglich aus.

Teil I

Die ersten Schritte mit Notes

»Er hat gesehen, dass du einen Laptop dabei hast, und fragt, ob er kurz seine neuen Mails ansehen kann.«

In diesem Teil ...

Wenn Sie ein neues Programm in Angriff nehmen, wäre es das Beste, zuerst grundlegende Informationen darüber zu lesen, wie das Programm funktioniert. Natürlich installieren die meisten Menschen das Programm zuerst, machen einen Haufen Fehler und werden wütend. Ist dann die erste Wut verraucht, kümmern Sie sich endlich um die Anweisungen.

Lotus Notes 6 ist ein leistungsstarkes und komplexes Programm. Die Kapitel in diesem Teil sollen Sie darauf vorbereiten, das volle Potenzial von Notes zu nutzen, ohne dass Sie viel Zeit verlieren, schlechte Angewohnheiten entwickeln oder das Programm verfluchen, weil Sie nicht in der Lage sind, herauszufinden, wie eine Sache funktioniert.

Im ersten Teil des Buches präsentieren wir Ihnen also die Informationen, die Sie brauchen, bevor Sie loslegen. Wir haben versucht, Technologie-Gebabbel so weit wie möglich zu vermeiden. Manchmal jedoch kann es ganz nützlich sein, die offiziellen Ausdrücke zu kennen. Rufen Sie ja nicht Ihren Administrator an und sagen ihm: »Das Ding neben dem Hinkiminki schickt eine Box, die etwas sagt, wenn ich draufklicke«. Sie waren nämlich erstens nicht sonderlich hilfreich, sodass der Administrator Ihnen nicht helfen *kann*, und Sie haben zweitens dafür gesorgt, dass er sich zur Abwechslung einmal auf Ihre Kosten amüsiert hat.

Was ist Notes denn nun überhaupt?

1

In diesem Kapitel

- Was ist Zusammenarbeit?
- Kennenlernen von E-Mail
- Enträtseln, was Datenbanken sind
- Beherrschen der verschiedenen Ausdrücke, die Sie kennen sollten
- Dokumente bezwingen
- Einen Blick auf die Replizierung werfen
- Eine nähere Betrachtung des Servers
- Das Arbeiten an Workstations
- Die Benutzer-ID verstehen

Lotus Notes 6 ist ein Computerprogramm, mit dem Sie auf elektronischem Wege mit anderen Personen kommunizieren und interagieren können. Sie können Lotus Notes dazu benutzen, anderen Leuten E-Mails zu schicken und diverse andere Informationen mit ihnen zu teilen. Das könnten z.B. Dokumente zur Textverarbeitung, Tabellenkalkulationen, Webseiten oder andere tolle Sachen sein.

Wenn Sie ein Einzelgänger sind, der nicht gern mit Leuten redet, oder wenn Sie meinen, dass Information Macht bedeutet, die Sie lieber nicht teilen möchten, nun, dann werden Sie Notes wahrscheinlich nicht mögen. Wenn es Ihre Arbeit aber andererseits mit sich bringt, dass Sie mit anderen Menschen zu tun haben, und Sie Informationen mit Mitarbeitern oder Kunden teilen wollen (oder müssen), werden Sie höchstwahrscheinlich innerhalb kürzester Zeit zum Notes-Junkie werden, der auf seine eigene Art und Weise Informationen verteilt und mit Menschen interagiert, die Sie sich in Ihren kühnsten Träumen nicht vorzustellen wagten.

Die ultracoole Sache an Notes ist, dass es so leicht zu benutzen ist. Sie springen mit wenig oder gar keinem Wissen über die schmutzige Unterseite des Computers auf den *elektronischen Superhighway* (Wetten, Sie haben den Ausdruck noch nie gehört?). Wenn Sie Ausdrücke wie *Local Area Network*, *ISDN* und *HTML* beängstigend (oder auch total langweilig) finden, dann ist Notes *das* Programm für Sie! Auch wenn Sie meinen, *Java* hat irgend etwas mit Kaffee zu tun, werden Sie in der Lage sein, Notes anzuwenden.

Mit Notes können Sie sich auf die wichtigen Dinge konzentrieren – z.B. schmeichelhafte E-Mails an Ihren Chef schicken, Ihren Kunden antworten und bei Besprechungen hochtrabend und gut unterrichtet klingen.

Und was noch besser ist, Sie müssen nicht einmal im Büro sein, um am oben erwähnten technologischen Feuerwerk teilnehmen zu können. Wenn Sie über ein Modem verfügen oder einen Zugang zum Internet haben, können Sie all Ihre Arbeit von zu Hause, vom Hotel oder sogar vom Flugzeug aus erledigen – dazu sollten Sie vorher aber besser die Genehmigung Ihres Chefs haben.

Interessiert an Zusammenarbeit?

Zusammenarbeit im Lotus-Jargon umschreibt das, wozu Notes Sie befähigt. Es bedeutet ganz einfach, dass Notes Sie dabei unterstützt, mit anderen Leuten zusammenzuarbeiten. Notes ist anders als ein Tabellenkalkulationsprogramm wie Microsoft Excel oder ein Textverarbeitungsprogramm wie Microsoft Word. In Programmen wie Excel und Word ist die Arbeit, die Sie tun, Ihre und nur Ihre. Sie speichern die Dateien, die Sie erzeugen, auf Ihrer eigenen Computerfestplatte ab, und niemand sonst kann sie sehen. Das ist mitunter von Vorteil, wenn es um private oder persönliche Informationen geht. Aber in vielen Fällen möchte man Informationen auch mit anderen teilen.

Mit Hilfe von Lotus Notes hingegen können Sie Informationen teilen, indem Sie die von Ihnen erzeugten Informationen in eine zentrale, gemeinsame Umgebung stellen. Lotus Notes ist eine solche Zusammenarbeitsapplikation. (Zufälligerweise ist Notes auch das älteste aller Zusammenarbeitsprogramme, es existiert schon seit 1989!). Notes macht Sie sicherlich nicht zu einem besseren Golfer, hilft Ihnen auch nicht, Freunde zu gewinnen oder Menschen zu beeinflussen (dafür sollten Sie Dale Carnegie benutzen), aber es kann ihnen bei folgenden Dingen helfen:

- ✔ Mit Notes können Sie E-Mails versenden.
- ✔ Es unterstützt Sie, wenn Sie Datenbanken erzeugen und diese mit Informationen beschreiben, die entweder nur Sie, jeder oder nur bestimmte Leute sehen und bearbeiten können.
- ✔ Notes garantiert, dass die gleichen Informationen zu einem speziellen Thema jedem zugänglich sind, der sie benötigt, egal wo dieser sich befindet. Sie brauchen sich auch keine Gedanken zu machen, welchen Computer oder welches Netzwerk derjenige benutzt.
- ✔ Notes bietet die schnellstmögliche Kommunikation von Menschen miteinander, gleichgültig ob es sich dabei um Tratsch, wirkliche Nachrichten oder unternehmenskritische Daten handelt (vorausgesetzt, Sie kennen den Unterschied).
- ✔ Masken und Dokumente, die in Ihrem Unternehmen benutzt werden, können Sie so standardisieren, dass Sie und Ihre Kollegen einen gut organisierten Eindruck machen, auch wenn das gar nicht der Fall ist.
- ✔ Notes stellt einen zentralen Platz bereit, um den täglichen Kalender von jedem nach Verabredungen durchzusehen.

- ✔ Informationen werden an einem sicheren und leichter erreichbaren Platz aufbewahrt als auf den Papierstapeln der Schreibtische.
- ✔ Sie können verhindern, dass schnüffelnde, neugierige oder unautorisierte Wichtigtuer in Plätzen herumkramen, wo sie nichts zu suchen haben.
- ✔ Notes schützt Bäume, da weniger Papier verbraucht werden muss.
- ✔ Sie können Informationen kombinieren, Grafiken, Texte und Tabellen von verschiedenen Orten, etwa aus Tabellenkalkulationen, Textverarbeitungen und sogar aus dem World Wide Web und anderen Teilen des Internets.
- ✔ Notes speichert Informationen und E-Mails für diejenigen, die nur gelegentlich angeschlossen sind.

Ich maile, du mailst, wir alle e-mailen

Wenn Sie nicht gerade in der Steinzeit leben, müssten Sie schon von E-Mail gehört haben. Wahrscheinlich wissen Sie auch, dass das *E* für *Elektronisch* steht. Nehmen wir das *E* einfach weg, dann haben wir *Mail* (zu deutsch: Post), und mehr gibt es dazu auch nicht zu sagen.

Die meisten Leute ziehen E-Mail der P-Mail (*P* steht für *Papier*) vor, da E-Mail viel schneller ist. Sie können eine fünf Seiten umfassende E-Mail einem Mitarbeiter in Japan in nur einigen Minuten zustellen lassen. Die Post kann da nicht mithalten! Außerdem müssen Sie nicht auf die Jagd nach Briefmarken gehen oder zum Postkasten laufen. (Natürlich gibt es da noch die *unbedeutende* Problematik, dass jemand Computer für alle kauft, sie miteinander verbindet und dann erst Lotus Notes kauft. Aber das bereitet wahrscheinlich jemand anderem Kopfschmerzen.)

In Lotus Notes gehen die E-Mails, die Sie versenden, auch nur an die Leute, an die sie adressiert sind, und wirklich nur an diese. Wenn Sie eine gehässige Notiz über Ihren Chef schreiben und es einem Freund zwei Stockwerke unter Ihnen senden, brauchen Sie nicht zu befürchten, dass Ihr Chef es sehen wird. Es sei denn, Ihr (jetzt ehemaliger) Freund beschließt, die Mail an Ihren Chef weiterzuleiten oder sie auszudrucken und an das schwarze Brett zu heften.

Im Gegensatz zu anderen E-Mail Systemen, die wir hier erwähnen könnten, ermöglicht Notes die Formatierung von Texten (zum Beispiel fett, kursiv und/oder unterstrichene Zeichen), Farben und Zeichensätze lassen sich ändern und auch Tabellen, Verknüpfungen (was auch immer das ist) und Grafiken können hinzugefügt werden. Anstatt Nachrichten zu verschicken, bei denen die Leute gähnen, wachen die Leute bei Ihren Meldungen auf und nehmen Notiz davon – wie beispielsweise von der Mail in Abbildung 1.1.

Und abgesehen von einem seltenen (und teuren) Systemabsturz können Sie überzeugt davon sein, dass Ihre Notes-E-Mail-Nachrichten ausgeliefert werden. Vergleichen Sie diese Zusicherung mit einem Memo, das durch den Firmenmailer geschlüpft ist und einsam und vergessen im Sumpf der innerbetrieblichen Post dahinsiecht. Abbildung 1.1 zeigt ein Memo, das an die Mitarbeiter der Abteilung für Verkaufsplanung gerichtet ist, mit einer Kopie (cc) an Lisa

Anders und Michael Demel. All diese Leute werden das Memo so rechtzeitig erhalten, dass sie auf die geplanten Änderungen reagieren können... vorausgesetzt, das Memo wird frühzeitig verschickt.

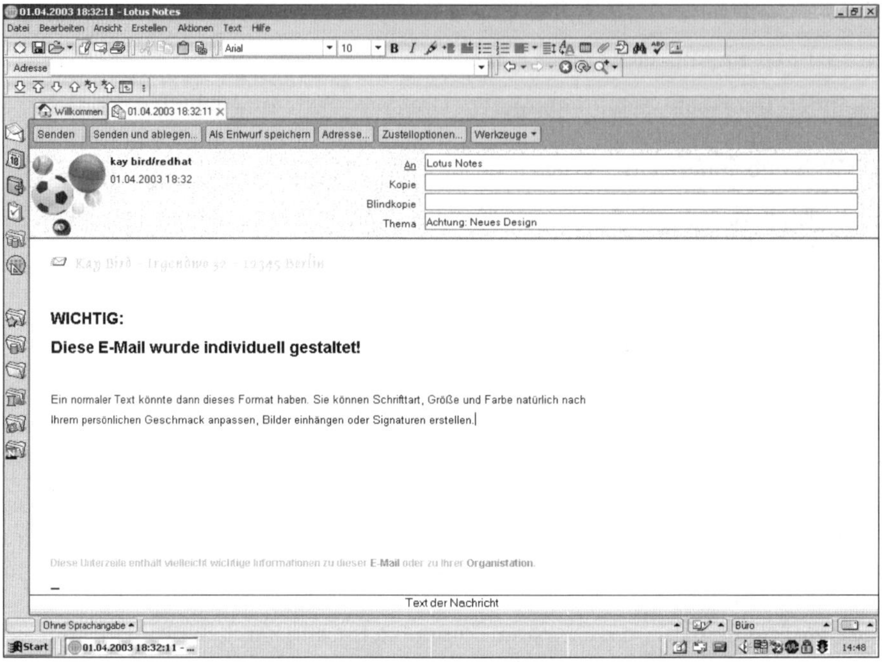

Abbildung 1.1: Peppen Sie Ihre E-Mail mit Farben und Schriftarten auf.

Im heutigen 21. Jahrhundert ist die Kommunikation über E-Mail für immer mehr Menschen weltweit etwas ganz Selbstverständliches. Wenn Sie Notes benutzen, können Sie eine E-Mail an Ihren Kumpel schicken, der auf der anderen Seite des Saals arbeitet, an einen Freund, der in einer anderen Firma arbeitet, an Ihren Cousin, der in Paris Kunst studiert, oder sogar an Ihr Kind, das zu Hause AOL benutzt. Mit anderen Worten: Sie können Lotus Notes dazu benutzen, E-Mails jedem, jederzeit und überall zu schicken. Noch Fragen?

Grundsätzliches zu Datenbanken

Die wohl bedeutendste Konzeption in Notes ist die Datenbank. Tatsächlich ist das gesamte Programm um Datenbanken herum organisiert. Eine *Datenbank* ist eigentlich nur ein Haufen von Informationen, die irgendwie gruppiert sind. Der L. L. Bean-Katalog ist in Wirklichkeit eine Datenbank. Er ist in einer speziellen Reihenfolge organisiert, mit dem Namen, der Beschreibung, einem Bild und dem Preis eines jeden Artikels, alles schön und übersichtlich dargestellt. Aber für Sie gibt es nur eine einzige Möglichkeit, einen Artikel im L. L. Bean-

Katalog zu finden: Sie blättern die Seiten um und lassen Ihre Finger die Suche übernehmen. Genau hier sind elektronische Datenbänke viel nützlicher.

Wenn Sie Notes benutzen, erzeugen Sie *Dokumente* wie Memos, Unternehmenspräsentationen, Verkaufsstatistiken oder Verzeichnisse von Baseballstatistiken. Diese Dokumente sind in Datenbanken zusammen mit anderen Dokumenten gespeichert. Sie können Informationen aus einer Datenbank auswählen, ohne jemals Seiten umblättern oder lange Listen scannen zu müssen. Sagen Sie Ihrer Datenbank, sie soll Ihnen zum Beispiel alle Verkaufsverträge aus Alabama zeigen, und so schnell wie Sie sagen können »Wie geht es euch allen?« erscheint die Liste der guten alten Jungs (und Mädels) aus Alabama auf dem Bildschirm.

Ein gutes Beispiel für eine Notes-Datenbank ist eine *Diskussionsdatenbank*. Sie stellt das elektronische Äquivalent zum Gartenzaun dar. Sie können Ihre Meinung zu einer bestimmten Angelegenheit zum Ausdruck bringen, indem Sie ein Hauptdokument erzeugen. Dann wird vielleicht irgend jemand im Büro in Singapur eine Antwort auf Ihr Statement schreiben und Ihnen mitteilen, dass Sie voll blöd sind. Jemand anderes in Stockholm kann nun eine Antwort auf diese Antwort erstellen und der Person in Singapur sagen, dass diese Sie in Ruhe lassen soll usw. Andere werden ihre Meinungen kundtun, indem sie Einträge in die Diskussionsdatenbank schreiben. Überall in Ihrem Unternehmen können Leute auf diese Meinungen antworten.

Sie können Ihre Meinung schreiben, während Lotus Notes bei Ihnen unter Windows arbeitet. Eine andere Person verfasst eine Antwort auf einem Macintosh und andere wiederum verwenden UNIX. Jeder kann diese Dokumente lesen, und es ist völlig unwichtig, mit welcher Art von Computer sie erstellt wurden. Sie alle können neben ihren hoch begehrenswerten Meinungen auch Zeichnungen, formatierte Texte, Excel-Tabellen und Web-Seiten austauschen. Möglicherweise werden Ihnen sogar Leute antworten, die gar nicht Lotus Notes benutzen, sondern einen Web Browser (wie zum Beispiel den Microsoft Internet Explorer oder den Netscape Communicator).

In Notes enthalten die Datenbanken *Ansichten* und *Ordner*. Ansichten enthalten *Dokumente*, Dokumente enthalten *Felder* und Felder wiederum enthalten individuelle *Datenteile*. Wie Sie sehen, basiert das ganze Konzept auf *Daten* und darum wird es *Datenbank* genannt. Lassen Sie sich bitte nicht von all den neuen Wörtern verwirren. Wir beschäftigen uns in anderen Kapiteln mit der Bedeutung dieser Ausdrücke und wie man sie sinnvoll einsetzt.

Nicht jedem können Sie es recht machen

Notes ist ein Zusammenarbeitsprogramm mit erstaunlichen E-Mail-, Datenbank- und Internet-Fähigkeiten. Aber trotz aller viel gepriesenen Stärken hat Notes einige Einschränkungen.

Was Notes nicht ist?

Notes ist ganz sicherlich ein Datenbank-Programm. Aber es ist keine richtige relationale Datenbank. In *relationalen Datenbanken* können Sie Daten in ein Feld einer Datenbank eingeben und das gleiche Feld in einer anderen Datenbank benutzen. Notes kann das nicht. Aber wenn Sie nicht gerade ein Datenbank-Prinzipienreiter sind, dürfte es Ihnen wohl völlig egal sein, ob die Datenbank relational ist. Die Tatsache, dass Notes nicht relational ist, hat ein paar gute wie auch einige schlechte Seiten.

Notes ist kein starres System, und das ist eine gute Nachricht. Im Gegensatz zu anderen Datenbanken brauchen Sie bei Notes nicht die Größe eines Feldes festzulegen. Somit sind Sie auch nicht darauf beschränkt, nur Eingaben bis zur maximalen Größe eines Feldes auszuführen. (*Felder*, ob Sie es wissen oder nicht, sind die kleine Informationsstückchen, wie zum Beispiel der Name einer Person, die zusammen dann ein Dokument ausmachen.)

Bei anderen Programmen zum Beispiel müssten Sie festlegen, wie viele Zeichen das Namenfeld akzeptiert. Angenommen, Sie legen sich auf 15 Zeichen fest und stellen dann einen Hans-Dieter Obertuckenheimer ein. Entweder müssten Sie sich mit »H D Obertuckenh« zufrieden geben oder sie müssten sich der nicht gerade nagelfreundlichen Prozedur unterwerfen, das Datenbankdesign neu zu gestalten. Mit Notes schreiben Sie munter drauflos; Sie können sicher sein, dass Notes absolut alles akzeptiert, was Sie eintippen.

Und weil es nicht starr ist, können Sie mit Notes *Rich Text-Felder* erstellen. Das sind Felder, denen Sie so verrücktes Zeug wie Zeichenformatierung (fett oder kursiv zum Beispiel), verankerte Textverarbeitungsdokumente, Teile von Webseiten oder sogar Videoclips und Photos Ihrer (zweifellos) niedlichen Kinder hinzufügen können.

Was sind die schlechten Nachrichten? Wenn Sie Ihren Computer benutzen, um Kundenbestellungen zu verwalten, und über 19.200.675 Bestellungen auf dem Laufenden sein müssen, dann wäre die Verwendung von Notes mit dem Versuch zu vergleichen, mit einem Schraubenzieher einen Nagel in die Wand zu schlagen. Es ist nicht gerade das beste Werkzeug für diesen Job. Applikationen, welche die Verwaltung und Pflege von Millionen von Dokumenten erfordern, gehören normalerweise *nicht* in Notes.

Notes ist nicht nur keine relationale Datenbank, es ist auch kein Programm, das man für *transaktionsorientierte Systeme* wie zum Beispiel das Buchen von Flugtickets benutzt. Stellen Sie sich vor, viele Reisebüros in vielen verschiedenen Städten verkaufen viele Tickets für einen bestimmten Flug und sie zeichnen die Daten auf ihrer eigenen Kopie einer Reservierungs-Datenbank auf. Später, so um die Abflugzeit, würde eine riesige Menschenmenge erscheinen, alle mit einem Ticket für den gleichen Platz im gleichen Flugzeug. Firmen, die überall *sofortigen* Informationszugang benötigen, benutzen normalerweise aufgerüstete Terminals, die irgendwo mit einem einzigen gigantischen Computer verbunden sind. Notes gestattet periodische, aber eben nicht unmittelbare Updates der Datenbanken.

Aber regen Sie sich nicht auf: ob Sie Notes benutzen oder nicht, ist wahrscheinlich gar nicht Ihre Entscheidung. Lassen Sie die Freaks in der IT-Abteilung entscheiden, wann Sie Notes benutzen und wann nicht. Sorgen Sie nur dafür, dass diese Leute viele Exemplare dieses Buches kaufen – für was auch immer sie sich entscheiden!

Was Notes tatsächlich ist

Notes ist ein wahrlich hilfreiches und mächtiges Programm, gerade wegen seiner Fähigkeit, E-Mails zu versenden *und* alle möglichen Arten von Datenbanken zu erstellen, die jede Person des Unternehmens mitbenutzen, bearbeiten und lesen kann. Sicherlich, Sie können auch andere E-Mail Programme verwenden, bei manchen können Sie sogar Informationen mit anderen gemeinsam benutzen. Aber was Notes aus der Menge herausragen lässt, ist seine Fähigkeit, das *alles* zu tun.

Rich Text-Felder und andere Notes-Felder haben einen Vorteil im Vergleich zu den Feldern in regulären Datenbanken: Ihre Feldgröße ist nicht beschränkt. In anderen Datenbank-Programmen kann es eine Höllenarbeit sein, in einer großen Datenbank die Größe des Textfeldes zu ändern, und wenn es nicht korrekt gemacht wird, kann Ihre Datenbank zerstört werden. Notes jedoch ist es völlig gleichgültig, ob Sie nur ein Wort oder ein ganzes Buch in ein Feld stellen. Und es müssen auch nicht einmal Worte sein, die Sie in ein Feld stellen – wie wäre es mit einem Bild Ihrer Digitalkamera?

Felder in anderen Datenbänken sind mit einem Wort ausgedrückt: ...*bäh*!! Kein Fettdruck, keine Variation bei den Zeichensätzen, keine Möglichkeit für Anhänge oder eingebettete Objekte. Nicht so bei Rich Text-Feldern, denn sie enthalten mehr als nur Informationen. Rich Text-Felder können alles enthalten, was Ihr Herz begehrt, wenn Sie dies wirklich nutzen, können Sie sich jedem, abgesehen von den nüchternen, gebildeten und leicht erregbaren Lesern dieser Felder, als das kreative Genie präsentieren, das Sie auch wirklich sind.

Mit Notes können Sie Datenbanken für jede der folgenden Anwendungen erstellen:

✔ **Referenz:** Wenn Mitglieder Ihres Unternehmens nach speziellen Kenntnissen suchen, können sie die von anderen erfahren, die ihre Kenntnisse preisgeben. Von jedem, der dazu in der Lage ist, zu jedem, der sie benötigt. Das treibt Ihnen die Tränen in die Augen!

✔ **Workflow:** Wer mit einer umfassenden Aufgabe beladen ist, kann die einzelnen Zuweisungen aufzeichnen, die Fertigstellung bekannt geben und beides, sowohl Fortschritt als auch Fertigstellung dokumentieren. »Gut gemacht, alter Knabe!«

✔ **Kalender:** Sie und Ihre Kollegen können Besprechungen und Termine leicht untereinander abgleichen.

✔ **Kommunikation:** Alle Mitglieder des Unternehmens können sowohl privat wie auch öffentlich mit jedem anderen kommunizieren, ob über E-Mail, Fax, Pager, Mobiltelefon ...

- **World Wide Web:** Leute können in einer Datenbank browsen, die Webseiten und andere Informationsarten aus dem Internet enthält, auch wenn sie nicht mit dem Internet verbunden sind oder keine Web Browser-Software besitzen.
- **Fax:** Sie und Ihre Mitarbeiter können nützliche Daten, die in Ihrer Datenbank gespeichert sind, an ein Publikum weitergeben, das die Daten braucht und dankbar dafür ist.

Das also ist Notes. Mehr als nur ein Programm, mehr als nur eine Datenbank, ein E-Mail-Programm oder ein Web Browser. Notes ist ein dynamisches Werkzeug zum Austausch von Wissen innerhalb eines Unternehmens. Und denken Sie immer daran: Wissen *ist* Macht!

Was ist an Notes so einzigartig?

Es gibt ein paar weitere Merkmale, die Notes von reinen E-Mail- oder Datenbank-Programmen unterscheidet, beispielsweise die Fähigkeit, verknüpfte Dokumente zu erstellen oder Datenbanken zu replizieren.

Verknüpfte Dokumente zeigen Power!!

Sie haben schon von handgeknüpften Teppichen gehört, richtig? Nun, verknüpfte Dokumente haben nichts damit zu tun. Das klärt die Problematik aber nicht? Vielleicht geht es so: Wenn Sie gerade mit Notes arbeiten, schreiben Sie gewöhnlich ein Memo, füllen eine Maske aus oder schreiben einen Text, der dann mit anderen ähnlichen Einträgen in eine Datenbank aufgenommen wird. Manchmal brauchen Sie jedoch mehr als nur Text in einem Dokument.

Wenn Sie bei Ihrer Darstellung der Verkaufszahlen im Dokument einen bestimmten Punkt hervorheben möchten, fügen Sie dort eventuell eine erzeugte Tabelle, eine mit Microsoft PowerPoint erstellte Grafik oder sogar eine verwandte Webseite ein, die Sie im Internet gefunden haben. Also kopieren und »kleben« Sie all diese Sachen in Ihr Dokument.

Das Ergebnis ist ein *verknüpftes Dokument*, das Daten, Grafiken und anderes Zeug von anderen Stellen enthält.

Was ist Replizierung?

Replizierung macht Notes zu dem großen Programm, das es ist. Auch wenn Sie mit anderen Programmen Ihre E-Mail versenden können, replizieren können Sie diese nicht. Erinnern Sie sich, dass Ihre Mail-Datenbank nur *eine* Art von Datenbank ist, die Sie in Notes verwenden. Mit großer Wahrscheinlichkeit haben auch noch andere Leute in Ihrem Unternehmen andere Datenbanken erstellt. *Replikas*, das sind Kopien dieser Datenbanken, befinden sich womöglich auf vielen Servern Ihres Unternehmens rund um die Welt. Das Wunderbare daran ist, dass Ihr Kollege in Frankreich sehen kann, was Sie geleistet haben. Er schaut eine *Kopie* der Datenbank auf dem in Frage kommenden Server in Paris an, während Sie auf eine Kopie der absolut gleichen Datenbank schauen, die sich auf Ihrem Server, sagen wir mal: in München befindet.

Ein typisches Beispiel für diese technologischen Meisterleistung ist eine Datenbank, die von jedem Angestellten den Namen, die Angestelltennummer, Wohnort, Schuhgröße und andere wichtige Daten erfasst. An jedem Standort werden diese Replikas aktualisiert, wenn Leute angestellt oder gefeuert werden oder sich deren Schuhgröße verändert. Offensichtlich geben die Angestellten eines jeden Standortes verschiedenartige Informationen in die Datenbank ein. Durch *Replizierung* kann Notes all diese Informationen auf allen Datenbänken erfassen.

Wenn die Replizierung beendet ist, besitzen alle Replikas die gleichen Informationen, sodass die aktuellsten Informationen überall verfügbar sind. So oft wie nur möglich »redet« der Server in Frankreich mit dem Server in München, dann können die zwei Server ihre Kopien der Datenbank synchronisieren. Auf diese Weise landen die Dokumente, die der französische Kollege erzeugt hat, auf dem Server in München, während gleichzeitig der Server *in Frankreich* die Dokumente bekommt, die Sie zur Datenbank hinzugefügt haben. Ziemlich cool*, n'est-ce pas?*

Also ist unter Replizierung der Vorgang zu verstehen, bei dem weit entfernte Arbeitsstationen ihre eigenen Kopien der Datenbank aktualisieren, so wie zum Beispiel Ihre E-Mail. Wenn Sie Ihren Laptop mit auf eine Geschäftsreise nach New York mitnehmen, können Sie mit dem Server zu Hause im Büro *replizieren*. Wie oft diese technische Meisterleistung erfolgt, entscheidet der Besitzer des Laptops. In einer Datenbank, die einen solch großen Informationsumsatz hat wie Ihre E-Mail oder eine Datenbank mit neuen Artikeln aus dem Internet, mag es angebracht sein, mehrmals am Tag zu replizieren. Eine Datenbank, in der nur wenige Veränderungen der Informationen vorkommen, wie eine Auflistung der Unternehmenspolicen, muss nur ein- oder zweimal wöchentlich repliziert werden.

Wer ist hier der Chef?

Notes benutzt Computer, die alle über ein Netzwerk miteinander verbunden sind. In gewisser Weise gleicht ein *Netzwerk* einer Abteilung im Unternehmen, weil sie einzelne Arbeiter und jemanden, der verantwortlich ist, für die Aufsicht hat. Die individuellen Computer müssen an einen Art »*Chef*«-Computer angeschlossen werden, um zusammenarbeiten zu können. Ohne Zweifel hat der Chef Ihrer Abteilung im Wesentlichen die gleiche wichtige Rolle.

Server mit freundlichem Lächeln

Der Computer, der die Aufsicht über ein Notes-Netzwerk führt, wird als *Server* bezeichnet. Er dient für die anderen als zentraler, für alle zugänglicher Computer. Hier sind zum Beispiel die Mail-Datenbanken für all die Leute gespeichert, deren Computer an den Server angeschlossen sind. Außerdem kümmert sich der Server um den Informationsfluss. (Natürlich kann dieser neben E-Mail auch noch andere Datenbanken speichern.) Tatsächlich speichern die meisten

Firmen so viele Informationen im Notes-System, dass sie schließlich eine Menge Server haben. (Der Arbeitgeber des Autors beispielsweise hat hunderte von Servern und tausende von Datenbanken.)

Etwa 1997 fing Lotus an, seine Server mit neuem Namen zu benennen: *Domino* (wie in »Wir haben gerade einen neuen Domino-Server bekommen.« oder »Domino-Server sind wirklich cool.«).

Der Server ist normalerweise ein Computer mit einer größeren Leistung und einer größeren Speicherkapazität als die Computer, die an ihn angeschlossen sind. Nicht selten steht er an einem recht sicheren und weit entfernten Ort. Das hat doch irgendwie Ähnlichkeit mit Ihrem Boss – mächtig, nur die beste Ausstattung, weit weg und Inhaber der Befehlsgewalt. Der Server könnte also Ihren Boss darstellen. Er leistet jedoch nicht die eigentliche Arbeit im Notes-System. Die eigentliche Arbeit wird von den einzelnen Computern erbracht, die mit dem Server verbunden sind.

In großen Unternehmen sind viele Server (überall auf der Welt), jeder mit einem eigenen Haufen von verknüpften Computern, über das unternehmensweite Netzwerk miteinander verbunden.

Runter zur Workstation

In der wundervollen Welt von Notes ist Ihr Computer als *Arbeitsstation* bekannt. Arbeitsstationen sind das, wo richtige Leute richtige Arbeit leisten. Normalerweise enthalten Workstations die Notes-Programm-Dateien für jeden einzelnen Anwender (bekannt als Client) und auch alle Datenbanken, die der Anwender für den eigenen persönlichen Gebrauch erstellt.

Nicht alle Arbeitsstationen sind immer mit einem Server verbunden. Wenn Sie beispielsweise auf eine Geschäftsreise gehen und Ihren Laptop mitnehmen, brauchen Sie ein verdammt langes Netzwerkkabel, um direkt mit dem Büro verbunden zu sein, es sei denn, Ihre Geschäftsreise endet auf dem Parkplatz. Wenn Sie Ihren Computer per Telefonleitung und Modem mit dem Server verbinden, nennt man ihn eine *Entfernte Workstation*. Einige Workstations können beides, über das LAN (lokales Netzwerk) und remote an den Server angeschlossen sein. Besitzen Sie einen Laptop, können Sie ihn an das LAN anschließen, wenn Sie im Büro sind, und ein Modem benutzen, wenn Sie sich von unterwegs anschließen möchten.

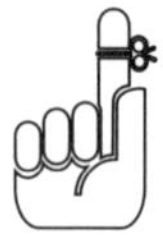

Ganz gleich, wie schnell Ihr Modem ist, die Benutzung von Notes über das Modem ist langsamer als Notes im Netzwerk. Also planen Sie mehr Zeit ein, wenn Sie ein Modem benutzen, und sorgen Sie dafür, dass Ihr Teenager eine Weile das Telefon nicht benutzt.

Die Benutzer-ID - Ihr Schlüssel zu Notes

Als Sie geboren wurden, bekam Ihre Mutter im Krankenhaus eine Kopie Ihrer Geburtsurkunde. Als Sie den Hochschulabschluss machten, erhielten Sie ein Diplom, und als Sie Auto fahren lernten, bekamen Sie den Führerschein. Wenn Sie anfangen, mit Notes zu arbeiten, bekommen Sie das, was unter dem Namen *Benutzer-ID* bekannt ist.

Erwarten Sie nicht, dass Sie eine Kopie von Notes bekommen, die Sie auf Ihrem Computer installieren und mit der Sie dann in die Zentrale Ihrer Firma hineinspazieren. Auch wenn Sie der Präsident der Firma sind und eine Hand voll Notes-Disketten haben, auch wenn Sie eher lunchen als essen und das verrückteste Auto auf dem Parkplatz haben: bevor Sie nicht diese Benutzer-ID haben, haben Sie nicht die geringste Chance, Notes zu benutzen.

Ihre Benutzer-ID ist der Schlüssel zur Benutzung Ihrer eigenen Mail-Datenbank und der anderen Datenbanken in Ihrer Firma. Für Sie mag es nur aussehen wie eine Reihe von Zahlen und Buchstaben, aber für den Server ist es genau das, was Sie legitimiert, Benutzer von Notes in Ihrem Unternehmen zu werden.

Ihre Benutzer-ID macht Sie zum Mitglied *Ihres* Unternehmens. Sie können sich also nicht in das Büro der Konkurrenz am Ende der Straße schleichen und Ihre Benutzer-ID in deren Notes-Netzwerk benutzen. Ihre Benutzer-ID wurde von Ihrem Unternehmen erzeugt und wird nur in diesem anerkannt.

Fertigen Sie eine Kopie Ihrer Notes-Benutzer-ID an und kopieren Sie diese auf eine Diskette. Sie können diese dann auf die Festplatte zurückkopieren, falls Sie unglücklicherweise den Notes-Programmordner löschen sollten oder Ihr Computer abstürzt. Denken Sie daran: wenn Ihr Computer abstürzt, können Sie mit Ihrer Benutzer-ID den Computer einer anderen Person benutzen, als wäre es Ihr eigener. Aus diesem Grund sollten Sie Ihre Notes-Benutzer-ID auch an einem sicheren (und verschlossen) Ort verwahren Vielleicht haben Sie Glück und die Typen der IT-Abteilung haben eine Kopie Ihrer ID gesichert, doch das sollten Sie herausfinden, *bevor* Sie darauf angewiesen sind.

Genau genommen ist Ihre Benutzer-ID nur eine (kleine) Akte auf Ihrem Computer. Doch Sie brauchen Ihre Benutzer-ID jedes Mal, wenn Sie Notes benutzen. Die meisten Leute haben die ID-Akte auf der Festplatte ihres Computers. Wenn Sie mit Ihrem Computer zu Hause arbeiten wollen, müssen Sie eine Kopie der Benutzer-ID Akte machen und diese mit nach Hause nehmen. Sie können Notes nicht ohne Benutzer-ID benutzen. Niemals! Und das ist kein Witz!

Sich mit Notes vertraut machen

2

In diesem Kapitel

- Starten und Beenden des Programms
- Eine Betrachtung der Notes-Benutzeroberfläche
- Mehr über Navigationsleisten und Lesezeichen erfahren

Also, Ihre Firma hat gerade Lotus Notes 6 erworben und Sie sind total aufgeregt. Sie möchten dieses leistungsstarke Programm, das sich auf dem neuesten Stand der Technik befindet und von dem Sie schon so viel gehört haben, endlich benutzen. Oder vielleicht waren Sie gar nicht so begeistert, als Ihr Boss Ihnen ankündigte, dass Sie ab sofort Notes benutzen müssen. Und dass Sie sich jetzt mit einem anderen Softwareprogramm anfreunden müssen, macht Sie auch nicht gerade überglücklich. Auf jeden Fall sollten Sie wissen, dass es nicht allzu schwer ist, das Programm einzurichten, zu starten und auch wieder zu beenden

Wir gehen in diesem Kapitel davon aus, dass die Lotus Notes-Software bereits auf Ihrem System installiert ist; kontaktieren Sie Ihren Administrator (schnell, schnell), wenn das noch nicht der Fall ist.

Programmstart

Das Wichtige zuerst. Um das Programm zu starten, doppelklicken Sie auf das Notes-Programm-Icon. Wo ist dieses mysteriöse Notes-Icon? Nun ja, das hängt davon ab, wo die Person, die das Programm installiert hat, es hingetan hat. Versuchen sie das Icon zu finden, das so aussieht wie das in Abbildung 2.1. Wir können leider nicht genau sagen, wo es auf Ihrem Computer erscheint. Seine Lage hängt nämlich davon ab, ob Sie Windows, Macintosh oder ein anderes System benutzen. Wenn Sie zum Beispiel Windows XP benutzen, finden Sie das Lotus Notes-Programm-Icon im Ordner LOTUS-ANWENDUNGEN im Menü PROGRAMME. All das ist über das Startmenü zu erreichen. (Puh!!)

Abbildung 2.1: Das Notes-Programm-Icon

Die Willkommen-Seite von Notes

Nachdem Notes auf Ihrem Computer installiert wurde, wird die in Abbildung 2.2 dargestellte *Willkommen-Seite* angezeigt. Diese Seite wird standardmäßig bei jedem Start von Notes angezeigt, auch wenn es beim ersten Mal vielleicht ein paar Augenblicke länger dauern mag. Sie sollten mit den Hauptelementen der Willkommen-Seite vertraut sein. In Abbildung 2.2 sind diese Komponenten dargestellt.

Wenn Sie nicht mehr weiterwissen, können Sie durch Drücken der [Esc]-Taste immer zurück zur Willkommen-Seite gelangen.

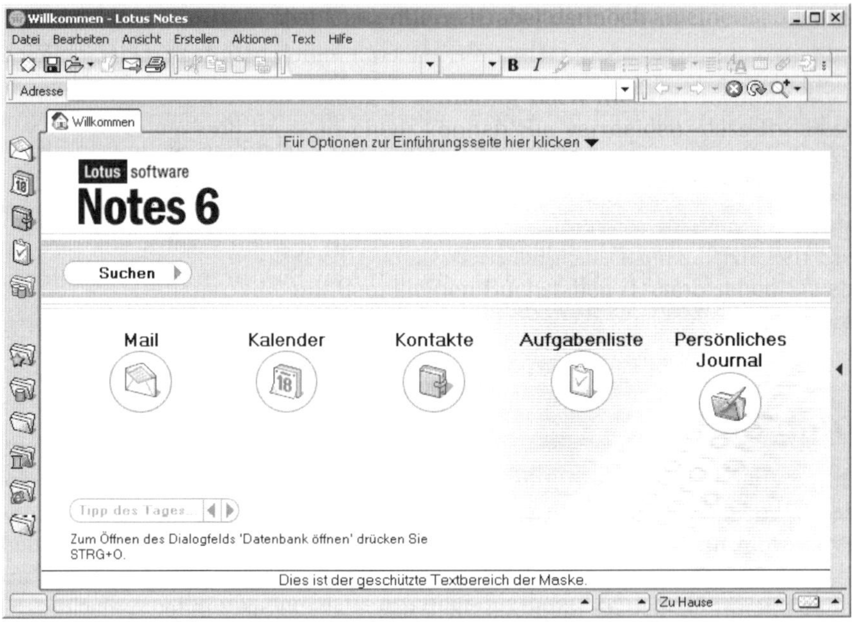

Abbildung 2.2: Die Willkommen-Seite

- **Menüs:** Verwenden Sie Menüs, wie Sie das auch von anderen Programmen her gewohnt sind. Über die Menüs steuern Sie das Programm und lassen Dinge geschehen.
- **Navigationsleisten:** Sie enthalten Schaltflächen. Ein Anklicken dieser Schaltflächen vereinfacht Ihre Arbeit.
- **Lesezeichen:** Sie bieten eine einfache Möglichkeit, um schnell zu Ihrem Posteingang oder Ihrer bevorzugten Webseite zu gelangen.
- **Schaltflächen der Taskleiste:** Diese Schaltflächen sind kontextbezogen und erleichtern bestimmte Aufgaben.

- ✔ **Willkommen-Seite:** Diese Seite wird beim Starten von Notes standardmäßig angezeigt und ist eine Art Homepage des Programms.

Die Benutzung der Willkommen-Seite

Wie Sie aus Abbildung 2.2 ersehen können, hat die Willkommen-Seite eine ganze Menge Schaltflächen und Elemente, die Sie anklicken können. Meist handelt es sich dabei um Abkürzungen von Lesezeichen oder Menüs. Sie sind immer erreichbar und Sie werden sehr schnell merken, dass Sie mit Ihnen leicht irgendetwas erledigen können.

Die in Abbildung 2.2 dargestellte Willkommen-Seite ist die Standardseite, wie sie nach der Installation von Notes angezeigt wird. Wie Sie sehen, bieten Sie Zugang zu den fünf Grundkomponenten von Notes:

- ✔ **Mail:** Hier können Sie Ihre E-Mail-Nachrichten lesen und verschicken.
- ✔ **Kalender:** Hier erstellen und verwalten Sie Sitzungen und Verabredungen.
- ✔ **Kontakte:** Hier speichern Sie E-Mail-Adressen, Namen, Telefonnummern und Adressen von Freunden, Bekannten und Kollegen.
- ✔ **Aufgabenliste:** Die Liste sorgt dafür, dass Sie all die Dinge im Auge behalten, die Sie vorhatten zu tun, und sorgt dafür, dass sie nicht in Vergessenheit geraten.
- ✔ **Persönliches Journal:** Hier bietet Notes Ihnen die Möglichkeit, eine Art Tagebuch zu führen.

Die Willkommen-Seite können Sie nach Ihren eigenen Vorstellungen anpassen. Mehr noch, Sie können Sie sogar komplett ersetzen und statt dessen Ihre Kopfzeilen anzeigen lassen. Wenn Sie wissen wollen, wie das funktioniert, dann lesen Sie Kapitel 16.

In der Willkommen-Seite von Notes 6 finden Sie mit dem »Tipp des Tages« ein neues Feature. Es gibt Tipps und Informationen zur Verwendung des Programms.

Das Menü

Menüs funktionieren so, wie Sie es gewohnt sind. Möglicherweise sind Sie schon mit vielen Einzelheiten des Notes-Menüs vertraut, da viele genau denen anderer Programme entsprechen. Sie speichern z.B. ein Dokument in Notes genau so wie ein Spreadsheet in Lotus 1-2-3, ein Dokument in Microsoft Word oder eine Präsentation in Microsoft Visio: Sie verwenden die Option DATEI|SPEICHERN.

Wenn Sie ein Mausbenutzer sind, können Sie auf jeden beliebigen Menüpunkt klicken, um diesen zu öffnen. Wenn Sie dies nicht mögen oder sich strikt weigern, die Maus zu benutzen, dann können Sie die [Alt]-Taste drücken und dann die rechte und linke Pfeiltaste benutzen, um das Menü Ihrer Wahl auszusuchen (drücken Sie die [↵]-Taste, wenn Sie den Menüpunkt ausgewählt haben). Mit der gleichen Vorgehensweise können Sie einen Menüpunkt auswählen. Benutzen Sie die Pfeiltasten, um zum gewünschten Punkt zu gelangen, und drücken dann die [↵]-Taste.

Haben Sie bemerkt, dass einige der Wörter in den Menüs grau sind und andere schwarz? Sie können nur die schwarzen Optionen auswählen. Menüpunkte, die grau erscheinen, sind nicht für das geeignet, was Sie gerade machen. Wenn Sie zum Beispiel gerade dabei sind, ein Dokument zu bearbeiten, werfen Sie einen Blick auf das Menü BEARBEITEN. Da sehen Sie, dass die Option SELEKTIV EINFÜGEN... blass erscheint. Das heißt nichts anderes, als dass Sie diesen Befehl (was auch immer er bedeutet), momentan nicht auswählen können.

Sich schlau machen mit den Schaltflächen der Navigationsleiste

Einige Navigationsleisten-Schaltflächen wie STOPP und VOR auf der Willkommen-Seite oben (siehe Abbildung 2.2) sind ein neues Feature von Lotus Notes 6.

Wenn Sie bereits mit früheren Notes-Versionen gearbeitet haben, vermuten Sie richtig, dass diese neuen Schaltflächen der Navigationsleiste die bisherigen Schaltflächen ersetzen.

Navigationsleisten kommen und gehen, bestimmte Schaltflächen verschwinden und andere erscheinen, je nachdem, welche Aufgaben Sie erledigen. Mit anderen Worten wird die Navigationsleiste anders aussehen, wenn Sie ein Dokument bearbeiten als wenn Sie eine E-Mail lesen. Experten bezeichnen diese Flexibilität als *Kontextbezogenheit*, was nichts anderes heißt, als dass Menüs, Schaltflächen und Navigationsleisten sich dem aktuellen Bedarf anpassen.

Fast alle Navigationsleisten haben Schaltflächen, die Sie anklicken, um bestimmte Aktionen durchzuführen, beispielsweise wenn Sie ein Wort **fett** formatieren oder ein Dokument drucken wollen. Man muss betonen, dass diese Schaltflächen wirklich sehr einfach zu verwenden sind, und es ist nicht notwendig, allzu viele Worte auf sie zu verwenden oder sich übermäßig viele Gedanken über sie zu machen – das ließe sie nur komplizierter erscheinen, als sie wirklich sind.

Um eine Navigationsleisten-Schaltfläche zu verwenden, brauchen Sie sie nur anzuklicken. Sie können alle Aktionen, die Sie über die Menüs ausführen, auch über die Schaltflächen der Navigationsleiste durchführen. Die Verwendung der Navigationsleisten-Schaltflächen kann Ihnen aber ersparen, sich mit allen Einzelheiten der Menüs zu befassen. Das Anklicken einer Schaltfläche geht auch meist schneller als der Zugang über die Menüs. Denken Sie daran: Für 87,3% der Aktionen, die Sie durchführen, steht Ihnen eine Navigationsleisten-Schaltfläche zur Verfügung.

Darum stellt sich nur die Frage, welche Schaltfläche für welche Aktion zu verwenden ist. Bei einigen Schaltflächen wie etwa Drucken ist die Bedeutung eindeutig, aber bei anderen wiederum nicht. (Wer weiß, was die großen weißen Pfeil-Schaltflächen auf der Willkommen-Seite bewirken? Oder wofür steht die Schaltfläche mit dem Blatt Papier und dem Bleistift?)

Zum Glück sind alle Navigationsleisten-Schaltflächen mit einem Hinweis versehen, der angezeigt wird, wenn Sie den Mauszeiger auf die Schaltfläche bewegen und ein oder zwei Sekunden warten. Gehen Sie auf der Willkommen-Seite (siehe Abbildung 2.2) mit der Maus auf die obere linke Ecke, bis der kleine Kasten mit der Bezeichnung *Neu* angezeigt wird. Das ist der Hinweis für dieses Icon. Und in der Fußzeile? Auch hier müssen Sie sich nicht merken, welche Schaltfläche für welche Aktion steht, denn dieser kleine Hinweis wird immer angezeigt.

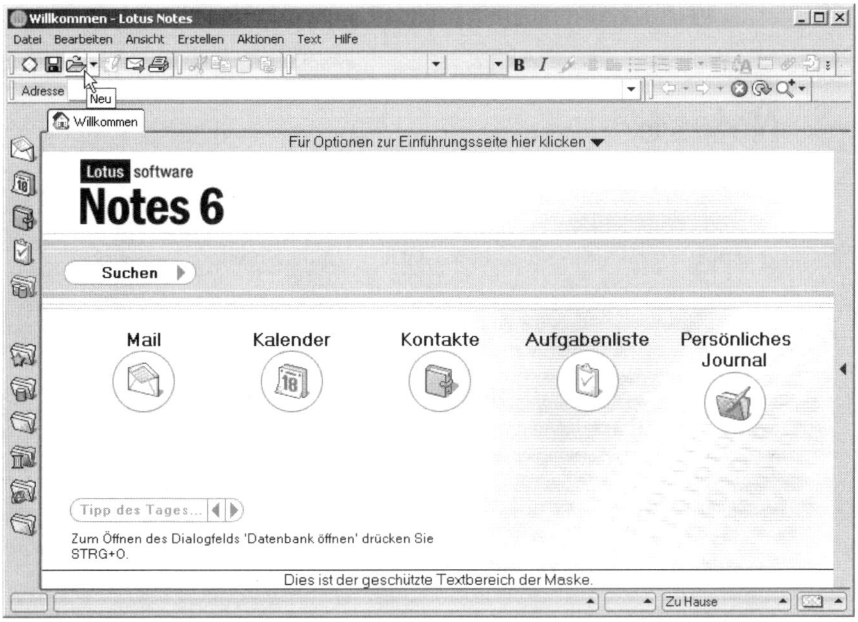

Abbildung 2.3: Sie bekommen einen Hinweis zur Funktion einer Navigationsleisten-Schaltfläche, wenn Sie mit dem Mauszeiger darauf zeigen und ein bisschen warten.

Notes hat mehr Navigationsleisten-Schaltflächen im Ärmel, als es scheint – tatsächlich wohl mehr, als Sie jemals benutzen werden. Es gibt zum Beispiel Schaltflächen, die Sie beim Lesen einer Nachricht sehr gut brauchen können, die Ihnen aber beim Schreiben einer Nachricht nichts nützen würden. Seien Sie also nicht überrascht, wenn Sie merken, dass bestimmte Schaltflächen verschwinden und andere erscheinen. Die Schaltflächen, die Sie beim Lesen einer E-Mail sehen, wird eine andere sein als beim Einrichten eines Modems.

Lesezeichen

Mit *Lesezeichen* können Sie sich an verschiedene Webseiten, Notes-Dokumente, Ansichten oder Datenbanken erinnern. Notes hat bereits eine ganze Reihe von Lesezeichen für Sie vorinstalliert. Je länger Sie Notes benutzen, desto mehr Lieblingsplätze werden Sie finden. An diesen können Sie Ihre persönlichen Lesezeichen setzen. Die Abbildung 2.4 zeigt die standardmäßig gesetzten Lesezeichen. Zusammengefasst: Verwenden Sie Lesezeichen, um schnell und leicht an Plätze zurückzukehren, an denen Sie schon vorher waren.

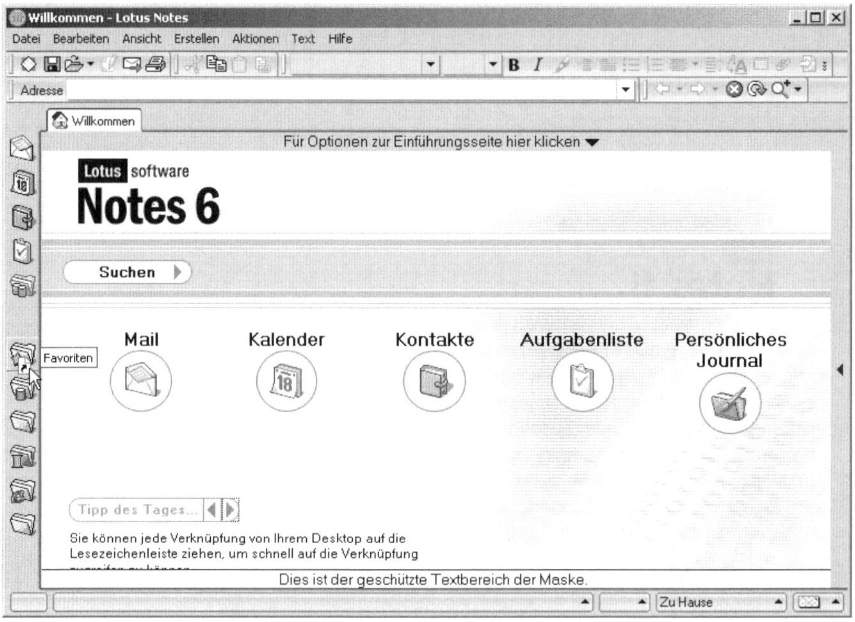

Abbildung 2.4: Mit Lesezeichen finden Sie so manchen Weg leichter.

Lesezeichen öffnen

Möchten Sie ein Lesezeichen öffnen, dann müssen Sie es nur anklicken. Wenn Sie, Herbert C. Neumeyer, Ihre Mail lesen wollen, dann klicken Sie auf das oberste Icon in der Leiste der Lesezeichen. Presto, da ist Ihre Mail.

Was *genau* passiert, wenn Sie ein Lesezeichen anklicken, hängt vom Lesezeichen ab. Einige öffnen spezielle Notes-Datenbanken, so wie die für Ihre Mail, andere öffnen möglicherweise ein bestimmtes Dokument in einer Notes-Datenbank. Wieder andere öffnen möglicherweise eine Webseite, eine Liste oder einen Ordner mit noch mehr Lesezeichen. Um mehr über die Organisation von Lesezeichen zu erfahren, lesen Sie den Abschnitt »Lesezeichen erstellen« weiter unten in diesem Kapitel.

Wenn Sie nicht sicher sind, was beim Anklicken eines Lesezeichen passiert, behandeln Sie es wie eine Navigationsleisten-Schaltfläche. Zeigen Sie mit der Maus auf das Lesezeichen, ohne es anzuklicken. Wie Sie in Abbildung 2.4 sehen können, reagiert Notes prompt. Es zeigt Ihnen einen Hinweis, dass dieses Lesezeichen für Ihre FAVORITEN steht. Notes zeigt Ihnen immer einen Hinweis an, der Ihnen mitteilt, was sich hinter dem jeweiligen Lesezeichen verbirgt bzw. wohin ein Anklicken des Lesezeichens Sie führt.

Wenn Sie einen Ordner in der Lesezeichen-Leiste anklicken, wird ein Menü der einzelnen Ordner angezeigt (siehe Abbildung 2.5). Sie können diese Funktion verwenden, um sich leichter zwischen den Elementen der Lesezeichen-Liste zu bewegen. Die Liste verschwindet wieder, sobald Sie das gewünschte Lesezeichen gefunden und angeklickt haben.

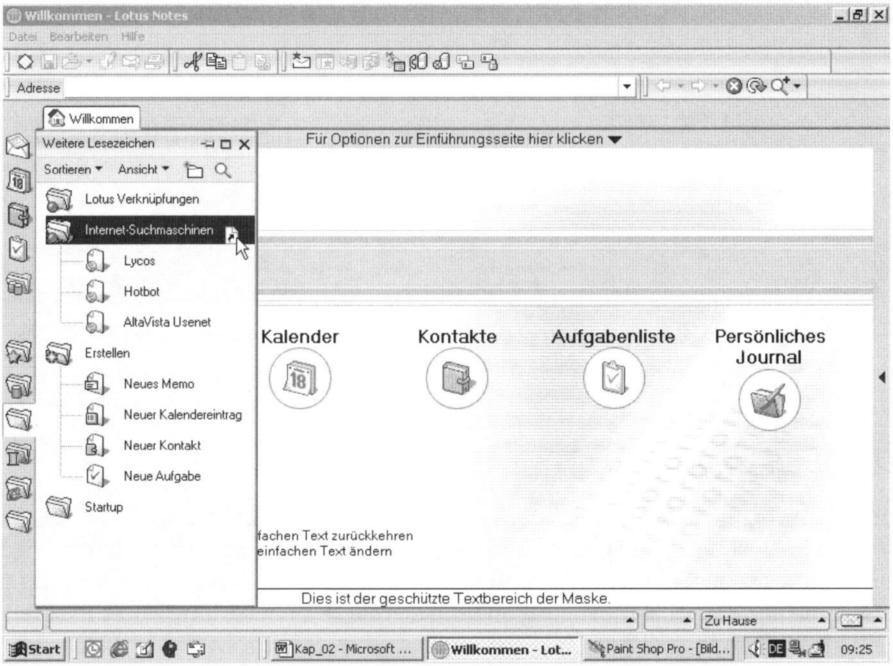

Abbildung 2.5: Manchmal enthalten Lesezeichen mehr als man vermutet.

Viele Benutzer ziehen es vor, die Lesezeichenleiste immer verfügbar zu haben. Um diese Option zu aktivieren, öffnen Sie einfach einen beliebigen Lesezeichenordner und wählen dann im Menü ANSICHT die Option LESEZEICHEN GEÖFFNET HALTEN. Nun bleibt die Lesezeichen-Palette durchweg geöffnet. Abbildung 2.6 zeigt, wie es aussieht, wenn die Lesezeichen-Palette geöffnet ist. Um die Lesezeichen-Palette wieder verschwinden zu lassen, wählen Sie erneut die Option LESEZEICHEN GEÖFFNET HALTEN im Menü ANSICHT.

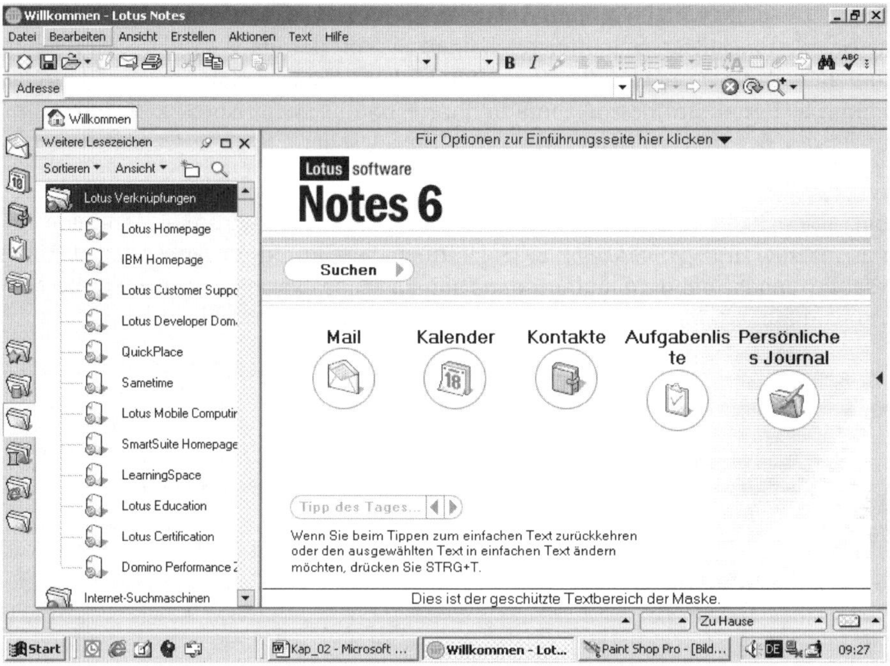

Abbildung 2.6: Bei Bedarf können Sie die Lesezeichen mit Hilfe der Option LESEZEICHEN GEÖFFNET HALTEN *immer anzeigen.*

Lesezeichen erstellen

Stellen Sie sich vor, Sie haben eine Webseite oder eine Notes-Datenbank geöffnet. Das ist wirklich cool und Sie wollen, dass sich Notes für Sie daran erinnert, damit Sie leichter wieder den Weg dorthin finden. Genau das machen wir in Abbildung 2.7. Sie können dasselbe tun (beachten Sie, wo sich der Mauszeiger in der Abbildung befindet). In Abbildung 2.7 sehen Sie, wie ein Lesezeichen für die Website Verlag Moderne Industrie erstellt wird.

1. **Klicken Sie in der Taskleiste auf das Element (Webseite, Datenbank, Ordner usw.), für das Sie ein Lesezeichen setzen möchten.**

2. **Gehen Sie mit dem Mauszeiger zur Task-Schaltfläche des Fensters, das Sie gerade geöffnet haben.**

   Die Task-Schaltfläche in Abbildung 2.7 ist die Website Verlag Moderne Industrie.

3. **Klicken Sie auf die Schaltfläche in der Taskleiste und ziehen Sie diese in die Lesezeichen-Leiste.**

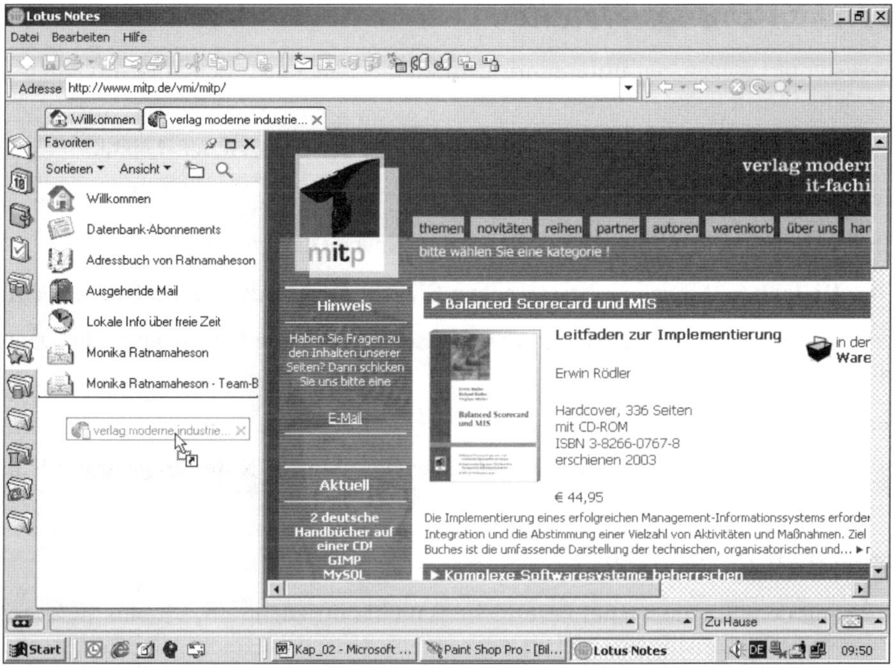

Abbildung 2.7: Fügen Sie Ihrer Lesezeichen-Leiste weitere Lesezeichen hinzu.

Um ein neues Lesezeichen zu erstellen, können Sie auch ein Objekt (wie etwa ein Dokument) mit der rechten Maustaste anklicken und anschließend im angezeigten Popup-Menü die Option LESEZEICHEN ERSTELLEN wählen.

Lesezeichen entfernen

Wenn Sie Lesezeichen nicht mehr benötigen und wieder entfernen möchten, gehen Sie wie folgt vor:

1. **Zeigen Sie auf das Lesezeichen, das entfernt werden soll.**
2. **Klicken Sie mit der rechten Maustaste darauf.**
3. **Wählen Sie LESEZEICHEN ENTFERNEN aus dem Popup-Menü.**
4. **Klicken Sie im Dialogfeld, das Sie fragt, ob Sie sicher sind, dass Sie das Lesezeichen entfernen wollen, auf JA.**

Lesezeichen-Ordner erstellen

Um neu erstellte Lesezeichen unterzubringen, können Sie einen neuen Lesezeichen-Ordner anlegen. Gehen Sie folgendermaßen vor:

1. **Bewegen Sie den Mauszeiger auf einen Ordner in der Lesezeichen-Leiste.**
2. **Klicken Sie mit der rechten Maustaste.**
3. **Wählen Sie aus dem Popup-Menü die Option NEUER ORDNER.**
4. **In der Dialogbox ORDNER ERSTELLEN geben Sie den Namen des neuen Ordners ein.**
5. **Bestimmen Sie den Ort für den neuen Ordner in der Liste SPEICHERORT FÜR NEUEN ORDNER AUSWÄHLEN.**
6. **Klicken Sie auf OK.**
7. **Das neue Lesezeichen wird an dem Ort angezeigt, den Sie Notes angewiesen haben.**

Lesezeichen verschieben

Sollten Sie mit dem Standort eines Lesezeichens nicht zufrieden sein, können Sie es entweder auf der Lesezeichen-Leiste verschieben oder in einen der Lesezeichen-Ordner stecken. Um einen Ordner zu verschieben, müssen Sie folgendermaßen vorgehen:

1. **Zeigen Sie auf das Lesezeichen, das Sie verschieben wollen.**
2. **Klicken Sie die linke Maustaste und halten Sie diese gedrückt, um das Lesezeichen an seinen neuen Platz in der Lesezeichen-Leiste zu ziehen.**

Lesezeichen-Ordner löschen

Sollten Sie einen Lesezeichen-Ordner nicht mehr benötigen, dann entfernen Sie ihn mit folgenden Schritten:

1. **Zeigen Sie auf den entsprechenden Ordner in der Lesezeichen-Leiste.**
2. **Klicken Sie die rechte Maustaste.**
3. **Wählen Sie aus dem Popup-Menü die Option ORDNER LÖSCHEN.**
4. **Klicken Sie im Dialogfeld, das Sie danach fragt, ob Sie sicher sind, das Sie den Ordner entfernen wollen, auf die Schaltfläche JA.**

Überlegen Sie genau, ob Sie einen Lesezeichen-Order wirklich entfernen möchten. Wenn Sie dies nämlich tun, entfernen Sie auch alle Lesezeichen, die sich in diesem Ordner befinden.

Die Schaltflächen der Taskleiste ausprobieren

Ist Ihnen aufgefallen, dass Sie beim Öffnen irgendwelcher Datenbanken, Dokumente oder Webseiten für jedes eine eigene Schaltfläche bekommen? So wie in Abbildung 2.8 könnte Ihr Bildschirm aussehen, nachdem Sie mehrere verschiedene Dinge geöffnet haben.

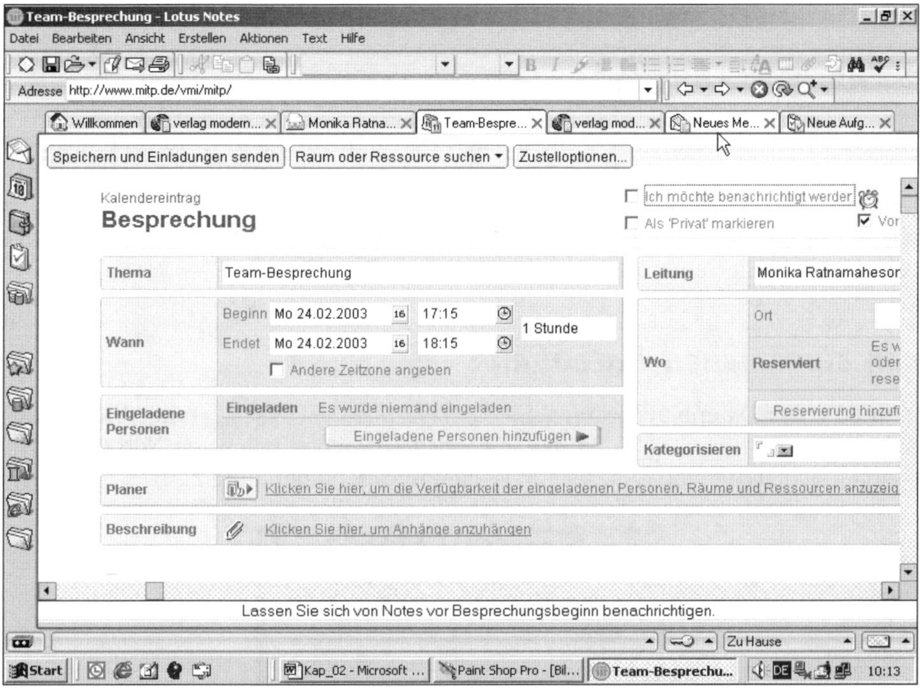

Abbildung 2.8: Alles Geöffnete hat eine eigene Task-Schaltfläche.

Diese Schaltflächen können Sie dazu benutzen, um von einem Fenster in ein anderes zu kommen oder um alle Fenster wieder zu schließen.

Von einem Fenster ins andere

Von einem Fenster in ein anderes zu gelangen, ist ganz einfach. Sie müssen nur auf die gewünschte Schaltfläche klicken.

Schließen eines Fensters

Ein Fenster zu schließen, ist genauso einfach. Klicken Sie nur auf das kleine X in der rechten Ecke der Schaltfläche, und das zu schließende Fenster ist weg! Wenn das Fenster geöffnet ist, können Sie es auch durch das Drücken der [Esc]-Taste schließen. Auch die Auswahl im Menü DATEI|SCHLIESSEN führt zum gleichen Ergebnis.

Sie müssen nicht erst zu einem Fenster wechseln, wenn Sie es schließen wollen.

Orte, wo Sie noch nie waren

Mit Hilfe von Lesezeichen können Sie einfach und schnell Dokumente, Datenbanken und Webseiten öffnen. Aber eines Tages möchten Sie irgendwohin, wo Sie noch niemals gewesen sind. Zum Beispiel hat Ihre Firma eine neue Notes-Anwendung, die Sie nun testen sollen. Oder Sie möchten einfach nur eine neue Webseite öffnen. All das ist ganz einfach, doch hängt es davon ab, wohin Sie gehen wollen.

Öffnen einer neuen Datenbank

Zum Öffnen einer Datenbank wählen Sie DATEI|DATENBANK|ÖFFNEN... (oder Sie drücken die Tastenkombination [Strg]+[O]. In der folgenden Dialogbox teilen Sie Notes mit, welchen Server und welche Datenbank Sie suchen (Sehen Sie auch Abbildung 2.9)).

Abbildung 2.9: Es ist einfach, eine Notes-Datenbank zu finden und zu öffnen.

Haben Sie die zu öffnende Datenbank gefunden, wählen Sie den Namen aus der Datenbank-Liste und klicken Sie dann auf die Schaltfläche ÖFFNEN.

Wenn Sie in dieser Dialogbox auf Schaltfläche LESEZEICHEN... klicken, können Sie die ausgewählte Datenbank zur künftigen Verwendung zu Ihren Lesezeichen hinzufügen. Diese Aktion fügt die Datenbank zu Ihren Lesezeichen hinzu, geöffnet wird die Datenbank jedoch *nicht*.

Kapitel 12 geht auf weitere Feinheiten ein, wie eine neue Datenbank geöffnet wird und wie die einzelnen Elemente des Dialogfeldes DATENBANK ÖFFNEN zu handhaben sind.

Öffnen einer neuen Webseite

Möchten Sie eine neue Webseite öffnen, geben Sie in das URL-Feld der Aktionsleiste die Adresse der Webseite ein. Danach drücken Sie [↵]-Taste, und Notes öffnet die gewünschte Webseite.

Benutzer der Vorgängerversion Notes R5 werden erfreut sein, dass es nicht mehr nötig ist, das kleine Globus-Symbol anzuklicken, um eine Webseite zu öffnen.

Notes vermerkt automatisch jede von Ihnen geöffnete Datenbank im Datenbank-Ordner der Lesezeichen-Leiste. Allerdings müssen Sie jeder Adresse einer Webseite, die Sie als Lesezeichen vermerken möchten, manuell hinzufügen. Sie können jedoch auch das Lesezeichen PROTOKOLL anklicken, um Webseiten, die Sie bereits besucht haben, erneut aufzusuchen.

Zeit, sich zu verabschieden

Ihre Notes-Sitzung beenden Sie genauso (Was? Es ist schon Zeit, nach Hause zu gehen?) wie jedes andere Programm. Am einfachsten geht das mit dem Menübefehl DATEI|NOTES BEENDEN. Darüber hinaus gibt es noch andere, vom jeweils verwendeten Betriebssystem abhängige, todschicke Möglichkeiten, das Programm zu beenden. Mit Windows zum Beispiel verlassen Sie Notes auch durch das Drücken von [Alt]+[F4]. (Eine besonders elegante Lösung ist, im Notes-Fenster oben rechts auf X klicken.)

Teil II

Alles eine Sache der Mail

»Also, wenn Sie eine Nachricht für irgendjemanden haben, schreiben Sie sie einfach auf einen Zettel und heften diesen mit den Magneten an den Kühlschrank. Nur vorübergehend, bis wir unser E-Mail-System wieder in Schwung gebracht haben.«

In diesem Teil ...

Jetzt, da Sie wissen, was Notes ist und was es nicht ist, jetzt, wo Sie aufs Geratewohl Teile der Notes-Terminologie sehr zum Vergnügen von Freunden und Mitarbeitern verwenden können, jetzt haben Sie das Zeug dazu, eine Nachricht zu senden. Vielleicht können Sie schon eine Nachricht lesen, die Ihnen jemand sendet. Es könnte auch sein, dass 50 wichtige Nachrichten Ihre Mail-Datenbank überfluten, Ihr Chef bereits mit den Fingern trommelt, und Sie gerade diese kleine Einführung lesen.

In den einzelnen Kapiteln dieses Teiles werden alle E-Mail-Funktionen von Notes 6 erläutert. Am Schluss werden Sie sich fragen, warum zum Teufel sich irgendwelche Büros überhaupt noch mit Fotokopien und Telefonanrufen herumplagen.

3

Sie müssen meine E-Mail kriegen

In diesem Kapitel

- Wie Sie Ihre Mail-Datenbank öffnen
- Wie Sie Ihre E-Mail im Navigationsbereich anordnen
- Wie sie Ihre E-Mail lesen und im Ansichtsbereich sortieren
- Die Bedeutung der Icons
- Einen Blick auf die Aktionsleiste werfen
- Wie Sie Ihre Mail beenden können

Ihre gewöhnliche Post wird im Briefkasten am Ende Ihrer Einfahrt abgeliefert, aber Ihre E-Mail kommt in das Eingangspostfach Ihres Computer. (Tatsache ist jedoch, dass Ihre E-Mail auf dem Server-Computer gespeichert wird, auch wenn Sie diese auf dem Computer lesen, vor dem Sie sitzen).

Dieses Kapitel wirft Sie direkt in die wundervolle E-Mail-Welt von Notes. Wenn Sie dieses Kapitel zu Ende gelesen haben, werden Sie all das wissen, was Sie über E-Mails wissen müssen; Sie werden sich mit Ansichten und Ordnern auskennen und mit den Schaltflächen in der Aktionsleiste umgehen können. In Notes 6 wurden einige der E-Mail-Funktionen modifiziert, Benutzer der Vorgängerversion Notes R5 müssen also Acht geben.

Eine Rose heißt immer Rose und ein Memo ist eine Nachricht! Die Worte Memo, Dokument, Nachricht und sogar E-Mail sind oft beliebig untereinander austauschbar. In Notes haben sie alle die gleiche Bedeutung.

Könnte ich bitte den Umschlag haben?

Ihre Mail öffnen Sie am einfachsten (auch wenn es noch viele andere Möglichkeiten gibt) durch einen Klick auf das Mail-Icon in der Lesezeichen-Leiste (nur einmal). Irgendetwas springt heraus, das der Abbildung 3.1 ziemlich ähnelt. Darin ist eine Liste, in der sich Ihre ganz persönlichen, nur für Ihre Augen bestimmten E-Mail-Nachrichten befinden.

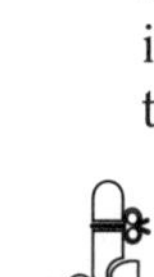

Wir erwähnen gleich zu Beginn, dass niemand außer Ihnen Ihre Mail-Datenbank öffnen kann (und Sie können auch keine Mail-Datenbanken von anderen Leuten öffnen. Das würde Ihnen doch auch niemals in den Sinn kommen, oder?).

Wie Sie in Abbildung 3.1 sehen, finden Sie nach dem Öffnen der E-Mail-Datenbank tatsächlich mehr als nur Ihre Mail auf dem Bildschirm. Der ist nämlich in vier Teile oder *Bereiche* aufgeteilt.

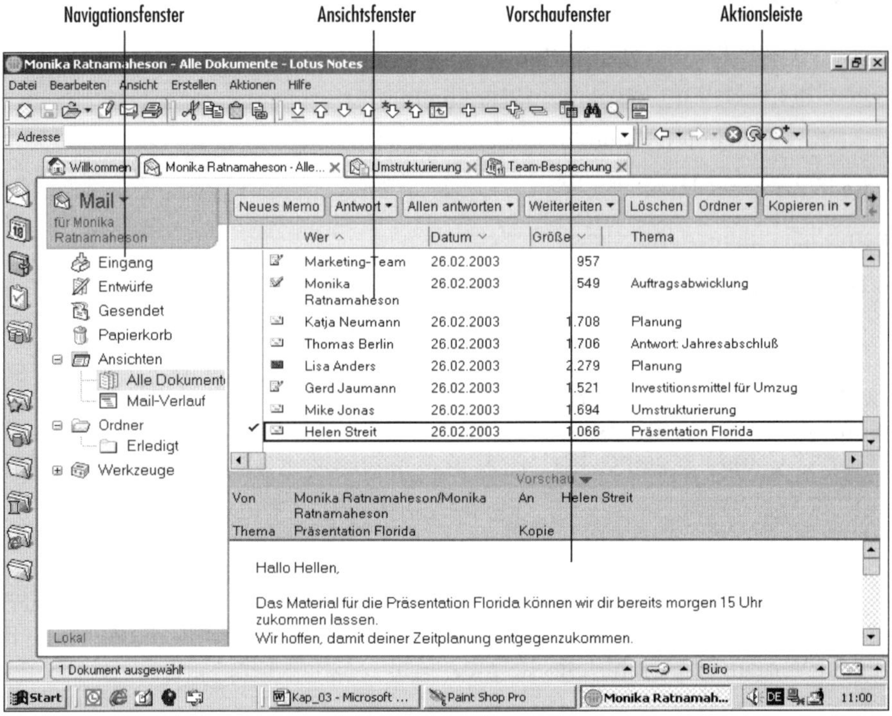

Abbildung 3.1: Ihre E-Mail-Datenbank weist vier Bereiche auf: den Navigations-, den Ansichts- und den Vorschaubereich sowie die Aktionsleiste.

- ✔ **Der Navigationsbereich:** Den ersten Bereich (wie Sie aus der Abbildung ersehen können) nennt man *Navigationsbereich*. In diesem Bereich können Sie zwischen den Ordnern und Ansichten Ihrer Mail-Datenbank navigieren.
- ✔ **Der Ansichtsbereich:** Auf der rechten Seite des Bildschirmes ist der *Ansichtsbereich*. Wenn Sie im Navigationsbereich irgendeinen Ordner oder eine Ansicht auswählen, wird Ihnen hier eine Zusammenfassung der darin enthaltenen Nachrichten angezeigt.
- ✔ **Der Vorschaubereich:** Unterhalb des Ansichtsbereiches befindet sich der *Vorschaubereich*. Sie können wählen, ob dieser Bereich angezeigt werden soll oder nicht. Wenn Sie den Bereich aktiviert haben, wird die im Ansichtsbereich markierte Nachricht angezeigt. (Eine Nachricht ist markiert, wenn ein schwarzer Rahmen oder eine Markierungsleiste erscheint.)

Wenn Ihre Mail-Datenbank den Vorschaubereich nicht anzeigt, wählen Sie Ansicht|Dokumentvorschau|Dokumentvorschau anzeigen.) Alternativ können Sie auch das Dreieck neben dem Wort *Vorschau* an der unteren Navigationsleiste anklicken.

- **Die Aktionsleiste:** Nicht zuletzt muss die Aktionsleiste erwähnt werden, die aus einem Haufen von Schaltflächen besteht, mit denen sie an Ihrer Mail-Datenbank einige Aktionen wie etwa Antworten und Löschen durchführen können.

Aufwärts, abwärts und E-wärts! Nun werden Sie sehen, wie Sie die Bereiche anpassen können, Ihre Nachrichten umordnen und (am wichtigsten) Ihre Nachrichten auch lesen können.

Der Navigationsbereich

Im Navigationsbereich können Sie die Nachrichten in Ihrer Mail-Datenbank sortieren und anderweitig anordnen. Jedes einzelne Merkmal im Navigationsbereich wird als *Ordner* bezeichnet. Im Ordner Eingang landen beispielsweise alle Nachrichten, die Ihnen zugesandt wurden (und nicht die Nachrichten, die Sie anderen Leuten geschickt haben). Im Ordner Entwürfe dagegen finden Sie all die Nachrichten, die Sie zwar erstellt, aber nie weggeschickt haben. Und im Papierkorb landen die Nachrichten, die Sie nicht mehr benötigen.

Um einen Ordner zu öffnen und zu sehen, welche Nachrichten er enthält, klicken Sie einfach auf den Namen des Ordners. Um beispielsweise nachzusehen, ob und wenn ja welche Nachrichten sich im Ordner Gesendet befinden, klicken Sie den Ordner einfach an.

Wie Sie in Abbildung 3.1 sehen können, steht neben einigen Elementen des Navigationsfensters (neben den Ordnern Eingang und Gesendet) eine Zahl in Klammern. Diese Zahl teilt Ihnen mit, wie viele Nachrichten sich im Ordner befinden.

Auch werden Sie in Abbildung 3.1 feststellen, dass hinter einigen der im Navigationsbereich aufgelisteten Elemente ein Plus- (+) oder Minuszeichen (-) steht. Hiermit teilt Notes Ihnen mit, ob noch weitere Elemente verborgen sind. Durch Anklicken der Plus- (+) bzw. Minuszeichen (-) werden die zugehörigen Ordner erweitert bzw. reduziert. Anders ausgedrückt, klicken Sie auf das Pluszeichen, um die Elemente, die Notes in seinem Ärmel versteckt hat, anzuzeigen, und das Minuszeichen, wenn Sie diese Elemente verbergen wollen.

In Abbildung 3.1 sehen Sie im Navigationsbereich ein Pluszeichen (+) neben der Überschrift Ansichten. Damit wissen Sie, dass unter dieser Überschrift noch weitere Informationen existieren, die jedoch verborgen sind. In Abbildung 3.2 sehen Sie, wie Ihre Bildschirmanzeige aussieht, wenn Sie das Pluszeichen (+) angeklickt haben. Das Pluszeichen hat sich in ein Minuszeichen verwandelt, und unter Ansichten werden nun die Namen sämtlicher Ansichten aufgelistet.

Wenn Sie diese Liste erneut verbergen (eigentlich zusammenklappen) wollen, klicken Sie erneut darauf.

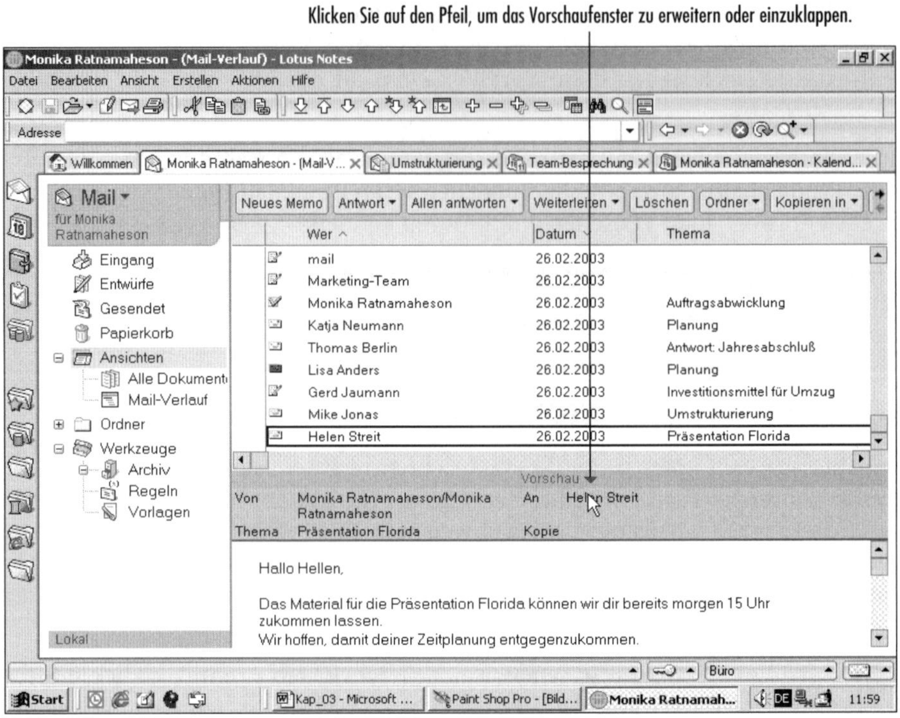

Abbildung 3.2: Klicken Sie neben dem Element im Navigationsfenster auf das Pluszeichen, wird das Element erweitert, klicken Sie erneut, wird es erneut reduziert.

Die untere Zeile: Diese kleinen Schaltflächen im Navigationsbereich Ihrer Mail-Datenbank dienen dazu, Informationen anzuzeigen und zu verbergen. Sie brauchen sie nur anzuklicken, um die Informationen anzuzeigen oder Optionen auszuwählen.

Wenn Sie sich im Navigationsbereich umsehen und alle vorhandenen *Twisties* (das sind die kleinen Pfeile neben den Titeln) erweitern – und Sie sollten das versuchen, auch wenn es nur zu Übungszwecken ist –, finden Sie 12 Elemente, die ich in der folgenden Tabelle 3.1 im Detail und mit aller Sorgfalt erklären werden. Zeigen sie nach rechts, ist der Titel reduziert. Zeigen sich nach unten, ist der Titel erweitert.

Um festzustellen, das sich hinter einem Ordner verbirgt, brauchen Sie diesen nur anzuklicken. Um herauszufinden, wie Sie eine Nachricht in einen Ordner verschieben, lesen Sie Kapitel 5.

Wenn Sie Ihre Mail-Datenbank öffnen, wird der Inhalt des Ordners angezeigt, den Sie beim letzten Öffnen der Datenbank zuletzt besucht haben. Angenommen, Sie haben sich die Nachrichten in einem von Ihnen erstellen Ordner namens *Status-Berichte* angesehen. Nun ist Feierabend und Sie schließen Ihre Mail-Datenbank, um nach Hause zu gehen. Wenn Sie am nächsten Tag wieder an Ihren Arbeitsplatz zurückkehren und Ihre Mail-Datenbank öffnen, gelangen Sie direkt in den Ordner, den Sie am Tag zuvor zuletzt besucht haben, in diesem Fall in den Ordner *Status-Berichte*.

Ordner-Symbol	Name des Ordners	Inhalt des Ordners oder der Ansicht
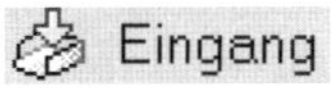	EINGANG	Nachrichten, die an Sie gesendet wurden
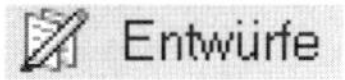	ENTWÜRFE	Nachrichten die Sie erstellt haben, aber noch nicht verschickt haben
	GESENDET	Nachrichten die Sie geschrieben haben und anderen Leuten geschickt haben
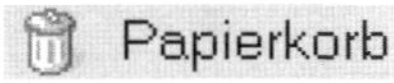	PAPIERKORB	Nachrichten, die gelöscht werden
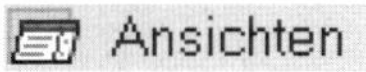	ANSICHTEN	Die Ordner ALLE DOKUMENTE und DISKUSSIONEN
	ALLE DOKUMENTE	Alle E-Mail-Nachrichten, die Sie haben
	ORDNER	Eine Liste anderer Ordner, falls sie welche erstellt haben
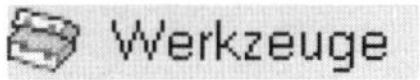	WERKZEUGE	Enthält Regeln und Vorlagen *(siehe Beschreibung weiter unten).*
	ARCHIV	Unterstützt sie beim Speichern und Verwalten alter Nachrichten
	REGELN	Zusätzliche Instruktionen, um bestimmte eingehende Nachrichten automatisch in bestimmte Ordner zu schaffen
	VORLAGEN	So etwas wie eine wiederverwendbare Schablone für Dokumente, die Sie immer wieder verschicken

Tabelle 3.1: Zwölf wichtige Ordner in Ihrem Navigationsbereich

Weil neue Nachrichten immer im EINGANG abgelegt werden, werden Sie wahrscheinlich am häufigsten in diesem Ordner arbeiten.

Klicken Sie im Navigationsbereich auf den Ordner EINGANG, um den Eingang neuer E-Mail-Nachrichten anzuzeigen.

Der Ansichtsbereich

Im Ansichtsbereich wird eine Zusammenfassung der Dokumente für einen bestimmten Ordner dargestellt. Wenn Sie die Pfeiltasten Nach-Oben und Nach-Unten ([↑] [↓]) drücken, bewegt sich die Auswahlleiste von einer Nachricht zur anderen (Die Auswahlleiste ist die große schwarze Umrandung, die Ihre Nachricht im Ansichtsbereich markiert. Und sobald Sie [↑] oder [↓] drücken, sehen Sie eine Vorschau dieses Dokuments im Vorschaubereich (sofern der Vorschaubereich geöffnet ist).

Jede Zeile mit Informationen im Ansichtsbereich stellt eine individuelle Nachricht dar. Jede dieser Nachrichten ist noch einmal in Spalten aufgeteilt:

- ✔ **Wer:** enthält den Namen der Person, welche die Nachricht geschickt hat.
- ✔ **Datum:** enthält das Datum, wann diese Nachricht gesendet wurde.
- ✔ **Grösse:** zeigt an, wie groß diese Nachricht ist.
- ✔ **Thema:** enthält das Thema der Nachricht.

Im Ansichtsbereich können Sie noch mehr tun als nur sehen, wer Ihnen eine Nachricht wann geschickt hat. Das wird im nächsten Abschnitt beschrieben.

Ändern der Spaltenbreite

Es kommt manchmal vor, dass in einer Spalte mehr drinsteht als hineinpasst, d.h. Sie können nicht die gesamte Information sehen. Dieses Problem ist leicht aus der Welt zu schaffen, da Sie die Breite einer jeden Spalte hier und sofort ändern können. Genau das machen wir in Abbildung 3.3.

Wenn Sie die Breite einer Spalte ändern möchten, gehen Sie zum oberen Abschnitt des Ansichtsbereichs (wo die Titel Wer, Datum, Grösse und Thema eingeblendet werden) und bewegen den Mauszeiger auf den rechten Rand dieser Spalte. Wenn Sie mit der Maus an der richtigen Stelle sind, verwandelt sich der Zeiger in ein doppelköpfiges Monster (sehen Sie auch Abbildung 3.3). Dann müssen Sie die Spalte nur auf ihre neue Größe ziehen. Geht ganz einfach, oder?

Sortieren Sie Ihre Mail!

Werfen sie einen erneuten Blick auf Abbildung 3.3 und sehen Sie sich die Titelzeilen Wer, Datum und Grösse an. Sind Ihnen die kleinen Dreiecke aufgefallen? Solche Spalten werden On-the-Fly sortiert. Klingt ein bisschen verrückt und es hat auch nichts mit einem Flugzeug zu tun. Die Dreiecke bedeuten nichts anderes, als dass Sie durch Anklicken der Titelzeilen die Dokumente neu sortieren können.

Mit der Maus können Sie die Spaltenbreite verändern.

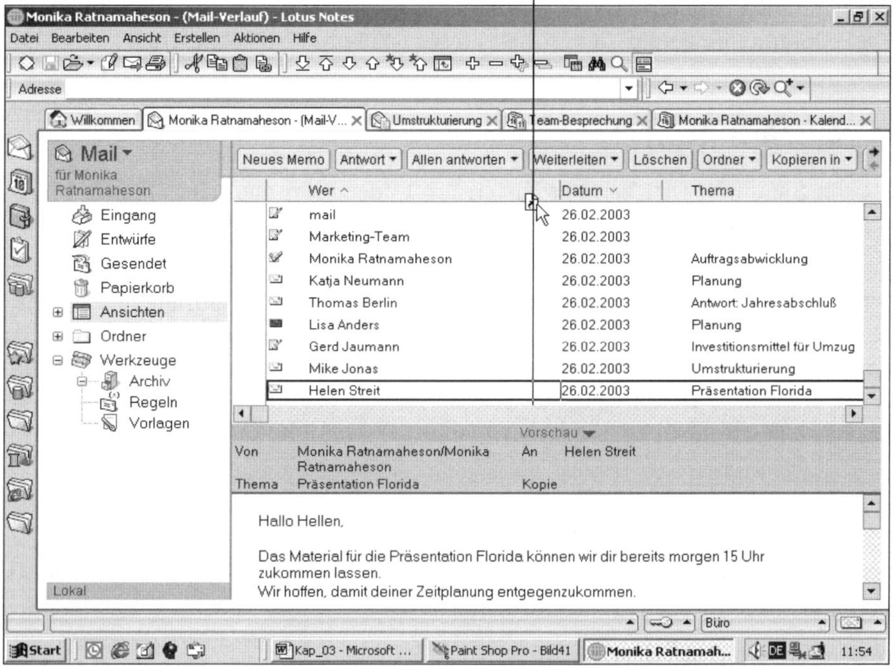

Abbildung 3.3: Sie können die Spaltenbreite durch Ziehen des rechten Spaltenrandes verändern

Möchten Sie zum Beispiel Ihre Dokumente in der Spalte DATUM neu sortieren, sodass diese vom neuesten zum ältesten hin aufgelistet werden, klicken Sie das Wort DATUM in der Titelzeile der Spalte an. Vor Ihren Augen sortieren sich die Dokumente von selbst um. Klicken Sie ein weiteres Mal auf das Wort DATUM, ordnen sich die Dokumente wieder in der entgegengesetzten Reihenfolge an – vom ältesten Dokument hin zum neuesten. Analog können Sie auch mit den Spalten WER und GRÖSSE verfahren. Dadurch sortieren Sie die Dokumente nach Personennamen in neuer alphabetischer Reihenfolge bzw. nach der Größe der Dokumente.

Wenn Sie die Nachrichten nach Absender sortieren, ist es viel einfacher für Sie, die Nachrichten einer bestimmten Person aufzufinden. Das ist insbesondere von Vorteil, wenn Sie Notes schon seit geraumer Zeit verwenden und sich eine große Menge an Nachrichten angesammelt hat. Notes kennt viele verschiedene Methoden der Datensuche. Die in der Regel einfachste Methode, eine bestimmte Nachricht aufzufinden, besteht jedoch darin, die Nachrichten neu zu sortieren, sodass alle Nachrichten einer bestimmten Person gemeinsam aufgelistet werden. Sie finden eine Menge weiterer nützlicher Informationen zum Thema Datensuche in Kapitel 13.

Immer wenn Sie ein kleines Dreieck in der Titelzeile einer beliebigen Spalte einer Datenbank sehen, wissen Sie, dass Sie die Titelzeile nur anklicken müssen, um die Dokumente gemäß dem Inhalt dieser Spalte neu zu sortieren.

Lesen Sie Ihre Mail!

Immer wenn Sie durch Drücken der Tasten [↑] oder [↓] die Auswahlleiste im Ansichtsbereich bewegen, ändert sich der Vorschaubereich. Er zeigt Ihnen eine Vorschau auf den Inhalt der Nachricht.

Um die Nachricht komplett zu lesen, doppelklicken Sie entweder auf die gewünschte Nachricht oder Sie markieren sie mit der Auswahlleiste und drücken dann die [↵]-Taste. Auf Wiedersehen, ihr Bereiche, nun füllt das ausgewählte Dokument den gesamten Bildschirm aus. Nach dem Öffnen eines Dokuments bewegen Sie sich mit den Tasten [↑] oder [↓] oder mit Hilfe des vertikalen Rollbalken durch den Textkörper des Dokuments.

Eine Nachricht schließen

Jede Nachricht, die Sie fertig gelesen haben, können Sie mit einer der folgenden Aktionen schließen und zum Ansichtsbereich zurückkehren:

- ✔ Drücken Sie die [Esc]-Taste.
- ✔ Klicken Sie auf das kleine x in der Titelleiste des Dokuments.
- ✔ Drücken Sie [Strg]+[W].
- ✔ Wählen Sie DATEI|SCHLIESSEN aus dem Menü.

Oder Sie können sofort zu einer anderen Nachricht wechseln:

- ✔ Drücken Sie die [↵]-Taste, und die nächste Nachricht erscheint.
- ✔ Drücken Sie die [←]-Taste, und die vorherige Nachricht erscheint.
- ✔ Drücken Sie die [⇆]-Taste, um zur nächsten ungelesenen Nachricht zu gelangen, oder drücken Sie [⇧]+[⇆], um an die vorhergehende ungelesene Nachricht zu gelangen, falls Sie eine haben.
- ✔ Drücken Sie [F4], um zum nächsten ungelesenen Dokument zu gelangen, oder drücken Sie [⇧]+[F4], um das vorhergehende ungelesene Dokument zu sehen.

Sollten Sie fürchten, dass Sie sich all diese Optionen nicht merken können, versuchen Sie es nicht einmal! Wählen Sie das aus, mit dem Sie am besten zurecht kommen, und vergessen Sie den Rest. [↵] und [←] sind ziemlich leicht zu merken.

Haben Sie besonders Acht gegeben und bemerkt, dass vor dem Öffnen des Dokuments dieses im Ansichtsbereich mit einen kleinen Stern markiert war? Der ist jetzt verschwunden. Möglicherweise haben Sie sogar mitgekriegt, dass der Name des Dokuments im Ansichtsbereich vorher rot war und jetzt schwarz ist. Was hat das zu bedeuten?

Notes 6 merkt sich, welche Dokumente Sie gelesen haben und welche nicht. Ist im Ansichtsbereich ein Dokument mit einem Stern daneben und mit roter Schrift dargestellt, dann wissen Sie, dass es brandneu ist. Oder Sie haben es zumindest noch nicht gelesen. Dementsprechend wurde ein fragliches Dokument ohne Stern und mit schwarzer Schrift von Ihnen *gelesen*.

ROTE Dokumente wurden noch NICHT gelesen.

Sind diese Bildchen nicht niedliche kleine Dinger...

Eine schnatternde Schar kleiner Icons haust im Ansichtsbereich und jedes Icon erzählt Ihnen etwas über die Nachricht dicht neben ihm.

Einige Icons erscheinen, weil mit einer Nachricht irgendetwas geschehen ist. Wenn Sie beispielweise eine Datei an eine Nachricht anhängen, wird im Eingang des Empfängers im Ansichtsbereich neben der Nachricht eine Büroklammer angezeigt.

Andere Icons erscheinen, wenn der Absender einer Nachricht eine spezielle Zustelloption gewählt hat, um die Nachricht als besonders wichtig oder als Frage zu markieren usw. Sie können in Kapitel 4 nachlesen, wie diese wunderlichen Icons verwendet werden.

(Nicht jeder kennt sich mit diesen Zustelloptionen aus, und selbst die Anwender, die wissen, wie man sie einsetzt, verwenden sie nicht. Seien Sie also nicht überrascht, wenn Ihre Nachrichten mit keinem dieser Icons versehen sind.)

In Tabelle 3.2 finden Sie eine Beschreibung sämtlicher Zustelloptionen und Icons im Ansichtsbereich und deren Bedeutung.

Kleiner Tipp aus der Abteilung »Es gibt wichtigere Dinge, um die ich mich kümmern muss«: Sagen Sie nicht weiter, was ich Ihnen nun verrate, aber Sie können auch dann mit Notes sehr erfolgreich sein, wenn Sie diese kleinen Bildchen und ihre Bedeutung nicht auswendig lernen.

Icon	Was es bedeutet
	Eine von Ihnen gesendete Nachricht
	Eine Nachricht, die Sie gespeichert, aber noch nicht gesendet haben
	Eine Nachricht, die als höchst wichtig gekennzeichnet ist. (Bitte sofort lesen!)
	Eine Nachricht, die als PERSÖNLICH gekennzeichnet ist. (Unter uns gesagt ...)
	Eine Nachricht, die als VERTRAULICH gekennzeichnet ist. (Dein Geheimnis ist bei mir sicher ...)
	Eine Nachricht, die als PRIVAT gekennzeichnet ist. (Bitte nicht weitersagen ...)
	Eine Dankeschön-Nachricht . (VIELEN DANK! Hat mich gefreut ...)
	Eine Nachricht, die als WITZ gekennzeichnet ist. (oder zumindest aufheitert ...)
	Eine Nachricht, die Ihnen mitteilt, dass Sie gute Arbeit geleistet haben (GUT GEMACHT!). (Super, Junge!)
	Eine Nachricht mit schlechten Neuigkeiten oder einer Beschwerde. (Grrgh ...)
	Eine Nachricht, die Sie nur zur Kenntnis nehmen sollen. (Kopf hoch!)
	Eine Nachricht, die als Frage gekennzeichnet ist. (Was ist damit gemeint?)
	Eine Nachricht, die als Gedankenstütze gekennzeichnet ist. (Ist es nicht nervend?)
	Eine Nachricht mit einer angehängten Datei oder einem eingebetteten Objekt
	Eine Nachricht, die als nicht vollständig gekennzeichnet ist.
	Eine Aufgabe mit hoher Dringlichkeit.
	Eine Aufgabe mit normaler Dringlichkeit.
	Eine Aufgabe mit niedriger Dringlichkeit.

Icon	Was es bedeutet
	Eine Nachricht, die als vollständig gekennzeichnet ist.
	Eine Nachricht, die als Einladung zu einer Besprechung gekennzeichnet ist.
	Eine Besprechung, die terminlich verschoben wurde.
	Eine Besprechung, die ganz abgesagt wurde.
	Eine Einladung, die angenommen wurde.
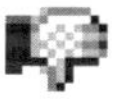	Eine Einladung, die abgelehnt wurde.
	Ein Geburtstag
	Ein ganztägiges Ereignis
	Eine Verabrechung, ein Termin

Tabelle 3.2: Icons in Ihrer Mail-Datenbank

Dieser beeindruckende Vorschaubereich

Vielleicht wollen Sie mehr als nur den Anfang einer Nachricht sehen. Ist Ihr Vorschaubereich geöffnet, so wählen Sie ANSICHT|DOKUMENTVORSCHAU|DOKUMENTVORSCHAU VERGRÖSSERN, um die Anzeige einer markierten Nachricht zu erweitern. Gehen Sie genauso vor, um das Merkmal DOKUMENTVORSCHAU VERGRÖSSERN zu deaktivieren, oder klicken Sie auf das schwarze Dreieck, das sich im Vorschaubereich neben dem Wort VORSCHAU befindet.

Wünschen Sie keine Vorschau auf jedes Dokument im Vorschaubereich, wählen Sie im Menü ANSICHT|DOKUMENTVORSCHAU|DOKUMENTVORSCHAU ANZEIGEN. Immer wenn Sie diesen Befehl aus dem Menü wählen, wechselt Notes zwischen einem geöffneten und einem geschlossenen Vorschaubereich. Sie können aber auch das schwarze Dreieck, das sich im Vorschaubereich neben dem Wort VORSCHAU befindet, anklicken, um dieses Anzeige zu öffnen oder zu schließen. Einige Leute (unter ihnen auch der Autor mehrerer *Lotus Notes für Dummies*-Bücher) ziehen es vor, den Vorschaubereich immer geschlossen zu haben.

Die Aktionsleiste

Zum Schluss widmen wir uns der Aktionsleiste, das ist der Streifen mit den großen Schaltflächen am obersten Ende Ihres Mail-Datenbankfensters (siehe Abbildung 3.1). Für jede Art von Aktion, die Sie mit einer Nachricht durchführen können, wie zum Beispiel ANTWORTEN oder WEITERLEITEN, finden Sie hier die entsprechende Schaltfläche. Sehen Sie eine Schaltfläche, die Sie benutzen möchten, klicken Sie sie einfach an!

Sie werden bemerkt haben, dass die Schaltflächen sich ändern, je nachdem, was Sie gerade tun. Anders ausgedrückt sehen Sie andere Schaltflächen in der Aktionsleiste, wenn Sie die Vorschau einer Nachricht aktivieren, als dann, wenn Sie die Nachricht zum Lesen geöffnet haben.

Holen Sie mich hier raus!

Möchten Sie Ihre Mail-Datenbank schließen und zum Notes-Arbeitsbereich zurückkehren, wählen Sie DATEI|SCHLIESSEN oder drücken Sie die [Esc]-Taste. Möglicherweise müssen Sie diesen Befehl zweimal eingeben, das ist beispielsweise dann der Fall, wenn Sie gerade eine Nachricht lesen. Beim erste Mal wird die Nachricht geschlossen; beim zweiten Mal schließt Notes die Datenbank.

Eine Nachricht erstellen

4

In diesem Kapitel

- Gewohnheiten beim Schreiben einer Nachricht überdenken
- Eine Nachricht schreiben
- Die Verwendung des Firmenverzeichnisses
- Eine Nachricht um spezielle Zustellmerkmale erweitern
- Eine Nachricht senden, beantworten und weiterleiten
- Andere Arten von Mail-Dokumenten

Hurra! Sie haben Ihre E-Mail-Datenbank geöffnet und alle Ihre Nachrichten gelesen. Sie haben Ihren Chef zurückgerufen und das Power-Lunch bestätigt. (Es ist nicht schlimm, dass Sie das Telefon benutzen mussten, schließlich wussten Sie noch nicht, wie man mit Notes auf eine E-Mail antwortet.) Sie verpassten auch nicht das Treffen des Krisenstabs um 15.00 Uhr. Dennoch verdienen einige verbleibende Nachrichten in Ihrer E-Mail-Datenbank eine Antwort. Eventuell ist das Telefon *nicht* der richtige Weg, um sie zu beantworten. Vielleicht wollen Sie auch einmal ein paar eigene Nachrichten erstellen? Es wird Zeit, dass Sie auf den Notes 6-E-Mail-Zug aufspringen.

In diesem Kapitel wollen wir aus Ihnen keinen Shakespeare oder Hemingway machen. *Was* Sie in Ihren Memos mitteilen, ist ganz allein Ihre Sache. Wir wollen Ihnen nur einige Hinweise geben, damit Ihre Nachrichten auch da ankommen, wo sie hinsollen.

Gute Memo-Angewohnheiten

Die folgenden Hinweise dürften eigentlich keine Überraschung für Sie sein. Für einige Dinge sollten Sie E-Mail nicht verwenden, da es einfach nicht geeignet ist:

- ✔ Vicky und ich geben nächste Woche eine kleine Hochzeitsfeier für unsere Tochter. Können Sie kommen? Bringen Sie bitte Ihren eigenen Champagner mit.
- ✔ Bernd: Ich denke es ist besser, wenn wir einfach Freunde bleiben.
- ✔ Tut mir leid, dass Ihr Wellensittich tot ist; hoffentlich war es nichts Ernstes oder sogar Ansteckendes.
- ✔ Hallo J. B. Hier sind einige Vorschläge, wie Du die Firma umkrempeln kannst. Schmeiß als Erstes alle Vizepräsidenten raus.

- He, Meyer, Sie sind gefeuert. In fünf Minuten haben Sie Ihr Büro verlassen. Wir haben schon einen Ersatz für Sie angestellt.
- Bist Du nicht auch der Meinung, dass der Präsident ein Trottel ist? Ich denke das jedenfalls. Was für ein Schwachsinniger! Ich könnte den Job besser erledigen als dieser Idiot.
- Ich habe gerade erfahren, dass Lehmann 90.000 Euro im Jahr verdient.

Für alle diese vorausgegangenen Punkte gibt es wohl geeignete Kommunikationsformen, aber in E-Mail-Memos haben sie nichts zu suchen. Bevor Sie Ihre Finger auf die Tastatur legen, machen Sie eine kleine Pause, um über folgende Punkte nachzudenken:

- In der Arbeit würden Sie gewisse Wörter nie gebrauchen. (*Etikette für Dummies* empfiehlt natürlich, eine solche Sprache überhaupt nicht zu verwenden). Und sicherlich sind Sie auch der Meinung, gewisse Themen am besten völlig zu vermeiden. Dinge, die Sie auch in gemütlicher Runde nicht sagen oder erörtern, gehören auch in keine E-Mail.
- Manchmal ist formeller Kommunikationsstil (wie z.B. Papierdokumente) angebrachter als E-Mail.
- Manchmal ist es besser, von Angesicht zu Angesicht miteinander zu reden, als eine E-Mail zu schicken.
- Übergehen Sie beim Schreiben einer E-Mail nicht Ihren Chef, wenn Sie es in anderen Situationen nicht auch tun würden.
- Widerstehen Sie der Versuchung, die ganze Welt in Ihre Liste der Kopien (KOPIE AN) einzubeziehen.
- Eine Nachricht kann zwar fast sofort übermittelt werden, aber nicht jeder wird sie sofort lesen können.
- Auch wenn Notes ein sicheres E-Mail-System ist (eine Nachricht geht nur an die Person, an die sie adressiert ist): nichts hält gewisse Personen davon ab, Ihre Nachricht an andere weiterzuschicken oder auszudrucken.
- Die meisten Chefs würden das sicherlich nie machen, aber vergessen Sie nicht: Firmen betrachten ihre E-Mail-Programme als Firmeneigentum und dazu zählt für sie auch Ihr Posteingang. Mit anderen Worten, wenn Sie in der Firma unter Druck geraten, hat Ihr Boss wahrscheinlich sogar die rechtliche Erlaubnis, Ihre Post zu lesen.
- Wenn Sie schmutziges Zeug entworfen haben, schlafen Sie darüber, bevor Sie es absenden.
- Lehmann verdient *nur* 70.000 Euro im Jahr.

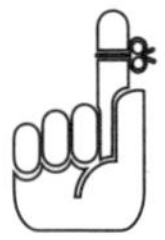

Eine E-Mail an Tausende von Leuten zu senden nennt man »Spamming«, so wie in: »Jim verbreitet sein Gemaule wirklich überall. Was für ein Idiot!« Nehmen Sie nicht zu viele Personen in Ihre Kopielisten auf. Sie wollen Ihre Kollegen doch nicht überlasten!

Ihr neues Memo in den Postausgang packen

So, Sie sind bereit, eine aktuelle, wirklich echte, lebensnahe Nachricht zu schreiben? Zu den angenehmen Dingen von Notes zählt, dass Sie neue Nachrichten immer und überall erstellen können. Es könnte sein, dass Sie vielleicht gerade eine Diskussionsdatenbank lesen. Oder Sie suchen gerade in der Datenbank des Firmen-Telefonbuchs. Plötzlich haben Sie das Bedürfnis, eine E-Mail zu schreiben. Wo auch immer Sie gerade sind oder was Sie gerade tun, solange Sie Notes geöffnet haben, ist eine neue E-Mail-Nachricht nur ein Menü (oder einen Mausklick) weit entfernt.

Um eine neue E-Mail-Nachricht zu schreiben, wählen Sie ERSTELLEN|MAIL|MEMO oder drücken einfach [Strg]+[M]. Eine leere Memo-Maske wie in Abbildung 4.1 erscheint. Ihr Memo besteht aus vier Teilen:

- ✔ **Aktionsleiste:** Schaltflächen, die Sie während der Erstellung Ihres Memos benutzen können, wie beispielsweise ALS ENTWURF SPEICHERN und ZUSTELLOPTIONEN.
- ✔ **Ihr Name:** Wie auch immer er lautet
- ✔ **Adressen -und Themenfelder:** Hier tragen Sie die Empfänger Ihres Memos ein und geben eine kurze inhaltliche Beschreibung ab.
- ✔ **Textkörper:** Dort schreiben Sie den Inhalt Ihrer Nachricht hinein.

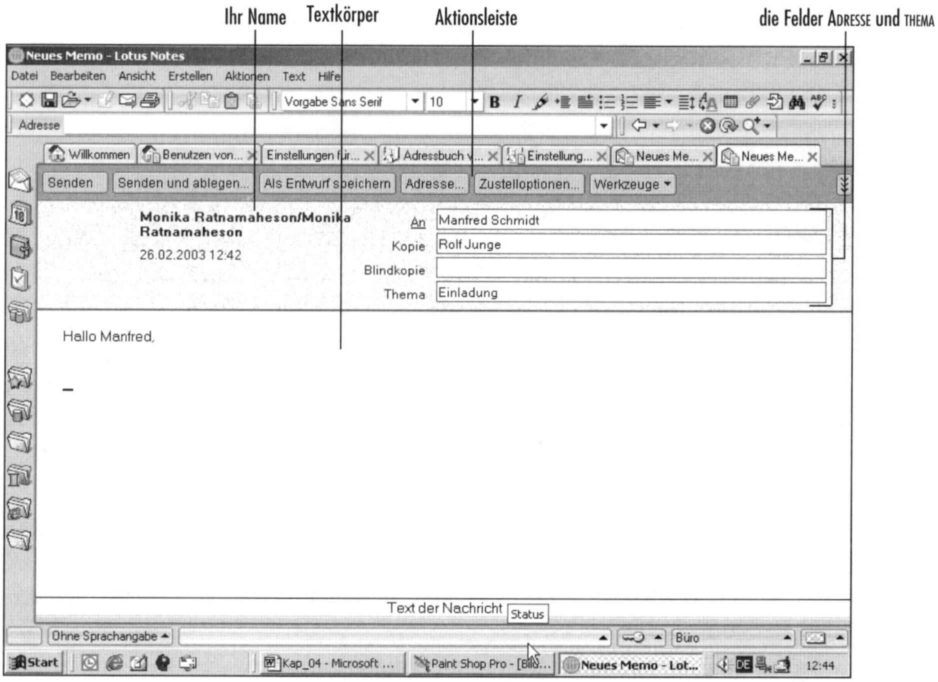

Abbildung 4.1:Jede E-Mail-Nachricht besteht aus vier Elementen.

Drei (oder vier) Schritte erfordert das Verfassen einer neuen Nachricht:

1. **Bestimmen Sie die Leute, an die Sie die Nachricht schicken wollen.**
2. **Schreiben Sie den Inhalt der Nachricht.**
3. **Markieren Sie die Nachricht mit einer Zustelloption (optional).**
4. **Speichern oder senden Sie die Nachricht, oder machen Sie beides.**

Bevor wir nun total abheben und Ihnen jeden dieser drei Schritte in nervtötenden Einzelheiten erklären, lassen Sie uns noch Folgendes erwähnen: Sie können auch einfach nur den Namen des Empfängers in das Feld An: eingeben, irgendetwas in den Textkörper schreiben und dann die Schaltfläche Senden (oben in der Aktionsleiste) drücken, um Ihre Nachricht abzuschicken.

Schritt 1: Eine Nachricht adressieren

Das Adressieren einer Nachricht ist sehr einfach. Geben Sie einfach den Namen der Person (oder Personen), der oder denen Sie ein (oder mehrere) Memos schicken möchten, in eines (oder mehrere) der Adressfelder ein. Wie in Abbildung 4.1 ersichtlich, gibt es drei Adressfelder: An:, Kopie: und Blindkopie:.

- **An:** In dieses Feld tragen Sie den Namen des ursprünglichen Empfängers Ihres Memos ein. Wenn Sie Ihr Memo an mehrere Leute verschicken, trennen Sie die Namen durch ein Komma. Sie können auch die Option Gruppe verwenden (siehe Kapitel 11).

Kleingedrucktes

An dieser Stelle halten wir folgenden Hinweis für angebracht: Das, was Sie gerade lesen, muss nicht für Sie gelten. Oder dieser Abschnitt ist noch richtig, aber später im Buch werden Sie bemerken, dass unsere Beschreibungen nicht das sind, was Sie auf dem Bildschirm sehen. Wenn Sie eine Diskrepanz zwischen dem, was Sie lesen, und dem, was Sie sehen, feststellen, könnte eine der folgenden Entschuldigungen in Frage kommen:

- Ihre Firma ist möglicherweise nicht für Notes-Mail konfiguriert. Manche benutzen Notes wegen seiner Datenbank-Fähigkeiten, benutzen aber ein anderes E-Mail-Programm. Wenn das der Fall ist, brauchen Sie dieses Kapitel nicht zu Ende zu lesen; machen Sie bei Kapitel 8 weiter!
- Ihre Firma verwendet für E-Mail vielleicht einen Web-Browser und nicht Notes. Wenn das der Fall ist, *sollten* Sie weiterlesen, denn das bedeutet nur, dass einige Schaltflächen an anderen Stellen sind. *Was Sie tun*, bleibt gleich, auch wenn die *Vorgehensweise* etwas unterschiedlich ist.
- Sie sollten nicht immer alles glauben, was Sie lesen.

- **Kopie:** In dieses Feld tragen Sie die Namen derer ein, denen Sie eine *Kopie* Ihres Memos schicken wollen. Auch hier sollten Sie, wenn Sie mehr als einen Namen haben, alle durch Kommata trennen.
- **Blindkopie:** Benutzen Sie dieses Feld, wenn Sie eine blinde Kopie Ihres Memos verschicken wollen. Damit senden Sie jemandem eine Kopie, und der Rest der Empfänger weiß nichts davon. Stellen Sie sich beispielsweise vor, Sie schicken ein Memo an einen Mitarbeiter. Darin bitten Sie ihn (oder sie) um Erledigung einer bestimmten Aufgabe. Sie möchten ferner, dass auch Ihr Manager davon erfährt, allerdings soll Ihr Mitarbeiter nicht wissen, dass der Manager weiß, was los ist. Tragen Sie also im Memo bei An: den Mitarbeiter und bei Blindkopie: Ihren Manager ein. Erhält der Mitarbeiter die Nachricht, bleibt das Blindkopie-Feld für ihn unsichtbar, und Ihr Geheimnis ist sicher aufgehoben. Ihr Mitarbeiter wird nicht erfahren, dass Sie eine Kopie derselben Nachricht an Ihren Manager geschickt haben. Ziemlich verschlagen, gelle?

Blindkopien: Sie haben etwas an sich, als würde man hinter dem Rücken über andere sprechen – und sind daher mit Bedacht zu verwenden.

Natürlich ist die Schreibweise wichtig, Sie sollten also ziemlich vorsichtig sein und die Namen richtig buchstabieren. Aber trotz allem keine Angst. Wenn Sie einen Namen falsch buchstabieren, könnte Notes den Fehler bemerken und Ihnen eine Korrekturmöglichkeit anbieten. Sie werden beim Eingeben des Empfängernamens schnell bemerken, dass Notes sein Bestes tut, damit Sie es richtig machen. Geben Sie in den Feldern An:, Kopie:, oder Blindkopie: die Anfangsbuchstaben des Empfängernamens ein und warten Sie kurz, bis Notes seine Suche abgeschlossen hat und Ihnen (in schwarzer Markierung) Vorschläge unterbreitet. Möchten Sie diese akzeptieren, dann brauchen Sie nur die [↵]-Taste zu drücken.

Sollten Sie sich bei der Schreibweise eines Namens nicht sicher sein, bietet Notes Ihnen eine einfache Möglichkeit, diese herauszufinden. Sie können die Schaltfläche Adresse... in der Aktionsleiste benutzen – den Rest müssen Ihre Finger erledigen.

Sie haben mindestens zwei mit E-Mail-Adressen angefüllte Verzeichnisse: Ihr eigenes persönliches Adressbuch und das öffentliche Adressbuch Ihrer Firma. Diese zwei Datenbanken verwendet Notes, wenn Sie die Schaltfläche Adressen... anklicken. Jede enthält die E-Mail-Adressen von diversen Leuten. Ihr persönliches Adressbuch enthält wahrscheinlich die Namen von Freunden (gewöhnlich arbeiten die nicht in Ihrer Firma), im öffentlichen Verzeichnis finden Sie die Namen aller Firmenmitglieder. (In Kapitel 11 erfahren Sie mehr über Ihr persönliches Adressbuch und Verzeichnisse.)

Wenn Sie auf die Schaltfläche Adresse... klicken, erscheint eine Dialogbox wie in Abbildung 4.2. Benutzen Sie die Dropdown-Liste Suchen in: in der oberen linken Ecke, um entweder Ihr persönliches Adressbuch oder das öffentliche Adressbuch Ihrer Firma auszuwählen.

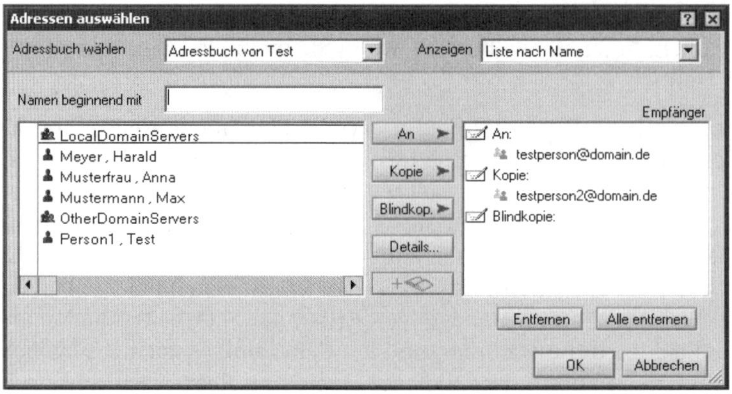

Abbildung 4.2: Verwenden Sie diese Dialogbox, um die Namen von Personen auszusuchen, denen Sie ein Memo senden möchten.

Auf der linken Seite der Dialogbox ADRESSEN AUSWÄHLEN sehen Sie die Namen der Leute aufgelistet, die entweder in Ihrem persönlichen Adressbuch oder im öffentlichen Adressbuch eingetragen sind, je nachdem, welches Sie auswählen. Wenn Sie Ihr Memo zu jemandem aus der Liste schicken möchten, dann wählen Sie den Namen aus und klicken auf eine der Schaltflächen AN >, KOPIE > oder BLINDKOPIE >, je nachdem, wie die Nachricht adressiert sein soll. Nach jedem Klick auf eine der Schaltflächen erscheint der Name der gewählten Person im rechten Fenster EMPFÄNGER. (Wenn Sie einen Fehler machen, können Sie mit den Schaltflächen ENTFERNEN oder ALLE ENTFERNEN Personen wieder aus der Empfängerliste entfernen.)

Am einfachsten lässt sich eine bestimmte Person mit Hilfe des Rollbalkens in der Liste suchen. Enthält die Liste sehr viele Namen, können Sie den (oder die) Anfangsbuchstaben am Anfang des Feldes eintippen.

Wenn Sie ein Maus-Fan sind, ziehen Sie den Namen vom linken Fenster in das entsprechende Feld der Empfängerliste. Oder Sie doppelklicken auf einen markierten Namen, und schon wird der Name im Empfängerfenster angezeigt. So einfach ist das.

Sind Sie mit der Auswahl der Empfängernamen fertig, klicken Sie auf OK, um das Dialogfenster zu schließen.

Nach Auswahl des Empfängernamens sollten Sie eine kurze Angabe über den Inhalt des Memos in das Feld THEMA eingeben. Die Beschreibung sollten Sie kurz, aber interessant halten. Was Sie hier eintragen, erscheint im Mail-Ansichtsbereich Ihres Empfängers.

Schritt 2: Den Textkörper einer Nachricht verfassen

Und nun kommen wir zu den wichtigen Dingen. Sie haben die Namen der Leute eingegeben (oder zumindest ausgesucht), die (bald) ein kleine Kostprobe Ihrer Weisheit erhalten werden. Das, was Sie mitzuteilen haben, sagen Sie im Textkörper der Nachricht.

Im Textkörper können Sie jeden beliebigen Text eingeben und dabei so phantasievoll sein, wie Sie möchten. Sie können den Text **fett** schreiben oder *kursiv* stellen und sogar Zeichensatz und Größe der Schrift ändern. Da der Textkörper einer E-Mail im Rich-Text-Format geschrieben wird, können Sie ihn sehr sorgfältig ausarbeiten. Neben all diesen verrückten Sachen, die Sie mit dem Text machen können, können Sie noch andere coole Besonderheiten einfügen, wie etwa Dateien oder Objekte. Lesen Sie mehr dazu in Kapitel 14.

Schritt 3: Bringen Sie Ihre persönliche Note mit ein

Bevor Sie eine Nachricht abschicken, können Sie bestimmte Zustelloptionen, Sicherheitsoptionen und Modusoptionen festlegen. Diese speziellen Einstellungen teilen dem Empfänger mit, wie dringlich eine Mitteilung ist oder in welcher Stimmung Sie gerade sind. Sie können auch eine Empfangsbestätigung anfordern, die Zustellzeit festlegen und dergleichen.

Wenn Sie mit dem Textkörper-Feld fertig sind, sollten Sie sich an die Schaltfläche ZUSTELLOPTIONEN... in der Aktionsleiste erinnern. Zwangsläufig führt Sie ein Klick darauf zu einer Dialogbox, wie in Abbildung 4.3 abgebildet. Diese Dialogbox bietet Ihnen eine Auswahl an Zustell- und Sicherheitsoptionen und Elemente, die den Spaß an der Sache erhöhen.

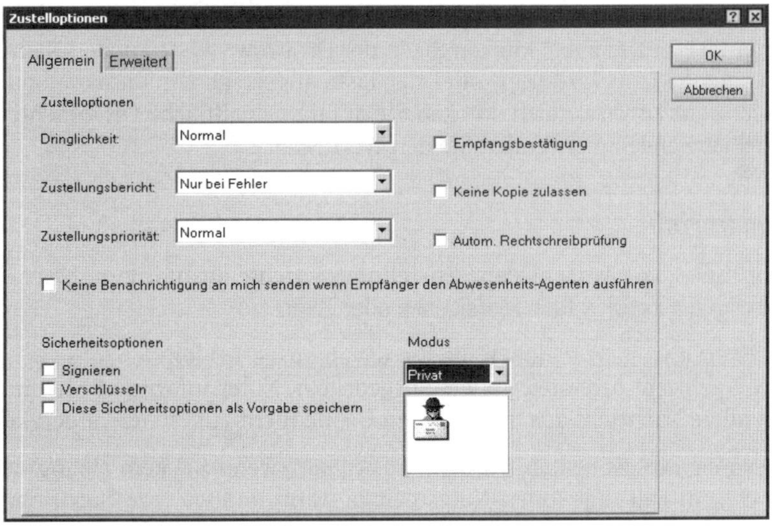

Abbildung 4.3: Benutzen Sie diese Optionen, um einige spezielle Dinge mit der ausgehenden Mail zu machen.

Auf Ihren Streifzügen durch Notes und bei Betrachtung der Dialogbox in Abbildung 4.3 werden Sie feststellen, dass auch eine Registerkarte ERWEITERT vorhanden ist. In der Regel brauchen Sie sich mit dieser jedoch nicht zu befassen – eine gute Nachricht, oder?

Dringlichkeit

Für eine Nachricht können Sie eine von drei Dringlichkeitsstufen festlegen: NIEDRIG, NORMAL und HOCH. Notes signalisiert dem Empfänger Nachrichten von hoher Dringlichkeit durch ein spezielles rotes Icon in seiner Mail-Datenbank. Setzen Sie dieses Merkmal ein, um den Empfänger auf eine besonders wichtige oder dringende Nachricht aufmerksam zu machen.

Stempel zur Kennzeichnung einer Mail

In der deutschen Notes-Version werden diese Stempel als Modus bezeichnet. Hier können Sie das in Ihrem Inneren schlummernde (elektronische) Kind wecken. Ein Modusstempel ist ein Bildchen, das Notes an den Anfang einer Nachricht hinzufügt. Der Leser erkennt daran, was Sie mit dieser Nachricht ausdrücken möchten. Wählen Sie einen solchen Stempel für Ihre Nachricht, wird diese auch so im Ansichtsbereich der Empfängerdatenbank markiert.

Sie können einer Anzahl verschiedener Stempel, wie etwa Privat, Flamme und Witz, wählen. Schauen Sie sich an, wie sie alle aussehen! Die Entscheidung für WITZ ist beispielsweise ganz nützlich, wenn Sie eine Nachricht mit sarkastischem Inhalt verschicken und gleichzeitig wollen, dass der Leser das auch merkt.

Um einen Stempel auszuwählen, klicken Sie auf die Dropdown-Liste unter der Option MODUS. Sehen sie sich die Liste an und entscheiden Sie sich für einen Stempel. Um die Vorschau des jeweiligen Stempels anzuzeigen, klicken Sie in der Dropdown-Liste auf den Namen des Stempels. Das betreffende Icon wird nun unter der Liste angezeigt. Um diesen Modusstempel für Ihre neue Nachricht zu verwenden, klicken Sie auf die Schaltfläche OK. Möchten Sie keinen Modusstempel verwenden, verwenden Sie den Wert NORMAL.

Zustellungsbericht

Notes erlaubt Ihnen, vier verschiedene Zustellungsberichte anzufordern: NUR BEI FEHLER, ZUSTELLUNG BESTÄTIGEN, GESAMTEN PFAD AUFZEICHNEN oder KEIN.

- **NUR BEI FEHLER** ist ganz nützlich, da Sie davon ausgehen können, dass keine Nachricht eine gute Nachricht bedeutet. Anders ausgedrückt, Notes informiert Sie nur dann, wenn Ihre gesendete Nachricht aus irgendeinem Grund nicht zugestellt werden konnte.
- **ZUSTELLUNG BESTÄTIGEN** sollten Sie dann auswählen, wenn Sie kein allzu großer Optimist sind. In diesem Fall sagt Ihnen Notes genau, wann und wo Ihre Nachricht ausgeliefert wurde.
- **DEN GESAMTEN PFAD AUFZEICHNEN** heißt nichts anderes, als dass Sie erfahren, wann und wo Ihre Nachricht hängen geblieben ist. (Das interessiert Sie wahrscheinlich gar nicht.)

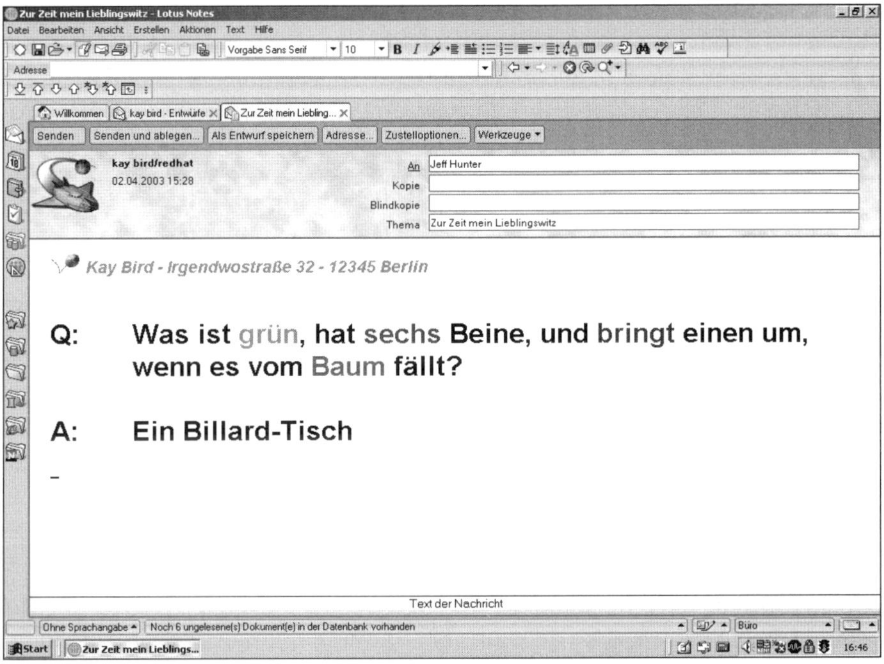

Abbildung 4.4: Eine Nachricht wie diese sollten Sie als Witz markieren, damit die Leser wissen, dass sie nicht allzu ernst zu nehmen ist.

- ✔ Kein bedeutet, dass Sie jede Vorsicht in den Wind schlagen. Es interessiert Sie nicht, ob die Nachricht angekommen ist oder nicht.

Wenn Sie eine andere als die Zustellungsoption Kein gewählt haben, erhalten Sie einen entsprechenden Bericht (als eine an Sie gerichtete E-Mail), sobald die Nachricht angekommen ist. Wann dies der Fall ist, hängt von Ihrem Netzwerk und dem Netzwerk-Administrator ab. Ist der Empfänger weit entfernt, kann es ein paar Stunden oder sogar einen ganzen Tag dauern, bis die Nachricht zugestellt wird.

Zustellprioritäten

Des Weiteren können Sie sich auch für eine Zustellpriorität entscheiden. Damit teilen Sie Notes mit, wie schnell Ihre Nachrichten zugestellt werden sollen:

Niedrig sendet Nachrichten spät in der Nacht, wenn das Netzwerk nicht so beschäftigt ist.

Normal sendet die Nachrichten, so bald dies möglich ist, basierend auf den Zustellplanungen, die der Administrator festgelegt hat (das ist die Standardeinstellung).

Hoch verschickt Nachrichten sofort. Treten Sie zur Seite, die Mail muss durch!

Senden Sie einen großen Anhang zusammen mit einer E-Mail-Nachricht, entscheiden Sie sich für die Zustellpriorität Niedrig. Die Nachricht ist wahrscheinlich noch nicht zugestellt, wenn Sie zu Hause angekommen sind und eventuell schon schlafen. Aber es kostet Ihre Firma weniger Geld, wenn Nachrichten spät in der Nacht verschickt werden. Vielleicht werden Sie dadurch zum Angestellten des Monats!

Signieren

Der Präsident der Firma ruft Sie an und beschwert sich über ein Memo von Ihnen, in welchem Sie weniger Arbeitsstunden und eine Lohnerhöhung für die ganze Abteilung fordern. Sie können sich jedoch in keiner Weise daran erinnern, jemals ein solches Memo geschrieben zu haben? Werden Sie vielleicht verrückt? Gedächtnisverlust? Das könnte schon sein! Wahrscheinlicher ist jedoch, dass irgendjemand das Memo in Ihrem Namen geschrieben hat. Ein boshafter Notes-Administrator z.B. könnte schon rausbekommen, wie man eine Nachricht erzeugt, die so aussieht, als würde Sie von Ihnen stammen, auch wenn dem nicht so ist.

Um zu verhindern, dass man Sie für Nachrichten verantwortlich macht, die gar nicht von Ihnen stammen, können Sie Nachrichten *signieren*. Aus dem gleichen Grund, aus dem Sie Schecks oder offizielle Dokumente unterschreiben, signieren Sie auch elektronische Nachrichten: Sie möchten zeigen, dass sie von Ihnen stammen. Ein Triff-mich-auf-einen-Kaffee-Memo muss nicht signiert werden, aber wenn es sich um ein Memo mit einer wichtigen oder heiklen Information handelt, sollten Sie Notes beweisen lassen, dass die Nachricht wirklich von Ihnen stammt.

Nun handelt es sich hier um Computer, und ganz offensichtlich können Sie Ihre Unterschrift nicht auf dem Bildschirm am Ende des Memos einritzen. (Na ja, eigentlich könnten Sie es doch tun, aber wir glauben nicht, dass Ihr Chef sehr glücklich darüber wäre.) Klicken Sie in der Dialogbox Zustelloptionen unter Sicherheitsoptionen das Kontrollkästchen Signieren an, wenn Ihre Nachricht auf diese Weise versendet werden soll.

Die Notes-Signatur ist sehr viel schwieriger zu fälschen als Ihre eigene Handschrift. Es handelt sich dabei um einen numerischen Computercode, der an die Nachricht angehängt wird, wenn Sie diese senden. Außerdem wird diese vom Computer des Empfängers beim Öffnen der Nachricht geprüft. Das Memo hat keine *richtige* Unterschrift, aber am unteren Bildschirmrand erscheint eine solche Nachricht:

```
Signiert durch Manfred Schmidt/Ideeas am 01.07.02 gemäß /Ideeas
```

Verschlüsseln

Ganz bestimmt ist die Welt voller Wichtigtuer, böser Buben und mit Spionen übersät. Und Sie sollen Ihre Nachrichten nicht über nicht allzu sichere Medien versenden. Wenn Sie ein Modem benutzen, senden Sie Ihre Nachrichten über öffentliche Telefonleitungen. Eine Person, die nichts Gutes im Sinn hat, könnte diese abhören. Bei Ihren Triff-mich-auf-einen-Kaffee-

Nachrichten ist das nicht weiter problematisch. Enthält die Nachricht jedoch wichtige Firmendaten, Leistungsbeurteilungen eines Angestellten oder wirklich guten Tratsch, aber Sie wollen nicht, dass irgendjemand anderes das lesen kann, dann ist es besser, die Nachricht zu verschlüsseln.

Wenn Sie die Sicherheitsoption VERSCHLÜSSELN von Notes verwenden, können Sie sich absolut sicher sein, dass nur der beabsichtigte Empfänger die Nachricht wird lesen können.

Möchten Sie eine Nachricht verschlüsseln, klicken Sie in der Aktionsleiste auf die Schaltfläche ZUSTELLOPTIONEN... Aktivieren Sie das Kontrollkästchen VERSCHLÜSSELN im Bereich SICHERHEITSOPTIONEN. Klicken Sie in der Dialogbox auf OK, wenn Sie fertig sind.

Senden Sie eine verschlüsselte Nachricht, übernimmt Notes für Sie im Hintergrund das Zerhacken. Wenn der Empfänger die Nachricht öffnet, sieht er den einfachen Text, wie Sie ihn geschrieben haben. Den verschlüsselten Teil der Nachricht können nur die gewünschten Empfänger mit der geeigneten Benutzer-ID lesen. Der einzige, der die durcheinander gewirbelte Version sieht, ist der arme Spion, der die Nachricht unterwegs abgefangen hat.

Falls Sie eine E-Mail an jemanden senden, der ein anderes E-Mail-Programm hat, oder wenn Sie Ihre Nachricht über das Internet schicken, sollten Sie mit Ihrem Notes-Administrator abklären, ob eine Verschlüsselung möglich ist.

Die Fensterläden schließen

Denken Sie darüber nach: Wer kann Ihre geöffnete, auf dem Bildschirm sichtbare E-Mail lesen, wenn Sie sich gerade *nicht* an Ihrem Schreibtisch befinden? Wenn Sie der Ansicht sind: »eigentlich jeder, der gerade am Computer vorbeigeht«, könnten Sie eine glorreiche Karriere im Spionagegeschäft haben, denn Sie liegen absolut richtig. Wenn Sie eine geheime Nachricht sichtbar lassen und eine Tasse Kaffee trinken gehen, können Sie Ihre große Karriere im Spionagegeschäft vergessen. Eine Nachricht ist entschlüsselt, wenn sie geöffnet ist. Sollten Sie Ihren Schreibtisch verlassen, schließen Sie die Nachricht und drücken Sie dann [F5], um den Zugang zu Notes zu verhindern. Wenn Sie dann wieder versuchen, Notes zu benutzen, müssen Sie Ihr Passwort neu eingeben. Das müsste aber jeder andere auch. Kapiert? Ihr Passwort können Sie verändern. Wie das geht, können Sie in Kapitel 16 lesen.

Empfangsbestätigung

Sollten Sie in der Dialogbox ZUSTELLOPTIONEN eine Empfangsbestätigung verlangen, werden Sie von Notes benachrichtigt, wenn der Empfänger die Nachricht *liest*. Das ist der Unterschied zum Zustellungsbericht, der Ihnen nur mitteilt, wann eine Nachricht in der Mail-Datenbank des Empfängers angekommen ist. Verlangen Sie eine Empfangsbestätigung, falls Sie solche Ausreden wie »ich habe Ihre Nachricht nie gesehen«, und »ich habe sie nie bekommen, das Netzwerk muss sie verloren haben« vermeiden möchten.

Senden Sie eine Nachricht an jemanden, der kein Notes benutzt, oder geht Ihre Nachricht über das Internet, so kann es sein, dass Sie keine Empfangsbestätigung erhalten können.

Kopieren verhindern

In der Dialogbox Zustelloptionen finden Sie auch das Kontrollkästchen Keine Kopie zulassen. Damit können Sie verhindern, dass der Empfänger der Nachricht diese nicht an irgendjemanden weiterleiten kann. Ja, es ist noch nicht einmal möglich, durch Bearbeiten|Kopieren Ihr Memo in die Zwischenablage zu befördern, falls der Empfänger ein kleines illegales Bearbeiten|Einfügen plant. Die Option Keine Kopie zulassen sorgt dafür, dass das, was Sie einer Person mitteilen, nicht die ganze Firma überschwemmt.

Haben Sie alle Zustelloptionen festgelegt, klicken Sie auf OK, um zu Ihrem Dokument zurückzukommen. Am häufigsten drücken Sie die Schaltfläche Senden und speichern, nachdem Sie alle Entscheidungen getroffen haben.

Möglicherweise dreht sich vor lauter Empfangsoptionen alles in Ihrem Kopf. Es beruhigt Sie hoffentlich, dass Sie all das nur unter bestimmten Umständen brauchen werden. Tatsächlich brauchen Sie bei den meisten Nachrichten nicht einmal einen Gedanken an die Zustelloptionen zu verschwenden. Was für eine Erleichterung!

Wenn Sie dennoch der Ansicht sind, Sie müssten permanent die Dialogbox Zustelloptionen besuchen, weil Sie einen speziellen Modusstempel oder die Priorität auf hoch oder was auch immer setzen möchten, dann aktivieren Sie das Kontrollkästchen Diese Optionen als Vorgabe für künftige Nachrichten. Alle Ihre neuen Nachrichten weisen dann dieselben Sicherheitsstandards auf. Selbstverständlich können Sie jederzeit Ihre Meinung ändern; Sie müssen nur die Dialogbox Zustelloptionen erneut öffnen und eine Einstellung ändern oder das Kontrollkästchen Diese Optionen als Vorgabe für künftige Nachrichten ausschalten.

Schritt 4: Das Senden der Nachricht

Nachdem Sie erfolgreich die Adresse herausgesucht und den Text Ihrer Nachricht verfasst haben, wird es Zeit, die Nachricht zu versenden. Wählen Sie im Menü Aktionen|Senden oder klicken Sie auf die Schaltfläche Senden in der Aktionsleiste. Und fast geräuschlos macht sich das Memo auf den Weg.

Es kann passieren, dass Sie Ihre Meinung ändern und das Memo nicht schicken möchten (was haben Sie denn gerade wieder gedacht?). Drücken Sie dann die [Esc]-Taste und wählen Sie in der folgenden Dialogbox ÄNDERUNGEN VERWERFEN. Wenn Sie Ihre Nachricht später schicken wollen, speichern Sie diese über die Schaltfläche ALS ENTWURF SPEICHERN in der Aktionsleiste erst einmal ab.

Was passiert eigentlich, wenn Sie ein Memo senden? Es wird an Ihren Mail-Server weitergereicht, das ist der Computer, der im Keller steht und dafür verantwortlich ist, dass die richtige Mail an den richtigen Empfänger gelangt. Und Sie? Sie sind wieder genau an dem Punkt angelangt, wo Sie waren, als Sie mit dem Entwerfen Ihrer Nachricht angefangen haben. Ruhen Sie sich jetzt aus, Sie können sicher sein, dass Notes Ihr Memo an den richtigen Empfänger ausliefern wird. Wenn Notes Ihre Nachricht aus irgendeinem Grund nicht ausliefern kann, teilt es Ihnen das mit.

Der einzige Mangel bei Benutzung des Menübefehles AKTIONEN|SENDEN besteht darin, dass ein Memo nicht gespeichert wird. Natürlich erreicht das Memo den Empfänger, aber *Sie* haben keine Aufzeichnungen über das, was Sie geschickt haben. Deshalb sollten Sie sich überlegen, ob Sie aus dem Menü nicht den Befehl AKTIONEN|SENDEN UND ABLEGEN (oder die Schaltfläche SENDEN UND ABLEGEN in der Aktionsleiste) benutzen, um Ihre Dokumente zu versenden. Dadurch erreichen Sie zwei Dinge: Ihre Nachricht wird gespeichert *und* gesendet. Aus diesem Grunde besitzen Sie auch eine Aufzeichnung dessen, was Sie gesendet haben.

Entscheiden Sie sich für diese Option, erscheint eine Dialogbox wie in Abbildung 4.5. Wählen Sie den Ordner aus, in dem die ausgehende Nachricht gespeichert werden soll, und klicken Sie auf OK.

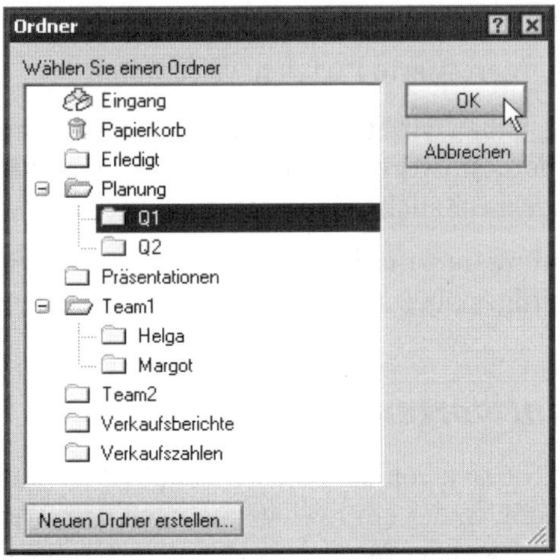

Abbildung 4.5: Mit SENDEN UND ABLEGEN können Sie eine ausgehende Nachricht speichern.

Ordner, die in der Dialogbox mit einem Plus-Zeichen angezeigt werden, können Sie anklicken, um den Inhalt anzuzeigen. Weitere Details über das Erweitern von Ordnern finden Sie in Kapitel 3. Das Plus-Zeichen in Abbildung 4.5 (neben dem Ordner Planung) ist bereits erweitert. (Beachten Sie, dass das Plus-Zeichen sich in ein Minus-Zeichen verwandelt hat.)

Finden Sie keinen geeigneten Ordner für Ihre Ablage – und falls Sie vergessen haben, einen speziellen Ordner anzulegen, bevor Sie eine Nachricht ablegen wollen – klicken Sie einfach auf die Schaltfläche Neuen Ordner erstellen und geben Sie dem Ordner einen Namen.

Wenn Sie sich nicht sicher sind, in welchen Ordner Sie Ihre Nachrichten abspeichern sollen, wählen Sie ruhig den Ordner Eingang. Und sollten Sie vergessen, wo Sie Ihre Nachrichten gespeichert haben: durch Suchen (Details dazu finden Sie in Kapitel 13) oder in der Ansicht Alle Dokumente finden Sie diese auf jeden Fall wieder.

Arbeiten in Ihrer Mail-Datenbank

Ganz am Anfang dieses Kapitels behaupteten wir, dass man ein neues Memo jederzeit und überall erstellen kann. Das ist natürlich ganz nett, aber die meiste Zeit werden Sie wohl mit Ihrer Mail arbeiten wollen, während Sie direkt in der Datenbank sind. Sie öffnen Ihre Mail-Datenbank immer dann, wenn Sie folgendes tun möchten:

- ✔ Nachrichten lesen, die Sie bekommen haben
- ✔ Auf Nachrichten antworten, die Ihnen geschickt wurden
- ✔ Dokumente an andere interessierte Parteien weiterleiten

Wie man Nachrichten liest, haben wir bereits in Kapitel 3 besprochen, also lassen Sie uns jetzt herausfinden, was es mit dem Antworten und Weiterleiten von Nachrichten so alles auf sich hat. Außerdem sollen einige zusätzliche Mail-Masken vorgestellt werden.

Kapitel 13 bietet Ihnen weitere Informationen, wie Sie nach Nachrichten suchen können, und in Kapitel 5 erfahren Sie einiges über das Verwalten und Organisieren Ihrer Nachrichten.

Auf eine E-Mail antworten

Bevor wir loslegen, stellen Sie sich vor, dass Sie Ihre Mail-Datenbank öffnen. Da lesen Sie eine neu angekommene Nachricht, in der ein Kollege Sie nach dem Weg zu Ihrem Haus fragt. Da Sie ein aufgeschlossener und sozialer Mensch sind, antworten Sie natürlich sofort.

Und so gehen Sie vor: Öffnen Sie die ursprüngliche Nachricht oder markieren Sie diese im Ansichtsbereich. Dann klicken Sie in der Aktionsleiste entweder auf die Schaltfläche Antwort oder auf Allen Antworten. In der dort angezeigten Dropdown-Liste stehen Ihnen die folgenden

Optionen zur Auswahl: Antwort, Antwort mit Protokoll, Antwort Ohne Anhänge oder Antwort mit Protokoll im Internetstil.

In jedem Fall erzeugt Notes für Sie ein neues Memo und setzt automatisch die Mail-Adresse der Person ein, die Ihnen die Anfrage ursprünglich gestellt hat.

Antworten

Am einfachsten ist es, die Option Antworten zu verwenden – Sie erhalten eine brandneue Nachricht, die bereits mit der E-Mail-Adresse der Person versehen ist, auf deren Nachricht Sie antworten wollen. Sie werden ebenfalls feststellen, dass auch das Thema Ihrer Antwort automatisch eingefügt wurde. Ist es nicht herrlich, dass Notes Ihnen so viel Tipp-Arbeit abnimmt?!

Antworten mit Protokoll

Durch die Verwendung von Antwort mit Protokoll fügt Notes eine Kopie der ursprünglichen Nachricht in die neue Nachricht ein. Es handelt sich also um eine nette Art, einen Menschen daran zu erinnern, um was es in seinem Memo ging. Sie werden recht oft Antwort-Memos erhalten, in denen die Verfasser irgendeine Aussage treffen. Dabei haben Sie nicht die leiseste Ahnung, worum es dabei geht. (Überlegen Sie einmal, Sie erhalten eine E-Mail, in der nur das Wort »Nein« steht. Wofür ein Nein? Nein, keine Bananen? Nein zur Anfrage der Gehaltserhöhung. Nein, keine Ahnung, um was es geht?)

Um so etwas zu verhindern und Ihre technische Reputation aufrechtzuerhalten, verwenden Sie immer Antwort mit Protokoll. Dann weiß der Empfänger zumindest, um was es geht.

Abbildung 4.6 zeigt, wie eine Antwort mit Protokoll aussehen kann.

Antwort ohne Anhänge

Die Option Antwort ohne Anhänge verwenden Sie nur, wenn Sie die ursprüngliche Nachricht – die Nachricht, die Sie beantworten wollen – mit einem oder mehreren Anhängen erhalten haben. In den meisten Fällen ist es sicherlich nicht notwendig, umfangreiche angehängte Dateien mit der Antwort-Nachricht an den Absender zu schicken. Wenn Sie diese Anhänge abhängen, wird Ihre Nachricht viel schneller zugestellt und gleichzeitig reduziert sich der Umfang der Mail-Datei für Sie wie auch für den Empfänger. Das Ganze ist also rundherum eine gute Idee.

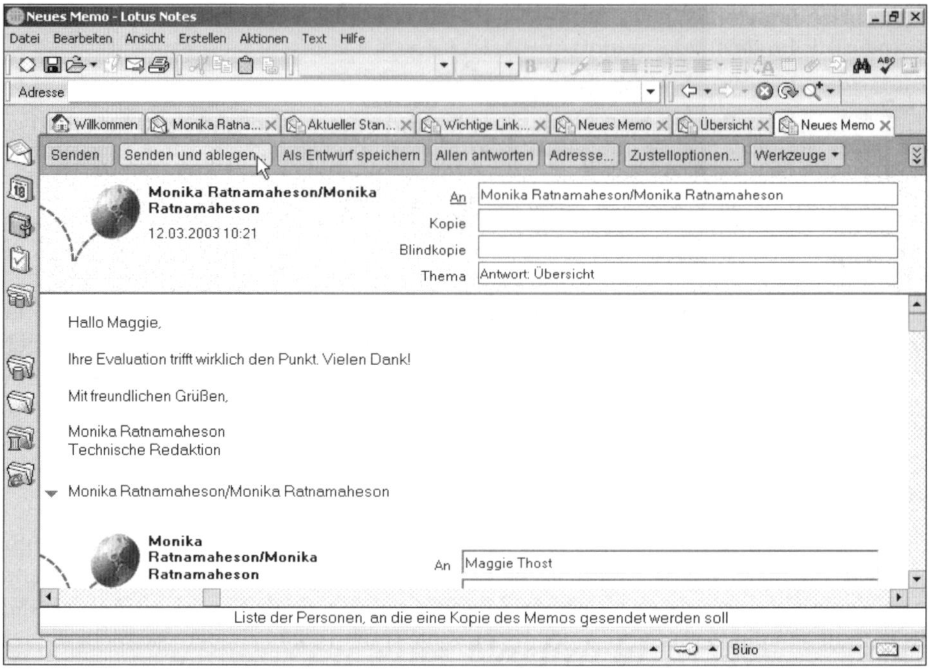

Abbildung 4.6: Wenn Sie auf eine Nachricht mit Antwort mit Protokoll reagieren, setzt Notes automatisch den Namen der Person ein und fügt eine Kopie des ursprünglichen Memos in den Textbereich ein.

Die Option ANTWORT OHNE ANHÄNGE funktioniert weit gehend wie die Option ANTWORT MIT PROTOKOLL, denn auch hier fügt Notes automatisch eine Kopie der ursprünglichen Nachricht in die neue Nachricht ein. Allerdings wird in diesem Fall lediglich die ursprüngliche Nachricht zurückgesendet. Der nun nicht mehr benötigte Ballast in den angehängten Dateien jedoch wird zurückgehalten.

Die Verwendung der Option ANTWORT OHNE ANHÄNGE ist sehr vorteilhaft, vor allem wenn Sie oder Ihre Kollegen über ein Modem mit Notes verbunden sind. Die Nachricht ist viel kompakter und kann viel schneller zugestellt werden.

Antwort mit Protokoll im Internetstil

Die Option ANTWORT MIT PROTOKOLL IM INTERNETSTIL bietet Ihnen ein Nachrichten-Format, das Ihnen insbesondere vertraut ist, wenn Sie mit anderen E-Mail-Programmen gearbeitet haben. Diese Antwortoption funktioniert wie die Option ANTWORT MIT PROTOKOLL. Auch hier wird automatisch eine Kopie der ursprünglichen Nachricht eingefügt, allerdings wird der Text in die Schrift Courier umgewandelt und jede Zeile beginnt mit einer Klammer (>). Sie sollten dieses Antwortformat ein paar Mal ausprobieren und sehen, wie Sie damit zurechtkommen. Sie werden feststellen, dass es der Verwendung der Option Antwort mit Protokoll sehr ähnlich ist, und Sie können dann mit der Option arbeiten, die Ihnen besser gefällt.

Bevor wir das Thema der Antwortoptionen abschließen, soll noch die Option Allen antworten vorgestellt werden. Klickt man in der Aktionsleiste auf die Schaltfläche Allen antworten, wird ein Dropdown-Menü angezeigt, das die gleichen vier Optionen wie die Schaltfläche Antworten enthält. Der einzige Unterschied zwischen Antworten und Allen antworten betrifft die Anzahl von Namen, die automatisch als Empfänger der neuen Nachricht eingefügt werden.

Angenommen, Pia sendet Ihnen eine Nachricht mit Kopien (Kopie an:) für Ihren Chef und für Mario von der Marketing-Abteilung. Wenn Sie diese Nachricht über die Option Antworten beantworten, wird Pias Name automatisch im Feld An Ihrer Antwortnachricht angezeigt. Mario und Ihr Chef bleiben in diesem Falle außen vor, weil Notes ihre Namen nicht automatisch einfügt. Wenn Sie die Option Allen antworten verwenden, wird Ihre neue Nachricht jedoch automatisch an Pia, Mario und Ihren Chef adressiert. Anders ausgedrückt: bei Verwendung der Option Allen antworten werden die Namen aller Empfänger der ursprünglichen Nachricht in das Adressfeld der neuen Nachricht eingefügt.

Haben Sie sich für irgendeine der Antwortoptionen entschieden, können Sie auch die Adressfelder ändern. Vielleicht möchten Sie ja jemand anderes einladen? Im Textbereich können Sie einen beliebigen Text verfassen.

Anschließend klicken Sie in der Aktionsleiste auf die Option Senden oder Senden und Ablegen, und Ihre Antwort nimmt den gleichen Weg wie jedes andere ausgehende Memo auch.

Weiterleiten, aber sicher!

Neben der Möglichkeit, auf eine Nachricht zu antworten, können Sie diese auch weiterleiten. Vielleicht bekommen Sie ja eine Anfrage über Unternehmenspolicen geschickt, sind aber nicht der richtige Ansprechpartner. Leiten Sie das fehlgeleitete Dokument einfach an die richtige Person weiter, indem Sie in der Aktionsleiste die Schaltfläche Weiterleiten drücken und in das Feld An den Namen des Empfängers eingeben.

Die Weiterleitung von Mail-Nachrichten ist ähnlich wie die Verwendung der Option Antworten, denn Notes wird auf diesem Weg mitgeteilt, eine neue Nachricht zu erstellen, die automatisch den Inhalt der ursprünglichen Nachricht enthält.

Abbildung 4.7 zeigt, dass die Optionen Weiterleiten und Antworten in sehr ähnlicher Weise gehandhabt werden. Auch für die Option Weiterleiten können Sie wählen, ob die ganze Nachricht weitergeleitet werden soll oder, wenn Sie Zeit und Speicherplatz sparen wollen, ob die Nachricht ohne Anhang weitergeleitet werden soll. (Sie können eine Nachricht auch im Internet-Zeichen- und Absatzformat verschicken – siehe weiter oben »Antwort mit Protokoll im Internetstil«.)

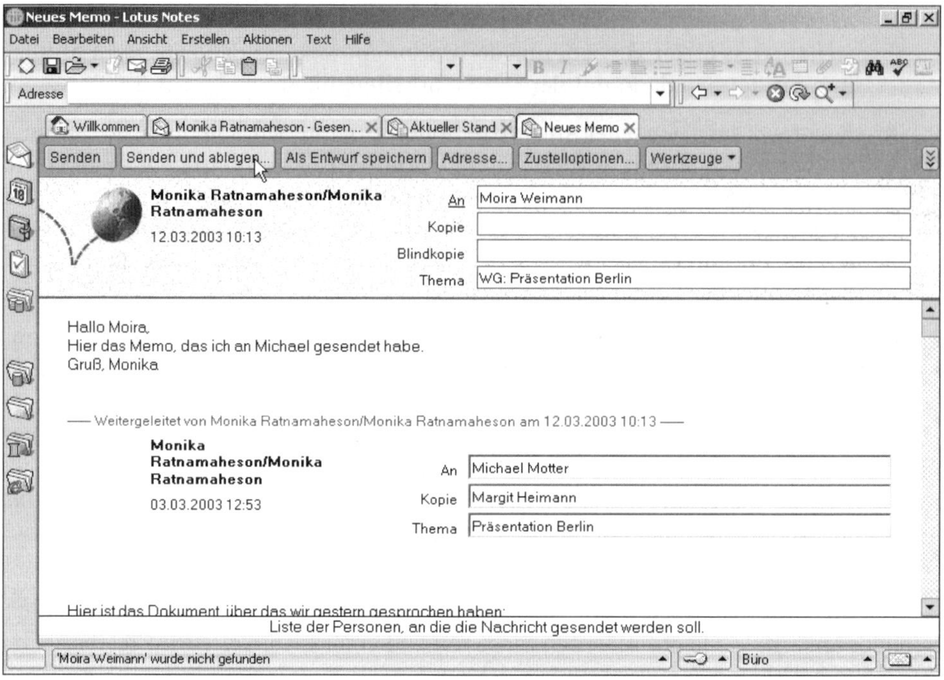

Abbildung 4.7: Verwenden Sie die Option WEITERLEITEN, *um anderen eine Nachricht zu senden, die Sie selbst erhalten haben.*

Die Weiterleitung von Mail-Nachrichten wird von Ihrem Manager oft verwendet, um Sie dazu zu bringen, etwas zu tun. (Jemand stellt Ihrem Chef eine Frage, und plötzlich ist es Ihr Problem?) Oder Sie bekommen eine Nachricht (oder sehen ein Dokument in einer Datenbank) und sind der Meinung, dass Ihr Kumpel sie unbedingt sehen sollte. Dann leiten Sie sie weiter!

Wenn Sie ein Dokument an jemanden weiterleiten, ist es angebracht (danke, Emily Post), eine Kopie für die Person einzufügen, die das Dokument zuerst versendet hat. Auf diese Weise erfährt der ursprüngliche Verfasser, dass Sie *nicht* auf dem direkten Wege antworten.

Andere Arten von Mail-Dokumenten

Betrachten Sie das Menü ERSTELLEN in Ihrer Mail-Datenbank. Da sehen Sie, dass Notes noch einige andere Mail-Masken für Sie bereithält. Zwar bleibt eine E-Mail-Nachricht eine E-Mail-Nachricht, aber diese anderen Masken sind nicht ohne Hintergedanken erstellt worden.

AUFGABE: Diese Maske verwenden Sie, um sich von Notes an eine zu erledigende Aufgabe erinnern zu lassen. Oder weisen Sie (per E-Mail) einem anderen eine Aufgabe zu. Die von Ihnen erzeugten Aufgaben werden im Ansichtsbereich Ihrer Mail-Datenbank mit kleinen Kontrollzeichen versehen. (Das heißt natürlich nicht, dass derjenige, dem Sie eine Aufgabe zusenden, diese auch erledigen wird!). In Kapitel 10 finden Sie weitere Informationen über Aufgaben.

Kalendereintrag: Benutzen Sie diese Maske, um ein Treffen zu planen. Dies erscheint dann auch in Ihrem (richtig geraten!) Kalender. Lesen Sie in Kapitel 8, wenn Sie erfahren möchten, wie man den Kalender benutzt.

Nachrichten verwalten

5

In diesem Kapitel

- Löschen unerwünschter Nachrichten
- Ordner erstellen und benutzen
- Nachrichten sortieren und suchen
- Nachrichten drucken

Was fangen Sie mit Ihren gelesenen Nachrichten an? Müssen Sie etwas mit ihnen machen? Können Sie Nachrichten aufbewahren oder verschwinden sie, nachdem sie gelesen wurden? Wie können Sie Nachrichten organisieren, sodass sie später leicht auffindbar sind? Und, auch wenn wir heute im Digitalzeitalter leben, was tun Sie, um eine permanente (hmm, auf Papier gedruckte) Version einer Nachricht zu erhalten?

In diesem Kapitel erfahren Sie alles, um Ihre Nachrichten mit Notes im Griff zu haben: wie Sie vorgehen, wenn Sie eine Nachricht oder mehrere Nachrichten gelesen haben, wie Sie diese Nachrichten in Ordnern organisieren, wie Sie diese Nachrichten wiederfinden, nachdem Sie sie in Ordner verschoben haben, wie Sie Ihre Dateisystem sauber und übersichtlich halten und wie Sie Nachrichten ausdrucken.

Ein Haufen veralteter Fetzen

Es ist wahr, Sie müssen nichts mit den von Ihnen gelesenen Nachrichten machen. Sie stapeln sich genauso in Ihrem E-Mail-Posteingang, wie sich diverses Zeug in Ihrer Ablage auf dem Schreibtisch ansammelt (für weitere Informationen zum Lesen von Nachrichten gehen Sie noch einmal kurz zurück zu Kapitel 3). Außer wenn Sie im Einzelfall entscheiden, eine Nachricht zu löschen, und (noch wichtiger) die richtigen Tasten dafür drücken, hebt Notes die Nachricht in Ihrer Mail für immer und ewig auf. Und außer der Administrator beschränkt die Größe ihrer Mail-Datenbank-Datei: In diesem Fall haben Sie keine andere Wahl und müssen Ihre Nachrichten löschen und neu organisieren!

Es könnte Ihnen jedoch ergehen wie einem Hamster, der in kürzester Zeit einen großen Vorrat ansammelt – denn es könnte ja sein, dass diese Dinge irgendwann einmal nützlich sein könnten! – und Ihre Nachrichten erreichen in Windeseile einen enormen Umfang. Nennen wir es das Garderobehaken-Syndrom: Wer kann schon nachvollziehen, wie sich innerhalb so kurzer Zeit all die Jacken und Mäntel in der Garderobe ansammeln?

Da jede Nachricht, die Sie aufheben, Speicherplatz benötigt, sollten Sie ernsthaft in Erwägung ziehen, alte und überflüssige Nachrichten regelmäßig zu löschen – also eine regelmäßige

Computer-Putzaktion durchzuführen. Ihre Festplatte wird es Ihnen danken. Weitere Vorteile solcher Putzaktionen sind, dass Ihr E-Mail-System schneller läuft, das System bei der Datensuche weniger Nachrichten zu durchforsten hat und eine schnellere Replizierung möglich ist (weitere Informationen über Replizierung finden Sie in Kapitel 19).

Wenn Sie Notes an Ihrem Arbeitsplatz verwenden, existieren in Ihrer Firma sicherlich bestimmte Vorschriften, wie lange eine Nachricht gespeichert wird, bevor sie endgültig gelöscht wird. Um Genaueres herauszufinden, sollten Sie sich an den Administrator Ihrer Firma wenden. Schließlich wollen Sie nicht wichtige Nachrichten verlieren (so wie damals, als Ihre Mutter sämtliche Fußballer-Karten in den Müllereimer beförderte, die Sie seit Ihrem sechsten Lebensjahr gesammelt hatten).

Anstatt eine Nachricht für immer zu löschen, können Sie auch ein Archiv verwenden, um Nachrichten aus Ihrer Mail-Datenbank zu entfernen, aber dennoch an einem anderen Ort aufzubewahren.

Wenn Sie Ihren Posteingang regelmäßig nach nicht benötigten Nachrichten durchforsten und diese löschen, können Sie vermeiden, dass Ihr Posteingang überquillt und unübersichtlich wird. Wer sich vergewissern will, kann in regelmäßigen Abständen die Größe seiner Mail-Datenbank überprüfen (und dabei feststellen, ob eine Datenreinigung angesagt ist). Öffnen Sie Ihre Mail-Datenbank und wählen Sie dann im Menü Datei|Datenbank|Eigenschaften... Klicken Sie auf die Registerseite Info (die mit dem kleinen Buchstaben *i*), dann sehen Sie etwas, was der Abbildung 5.1 bemerkenswert ähnelt. Diese Datenbank enthält 155 Dokumente und belegt einen Speicherplatz von 6.400 KB.

Nachrichten auswählen

Bevor Sie irgendeinen Befehl auf ein Dokument anwenden können, teilen Sie Notes mit, welches Dokument oder welche Dokumente von dem Befehl betroffen sind. Handelt es sich nur um *ein* Dokument, dann ist das Auswählen recht einfach. Entweder klicken Sie das fragliche Dokument mit der Maus an, oder Sie benutzen die Pfeiltasten [↑] und [↓], um es im Ansichtsbereich zu suchen. Egal wie Sie es anstellen, sobald die Auswahlleiste das Dokument markiert, kommen wir ins Geschäft!

Wenn Sie mehr als ein Dokument auswählen, markieren Sie das erste Dokument und drücken dann die Leertaste. (Überprüfen Sie, ob das kleine Häkchen auf der linken Seite des Ansichtsbereiches erscheint.) Dann markieren Sie das nächste Dokument und drücken wieder die Leertaste. Und dasselbe noch einmal ... kapiert?

Möchten Sie mehrere Objekte mit der Maus auswählen, klicken Sie direkt in die Spalte, wo das Häkchen hin soll. Sollten Sie Ihre Meinung ändern, können Sie die gleiche Technik (entweder mit der Maus oder mit der Leertaste) verwenden, um die Auswahl wieder rückgängig zu machen.

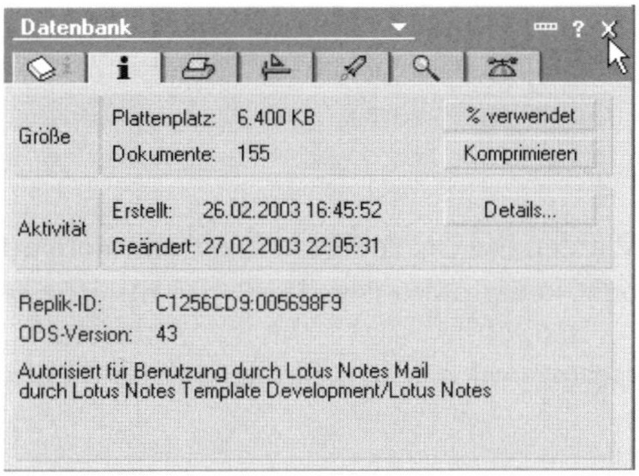

Abbildung 5.1: Die Datenbank-Infobox zeigt Ihnen, wie groß die Datenbank ist.

Am vernünftigsten wäre es, ein nicht mehr benötigtes Memo sofort nach dem Lesen zu löschen. Wenn Sie dies nicht tun, sollten Sie Ihre Datenbank in regelmäßigen Abständen durchstöbern und alte Nachrichten löschen.

Hier im Überblick: Sie finden eine Nachricht, die Sie nicht mehr brauchen, und löschen sie. Mit diesem Vorgang wird die Nachricht jedoch nicht wirklich gelöscht – sie wird lediglich von dem Ort, aus dem Sie sie entfernt haben (zum Beispiel aus Ihrem Posteingang) in den Papierkorb verschoben.

Das ist eine Sicherheitsvorkehrung, die Lotus für Sie eingerichtet hat. So haben Sie die Möglichkeit, Ihre Entscheidung noch einmal rückgängig zu machen, wenn Sie eine Nachricht versehentlich gelöscht haben (das passiert den versiertesten Mausbenutzern!) oder wenn Sie eine gelöschte Nachricht doch noch benötigen (benutzen wir nun doch die von mir erstellte Umsatzprognose...). Es steht Ihnen ein bestimmter Zeitraum (in der Regel 48 Stunden) zur Verfügung, in dem Sie Nachrichten aus dem Papierkorb retten können. Ich weiß, Müll zu durchwühlen, gehört nicht gerade zu den feinen Dingen des Lebens, aber bei Notes kann dies wirklich lebensrettend sein.

Lassen Sie nicht zu viel Zeit vergehen, bevor Sie sich umentscheiden! Eine Nachricht, die Sie vor einer Woche gelöscht haben, lässt sich nicht mehr zurückholen!

Mit einer der folgenden Maßnahmen können Sie Nachrichten löschen:

- ✔ **Wenn das Memo auf dem Bildschirm geöffnet ist:** Drücken Sie die `Entf`-Taste. Das befördert das Memo in den Papierkorb und öffnet automatisch das nächste Memo in der Datenbank.

Wenn Sie die Entf-Taste drücken, löschen Sie das Memo nicht tatsächlich, Sie werfen es nur in den Papierkorb.

- **Im Ansichtsbereich:** Wählen Sie das zu löschende Dokument aus und drücken Sie entweder die Entf-Taste oder in der Aktionsleiste die Schaltfläche LÖSCHEN. Auch das markiert die Nachricht zum Löschen, ohne es tatsächlich zu tun. Auch wenn das Memo aus dem jeweiligen Ordner entfernt wird, löschen Sie das Memo nicht tatsächlich, Sie werfen es nur in den Papierkorb.
- **Eine Nachricht markieren:** Markieren Sie eine Nachricht, drücken Sie die Leertaste oder klicken Sie in die äußerste linke Spalte. Ein Häkchen erscheint neben dem markierten Memo und zeigt an, dass diese Nachricht zum Löschen vorgemerkt ist. (Wenn Sie mehrere Memos löschen möchten, ist dies die beste Methode.) Sind Sie mit dem Markieren der zu löschenden Memos fertig, drücken Sie die Entf-Taste oder klicken Sie in der Aktionsleiste die Schaltfläche LÖSCHEN.
- **Die Nachricht mit Drag&Drop verschieben:** Ziehen Sie (Drag) die Nachricht vom Ansichtsbereich in den Papierkorb (Drop) des Navigationsbereichs.

Sollten Sie Ihre Meinung ändern und trotz allem die Nachricht nicht löschen wollen, dann müssen Sie jetzt handeln. Alles, was Sie tun müssen, ist:

1. **Den Papierkorb durch Anklicken im Navigationsbereich öffnen.**
2. **Die Nachricht markieren.**

   Benutzen Sie die Leertaste, wenn Sie nicht eine, sondern eine ganze Reihe von Nachrichten retten möchten, oder klicken Sie mit der Maus auf die Spalte links von der jeweiligen Nachricht, bis ein Häkchen angezeigt wird.

3. **Wählen Sie im Menü AKTIONEN|WIEDERHERSTELLEN oder klicken Sie auf die gleich bezeichnete Schaltfläche in der Aktionsleiste.**

   Na bitte: die Nachricht (oder die Nachrichten, falls Sie mehrere ausgewählt haben) kehrt in ihren ursprünglichen Ordner zurück.

   Immer wenn Sie Ihre Meinung ändern und eine Nachricht doch nicht löschen möchten, können Sie den Ordner PAPIERKORB öffnen, um sie zurückzuholen. Die Nachrichten im Papierkorb werden nach einer bestimmten (vom Administrator festgelegten) Frist wirklich (und permanent) gelöscht.

Und wenn Sie einmal nicht warten können – sondern sichergehen wollen, dass eine Nachricht umgehend und endgültig gelöscht wird: Um eine Nachricht unwiederbringlich zu löschen (ohne warten zu müssen, bis die vom Administrator festgelegte Zeitfrist abgelaufen ist), öffnen Sie den Papierkorb und wählen entweder AKTIONEN|PAPIERKORB LEEREN oder klicken auf die gleichnamige Schaltfläche in der Aktionsleiste.

Am einfachsten und schnellsten können Sie ein Dokument löschen, wenn Sie dieses im Ansichtsbereich markieren und dann nacheinander die [Entf]-Taste und [F9] drücken.

Spaß mit Ordnern

Selbstverständlich haben Sie nicht vor, *alle* Ihre Nachrichten zu löschen. Deshalb sollten Sie so etwas wie ein Aufbewahrungssystem einrichten. Abhängig vom verwendeten Ordner können Sie nach Datum oder nach den Personen, von denen Sie Nachrichten erhalten, sortieren. Wahrscheinlich sind solche Anordnungen für Ihre tägliche Arbeit nicht besonders nützlich. Wenn Sie mit den Ordnern in Ihrer Datenbank nicht zufrieden sind, müssen Sie nur lernen, wie man eigene erstellt. Und wenn Sie an den Punkt gelangen, dass sie bestimmte Ordner nicht mehr benötigen, können Sie diese auch wieder löschen.

Einen neuen Ordner erstellen

Wenn Sie Ihrer Mail einen neuen Ordner hinzufügen wollen, folgen Sie diesen Anweisungen:

1. **Wählen Sie im Menü ERSTELLEN|ORDNER....**

   Das in Abbildung 5.2 dargestellte Dialogfeld ORDNER ERSTELLEN wird angezeigt.

2. **Geben Sie dem neuen Ordner in der folgenden Dialogbox ORDNER ERSTELLEN im Feld ORDNERNAME: eine Bezeichnung.**

3. **Klicken Sie auf OK.**

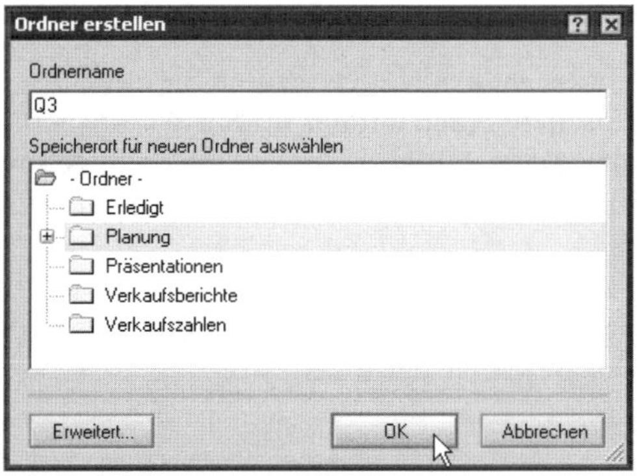

Abbildung 5.2: Mit dieser Dialogbox können Sie einen neuen Ordner in Ihre Mail-Datenbank stellen.

Das sieht einfach aus. Und tatsächlich, einen Ordner zu erstellen *ist* einfach. Sobald Sie auf OK klicken, ist der neue Ordner im Navigationsbereich sichtbar – wahrscheinlich am Ende der Ordnerliste.

Einen Ordner können Sie auch in einen anderen hineinpacken. Wenn Sie das möchten, wählen Sie den schon existierenden Ordner in der Dialogbox ORDNER ERSTELLEN aus. In Abbildung 5.2 wird der neue Ordner (genannt Q3) auf die oberste Ordnerebene verfrachtet.

Ein Dokument in einen Ordner ablegen

Möchten Sie eine oder mehrere Nachrichten in einem Ordner ablegen, markieren Sie zuerst die Nachricht(en) und wählen Sie dann AKTIONEN|ORDNER|IN ORDNER VERSCHIEBEN. In der folgenden Dialogbox entscheiden Sie sich für den gewünschten Ordner und klicken dann auf VERSCHIEBEN.

Zum Verschieben von Dokumenten können Sie auch Ihre Maus verwenden. Mit Hilfe von Drag-and-Drop verschieben Sie die Nachricht vom Ansichtsbereich in den entsprechenden, im Navigationsbereich angezeigten Ordner.

Zu den coolsten Dingen, die Sie mit Ihrer Mail-Datenbank machen können, gehört das Einrichten von Regeln. Dies erlaubt Ihnen, eingehende Post von einer bestimmten Person oder zu einem bestimmten Thema in einem speziellen Ordner anzulegen. Wenn Sie das Entwerfen von Regeln interessant finden, werfen Sie einen Blick in Kapitel 7.

Einen Ordner löschen

Benötigen Sie einen bestimmten Ordner in Ihrer Mail-Datenbank nicht mehr, wählen Sie ihn in der Navigationsansicht aus und entfernen ihn mit AKTIONEN|ORDNEROPTIONEN|ORDNER LÖSCHEN. Und Tschüss!

Ein Hinweis für die ganz Schlauen: Prüfen Sie zunächst den Inhalt eines Ordners, bevor Sie ihn löschen. Jeden Ordner im Navigationsbereich können Sie durch Anklicken mit der Maus öffnen. Zum gleichen Ergebnis führt der Menübefehl ANSICHT|GEHE ZU... Sie können dann den Ordner in einer Dialogbox wählen.

Einen Ordner zu löschen heißt nicht, dass auch die darin enthaltenen Dokumente gelöscht werden – der Inhalt eines eben gelöschten Ordners lässt sich immer im Ordner ALLE DOKUMENTE wiederfinden.

Wo ist mein Dokument?

Ordner sind eine großartige Einrichtung, um etwas Ordnung in den täglichen Berg von E-Mail-Nachrichten zu bekommen. Ordner sind sicher auch recht nützlich, wenn Sie eine spezielle Nachricht suchen, die Sie gerade brauchen. Aber was, wenn Ihr Chef Sie anruft und Sie bittet, ein bestimmtes Memo zu finden, das Sie im letzten Monat über einen Firmenkunden geschrieben haben? Sie schauen in allen möglichen Ordnern nach, finden aber nichts über diesen Kunden. Sie wissen aber genau, dass Sie *nie* Nachrichten über Kunden löschen.

Nun gut, gehen wir davon aus, dass Sie die Nachricht wirklich nicht gelöscht haben. Dann muss sie ja noch irgendwo sein. Einer speziellen Nachricht hinterherzujagen, kann eine schwierige Aufgabe sein. Es sei denn, Sie wissen, wer Ihnen die Nachricht geschickt hat. Wenn das der Fall ist, wechseln Sie einfach zu dem Ordner, in dem die gesuchte Nachricht mit größter Wahrscheinlichkeit ist. (Wenn auch das nicht hilft, benutzen Sie den Ordner ALLE DOKUMENTE.) Anschließend sortieren Sie die Nachrichten in dem Ordner nach Namen. Sie müssen nur in die Kopfzeile der Spalte WER mit dem kleinen Sortierpfeil klicken. Sortieren Sie einen Ordner nach der WER-Spalte, listet Notes alle Nachrichten einer Person hintereinander auf. Dadurch ist es leichter, ein Dokument einer bestimmten Person zu finden. Mit den Pfeiltasten sowie den Tasten `Bild↑` und `Bild↓` können Sie sich durch die Dokumente im Ansichtsbereich navigieren.

Haben Sie einen Ordner nach dem Namen (Spalte ABSENDER/WER) sortiert und ist Ihnen das Blättern durch das Alphabet zu mühselig, dann benutzen Sie die Schnellsuche. Damit gelangen Sie auf direktem Wege zu den Nachrichten einer bestimmten Person. Klicken Sie einfach in den Ansichtsbereich der Mail-Datenbank und fangen Sie an, den Namen zu schreiben. Schon nach dem ersten Buchstaben erscheint eine Dialogbox BEGINNT MIT..., wie Sie auch in Abbildung 5.3 zu sehen ist. Geben Sie den Namen der Person ein, die Sie suchen, und klicken Sie dann auf OK. Notes bringt Sie dann umgehend zur ersten Nachricht dieser Person.

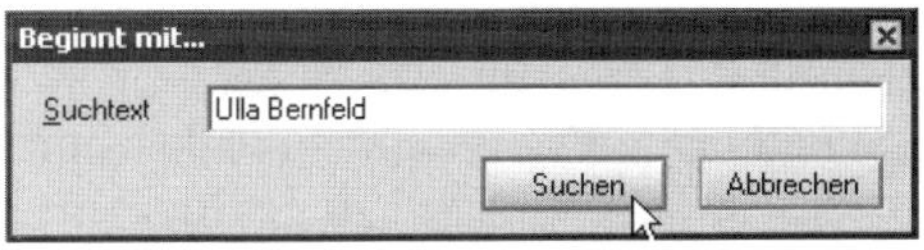

Abbildung 5.3: Benutzen Sie die Dialogbox BEGINNT MIT..., um eine Nachricht eines bestimmten Absenders schnell zu finden.

Sie können einen Volltextindex für Ihre Mail-Datenbank erstellen lassen. Damit können Sie den Inhalt von Dokumenten sehr schnell finden. Näheres zu diesem Thema finden Sie in Kapitel 13.

Rund ums Drucken

Sie können ein einzelnes auf dem Bildschirm sichtbares Dokument oder ein im Ansichtsbereich markiertes Dokument drucken oder auch in einer Ansicht mehrere Dokumente auswählen und alle drucken.

Wenn Sie ein einzelnes auf dem Bildschirm sichtbares Dokument drucken möchten, wählen Sie entweder aus dem Menü DATEI|DRUCKEN..., drücken [Strg]+[P] oder klicken in der Aktionsleiste auf die Schaltfläche DRUCKEN. Als Ergebnis wird Ihnen jeweils die Dialogbox DRUCKEN angezeigt, die Sie auch in Abbildung 5.4 sehen.

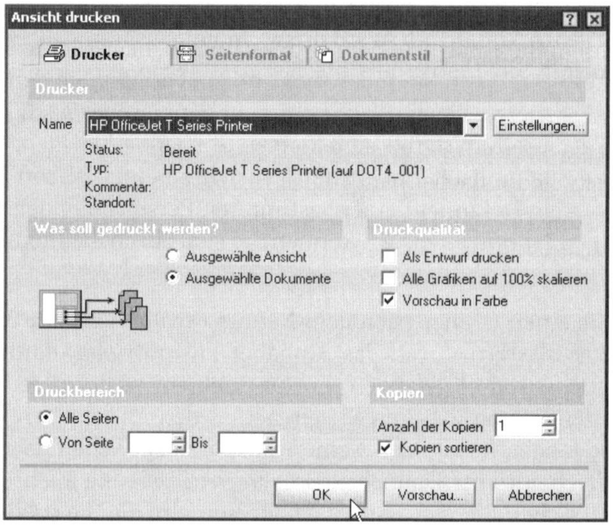

Abbildung 5.4: Benutzen Sie die Dialogbox DRUCKEN, um Ihre E-Mail zu drucken.

Auch wenn die Dialogbox DRUCKEN mit allerlei Schaltflächen und Feldern angefüllt ist, werden Sie meist nur auf OK drücken und sich weitere Entscheidungen sparen. Sie haben auch die Möglichkeit, zunächst die Schaltfläche VORSCHAU anzuklicken, um sich auf dem Bildschirm einen Eindruck zu verschaffen, wie das Dokument in gedrucktem Zustand aussehen wird.

Mehrere gedruckte Dokumente voneinander trennen

Möchten Sie mehrere Nachrichten zu Papier bringen, müssen Sie festlegen, wie Notes die ausgedruckten Nachrichten voneinander trennen soll. Benutzen Sie hierzu in der Dialogbox DRUCKEN die Optionen der Registerkarte DOKUMENTSTIL. Dabei haben Sie folgende Möglichkeiten:

- ✔ **Jedes Dokument Auf neuer Seite drucken:** Jedes Dokument startet auf einer neuen Seite.
- ✔ **Jedes Dokument als separaten Druckauftrag drucken:** Jedes Dokument wird separat an den Drucker weitergeleitet, sodass jedes Dokument auf einer neuen Seite oben beginnt.
- ✔ **Fortlaufend drucken mit einer leeren Zeile zwischen Dokumenten:** Notes druckt zwischen den Dokumenten eine Linie.
- ✔ **Fortlaufend drucken ohne leere Zeilen zwischen Dokumenten:** Jedes Dokument folgt dem vorherigen ohne Abstand dazwischen.

Die Option Jedes Dokument als separaten Druckauftrag drucken erlaubt Ihnen zusätzlich, die Seitennummerierung für jedes Dokument festzulegen (für weitere Details zur Seitennummerierung siehe Kapitel 13). Aktivieren Sie das Kontrollkästchen Jedes Dokument mit Seitenzahl 1 beginnen, startet jedes Dokument auf einer neuen Seite mit der Seitenzahl 1 (andernfalls erhält die erste Seite des nächsten zu druckenden Dokuments die nächste Seitennummer). Lesen Sie Kapitel 13 für mehr Informationen über das Drucken von Dokumenten.

Ob Sie in der Dialogbox Drucken eine der Optionen Wie sollen Dokumente gedruckt werden? benutzen oder nicht, aus dem Drucker wird nichts herauskommen, bevor Sie nicht die Schaltfläche OK anklicken.

Machen Sie das Beste aus Ihren Memos

6

In diesem Kapitel

- Schließen Sie andere Informationen in Ihr Memo mit ein
- Erstellen und Verbergen von Abschnitten
- Die Benutzung von gebräuchlichen Masken

Im Zeitalter der Power-Krawatten, Power-Mittagessen und des Power-Lifting steht es wohl außer Frage, dass auch Sie Power-Memos schreiben müssen. Nachdem Sie das zehnte Treffen-Sie-mich-um-zehn-Uhr-zum-Kaffee-Memo erhalten haben, könnte es passieren, dass Sie sich selbst fragen: »Ein Memo zu schreiben muss mehr sein als das. Außerdem werde ich von so viel Koffein ganz wirr im Kopf.«

Natürlich, Sie können *viel* mehr mit Memos machen, als nur Besprechungen zu arrangieren. Mit Ihren grandiosen Memos werden Sie in Ihrer Firma in aller Munde sein, eine Legende für Ihre Mitarbeiter.

Dieses Kapitel zeigt Ihnen, wie Sie mit Notes wirklich umwerfende Nachrichten erstellen, die sie mit Anhängen und importierten Dateien aufpeppen. Auch erfahren Sie Genaueres über die Verwendung von Abschnitten und Masken, sodass sie noch zu Ihren Lebzeiten zu einer wahren Lotus-Legende aufsteigen können.

In der Anlage enthalten

Ein häufiger Grund, Memos zu verschicken, ist der, dass man Informationen mit anderen teilen oder über sie diskutieren möchte – zum Beispiel über eine neue Vertragsversion oder eine Preistabelle. Angenommen, Sie arbeiten an einem Artikel in Microsoft Word zur geplanten Marketing-Kampagne und nun ist es an der Zeit, diese Informationen mit den Kollegen zu teilen und ihre Meinung dazu einzuholen. Oder Sie haben interessante Informationen auf einer Webseite entdeckt und wollen einige Absätze oder auch eine Grafik aus dieser Seite an andere weiterleiten.

Müssen Sie den ganzen Artikel noch mal in Ihr Notes-Memo tippen? Auf gar keinen Fall! Notes als das High-Tech-Wunder, das es auch ist, bringt Ihnen die Rettung. Lesen Sie weiter, um die Methoden kennen zu lernen, die Notes Ihnen bietet, um Informationen per E-Mail mit anderen zu teilen.

Warum soll ich dir was anhängen?

Wenn Sie in anderen Programmen bereits kopiert und wieder eingefügt haben, ist Ihnen die Zwischenablage nicht unbekannt. Wenn Sie den Befehl BEARBEITEN|KOPIEREN ausführen, behält Ihr Computer die ausgewählte Information in der Zwischenablage, sodass Sie diese durch BEARBEITEN|EINFÜGEN in andere Dateien, Dokumente oder Applikationen herüberholen können.

Der einfachste Weg, Informationen von anderen Dateien, Dokumenten oder Programmen in eine E-Mail-Nachricht zu holen, ist die Benutzung der Zwischenablage über die Befehle KOPIEREN und EINFÜGEN.

Angenommen, Sie fassen gerade ein Memo ab und wollen nun einen Vorschlag, den Sie in einem in Microsoft Word abgefassten Artikel erwähnt haben, mit in das Memo einfließen lassen. Mit KOPIEREN und EINFÜGEN befördern Sie den Abschnitt des Artikels geradewegs in Ihr Memo. Und so funktioniert das Ganze:

1. **Gehen Sie in Microsoft Word und öffnen Sie das Dokument, das den Abschnitt enthält, den Sie kopieren und in Ihr Notes-Memo einfügen wollen.**
2. **Markieren Sie den Abschnitt, der kopiert und eingefügt werden soll.**
3. **Wählen Sie BEARBEITEN und KOPIEREN oder drücken Sie [Strg]+[C], um den markierten Abschnitt in die Zwischenablage zu übertragen.**
4. **Gehen Sie zurück zu Notes.**
5. **Positionieren Sie den Cursor an die Stelle, wo Sie den Absatz platzieren möchten (verwenden Sie hierfür die Cursor-Tasten oder klicken Sie in den Textkörper der Nachricht).**
6. **Wählen Sie KOPIEREN und EINFÜGEN oder drücken Sie [Strg]+[V], um den Inhalt der Zwischenablage in das Memo einzufügen.**

Tatam! Nun sollten die kopierten und eingefügten Elemente Bestandteil Ihres Notes-Memos sein!

Vergewissern Sie sich, ob der Cursor richtig positioniert ist, bevor Sie Informationen in Ihr Memo einfügen. Es ist doch sicherlich nicht in Ihrem Interesse, dass drei Absätze eines Dokuments oder eine halbe Webseite im Empfängerfeld Ihres Memos landen!

Besonders vorteilhaft an dieser Methode, Informationen in eine Nachricht einzufügen, ist die Tatsache, dass der Empfänger Ihres Memos nicht das Originalprogramm benötigt, um diese Informationen zu lesen. Wenn Sie beispielsweise einige Absätze aus Word kopieren und einfügen, kann der Empfänger Ihres Memos die von Ihnen eingefügten Informationen lesen, auch wenn er Microsoft Word nicht auf seinem Rechner hat. Gleiches gilt, wenn Sie Informationen aus dem Web kopieren und in eine E-Mail-Nachricht einfügen: Der Empfänger der E-Mail muss nicht ans Internet angeschlossen sein, um diesen Teil Ihres Memos lesen zu können.

Den Anhang anhängen

Eine andere Möglichkeit zusätzliche Informationen mit einem Memo zu verschicken, ist die Verwendung eines *Anhangs*. Der Anhang kann aus jedem Datei-Typ bestehen, wie etwa Grafikdateien, Dokumentdateien, Zip-Dateien, Microsoft Excel-Arbeitsmappen usw. Beim Anhängen einer Datei wird jeweils eine Kopie der betreffenden Datei angehängt und das Original bleibt unberührt. Die Verwendung eines Anhangs ist eine einfache Methode, um zusammen mit einer Nachricht eine ganze Datei (oder auch mehrere Dateien) zu verschicken.

Abbildung 6.1 zeigt eine E-Mail-Nachricht, an die eine Datei angehängt ist. Ein schlauer Beobachter (aufgepasst!) wird bemerken, dass der Anhang die Form eines Icons annimmt, das dem Empfänger (normalerweise) mitteilt, welches Programm Sie zum Erstellen des Anhangs benutzt haben. Bei einem angehängten Word-Dokument erscheint in dem Icon das bekannte blaue W.

Jeder beliebige Dateityp lässt sich an eine E-Mail-Nachricht anhängen (das gilt natürlich auch für jedes Notes-Dokument). Sie können Dateien von Textverarbeitungsprogrammen, Excel-Arbeitsblätter, Zip-Dateien, Grafiken, PowerPoint-Folien und was auch immer anhängen.

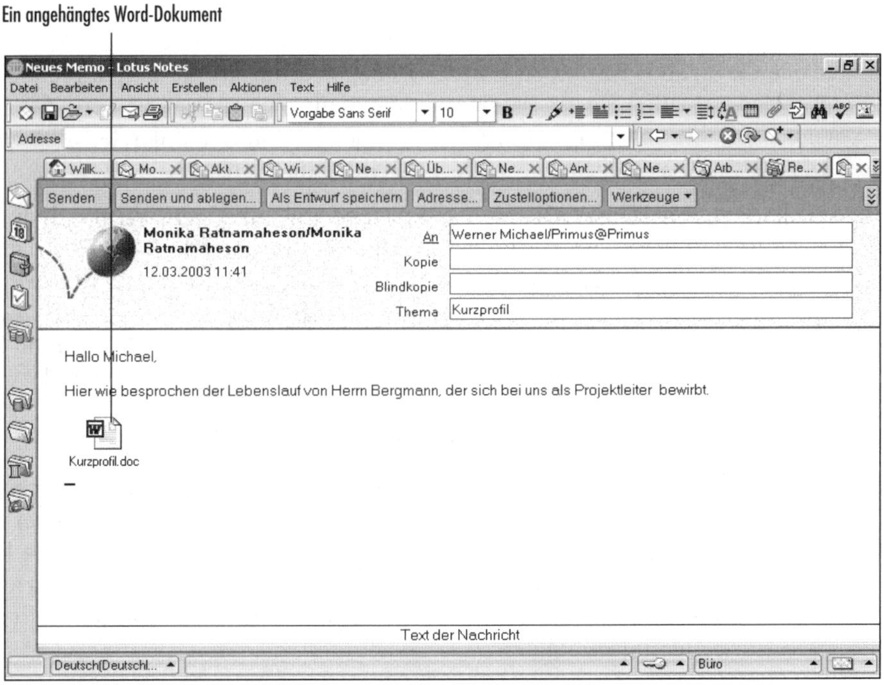

Abbildung 6.1: Sie können so gut wie jeden Datei-Typ an ein Notes-Memo anhängen.

Um eine Datei an ein Memo zu hängen, positionieren Sie den Cursor an der Stelle, wo Sie den Anhang platzieren möchten, und wählen dann Datei|Anhängen... oder klicken auf die Schaltfläche Datei Anhängen (mit dem Büroklammer-Icon). Es öffnet sich die Dialogbox Anhänge erstellen (siehe Abbildung 6.2).

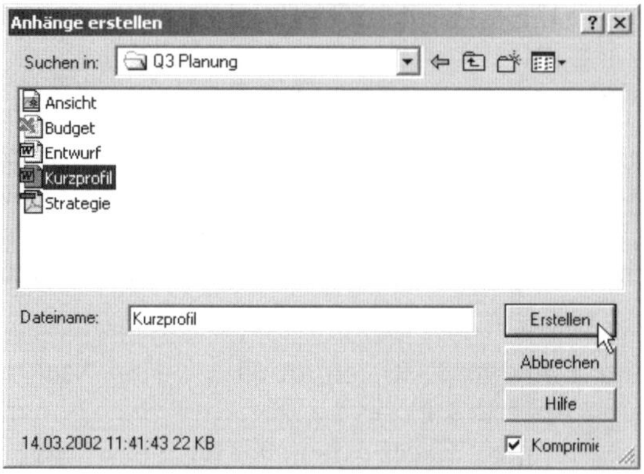

Abbildung 6.2: Über die Dialogbox Anhänge erstellen können Sie Dateien auswählen, die an das Notes-Dokument angehängt werden sollen.

Durchforsten Sie die Ordner-Struktur in dieser Dialogbox, um die Datei, die Sie anhängen wollen, zu lokalisieren. Prüfen Sie das Dateinamen-Feld, um sich zu vergewissern, dass Sie die richtige Datei ausgewählt haben. Dann drücken Sie die [↵]-Taste auf der Tastatur oder klicken in der Dialogbox Anhänge Erstellen auf die Schaltfläche Erstellen.

Sie können sogar mehr als eine Datei gleichzeitig anhängen, wenn sich die Dateien im selben Verzeichnis befinden. Markieren Sie die erste Datei und halten Sie dann die [Strg]-Taste gedrückt, während Sie die anderen Dateien auswählen, die Sie anhängen wollen. Um mehrere aufeinander folgende Dateien auszuwählen, markieren Sie die erste und halten die Umschalttaste gedrückt, während Sie die letzte in Frage kommende Datei anklicken. Notes wählt alle Dateien dazwischen aus.

Wenn Sie den Anhang ausgewählt haben (indem Sie entweder die [↵]-Taste gedrückt oder in der Dialogbox Anhänge Erstellen auf die Schaltfläche Erstellen geklickt haben), fügt Notes in Ihrer Nachricht an der Stelle, auf der sich der Cursor befindet, ein Icon ein, die die gerade angehängt Datei symbolisiert. Sie können den Anhang an einer beliebigen Stelle im Textkörper einer E-Mail-Nachricht einfügen. (Sie können in der Tat in jedes Notes-Dokument und in jedes Rich-Text-Feld einen Anhang einfügen.)

Sie können auch über die gängige Drag&Drop-Methode Dateien an E-Mail-Nachrichten und andere Dokumente anhängen. Suchen Sie die Datei, die angehängt werden soll, und ziehen Sie sie mit der Maus (vom entsprechenden Ort) in den Textkörper des Memos. (Damit Ihnen das gelingt, werden Sie einige Änderungen an der Größe Ihres Notes-Windows und/oder Ihrer Desktop-Anzeige vornehmen müssen.)

Allerdings darf Ihre Kompetenz im Anhängen von Dateien Sie nicht ins Verderben stürzen. Je mehr Dateien Sie anhängen, desto umfangreicher werden die E-Mail-Nachrichten und desto mehr Speicherplatz beanspruchen sie. Seien Sie auch rücksichtsvoll, besonders wenn Sie annehmen müssen, dass die Empfänger Ihrer Nachrichten Ihre E-Mail per Modem abrufen. Es kann sein, dass das Herunterladen einer Datei, die Sie an Ihrem Arbeitsplatz (mit Internetanschluss) in nur 90 Sekunden angehängt haben, 90 Minuten benötigt, wenn der Empfänger seine Mail über eine Modemverbindung abruft.

Gut, ich habe verstanden ... und wie geht es weiter?

Angenommen, Sie erhalten ein Memo mit einem Anhang und sonst nichts. Was ist das? Von welchem Programm kommt es? Was sollen Sie damit machen? Das sind alles vernünftige Fragen, und Sie sollten dem Empfänger die Antworten auf diese Fragen mitsenden, bevor dieser sie erraten muss.

Wenn Sie ein Memo mit Anhang erhalten, wollen Sie sich den Anhang natürlich ansehen. Vielleicht haben Sie auch den Auftrag, diese Datei zu editieren. Vielleicht ist der Anhang auch so wertvoll für Sie, dass Sie ihn aufbewahren und speichern wollen oder eine Kopie für sich ausdrucken wollen. Oder aber Sie wollen prüfen, ob sie den Anhang nicht löschen können, weil Sie Ihre Festplatte nicht stärker belasten wollen als unbedingt notwendig.

Sie müssen das Programm, in dem die angehängte Datei erstellt wurde, auf Ihrem Rechner haben, um diesen Anhang öffnen zu können. Um eine Excel-Tabelle zu öffnen, die man Ihnen geschickt hat, ist es also notwendig, dass Sie das Programm Excel auf Ihrem Computer installiert haben. Aber auch wenn Sie dieses Programm nicht besitzen, ist noch nicht alles verloren: auch wenn Sie die Datei nicht wirklich öffnen können, können Sie sie dennoch betrachten. Näheres zu diesem Thema finden Sie im nächsten Abschnitt »Den Anhang anzeigen«.

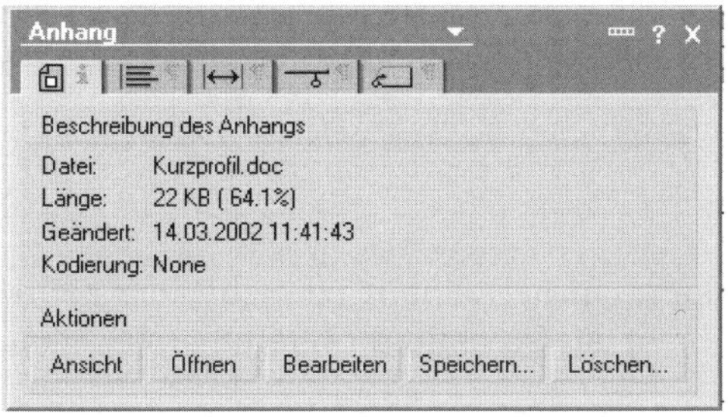

Abbildung 6.3: Benutzen Sie die Infobox Anhang, *um eine angehängte Datei zu betrachten, zu öffnen, zu bearbeiten, zu speichern oder zu löschen.*

Um einen Anhang zu öffnen, öffnen Sie zunächst die Nachricht, die diesen Anhang enthält. Wenn Sie auf das Anhangs-Icon doppelklicken, wird die Infobox ANHANG geöffnet (siehe Abbildung 6.3). Unter dem Feld AKTIONEN finden Sie die folgenden Optionen: ANSICHT, ÖFFNEN, BEARBEITEN, SPEICHERN und LÖSCHEN. Klicken Sie auf die jeweilige Schaltfläche, je nachdem, was Sie mit der Datei machen möchten. In den weiteren Abschnitten dieses Kapitels erfahren Sie noch mehr über diese einzelnen Optionen.

Den Anhang anzeigen

Die einfachste Aktion ist die Anzeige eines Anhangs. Klicken Sie auf die Schaltfläche ANSICHT, und Notes zeigt Ihnen mit Hilfe des DATEIBETRACHTERS so viel wie möglich von dieser Datei. In Abbildung 6.4 ist ein Spreadsheet-Anhang zur Ansicht geöffnet. Sie können Dateien der gebräuchlichsten Computerprogramme ansehen.

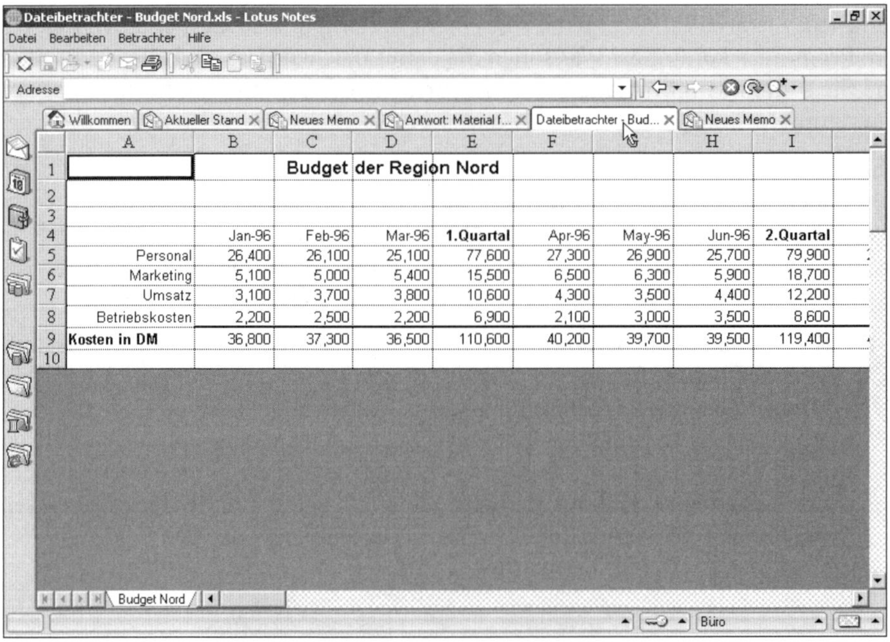

Abbildung 6.4: Benutzen Sie den Dateibetrachter, um den Inhalt einer angehängten Datei zu sehen.

Um einen Anhang zu betrachten (es geht also nicht darum, ihn zu öffnen), benötigen Sie nicht das Computerprogramm, mit dem der Anhang erstellt wurde.

Wählen Sie DATEI|SCHLIESSEN oder klicken Sie auf das X in der oberen rechten Ecke des Fensters, um den DATEIBETRACHTER zu schließen. Notes kehrt zum ursprünglich gelesenen Dokument zurück. (Seien Sie vorsichtig, wenn Sie auf das X klicken, damit Sie nicht aus Versehen das Notes-Fenster schließen!)

Den Anhang öffnen

Sollten Sie sich in der Infobox Anhang für die Schaltfläche Öffnen und nicht für Ansicht entscheiden, startet Notes das zugehörige Programm und öffnet den Anhang automatisch in diesem Programm.

Während in den früheren Notes-Versionen Anhänge *gestartet* wurden, werden sie in Notes 6 *geöffnet*. Das behält man leichter im Kopf, meinen Sie nicht auch?

Zum Starten einer angehängten Datei müssen Sie das zugehörige Programm auf Ihrer Festplatte installiert haben. Wenn Sie das Programm nicht haben, dann müssen Sie sich auf den Dateibetrachter verlassen, um zu sehen, was sich in der Datei befindet. Um herauszufinden, wie sich dieses mögliche Problem vermeiden lässt, gehen Sie direkt zum Abschnitt »Dateien importieren«.

Den Anhang bearbeiten

Wählen Sie die Schaltfläche Bearbeiten, wenn Sie den Inhalt des Anhangs ändern wollen und diese Änderungen in der Nachricht gespeichert werden sollen. Wenn Sie in der Infobox Anhang die Schaltfläche Bearbeiten anklicken, gelangen Sie unmittelbar in das jeweilige Programm, mit dem der Anhang, den Sie bearbeiten wollen, erstellt wurde. Das Tolle ist, dass die Datei sofort unter Notes gespeichert wird, wenn Sie das andere Programm verwenden, um Ihre Eingaben zu speichern. Natürlich gilt auch hier, dass Sie das Programm, mit dem die Datei erstellt wurde, auf Ihrem Rechner haben müssen, wenn Sie diese bearbeiten wollen.

Wenn Sie eine Datei erhalten, die Sie bearbeiten und an den Absender zurücksenden wollen (oder wenn Sie die Datei bearbeiten und an einen anderen Empfänger senden wollen), sollten Sie auf Folgendes achten: Bearbeiten Sie den Anhang auf keinen Fall in der Nachricht, die Sie erhalten haben. Verwenden Sie vielmehr die Schaltfläche Weiterleiten, um eine neue E-Mail-Nachricht zu erstellen, und doppelklicken Sie auf den Anhang dieser Nachricht, um die Datei zu öffnen und zu bearbeiten.

Den Anhang speichern

Es gibt sicherlich viele Gründe, warum Sie einen Anhang speichern wollen, zum Beispiel:

- ✔ weil Sie die Datei verwenden möchten,
- ✔ weil Sie die nötige Software nicht haben, um die Datei sofort zu öffnen,

- ✔ weil Sie die Datei auf eine Diskette oder CD-ROM speichern wollen, um sie auf einen anderen Computer zu übertragen.

Wenn Sie in der Infobox ANHANG auf die Schaltfläche SPEICHERN klicken, erscheint die Dialogbox ANHANG SPEICHERN (siehe Abbildung 6.5). Benutzen Sie diese Dialogbox, um Notes mitzuteilen, wo die Dateien auf der Festplatte gespeichert werden sollen und wie Sie diese benennen wollen.

Wie schlaue Notes-Veteranen sicherlich bemerkt haben, hat sich auf hier der Jargon etwas geändert. In Notes 6 spricht man davon, einen Anhang zu SPEICHERN, während es bei Notes R5 hieß, den Anhang HERAUSZULÖSEN.

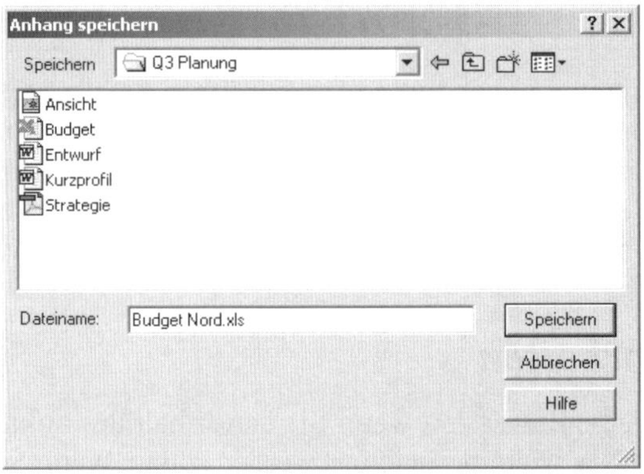

Abbildung 6.5: Benutzen Sie diese Dialogbox, um Notes zu sagen, wo die Datei gespeichert werden soll.

Notes (eigentlich Windows) stützt sich auf eine Dateierweiterung (die drei Schriftzeichen nach einem Punkt wie beispielsweise .DOC oder .XLS), um den Dateityp festzustellen; Sie sollten also die Dateierweiterung nicht verändern.

Beachten Sie: wenn Sie einen Anhang speichern, wird eine Kopie der Datei auf eine Diskette oder auf Ihre Festplatte gespeichert, aber der Anhang bleibt, ans Memo angehängt, in Ihrer E-Mail.

Den Anhang drucken

Wenn möglich, sollten Sie nicht vom DATEIBETRACHTER aus drucken. Stattdessen sollten Sie Dateien in dem Programm ausdrucken, mit dem diese Dateien erstellt wurden, indem Sie die Datei öffnen und dann das Dokument drucken, so wie Sie es normalerweise in diesem Programm machen. Das Drucken von Dateien aus dem DATEIBETRACHTER von Notes kann mitunter zu unerwarteten Ergebnissen führen, aber wenn Sie keine andere Möglichkeit haben, benutzen Sie das Menü DATEI|DRUCKEN...

Den Anhang löschen

Manchmal erhalten Sie eine Nachricht mit einem Anhang, den Sie nicht benötigen. Sie können den Anhang entfernen, um Speicherplatz zu sparen, ohne die Nachricht selbst zu löschen. Das ist ein neues Merkmal in Notes 6. Zu diesem Zweck aktivieren Sie in der Infobox ANHANG die Schaltfläche LÖSCHEN.

Nicht benötigte Anhänge zu löschen ist die beste Methode, um Ihr Mail-System schnell zu halten, Ihre E-Mail-Dateien klein zu halten und Replizierung zu beschleunigen. Auch wird das Öffnen einer Nachricht für einen mit einem langsamen Modem ausgestatteten Empfänger auf diese Weise sehr viel schneller und einfacher.

Dateien importieren

Eine andere Methode, um den Inhalt einer Datei in Ihre Nachricht einzubringen, besteht darin, eine Datei zu importieren. Wenn die Empfänger beim Öffnen einer Nachricht den Inhalt der mitgesendeten Datei sofort sehen sollen, dann sollten Sie die Datei IMPORTIEREN..., und nicht anhängen. *Importieren* konvertiert eine Datei, die mit einem anderen Programm erstellt wurde, in ein Format, das in einem Notes-Dokument lesbar ist.

Seien Sie nicht überrascht, aber die zu importierenden Dateien müssen auf irgendeine Weise Datendateien mit richtigen Worten, Zahlen oder Grafiken, die man anschauen kann, sein. Sie können zum Beispiel ausführbare Dateien (Dateien, die mit der Erweiterung EXE enden) nicht importieren, da sie Programmdateien und keine Datendateien sind.

Positionieren Sie den Cursor da, wo das zu importierende Dokument in Ihrer Nachricht erscheinen soll, und wählen Sie dann DATEI|IMPORTIEREN... Daraufhin erscheint die Dialogbox, die Sie in Abbildung 6.6 sehen.

Abbildung 6.6: Wird eine Datei importiert, kann sie ohne weiteres angezeigt werden.

Benutzen Sie das Feld SUCHEN IN:, um Notes mitzuteilen, wo sich die Datei befindet. In dem Listenfeld DATEITYP: wählen Sie den Typ der Datei (in Abbildung 6.6 wählten wir das Excel-Spreadsheet mit der Erweiterung .XLS). Markieren Sie die zu importierende Datei, klicken Sie auf IMPORTIEREN, und so schnell, wie sich Ihre Festplatte dreht, haben Sie die Datei in Ihrem Notes-Dokument.

Was soll ich wann tun?

Sind Sie ein bisschen verwirrt? Wissen Sie nicht, ob Sie importieren, anhängen oder die Zwischenablage verwenden sollen? Wir hoffen, dass die nachfolgende Liste Ihnen helfen wird, da etwas klarer zu sehen.

✔ **Einfügen (Benutzen der Zwischenablage)**

- Benutzen Sie die Zwischenablage, wenn Sie nur einen Teil einer Datei in ein Notes-Dokument einfügen möchten.
- Benutzen Sie die Zwischenablage, wenn der Empfänger nicht die notwendige Software hat, um die angehängte Datei zu öffnen.
- Benutzen Sie die Zwischenablage, wenn der Empfänger Ihres Memos kein Notes benutzt.

✔ **Anhängen**

- Benutzen Sie DATEI|ANHÄNGEN..., wenn eine Datei nicht importiert werden kann, wie zum Beispiel eine ausführbare Datei (mit der Erweiterung .EXE).
- Benutzen Sie DATEI|ANHÄNGEN..., wenn Sie wollen, dass der Empfänger eine aktuelle Kopie der Datei auf seiner lokalen Platte speichert.

✔ **Importieren**

- Benutzen Sie DATEI|IMPORTIEREN..., wenn Sie sich nicht sicher sind, ob der Empfänger die notwendige Software hat, um die zu lesende Datei zu öffnen, und Sie die Zwischenablage nicht benutzen können.
- Benutzen Sie DATEI|IMPORTIEREN..., wenn Sie eine Datei einfügen müssen, die für die Zwischenablage zu groß ist, und Sie genau wissen, dass der Empfänger kein Notes verwendet.

Mehr über das Importieren und Exportieren von Dateien können Sie in Kapitel 17 nachlesen.

Abschnitte erstellen

Es gibt nichts Schlimmeres, als eine viel zu große E-Mail zu empfangen (oder zu versenden). Wie oft sind wir in diesem Zeitalter des Informationsüberflusses gezwungen, Seiten über Seiten mit Text zu durchsuchen, nur um dann festzustellen, dass die Hälfte davon völlig unwichtig ist?

Nun, in Notes ist das nicht so! Wenn Sie in Ihren Dokumenten *Abschnitte* verwenden, erleichtern Sie das Lesen Ihrer Nachrichten. Durch Abschnitte werden Teile Ihres Dokuments komprimierbar, d.h. Ihre Leser müssen bestimmte Teile nicht lesen, wenn sie das nicht wollen.

Unterschätzen Sie nicht die Macht der Lesbarkeit! Wenn Sie routinemäßig Nachrichten verschicken, die zu lang oder zu langweilig sind, die hässliche Zeichensätze oder Farben haben, dann werden die Leute diese Nachrichten nicht lesen. Einige Firmen bieten sogar Kurse an, in denen Sie das Erstellen interessanter und lesenswerter E-Mails lernen können.

Um einen Abschnitt zu erstellen, den Sie dann verbergen können, wählen Sie ERSTELLEN|ABSCHNITT. Und schneller als der Schall verschwindet der Abschnitt, und Sie sehen nur noch die erste Zeile (Abbildung 6.7).

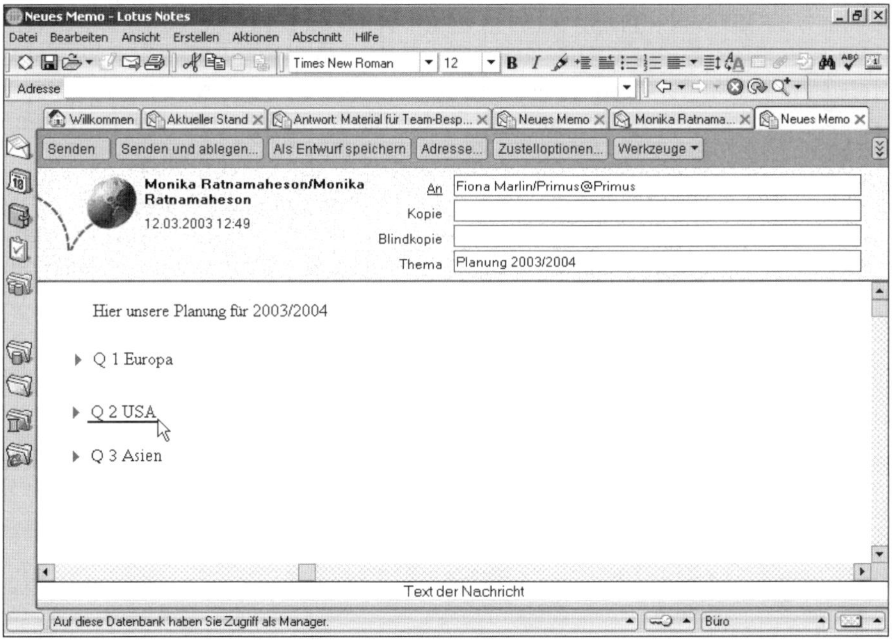

Abbildung 6.7: Komprimieren Sie Abschnitte, um Ihre Nachricht kürzer und lesbarer zu machen.

Bitte nehmen Sie das kleine Dreieck links von jeder ersten Zeile eines Abschnittes zur Kenntnis. Es teilt dem Leser mit, dass es hier mehr gibt, als man mit dem bloßen Auge sehen kann. Wenn Sie das Dreieck anklicken, entfaltet sich der Abschnitt und zeigt Ihnen den ganzen Text an. Wenn Sie nochmal draufklicken, fällt er zusammen und verbirgt die Worte wieder.

Sie sollten erwägen, dem verborgenen Abschnitt einen Titel zu geben, um so Ihr Dokument noch lesenswerter zu machen. Dazu tippen Sie eine Titelzeile vor den Abschnitt, den Sie verbergen möchten, und markieren beides, bevor Sie ERSTELLEN|ABSCHNITT auswählen.

Das war's! Abschnitte lassen sich leicht erstellen und benutzen. Sie sind unschätzbar wertvoll für eine lesenswerte und prägnante Nachricht. Benutzen Sie den Befehl ABSCHNITT immer dann, wenn Sie Ihre Dokumente leserfreundlicher gestalten möchten. Denken Sie daran: Sie können einen Abschnitt in jeder Datenbank erzeugen, nicht nur in Ihrer E-Mail.

Mail ist mehr als nur Memos

Am häufigsten benutzen Sie das Menü ERSTELLEN in Ihrer Mail-Datenbank, um ein Memo zu schreiben. In einigen Unternehmen jedoch hat vielleicht irgendjemand hinter den Kulissen eine spezielle Maske erstellt, die jeder benutzen kann. Angenommen, Sie müssten einige Artikel bestellen oder Sie möchten für das Montagmorgen stattfindende Pokerspiel den Konferenzraum reservieren. Einige Genies könnten bereits eine »Artikelbestellmaske« oder eine »Konferenzraum-Reservierungsmaske« entwickelt haben. Ihre Firma könnte also für bestimmte Ankündigungen, Anträge, Statusberichte oder Informationszettel bereits bestimmte Masken vorgefertigt haben.

Über das Menü ERSTELLEN|MAIL|ANDERE... zeigt Notes Ihnen eine Liste der gebräuchlichsten Masken, die Sie für spezielle Anlässe benutzen können. Die Masken können sogar bereits adressiert sein, sodass Sie nicht herumrennen müssen, um herauszufinden, wer verantwortlich ist für die Artikelbestellung, die Reservierung der Konferenzräume oder die Urlaubsplanung.

Meistern Sie Ihre Mail

7

In diesem Kapitel

- Mail an Leute senden, die kein Notes benutzen
- Die Ansicht Ihres Eingangs auf Ihre Bedürfnisse abstimmen
- Regeln für Notes aufstellen
- Urlaub machen
- Erstellen einer wiederverwendbaren Vorlage
- Verwenden einiger spezieller Zustellungsoptionen

Schauen Sie sich an! Wie sind Sie gewachsen! Es scheint, als wäre es erst gestern gewesen, als Sie gelernt haben, ein Memo zu erstellen oder den Müllordner zu benutzen. Und jetzt sind Sie bereits hier angekommen. In diesem Kapitel erklären wir Ihnen schon einige ziemlich fortgeschrittene Mail-Optionen, wie das Anpassen der Eingangs-Ansicht, das Aufstellen von Regeln für Notes, das Erstellen einer Abwesenheits-Nachricht und das Verwenden von Vorlagen. Vielleicht werden Sie diese Features von Notes 6 auch nie benutzen, aber wenn Sie Zeit haben, etwas darüber zu lesen, dann haben wir die Zeit, sie Ihnen zu erklären...

Nicht jeder verwendet Notes!

So sehr Lotus es hasst, es zu hören, aber nicht jeder, der E-Mails versendet und empfängt, benutzt auch Notes. So wird der Tag kommen, an dem Sie E-Mail-Nachrichten mit jemandem austauschen werden, der ein anderes E-Mail-Programm verwendet. Vielleicht arbeitet diese Person in einer anderen Abteilung oder Filiale Ihrer Firma oder es handelt sich um einen Kunden einer anderen Firma.

Stellen Sie sich vor, Sie möchten Ihrem Kumpel eine Nachricht schicken. Die Nachricht zu adressieren ist einfach: wenn die Adresse beispielsweise `jim.murphy@principlesoftware.com` lautet, würden Sie genau das in die Felder (An, Kopie an, Blindkopie an) Ihres Memos schreiben.

Werfen Sie einen kurzen Blick auf Kapitel 11. Es bietet Ihnen eine coole Möglichkeit und befreit Sie davon, Ihre E-Mail-Adressen im Kopf behalten zu müssen.

Um jemandem im Internet Nachrichten schicken zu können, muss das Mail-System Ihrer Firma an das Internet angeschlossen sein. Heutzutage ist dies meistens der Fall, aber fragen Sie bei Ihrem Administrator nach, wenn Sie sich da nicht sicher sind.

Eine der tollen Sachen bei Notes-Mail ist, dass es einfach klasse aussieht. Wie Sie ja bereits wissen, können Sie in Notes verschiedene Zeichensätze und Farben benutzen und sogar Bilder in den Textkörper der Nachricht einfügen.

Aber genau hier ist der Haken: Möchten Sie eine Nachricht an jemanden senden, der *kein* Notes verwendet, speziell an jemanden mit einer dieser `.com`- oder `.de`-E-Mail-Adressen, ist die Wahrscheinlichkeit ziemlich groß, dass Ihre Zeichensetzung, Farbe und die Bilder bei der Übermittlung verloren gehen. Sicher ist aber, dass die Person die Nachricht an sich völlig ordnungsgemäß erhält und auch in der Lage sein wird, sie zu lesen. Es werden nur all die schönen Formatierungen nicht mehr da sein.

Sie können es aber hinkriegen, dass die meisten Formatierungen, die Sie in Notes verwenden, doch übermittelt werden. Der Empfänger sieht also diese Nachricht, die *dennoch* all die Zeichensätze und Farben enthält. Dazu ist jedoch ein wenig Arbeit nötig! So, jetzt haben Sie die Wahl! Wenn Sie damit zufrieden sind, nur den Text einer Nachricht zu verschicken, und nicht beabsichtigen, verschiedene Zeichensätze oder Farben zu benutzen, dann brauchen Sie hier nicht weiterzulesen. Wenn Sie Ihre E-Mail aber mit verschiedenen Zeichensätzen oder Farben versehen möchten, dann müssen Sie Bescheid wissen über ...

HTML-Mail

Vielleicht wissen Sie schon, dass sich HyperText Markup Language zur Volkssprache des Internet entwickelt hat. Das ist deshalb so, weil HTML eine Art Programmiersprache ist, die Webmaster benutzen, um eine Webseite zu programmieren. Sie benutzen HTML, weil sie damit sichergehen, dass Ihre Webseiten immer gleich aussehen, egal welcher Computertyp, welches Betriebssystem oder welcher Web-Browser benutzt wird.

Kommen wir zum Knackpunkt (den es ja überall gibt): Sie können HTML auch benutzen, um Ihre E-Mail zu verschlüsseln. Auf diese Weise bekommt die Person am anderen Ende Ihre hübschen Zeichensätze, Farben und Bilder usw. in der Nachricht doch zu sehen. Bevor wir uns jedoch darum kümmern, Ihre Mail mit HTML zu kodieren, gibt es eine Kleinigkeit, die noch erwähnt werden sollte: Nicht alle Mail-Programme können HTML-Mail verstehen. Die meisten können es aber.

Jetzt müssen Sie sich entscheiden, wie Sie den Leuten Ihre Nachricht über das Internet zukommen lassen. Sie können diese Optionen in der Dialogbox Benutzervorgaben in der Registerkarte Internet festlegen (wählen Sie Datei|Vorgaben|Benutzervorgaben...). Näheres hierzu finden Sie im folgenden Abschnitt »Wählen Sie Ihr Internet-Mail-Format«. Sie können eine der folgenden Möglichkeiten auswählen:

- **Nur HTML** heißt nichts anderes, als dass Ihre Nachricht automatisch in HTML kodiert wird; Ihr Empfänger benutzt ein E-Mail-Programm, das HTML versteht, und Ihre Nachricht kommt mit intakten Zeichensätzen und Farben an.
- **Nur einfacher Text** bedeutet, dass Ihre Nachricht in einem schlichten ASCII-Text geschickt wird; der Empfänger kann jedes E-Mail-Programm verwenden, um die Nachricht zu lesen, sie kommt aber ohne spezielle Zeichensätze, Farben oder eingebettete Objekte an.
- **HTML und einfacher Text** bedeutet, dass Sie nicht sicher sind, ob der Empfänger HTML-Mail lesen kann; so bereitet Notes zwei Kopien Ihrer Nachricht vor und schickt sie an den Empfänger: eine hübsche HTML-Version *und* eine einfache Textversion. Auf diese Weise erhält der Empfänger, wenn er ein HTML-fähiges Mail-Programm verwendet, die hübsche Version Ihrer Nachricht; wenn das Programm HTML nicht unterstützt, kann er jedoch zumindest die Nachricht noch lesen.
- **Beim senden abfragen:** Sie entscheiden bei jeder Nachricht, die Sie senden, welches Format verwendet werden soll.

Wenn Sie die Methode HTML und einfacher Text wählen, um Ihre Mail zu versenden, erhalten die Empfänger zwei Versionen der Nachricht. Glücklicherweise werden sie in ihren Eingangspostfächern aber nur eine sehen, da das Mail-Programm automatisch aussortiert, welche zu gebrauchen ist, und nur diese werden sie sehen.

Wählen Sie Ihr Internet-Mail-Format

Um Notes mitzuteilen, wie Sie Ihre Internet-Mail kodieren möchten, wählen Sie im Menü Datei|Vorgaben|Benutzervorgaben.... In der folgenden Dialogbox Benutzervorgaben klicken Sie unter Mail auf die Schaltfläche Internet. Wie in Abbildung 7.1 ersichtlich, können Sie aus vier Einstellungen im Feld Internet-Mail-Format wählen: Nur HTML, nur einfacher Text, HTML und einfacher Text sowie Beim senden abfragen.

Wenn Sie sich im Feld Internet-Mail-Format für eine der ersten drei Möglichkeiten entscheiden, teilen Sie Notes mit, dass alle Ihre ausgehenden Nachrichten auf diese Art vorbereitet werden. Wenn Sie jedoch die letzte Option Beim senden abfragen wählen, teilen Sie Notes mit, dass Sie es vorziehen, bei *jeder* zu sendenden Internet-Nachricht gefragt zu werden, wie die Nachricht formatiert werden soll.

Klicken Sie auf die Schaltfläche OK in der Dialogbox, wenn Sie fertig sind.

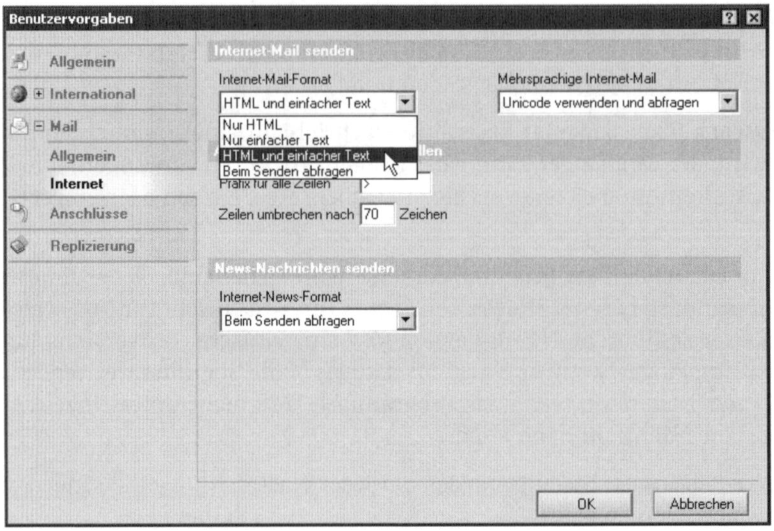

Abbildung7.1: Legen Sie das Format für Ihre Internet-Mail fest.

Die Wahl der Kodierungsmethode für eine einzelne Nachricht

Setzen Sie in der Dialogbox BENUTZERVORGABEN das Feld INTERNET-NEWS-FORMAT auf BEIM SENDEN ABFRAGEN, erhalten Sie beim Senden von Internet-Mail die in Abbildung 7.2 gezeigte Dialogbox.

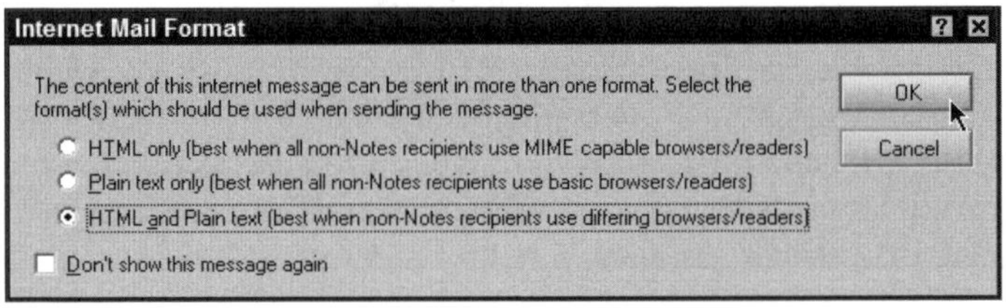

Abbildung 7.2: Die Wahl der Kodierungsmethode für eine einzelne Nachricht

Diese Dialogbox erscheint, wenn Sie auf die Schaltfläche SENDEN Ihres neuen Memos klicken. Dort wird ersichtlich, dass Sie eine von den drei Möglichkeiten wählen können, die dann benutzt wird, um diese Nachricht zu kodieren. Aktivieren Sie eine der drei Optionsschaltflächen NUR HTML, NUR EINFACHER TEXT oder HTML UND EINFACHER TEXT. Mit anderen Worten: Wenn Sie die nächste Nachricht senden, werden Sie wieder gefragt und müssen wieder auswählen ... es sei denn, Sie aktivieren das Kontrollkästchen NICHT MEHR ABFRAGEN.

Das Eingangspostfach auf die eigenen Bedürfnisse abstimmen

Die Standardeinstellungen Ihres Eingangspostfachs sind für einfache Handhabung konzipiert, darum haben Sie vielleicht gar nicht den Wunsch diese Einstellungen zu ändern. Wenn Sie jedoch zu den Leuten gehören, die allem eine persönliche Note geben wollen, sollten Sie weiterlesen, um zu erfahren, wie Sie die Anzeige Ihres Eingangspostfachs auf Ihren persönlichen (und sicherlich sehr kritischen) Geschmack abstimmen können.

Spalten sortieren

Sie können die Nachrichten in Ihrem Eingangspostfach (oder auch in jedem anderen Ordner) sehr einfach sortieren. Immer wenn Sie eine Spalte mit einem kleinen Dreieck in der Titelzeile sehen, klicken Sie auf diese Titelzeile, um die Nachrichten dieser Spalte zu sortieren (oder neu zu sortieren). So können Sie Ihre Nachrichten im Handumdrehen nach Absendernamen, Thema oder Größe neu sortieren.

Spalten einer Ansicht auswählen

Ein neues Feature von Notes 6 bietet die Möglichkeit, Spalten ohne weiteres neu zu ordnen und auszuwählen, welche der Spalten (in welcher Form) in einer Ansicht angezeigt werden sollen. Ehemals (das heißt also in der Zeit vor Notes 6) präsentierte die Mail-Datenbank immer den Personennamen in der ersten Spalte, das Datum der Nachricht in der zweiten Spalte usw. Nun, diese Zeiten sind vorbei! Wenn Sie unbedingt darauf bestehen, dass Ihnen ein Ordner mit den Daten der ersten Spalte ein Ordner angezeigt wird, lässt sich das leicht bewerkstelligen. Oder Sie können genau festlegen, welche Nachrichtenspalten in einem Ordner erscheinen sollen. Vielleicht möchten Sie auch, um Speicherplatz sparen zu können, dass Notes Ihnen die Größe jeder Nachricht anzeigt.

Um festzulegen, welche Spalten in Ihrem Eingangspostfach (oder auch in jedem anderen Ordner) angezeigt werden, öffnen Sie den betreffenden Ordner und wählen dann ANSICHT|DIESE ANSICHT ANPASSEN.

Wie Sie in Abbildung 7.3 sehen, verwenden Sie die Dialogbox ANSICHT, um die einzelnen Spalten für den Ordner festzulegen und dann zu entscheiden, ob diese Spalten angezeigt werden, wie breit die Spalte sein soll usw.

Um eine Spalte zu verbergen (wie beispielsweise die Spalte GRÖSSE in Abbildung 7.4) wählen Sie den Spaltennamen aus der Liste ANZUZEIGENDE SPALTEN aus und deaktivieren Sie anschließend das Kontrollkästchen in der Spalte SICHTBAR, um das Anzeigen der Spalte zu deaktivieren.

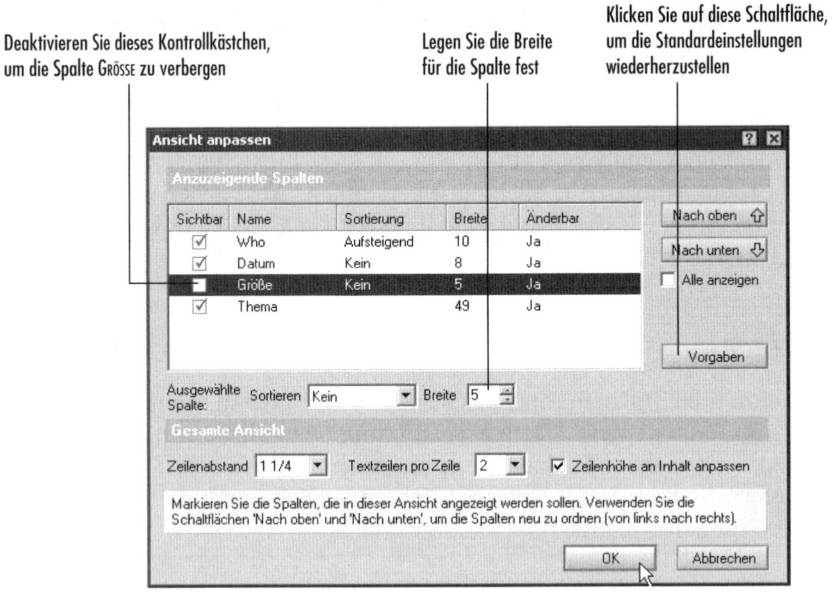

Abbildung 7.3: Verwenden Sie die Dialogbox ANSICHT ANPASSEN, um die Ansicht von Spalten genau festzulegen.

Im der Dialogbox ANSICHT ANPASSEN können Sie auch ...

- ✔ die Spaltenbreite festlegen und bestimmen, wie viele Zeilen verwendet werden sollen, um ein Dokument vom folgenden zu trennen.
- ✔ die Schaltflächen NACH OBEN und NACH UNTEN benutzen, wenn eine bestimmte Spalte vor den anderen erscheinen soll. Eine bessere Bezeichnung für diese Schaltflächen wäre NACH LINKS und NACH RECHTS, denn genau dies bewirken sie.
- ✔ im Listenfeld ZEILENABSTAND festlegen, wie groß der Zeilenabstand zwischen den einzelnen Zeilen (den Nachrichten in Ihrem Eingangspostfach) sein soll.
- ✔ im Listenfeld TEXTZEILEN PRO ZEILE kontrollieren, wie viel Platz jede Zeile (Nachricht in Ihrem Eingangspostfach) haben soll. Benutzen Sie dieses Feld für Nachrichten mit langen Themen, die nicht vollständig angezeigt werden. Benutzen Sie auch das Kontrollkästchen ZEILENHÖHE AN INHALT ANPASSEN, wenn Notes bei Bedarf die Einstellung TEXTZEILEN PRO ZEILE benutzen soll. Nicht alle Nachrichten benötigen beispielsweise einen Platz von drei Zeilen.

Klicken Sie auf OK, wenn Sie diese Schritte durchgeführt haben.

Sie sollten einigen Experimentiersinn mitbringen: Auch wenn Sie eine sehr ungünstige Auswahl treffen und beispielsweise versehentlich alle Spalten verbergen, können Sie immer zu dieser Dialogbox zurückkehren und den ursprünglichen Zustand wiederherstellen (indem Sie die Schaltfläche VORGABEN anklicken).

Wenn Sie die oben beschriebene Dialogbox nicht verwenden wollen, können Sie auch mit der Drag&Drop-Methode arbeiten und die ganze Spalte anklicken (packen Sie sie bei der Spaltentitelzeile) und an den neuen Ort ziehen.

Spezielle Farben für bestimmte Personen

Ein weiteres neues Feature bei Notes 6 gibt Ihnen die Möglichkeit, die Nachrichten bestimmter Personen in einer speziellen Farbe anzuzeigen. Vielleicht wollen Sie beispielsweise alle Nachrichten von Ihrem Chef in hübschem Pink anzeigen oder die Nachrichten von einem Kollegen, mit dem Sie eng zusammenarbeiten, sollen immer in Grün erscheinen. Auf diese Weise wissen Sie, welche Nachrichten in Ihrem Eingangspostfach besondere Bedeutung haben oder vor den anderen Nachrichten beantwortet werden sollten. Obwohl die Schwarz-Weiß-Abbildungen dieses Buches Ihnen diese farblichen Möglichkeiten nicht optimal vermitteln können, dürfen Sie mir glauben: Abbildung 7.4 zeigt alle Nachrichten von Ulla Porger in Hellgrün und die Nachrichten von Ulla Bernfeld wiederum in Violett an.

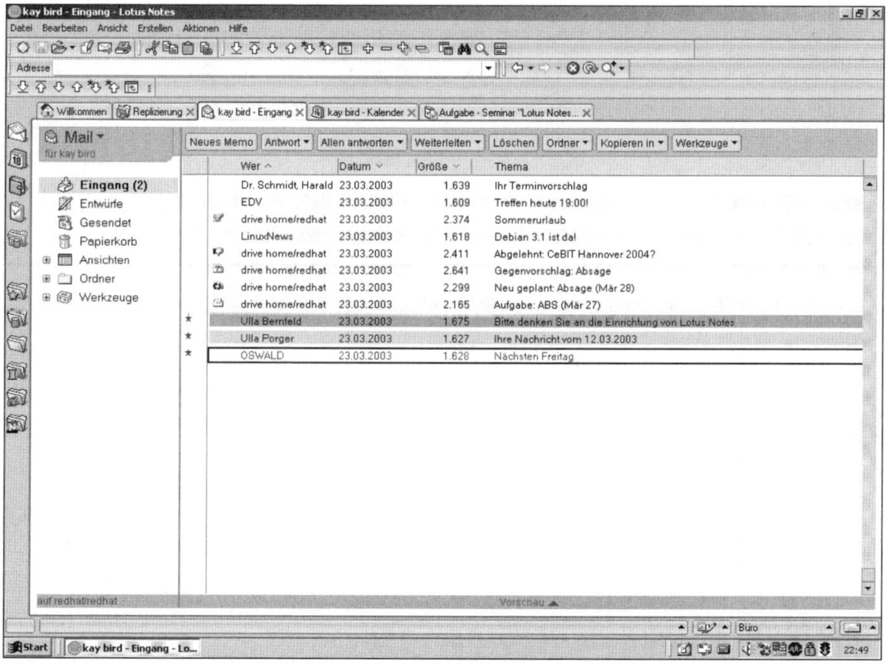

Abbildung 7.4: Zeigen Sie die Nachrichten besonderer Personen in besonderen Farben an.

Um festzulegen, welche Personen diese Spezialbehandlung erfahren sollten, öffnen Sie Ihr Eingangspostfach und wählen Sie AKTIONEN|WERKZEUGE|VORGABEN. Klicken Sie in der nun erscheinenden Dialogbox VORGABEN auf die Registerkarte FARBEN (wie in Abbildung 7.5 dargestellt). Geben Sie die Namen der betreffenden Personen in die Felder NAMEN DER ABSENDER links auf der Registerkarte ein und benutzen Sie anschließend die Dropdown-Farben-Liste rechts, um festzulegen, welche Farbe für die Nachrichten der jeweiligen Person verwendet werden soll. Wenn Sie Ihre Auswahl getroffen haben, klicken Sie auf OK.

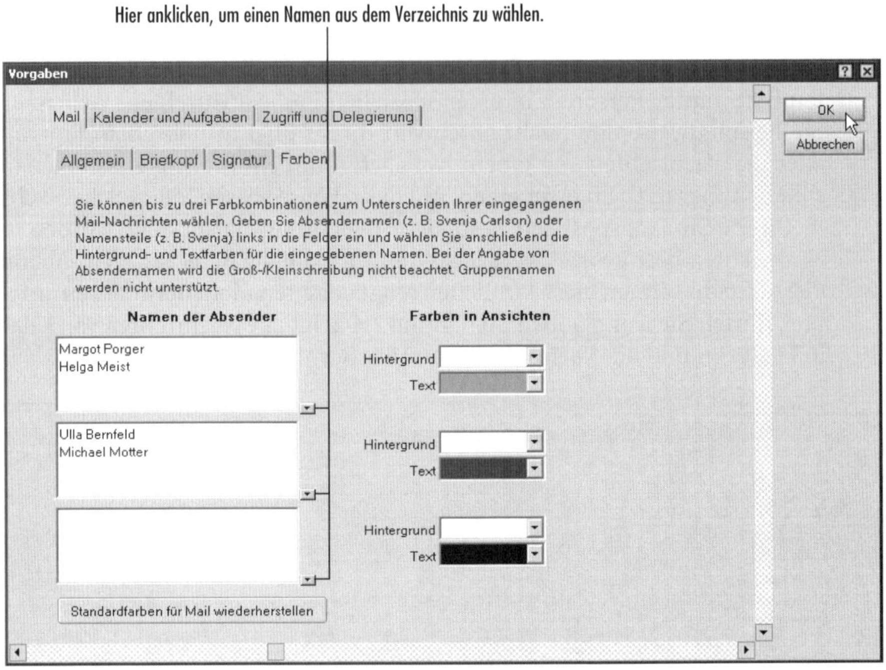

Abbildung 7.5: Weisen Sie besonderen Personen besondere Farben zu.

Klicken Sie auf die kleinen Dreiecke neben jedem der drei Felder, um aus dem Verzeichnis die Namen auszuwählen (anstatt den Namen selbst einzutippen und sich möglicherweise zu vertippen).

Klicken Sie einfach auf die SCHALTFLÄCHE STANDARDFARBEN FÜR MAIL WIEDERHERSTELLEN, um weniger günstige Farbkombinationen wieder rückgängig zu machen.

Nur bestimmte Dokumente anzeigen

Schließlich stehen Ihnen auch zwei Menüs zur Verfügung, die Sie benutzen können, um einzuschränken, was in Ihrem Eingangspostfach angezeigt wird.

Warum sollten Sie sich darüber Gedanken machen? Ganz einfach: Je mehr Nachrichten Sie verschicken, desto mehr werden Sie erhalten. Und auch wenn Sie sehr gewissenhaft sind und Ordner für die Ablage Ihrer Nachrichten verwenden, werden Sie doch irgendwann einmal ein sehr volles Eingangspostfach haben. Und je voller Ihr Postingang, desto schwieriger wird es, eine bestimmte Nachricht zu suchen oder einige Nachrichten auszudrucken.

Sie können die Spreu vom Weizen etwas trennen, wenn Sie die Optionen Ansicht|Anzeigen|Nur ungelesene Dokumente wählen. Das bewirkt genau, was es aussagt. Genauer gesagt ändert es die Ordneranzeige dahin gehend, dass nur die Dokumente angezeigt werden, die Sie noch nicht gelesen haben. Verwenden Sie die gleiche Menüauswahl, um wieder in die ursprüngliche Ansicht zurückzukehren, in der alle Dokumente angezeigt werden.

Eine andere Möglichkeit, die Anzeige Ihres Eingangspostfaches oder auch eines anderen Ordners einzuschränken, ist, die betreffenden Dokumente auszuwählen und dann die Optionen Ansicht|Anzeigen|Nur ausgewählte Dokumente zu wählen. Das ist nützlich, wenn Sie vorhaben, eine Aktion wie Drucken, Weiterleiten, Löschen oder Kopieren für mehrere ausgewählte Dokumente durchzuführen. Sie könnten das natürlich auch machen, ohne festzulegen, dass das Eingangspostfach nur ausgewählte Dokumente anzeigt, aber manchmal macht es die Dinge einfacher, wenn Sie die Anzeige für den Ordner dahin gehend ändern, dass nur die Dokumente angezeigt werden, die Sie ausgewählt haben.

Ein neues Feature bei Notes 6, das in bestimmten Situationen sehr gelegen kommt, ist neue Menü, mit dem Sie mehrere Dokumente auswählen und diese dann kopieren können, sodass sie in einer Tabelle erscheinen. Jeder, der schon einmal versucht hat, eine Nachricht zu erstellen, die eine Notes-Datenbank zusammenfasst, wird dieses neue Feature umarmen.

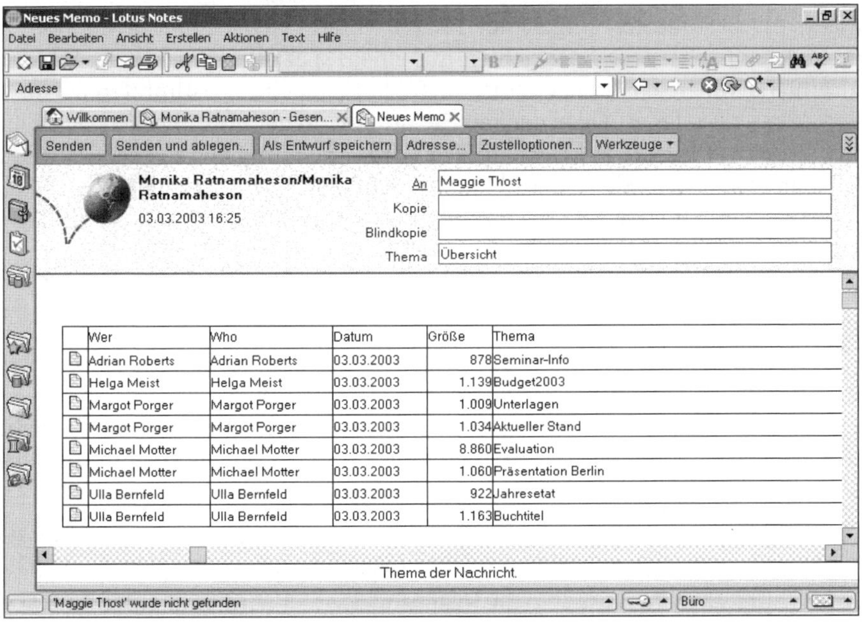

Abbildung 7.6: Sie können eine Dokument-Übersicht von einer Ansicht kopieren und in eine Tabelle einfügen.

Zunächst wählen Sie die betreffenden Dokumente aus und wählen anschließend BEARBEITEN|AUSWAHL ALS TABELLE KOPIEREN. Obwohl unmittelbar keine Änderungen zu sehen sind, haben Sie damit eine Momentaufnahme dieser ausgewählten Dokumente in der Zwischenablage Ihres Rechners erstellt. Wenn Sie diese anschließend über BEARBEITEN|EINFÜGEN an einen anderen Ort einfügen, erhalten Sie ein Ergebnis wie in Abbildung 7.6: eine Tabelle mit einer Beschreibung der jeweiligen Dokumente und einem DocLink (Näheres hierzu finden Sie in Kapitel 16), über den Sie direkt zu dem betreffenden Dokument gelangen. Eine coole Sache, nicht wahr?!

Regeln

Mutter hat Ihnen sicher immer gesagt, dass Sie alle Regeln befolgen sollen, stimmt's? Andererseits soll Katharine Hepburn einmal gesagt haben: »Wenn du alle Regeln befolgst, verpasst du den ganzen Spaß.« Sei es, wie es sei, soweit es Notes betrifft, sind Regeln Hilfsmittel, Ihre Mail zu verwalten.

Stellen Sie sich einmal in Ihrem Interesse vor, Sie bekommen jeden Donnerstag eine normale E-Mail mit den neuesten Verkaufszahlen. Und aus Gründen, die nur Sie kennen, speichern Sie diese Verkaufszahlen immer in dem Ordner (richtig geraten!) VERKAUFSZAHLEN-UPDATES.

Oder vielleicht kommunizieren Sie auch mit Kunden per E-Mail und wollen, dass Notes Ihnen dabei hilft, die Nachrichten von diesen Kunden auszuwählen und zu verwalten.

Wenn Sie jetzt eine Regel benutzen, kann das alles automatisch geschehen. Eine *Regel* sagt Notes, was es mit bestimmten eingehenden Nachrichten machen soll. Sie könnten zum Beispiel eine Regel aufstellen, die Nachrichten mit einem speziellen Wort in der Titelzeile in einen bestimmten Ordner schafft, oder eine, die E-Mails von einer bestimmten Person direkt in den Ordner PAPIERKORB leitet. Oder denken Sie an eine Regel, mit der die Wichtigkeit einer Nachricht Ihres Chefs sofort auf HOCH gesetzt wird. Abbildung 7.7 zeigt die Ansicht REGELN Ihrer Mail-Datenbank. Wie Sie in der Abbildung sehen, können Sie mehrere Regeln verwenden. Die Regeln werden angezeigt, wenn Sie im Navigationsbereich die Schaltfläche REGELN anklicken.

Aufstellen einer Regel

Um eine neue Regel zu erstellen, müssen Sie zunächst im Navigationsbereich Ihrer Mail-Datenbank den Ordner REGELN anklicken. Dann klicken Sie in der Aktionsleiste die Schaltfläche NEUE REGEL an (siehe Abbildung 7.7). In Abbildung 7.8 sehen Sie die (recht große) Dialogbox NEUE REGEL, die nun erscheint.

Wie Sie in Abbildung 7.8 erkennen können, ist die Dialogbox NEUE REGEL in drei Abschnitte unterteilt. Unter DIE REGEL IST: können Sie die Regel aktivieren, unter BEDINGUNGEN ANGEBEN legen Sie fest, auf welche Nachrichten die Regel angewendet wird, und unter AKTIONEN ANGEBEN legen Sie fest, welche Aktionen die Regel mit den jeweiligen Nachrichten durchführt.

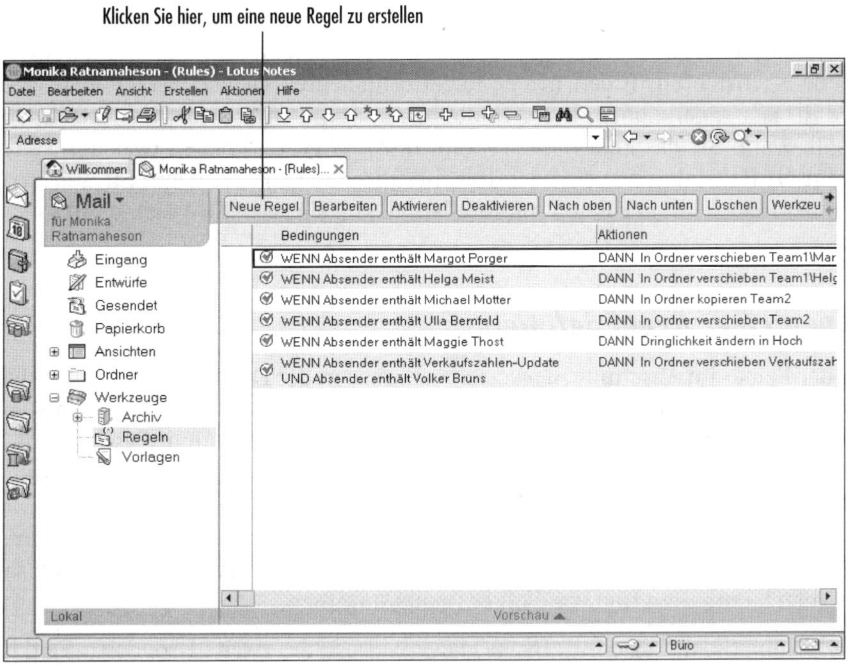

Abbildung 7.7: Benutzen Sie Regeln, die Ihnen beim Verwalten Ihrer Mail helfen.

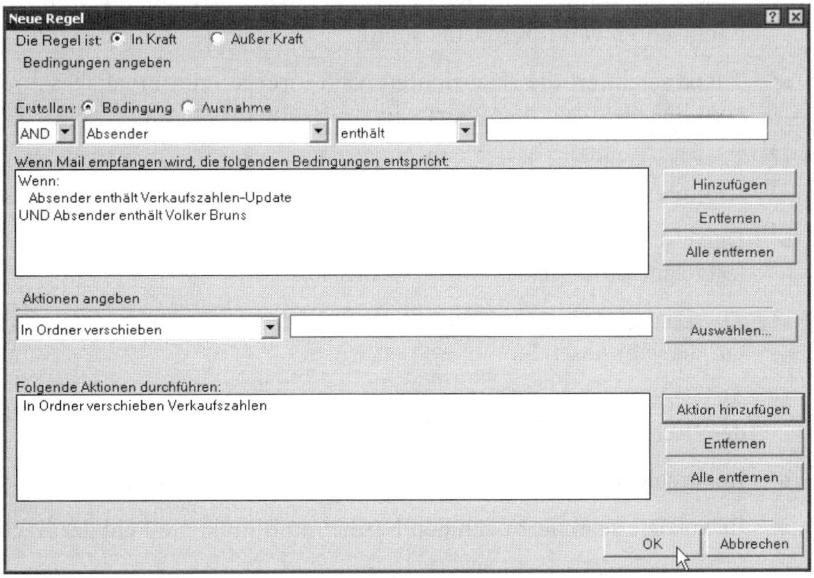

Abbildung 7.8: Erstellen einer neuen Regel

Jede von Ihnen erzeugte Regel ist automatisch aktiv. Es kann jedoch passieren, dass Sie eine Regel haben, die zeitweise nicht aktiv sein darf. Zum Beispiel wollen Sie momentan nicht, dass empfangene Nachrichten in den in der Regel festgelegten Ordner verschoben werden. Das erste Feld Regel ist: ganz oben in der Dialogbox lässt Sie entscheiden, ob die Regel aktiviert werden soll. Wenn Sie das Feld Regel Ist: auf In Kraft gesetzt haben (was der Standard ist), dann macht die Regel das, was sie nach Ihren Wünschen tun soll. Wenn Sie andererseits dasselbe Feld benutzen, um der Regel mitzuteilen, dass sie Ausser Kraft ist, dann macht sie gar nichts.

Bedingung einer Regel definieren

Mit Hilfe der Felder im Abschnitt Bedingungen angeben in der Dialogbox Neue Regel werden die Nachrichten festgelegt, auf welche die Regel angewandt werden soll. Der Grundgedanke besteht darin, mit diesen drei Feldern ein Kriterium aufzustellen und dieses dann durch die Schaltfläche Hinzufügen zu speichern. Einige Regeln enthalten oft nur ein Kriterium, wie zum Beispiel Thema, das »Verkaufszahlen-Update« enthält. Andere können wesentlich komplizierter sein und weit mehr als nur eine Bedingung enthalten. Das in Abbildung 7.8 gezeigte Beispiel enthält zwei Kriterien: Die eintreffende Nachricht muss das Wort »Verkaufszahlen-Update« im Thema enthalten und von Volker Bruns stammen.

Wenn Sie im Abschnitt Bedingungen angeben: das zweite Dropdown-Feld Erstellen| Bedingung erstellen: festlegen, können Sie aus 13 verschiedenen Werten wählen:

- **Absender** wählt die Nachrichten nach den Namen derer aus, die sie gesendet haben. Sie können zum Beispiel eine Regel aufstellen, die automatisch nach Nachrichten von Ihrem Chef sucht.
- **Thema** selektiert die Nachrichten nach ihrer kurzen Inhaltsbeschreibung wie zum Beispiel nach dem Wort »Verkaufszahlen-Update«.
- **Text** lässt Sie eine Nachricht finden, die ein bestimmtes Wort oder einen bestimmten Satz im Textkörper der Nachricht enthält.
- **Dringlichkeit** wählt die Nachrichten nach der Wichtigkeit, die vom Absender festgelegt wurde (Hoch, Normal, Niedrig).
- **Zustellungspriorität** selektiert Nachrichten basierend auf der Zustellpriorität, die vom Absender zugewiesen wurde.
- **An** wählt die Nachrichten nach dem (den) Namen derer, die im Empfangsfeld der Nachricht stehen.
- **Kopie** selektiert nach den Namen im Kopiefeld der Nachricht.
- **Blindkopie** selektiert nach den Namen im Blindkopie-Feld der Nachricht.
- **An oder Kopie an** selektiert nach den Namen im An- oder Kopie-Feld der Nachricht.

- TEXT ODER THEMA lässt Sie eine Bedingung angeben, nach der Notes dann sowohl im Textkörper der Nachricht als auch in der Thematik suchen wird.
- INTERNET-DOMÄNE erlaubt Ihnen, die Nachrichten eines bestimmten Adresstyps im Internet anzugeben, wie zum Beispiel `yahoo.com` oder `aol.com`.
- GRÖSSE (BYTE) wendet Ihre Regel auf die Größe der Nachrichten an.
- ALLE DOKUMENTE wendet Ihre Regel auf alle neuen Nachrichten an.

Nachdem Notes nun weiß, nach was es suchen soll, teilen Sie Notes über das dritte Feld im Abschnitt BEDINGUNGEN ANGEBEN: mit, welche Art Vergleich es anwenden soll:

- ENTHÄLT heißt, dass der Begriff, den Sie in das dritte Feld eingeben, irgendwo im zuerst gewählten Feld erscheinen kann.
- ENTHÄLT NICHT heißt, was immer Sie im ersten Feld angeben, darf nicht das enthalten, was im dritten Feld steht.
- IST bedeutet: Was auch immer Sie im ersten Feld angeben, es muss absolut identisch sein mit dem Inhalt des dritten Feldes.
- IST NICHT bedeutet: Was auch immer Sie im ersten Feld angeben, es darf auf keinen Fall mit dem dritten Feld identisch sein.

Zum Schluss legen Sie im dritten Feld des Bereiches BEDINGUNGEN ANGEBEN fest, was Sie suchen. Geben Sie nur den Suchbegriff – den Namen einer Person, ein Wort aus dem Textkörper einer Nachricht, eine Internet-Domäne usw. in dieses dritte Feld ein.

Nachdem Sie alle drei Teile der Bedingung definiert haben, klicken Sie auf die Schaltfläche HINZUFÜGEN, um die Bedingung zu speichern. Nachdem Sie das getan haben, können Sie, falls Sie einen Fehler gemacht haben, die Schaltflächen ENTFERNEN und ALLE ENTFERNEN benutzen. Im Listenfeld WENN MAIL EMPFANGEN WIRD, DIE FOLGENDEN BEDINGUNGEN ENTSPRICHT müssen Sie die gewünschte Bedingung erst markieren, um sie entfernen zu können.

Vielleicht wollen Sie auch eine Regel aufstellen, die mehrere Bedingungen enthält. Das kann eine Regel sein, über die Sie Nachrichten von einem bestimmten Kunden suchen, die gleichzeitig die Worte »Neue Bestellung« im Thema enthalten. Für eine Regel können sie beliebig viele Bedingungen festlegen. Verwenden Sie einfach die Schaltfläche HINZUFÜGEN, um neue Bedingungen mit in die Regel aufzunehmen.

Wenn Sie für eine Regel mehrere Bedingungen festlegen, wollen Sie Notes vielleicht mitteilen, dass diese Regel nur greifen soll, wenn *alle Kriterien* erfüllt sind. Oder aber Sie wollen Notes mitteilen, dass diese Regel gelten soll, wenn auch nur *eines* der festgelegten Kriterien erfüllt ist. In Abbildung 7.8 wird für Notes die Regel erstellt, jede Nachricht in den Ordner VERKAUFSZAHLEN zu verschieben, die in Text oder Thema das Wort »Verkaufszahlen-Update« enthält. Das Wort »Verkaufszahlen-Update« kann folglich auch nur im Text oder im Thema erscheinen, damit diese Regel angewendet wird. Sie können die Regel aber auch so definieren, dass das Wort »Verkaufszahlen-Update« *sowohl im Textkörper als auch im Thema* erscheinen muss, damit die Regel aktiviert wird. Sie steuern dieses Merkmal, indem Sie im ersten Dropdown-Feld die Option UND bzw. ODER auswählen. Dieses Dropdown-Feld wird erst angezeigt, nachdem sie auf die Schaltfläche HINZUFÜGEN geklickt haben, um ihrer Regel zumindest eine Bedingung hinzuzufügen.

Festlegen von Aktionen für eine Regel

Nachdem Sie auf diese Weise Notes angewiesen haben, auf welche Nachrichten die Regel reagieren soll, benutzen Sie jetzt in der Dialogbox den Abschnitt AKTIONEN ANGEBEN, um festzulegen, was Notes mit den Nachrichten machen soll. Das ist der Teil, wo Sie nun Notes anweisen, die Nachrichten in einen bestimmten Ordner abzulegen, zu löschen oder...

Dieser Bereich der Dialogbox hat zwei Felder: Das erste – eine Dropdown-Liste – sagt Notes, was Sie mit den Nachrichten machen wollen, und das zweite, wohin Notes sie bringen soll.

Mit einer Nachricht, welche die in der Dialogbox NEUE REGEL weiter oben eingerichteten Bedingungen erfüllt, können Sie sechs Aktionen ausführen, die Sie im ersten Feld auswählen:

- ✔ **IN ORDNER VERSCHIEBEN** weist Notes an, zutreffende Nachrichten in einen Ordner abzulegen. Den Namen des Ordners müssen Sie im zweiten Feld eingeben, oder Sie benutzen für die Auswahl die Schaltfläche AUSWÄHLEN. Feld und Schalfläche werden beide bei Anklicken der Option angezeigt.
- ✔ **IN ORDNER KOPIEREN** weist Notes an, zutreffende Nachrichten in einem bestimmten Ordner abzulegen. Den Namen des Ordners müssen Sie im zweiten Feld eingeben, oder Sie benutzen für die Auswahl die Schaltfläche AUSWÄHLEN. Beide werden bei Anklicken der Option angezeigt. Diese Option ist wie IN ORDNER VERSCHIEBEN, nur verbleibt eine Kopie der Nachricht in diesem Fall auch in Ihrem Eingangspostfach.
- ✔ **KOPIE SENDEN AN** weist Notes an, die Nachricht automatisch an einen anderen Empfänger weiterzuleiten.
- ✔ **ABLAUFDATUM FESTLEGEN** markiert das Datum, an dem die Nachricht verfällt.
- ✔ **DRINGLICHKEIT ÄNDERN IN** markiert die Dringlichkeit einer Nachricht mit HOCH, NORMAL, NIEDRIG – unabhängig davon, wie der Absender diese gesetzt hat.
- ✔ **LÖSCHEN** macht genau das, wonach es auch klingt. Es entfernt die entsprechende Nachricht.

Nachdem Sie Bedingung und Aktion einer Regel festgelegt haben, klicken Sie oben in der Dialogbox NEUE REGEL auf die Schaltfläche OK, um diese zu speichern. Die neue Regel wird nun in Ihrer Mail-Datenbank in der Ansicht REGELN zu sehen sein.

Ähnlich wie bei den Bedingungen kann auch eine Regel mehrere Aktionen umfassen. Sie können beispielsweise eine Regel aufstellen, die nach Nachrichten von einem bestimmten Kunden sucht und diese dann automatisch an Ihren Mitarbeiter weiterleitet, nachdem die Nachricht auch bei Ihnen in einem eigenen Ordner abgelegt wurde.

Verwalten von Regeln

Wie Sie bereits in Abbildung 7.7 sehen konnten, sind in der Ansicht Regeln Ihrer Mail-Datenbank alle Regeln angeordnet. Es könnte nun passieren, dass einige Regeln sich die gleiche Nachricht aussuchen – vielleicht macht die eine etwas mit der Mail von `stevo@beld.net` und die andere macht etwas mit allen Nachrichten der Internet-Domäne `beld.net`. Benutzen Sie die Schaltflächen Nach oben und Nach unten in der Aktionsleiste, um festzulegen, welche Regel den ersten Zugriff auf eine ankommende Mail hat.

Sie können auch die Schaltfläche Regel bearbeiten... in der Aktionsleiste verwenden, wenn Sie die Bedingung oder die Aktion einer Regel ändern möchten. Dagegen verwenden Sie die Schaltfläche Regel löschen in der Aktionsleiste, um das Ding komplett zu löschen.

Eine neue Regel wird nur auf eingehende Nachrichten angewandt, *nachdem* Sie diese erstellt haben; sie wird also *nichts* mit den Nachrichten anstellen, die Sie vorher schon hatten.

Ich brauche Urlaub

Sie arbeiten hart und verdienen sicherlich eine Pause. Jamaika oder die Bahamas ansteuern? Großartig! Vergessen Sie nicht, die Nachricht auf dem Anrufbeantworter im Büro zu ändern, damit Anrufer wissen, dass Sie weit weg vom Büro sind. Sie müssen Ihre Reputation hinsichtlich Ihrer Antwortfreudigkeit doch aufrechterhalten.

Und wenn Sie schon dabei sind, stellen Sie Ihre Datenbank so ein, dass Notes automatisch alle Mail-Nachrichten beantwortet, während Sie am Strand liegen.

Gut, nicht jeder hat das Glück und kann Urlaub machen. Aber es lässt sich zumindest einmal andenken, oder? Sie können dieses Merkmal immer verwenden, wenn Sie abwesend sind und Ihre Mail-Nachrichten nicht beantworten können – auch wenn Sie nur auf einer (langweiligen) zweitägigen Geschäftsreise sind, während der Sie nicht in der Lage sind, Ihre Mail zu lesen, geschweige denn sie zu beantworten.

1. **Öffnen Sie Ihr Eingangspostfach.**
2. **Klicken Sie auf die Schaltfläche Werkzeuge in der Aktionsleiste.**
3. **Wählen Sie aus dem angezeigten Dropdown-Menü die Option Abwesenheit.**

   Danach öffnet sich die in Abbildung 7.9 gezeigte Dialogbox. Hier teilen Sie Notes mit, wie eingehende Mail-Nachrichten behandelt werden sollen, wenn Sie weg sind.

4. **In den Feldern Von: und Bis: der Registerseite Daten geben Sie die Daten ein, an denen Sie weg sein werden.**

   Notes wird automatisch jede Mail beantworten, die Sie in diesem Zeitraum erhalten. Sie können auch das Kontrollkästchen Diesen Zeitraum als belegte Zeit verbuchen aktivieren, wenn Sie Gruppenkalender benutzen und wollen, dass Ihre bevorstehende Abreise sich in der zeitlichen Planung wiederfindet.

5. **Füllen Sie die Felder auf den Registerseiten ABWESENHEITSNACHRICHT, SPEZIELLE NACHRICHT und AUSNAHMEN aus.**

   (Weitere Informationen zu diesem Arbeitsschritt finden Sie in den folgenden Absätzen.)

6. **Klicken Sie auf die Schaltfläche OK.**

Um Ihr Profil festzulegen, müssen Sie folgende drei Fragen in den anderen drei Registerseiten der Dialogbox ABWESENHEIT beantworten:

- ✔ Welche Nachricht soll Notes während Ihrer Abwesenheit den meisten Personen automatisch senden?
- ✔ Welche Nachricht soll während Ihrer Abwesenheit automatisch an einige spezielle Leute gerichtet werden?
- ✔ Welche Leute bekommen keine dieser automatischen Antworten?

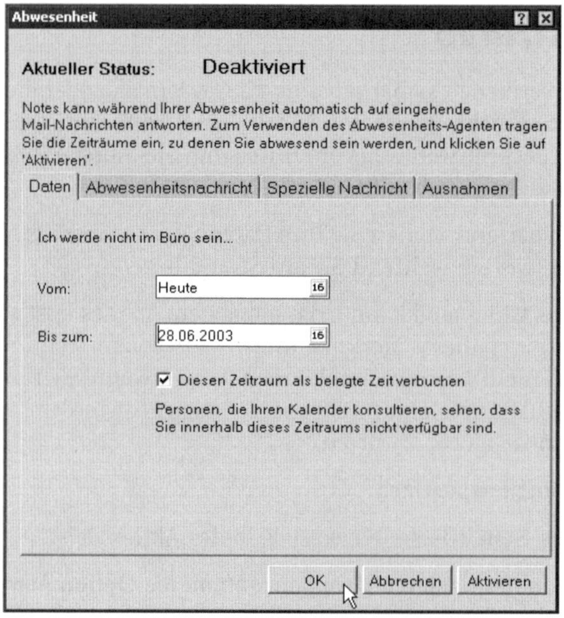

Abbildung 7.9: Notes kann automatisch auf Nachrichten antworten, die Sie während Ihrer Abwesenheit erhalten.

Auf der Registerseite ABWESENHEITSNACHRICHT tippen Sie Thema und Textkörper der Nachricht, die Notes automatisch auf die meisten empfangenen Nachrichten als Antwort sendet. Abbildung 7.10 zeigt das Beispiel eines Antwortschreibens, aber Sie können hier einen beliebigen Text eintragen.

Eine gute Idee ist, im Nachrichtenfeld auch anzugeben, wann und wie lange Sie abwesend sind, damit Ihre Kollegen in etwa wissen, wann Sie mit einer tatsächlichen Antwort von Ihnen rechnen können.

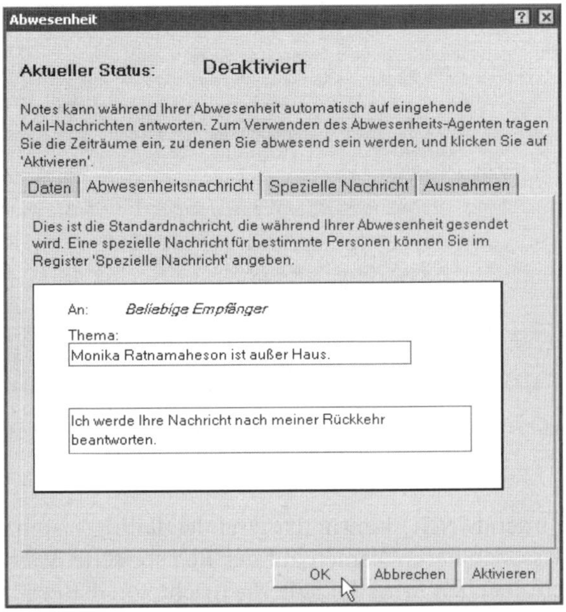

Abbildung 7.10: Erstellen Sie ein Antwortschreiben, das Notes während Ihrer Abwesenheit verschickt.

Sie können entscheiden, noch ein anderes, spezielles Antwortschreiben an bestimmte Personen zu richten. Vielleicht möchten Sie eine einzigartige Nachricht an Ihren Chef oder an Ihre Mitarbeiter schicken. Geben Sie die Namen der speziellen Leute in der Registerseite SPEZIELLE NACHRICHT ein.

Klicken Sie auf den Pfeil neben dem Feld AN:, um einzelne Personen oder Gruppen aus Ihrem persönlichen Adressbuch auszuwählen. Die Dialogbox NAMEN AUSWÄHLEN mit Ihrem persönlichen Adressbuch wird nun angezeigt, aus dem Sie diese speziellen Empfänger auswählen können.

Einige Nachrichten verdienen keine Antwort; benutzen Sie die Registerseite AUSNAHMEN, um Notes mitzuteilen, welche Personen während Ihrer Abwesenheit keine automatische Antwort erhalten. Wie Sie in Abbildung 7.11 sehen, können Sie Notes den Befehl erteilen, Nachrichten aus dem Internet fast ausschließlich zu ignorieren, ebenso wie Nachrichten von bestimmten Personen und Nachrichten, die an bestimmte Gruppen gerichtet sind oder ein bestimmtes Wort oder einen bestimmten Satz in ihrer Thematik enthalten.

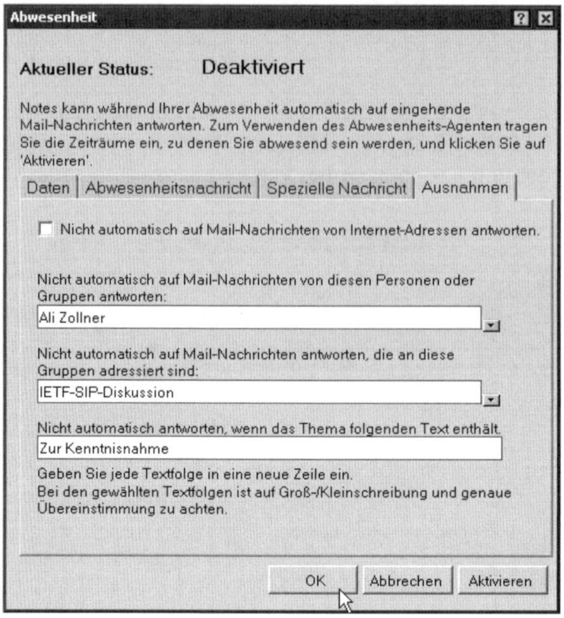

Abbildung 7.11: Definieren Sie Ausnahmen, sodass einige Nachrichten keine automatische Antwort erhalten, wenn Sie weg sind.

Haben Sie irgendwelche internetbasierende Mailing-Listen abonniert, versichern Sie sich, dass sich deren Namen auf der Registerseite AUSNAHMEN befinden. Wenn Sie das nicht machen, wird auf jede Nachricht von dieser Mailing-Liste eine Ihrer automatischen Antworten geschickt. Wenn es dumm läuft, wird die Antwort immer und immer wieder an die ganze Liste gesendet.

Haben Sie Ihr Abwesenheitsprofil abgeschlossen, klicken Sie auf die Schaltfläche AKTIVIEREN/DEAKTIVIEREN in der Aktionsleiste. Wählen Sie anschließend in der Dialogbox SERVERNAME Ihren Domino-Server aus.

Vergessen Sie nach der Rückkehr aus Ihrem kleinen Urlaub nicht, die automatische Antwort abzuschalten. Wenn Sie wieder im Büro und bereit sind, Ihre E-Mail selbst zu beantworten, klicken Sie auf die Schaltfläche DEAKTIVIEREN in der Dialogbox ABWESENHEIT. Somit hört Notes auf, Nachrichten für Sie zu senden.

Das gleiche Memo wiederverwenden

Wenn Sie bemerken, dass Sie regelmäßig genau dasselbe Memo an genau dieselben Leute versenden, sollten Sie eine *Vorlage* erstellen. Später dann, nächste Woche, wenn es wieder an der Zeit ist, Ihre übliche Nachricht zu senden, brauchen Sie diese nicht neu zu erstellen.

Stattdessen bearbeiten Sie die Vorlage, in die Empfänger, Thema usw. bereits eingetragen sind. Und in der folgenden Woche gehen Sie wieder genauso vor. Und das Gleiche gilt für die Woche danach usw.

Entwerfen einer Vorlage

Zum Entwerfen einer Vorlage müssen Sie wirklich nur Adressfelder (AN:, KOPIE:, BLINDKOPIE:) und das Feld THEMA: ausfüllen. Hinzu kommt noch der Teil der Nachricht, der jedes Mal gleich sein wird. Außerdem müssen Sie das Dokument auf eine spezielle Art und Weise speichern. So müssen Sie vorgehen:

1. **Fangen Sie an, ein neues Memo zu schreiben.**
2. **Schreiben Sie die entsprechenden Namen in die Felder AN:, KOPIE: oder BLINDKOPIE:. Geben Sie auch ein Stichwort im Feld THEMA: ein.**

   Sorgen Sie sich nicht, wenn diese Informationen von Mal zu Mal unterschiedlich sind. Sie können diese Felder immer noch ändern, wenn Sie diese Vorlage verwenden.
3. **In das Textfeld der Vorlage tragen Sie die Teile der Nachricht ein, die Sie jede Woche senden möchten.**
4. **Wenn Sie fertig sind, wählen Sie AKTIONEN|WERKZEUGE|ALS VORLAGE SPEICHERN...**
5. **Geben Sie den Namen Ihres Vorlagendokuments in der Dialogbox ALS VORLAGE SPEICHERN an und klicken Sie auf OK.**

Lassen Sie sich nicht von der Form des Memos verwirren, während Sie die Vorlage erstellen. Denn ungeachtet des äußeren Erscheinungsbildes geben Sie ja nicht den Text für eine richtige E-Mail ein, sondern schreiben nur Teile einer Nachricht, die Sie *später* benutzen, um eine normale Nachricht zu versenden. Die mit der Vorlage erstellte Nachricht müssen Sie später auch gar nicht unbedingt speichern.

Verwenden einer Vorlage

Wenn es Zeit ist, eine auf einer Vorlage basierende E-Mail zu senden, öffnen Sie Ihren Mail-Eingang und klicken Sie in der Aktionsleiste die Schaltfläche WERKZEUGE an. Anschließend klicken Sie auf die Schaltfläche NEU|MEMO – VORLAGE VERWENDEN. Die Dialogbox VORLAGEN WÄHLEN wird angezeigt (siehe Abbildung 7.12).

Wählen Sie in der Dialogbox VORLAGEN WÄHLEN die Vorlage, die Sie benutzen wollen; Sie können dann die Felder AN, KOPIE, BLINDKOPIE und THEMA wie auch den Textkörper der Nachricht beliebig verändern. Wenn Sie dann E-Mail versenden, speichert Notes ein neues Dokument in Ihrer Mail-Datenbank und hinterlässt die Vorlage unverändert. So können Sie beim nächsten Mal diese Vorlage wiederverwenden.

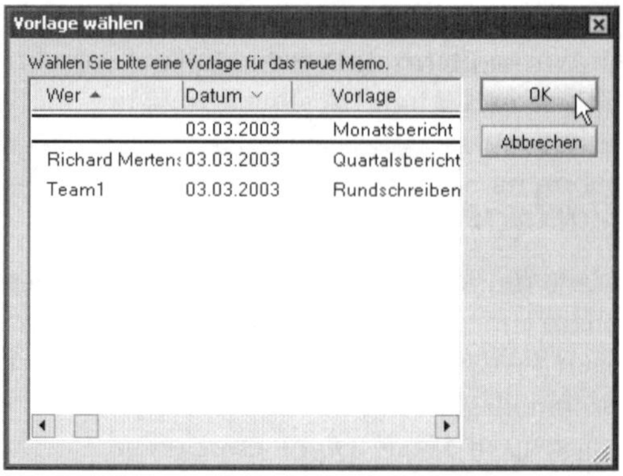

Abbildung 7.12: Wählen Sie eine der erstellten Vorlagen aus.

Über den Ordner VORLAGEN Ihrer Mail-Datenbank können Sie Vorlagen, die Sie erstellt haben, auch betrachten und verwalten.

Spezielle Optionen für eine Nachricht

In Kapitel 4 werden die Begriffe der Zustelloptionen wie Dringlichkeit, Modus, Zustellbericht und Zustellungsprioritäten erläutert. Sie können sogar noch mehr erweiterte Optionen auf der Registerseite ERWEITERT in der Dialogbox ZUSTELLOPTIONEN finden (siehe Abbildung 7.13).

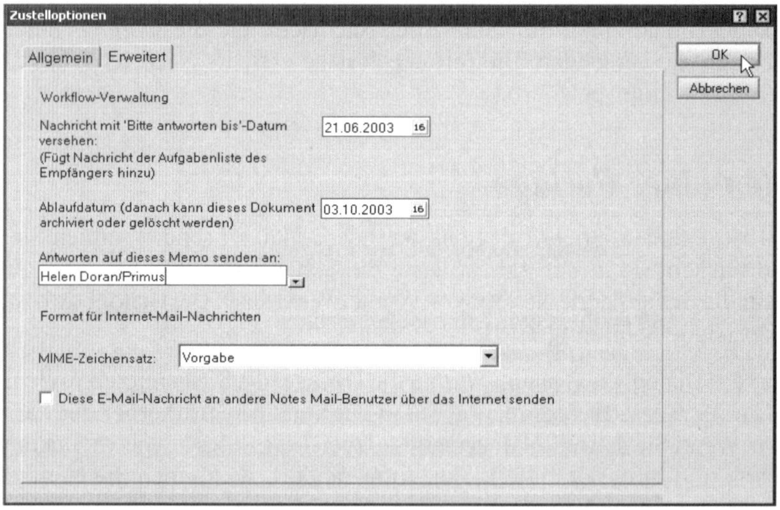

Abbildung 7.13: In der Registerseite ERWEITERT der Dialogbox ZUSTELLOPTIONEN können Sie weitere Zustelloptionen für Ihre Nachrichten festlegen.

Wenn Sie auf eine Nachricht bis zu einem bestimmten Datum eine Antwort möchten, benutzen Sie die Mitteilung NACHRICHT MIT 'BITTE ANTWORTEN BIS'-DATUM VERSEHEN, um den Empfänger darauf aufmerksam zu machen. Das Datum, das Sie in dieses Feld eintragen, erscheint oben auf Ihrer E-Mail. Außerdem wird die gesendete Nachricht in der Ansicht AUFGABEN des Empfängers platziert.

Wie Sie in Abbildung 7.13 sehen, können Sie den Personen einen Gefallen tun, indem Sie ihnen anzeigen, dass Ihre Nachricht ein Ablaufdatum hat. Tun Sie das, und Sie helfen den Empfängern dabei herauszufinden, welche Nachrichten gelöscht werden können, wenn diese ihre Mail-Datenbank bereinigen oder archivieren.

Benutzen Sie Ihre Mail-Datenbank, um eine Antwort auf eine Nachricht zu erstellen, setzt Notes automatisch den Namen der Person, die Ihnen die Nachricht ursprünglich geschickt hat, in das Feld AN:. Wenn Sie eine Nachricht senden, jedoch möchten, dass die Antwort zu jemand anderem als zu Ihnen kommt, dann benutzen Sie das Feld ANTWORTEN AUF DIESES MEMO SENDEN AN:, um dort den entsprechenden Namen der Person anzugeben.

Teil III

Die Geheimnisse der Datenbanken

»Schon wieder eine Raumsonde von den Erdenbewohnern, die Kontakt mit Außerirdischen suchen. Hätten Sie doch eine E-Mail-Adresse angegeben!«

In diesem Teil ...

So wichtig sie auch ist, Mail ist nur ein Teil des Wunders, das man Notes nennt. Die andere Arbeit, die in Notes zu machen ist, spielt sich in Datenbanken ab. Ihre Mail ist in einer Datenbank aufbewahrt. Sie wissen also schon ein bisschen darüber, wie Datenbanken unter Notes arbeiten (wenn Sie Teil II gelesen haben, sollte das so sein). Sinn und Zweck des dritten Teils ist es, Sie in das Herz einer Datenbank schauen zu lassen und herauszufinden, was es zum Schlagen bringt.

Die nächsten Kapitel erläutern Ihnen ein Gewirr von Datenbankbegriffen. Sie zeigen Ihnen auch, wie Sie Ihre eigene persönliche Note einbringen können. **Achtung:** Das Lesen dieses Teils kann bewirken, dass Sie Datenbanken, auf die Sie treffen, effizienter benutzen, dass Sie an verschiedenen Teilen der Datenbank herumbasteln und dass Sie Fähigkeiten erlangen, die so manchen Datenbankentwickler zu Ruhm und Reichtum katapultieren würden.

Kalender und Termine

8

In diesem Kapitel

- Mit dem Kalender experimentieren
- Mit Ihren Terminen und Besprechungen auf dem Laufenden bleiben
- Mit Gruppenkalendern arbeiten
- Termine, Jahrestage, ganztägige Ereignisse und Erinnerungen erzeugen

Haben Sie gewusst, dass in Notes 6 ein Kalender integriert ist, der immer für Sie da ist? Mit ihm können Sie tägliche Termine verfolgen und Besprechungen koordinieren. Auch wenn Sie es gewöhnt sind, Ihre Termin- und Konferenzplanung mit Hilfe einer dieser in Leder gebundenen Taschenkalender zu organisieren gibt es wirklich ein paar tolle Gründe, warum Sie Notes für all Ihre Planungen benutzen sollten:

- ✔ Bringen Sie Ihre gesamten Kalenderdaten in Notes, und alle Ihre Informationen befinden sich auf dem Computer, wo Sie ihn in einer täglichen, wöchentlichen, vierzehntägigen oder monatlichen Ansicht anordnen können.
- ✔ Verwenden Sie einen Palmpilot oder IBM WorkPad, können Sie Ihren Kalender sogar in Ihrer Hemd- oder Blusentasche mitnehmen. Oder Sie tragen ihn in der Hosentasche bei sich oder befestigen ihn am Gürtel. Es kommt nicht darauf an, wo Sie Ihren Kalender aufbewahren, Tatsache ist: Ihr Notes-Kalender ist tragbar und Sie können ihn immer mit sich führen.
- ✔ Durch den Einsatz von Gruppenkalendern in Ihrem Unternehmen können Sie Notes einfach dazu benutzen, um die Kalender anderer Leute einzusehen. Sie können deren freie Zeiten einsehen, genau wie Sie es zulassen, dass diese Ihre freien Zeiten sehen können.
- ✔ Sie können eine Besonderheit von Notes nutzen, die sich Delegieren nennt. Damit kann Ihr Assistent Besprechungen für Sie arrangieren (wenn Sie zu den glücklichen Leuten gehören, die einen Assistenten haben, ansonsten sind Sie auf sich alleine gestellt).
- ✔ Sie haben eine Vielzahl von Möglichkeiten, Ihren Kalender zu drucken.
- ✔ Sie brauchen für Ihren Notes-Kalender keine verrückten Ledereinbände zu kaufen. Um ein Monogramm müssen Sie sich auch nicht kümmern.

Das Benutzen Ihres Kalenders

Sehr wahrscheinlich werden Sie Ihren Kalender für drei verschiedene Dinge benutzen:

- ✔ **Tägliche Aufgaben:** Sie werden ihn lesen (oder vielleicht auch ausdrucken), um zu sehen, wo Sie heute überall sein sollten.
- ✔ **Erinnerungen:** Sie werden für sich Termine festhalten und Erinnerungen an diese erzeugen – etwa eine Notiz, die Sie an den Zahnarzttermin erinnert, oder ein Hinweis, welche Sendungen Sie mit dem Video aufzeichnen wollen.
- ✔ **Besprechungen planen:** Sie werden auf Einladungen von Freunden und Kollegen antworten.

Aber bevor Sie richtig loslegen und Ihren Kalender anfassen können, müssen Sie ihn erst einmal öffnen.

Ihren Kalender öffnen

Ebenso wie man eine Katze auf die unterschiedlichste Art und Weise häuten kann (was für eine reizende Vorstellung), gibt es auch verschiedene Wege, Ihren Kalender zu öffnen. Die folgenden Möglichkeiten können beliebig verwendet werden:

- ✔ Klicken Sie das Lesezeichen KALENDER an (siehe Abbildung links).
- ✔ Klicken Sie in der Willkommen-Seite auf die große Schaltfläche KALENDER.
- ✔ Haben Sie Ihren Eingang oder Ihre Aufgabenliste schon geöffnet, dann klicken Sie den Titel des Navigationsbereichs an und wählen aus dem angezeigten Dropdown-Menü die Option ZUM KALENDER WECHSELN (siehe Abbildung 8.1).

Wie der Kalender beim Öffnen angezeigt wird, hängt davon ab, wie Sie Ihren Kalender zuletzt verlassen haben. Es hat also nichts damit zu tun, über welche Option Sie Ihren Kalender öffnen. Das heißt, wenn Sie während Ihrer letzten Kalendersitzung die Wochenansicht verwendet haben, darf es Sie nicht verwundern, wenn beim nächsten Öffnen des Kalenders wiederum die Wochenansicht angezeigt wird.

Ihr Kalender wird immer in der Ansicht angezeigt, die Sie während der *letzten* Kalendersitzung verwendet haben.

Ein erster Blick auf den Kalender

Nachdem Sie Ihren Kalender geöffnet haben, werden Sie ziemlich schnell herausfinden, dass Sie sein Aussehen auf vielfältige Art und Weise verändern und auch viele verschiedene Dinge damit machen können. Und bevor Sie sich da heranmachen, sollten Sie sich eine Minute Zeit nehmen und das große Bild – oder zumindest die Ansicht einer Kalenderwoche – betrachten, das in Abbildung 8.2 gezeigt wird.

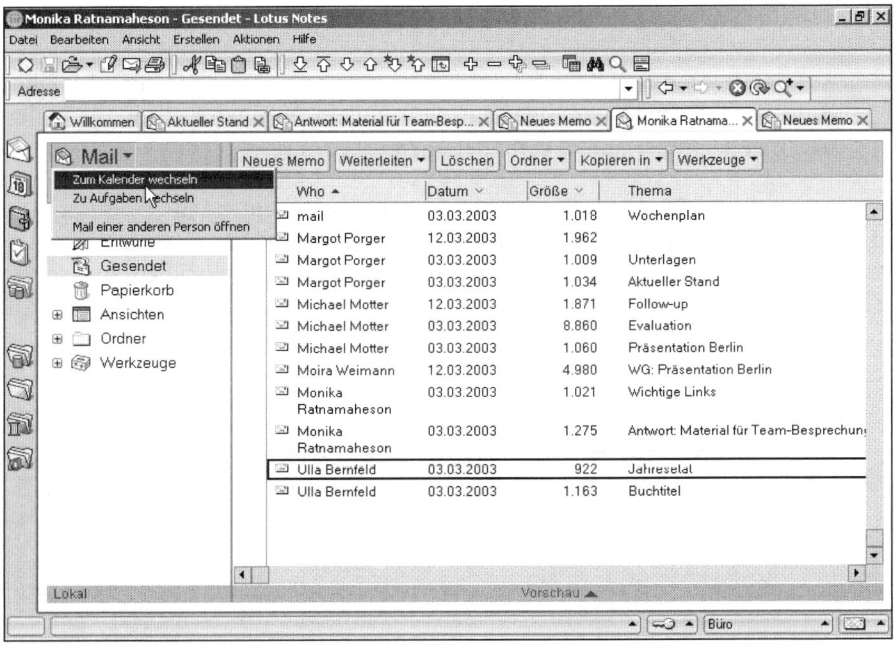

Abbildung 8.1: Wechseln Sie vom Posteingang in den Kalender.

Wie Sie in dieser Abbildung sehen, werden nach Öffnen des Kalenders eine Vielzahl von Schaltflächen eingeblendet, die Ihnen verschiedene Optionen ermöglichen.

Je mehr Tage sie in Ihrem Kalender anzeigen lassen, desto weniger Details finden Sie zu jedem Kalendereintrag. Wenn Sie andererseits eine der kleineren Ansichten wählen (zum Beispiel zwei Tage) werden für diese zwei Tage alle Informationen, die zu diesen Kalendereintragungen vorhanden sind, eingeblendet. Allerdings haben Sie dann keinen Einblick, was für die übrigen Tage der Woche ansteht. Glücklicherweise können ohne weiteres zwischen den Ansichten wechseln. Sehen Sie sich alle Ansichten und deren Größe einmal an und entscheiden Sie sich dann für die Ansicht, die Ihnen am besten gefällt.

Den Kalenderinhalt ändern

In der linken oberen Ecke des Kalenderfensters befindet sich ein kleiner Kalender. Er bietet eine Gesamtansicht des Monats, dessen ausgewählte Einträge in der rechten Seite des Fensters geöffnet sind. In diesem Kalender können Sie in dem aktiven Monat von einem Tag in den nächsten navigieren oder sich von einem Monat zum nächsten bewegen. In Abbildung 8.2 zeigt dieser kleine Kalender beispielsweise den Monat März 2003 an. Um in der Kalenderanzeige einen anderen späteren Monat anzuzeigen, brauchen Sie nur so oft auf den kleinen nach rechts zeigenden Pfeil klicken, der neben dem Monatsnamen eingeblendet ist, bis der gewünschte Monat angezeigt wird. Sie können natürlich auch zu einem früheren Monat navigieren. Hierfür klicken Sie auf den nach links zeigenden Pfeil.

Auf der rechten Seite des Bildschirms werden die Details für den jeweiligen Tag bzw. Woche oder Monat angezeigt. Je nachdem, welchen Eintrag Sie in dem kleinen Kalender auswählen, verändert sich die Anzeige.

Ein weiteres Feature des kleines Kalenders ist, dass ein bestimmtes Datum umrahmt ist – in Abbildung 8.2 der 17. März. Das gibt Ihnen den Hinweis, zu welchem Datum die angezeigten Einträge gehören. Sie können in dem kleinen Kalender einen beliebigen anderen Tag anklicken, um die Detailansicht zu ändern und die Details zu diesem neu ausgewählten Tag anzuzeigen.

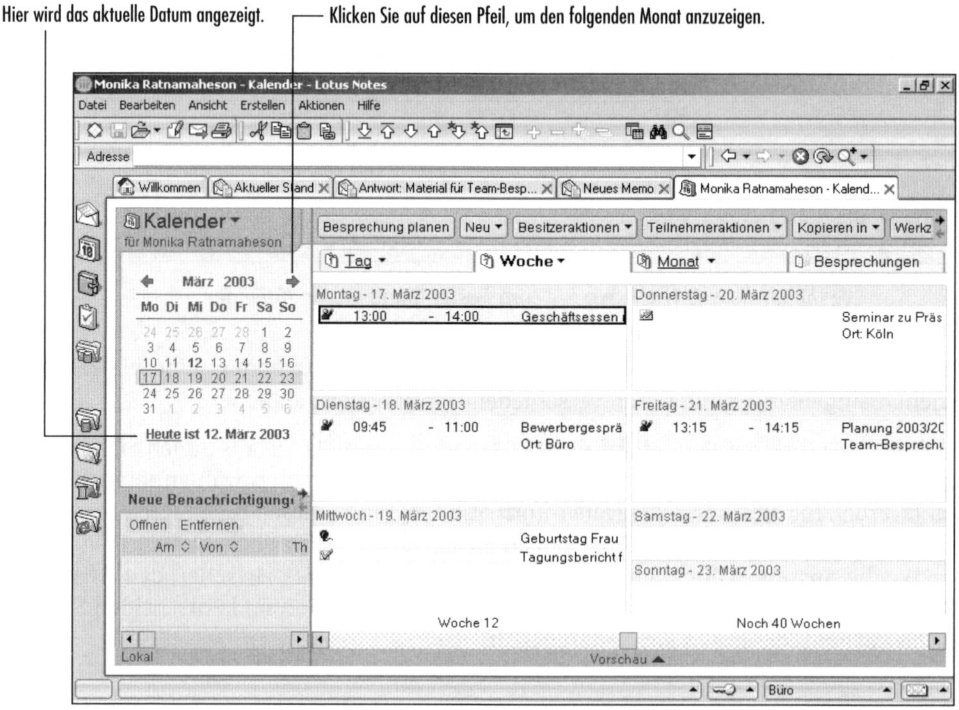

Abbildung 8.2: Ihr Kalender in der Wochenansicht

Ganz unten unter dem kleinen Kalender können Sie immer das aktuelle Datum ablesen. Klicken Sie auf den Link HEUTE, so schaltet der Kalender auf das aktuelle Datum um.

Aufgaben und Besprechungen anzeigen

Unmittelbar unter dem Monatskalender in Abbildung 8.2 wird die Liste NEUE BENACHRICHTIGUNGEN angezeigt. Sie wird (automatisch) eingeblendet, sodass Sie sehen können, welche Besprechungseinladungen Sie erhalten haben, welche Ihrer Kollegen auf von Ihnen geschickte Einladungen geantwortet haben usw.

Auch wenn ich dem Thema etwas vorgreife (Kapitel 9 geht auf darauf ein, wie man auf Einladungen antwortet und wie man sie versendet), achten Sie darauf, dass direkt unter dem Titel NEUE BENACHRICHTIGUNGEN Schaltflächen verfügbar sind, über die Sie Einträge öffnen und/oder entfernen können.

Um anstelle von Benachrichtigungen die Aufgaben anzuzeigen, klicken Sie auf das kleine Dreieck neben dem Titel NEUE BENACHRICHTIGUNGEN (siehe Abbildung 8.3) und wählen Sie dann aus der Dropdown-Liste die Option AUFGABE.

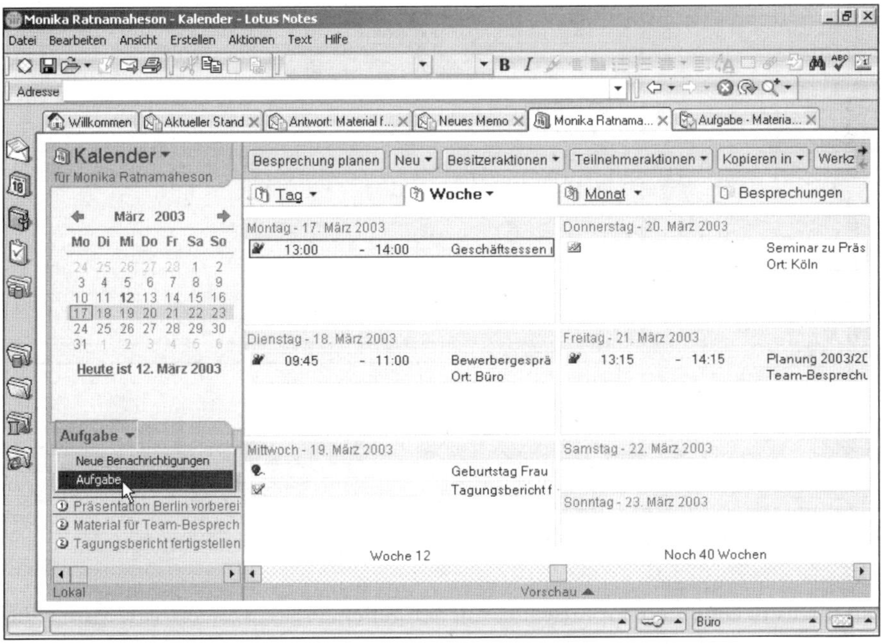

Abbildung 8.3: Wechseln Sie aus dem Kalender in die Aufgabenliste.

Der Teufel steckt im Detail

Die wirkliche Aktion – und die wirklich wichtigen Informationen in Ihrem Kalender – finden Sie im rechten Ansichtsbereich. Hier finden Sie die genauen Details aller Besprechungen, Termine usw., die Sie eingegeben haben. In Abbildung 8.4 sehen Sie die Tagesansicht der Kalenderinformationen.

Kalenderansichten

Verwenden Sie die vier Registerseiten des Kalender-Detailfensters, um festzulegen, wie Ihr Kalender angezeigt werden soll. Wie Sie in Abbildung 8.4 sehen, sind dies die Registerseiten TAG, WOCHE, MONAT und BESPRECHUNGEN. In Abbildung 8.4 können Sie auch sehen, dass sich auf jeder Registerseite ein TWISTY (ein kleines Dreieck, das Sie anklicken können, um weitere Optionen zu entdecken) befindet. Klicken Sie zum Bespiel auf das Twisty der Registerseite WOCHE, erhalten sie ein Dropdown-Menü, in dem Sie zwischen den Ansichten EINE WOCHE, EINE ARBEITSWOCHE, ZWEI WOCHEN oder ZWEI ARBEITSWOCHEN wählen können. In Abbildung 8.5 können Sie sehen, wie der Kalender aussieht, nachdem Sie das Twisty angeklickt haben.

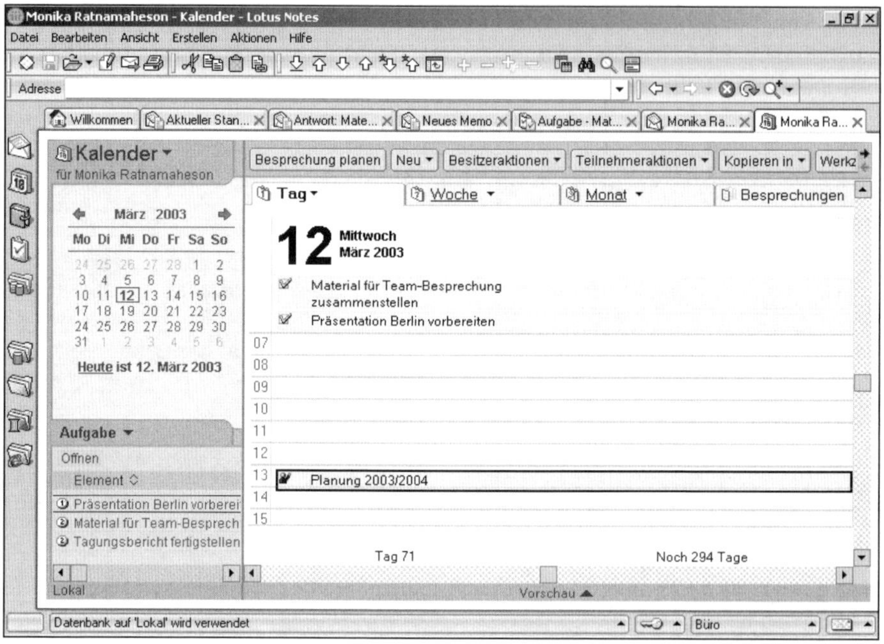

Abbildung 8.4: Betrachten Sie jeden Tag in Ihrem Kalender separat.

Sie haben mehrere Optionen zur Auswahl, um den Kalender anzuzeigen. Und zum Glück können Sie ohne weiteres von einer Ansicht in eine andere wechseln. Es lohnt sich also, einfach ein bisschen herumzuklicken und auszuprobieren, um die Ansicht zu entdecken, Sie Ihnen am meisten zusagt. Hier die verschiedenen Möglichkeiten, den Kalender anzuzeigen:

✔ **Registerseite TAG**

- **Ein Tag**
- **Zwei Tage**

- ✔ **Registerseite Woche**
  - **Eine Woche**
  - **Eine Arbeitswoche:** Samstage und Sonntage werden ausgeklammert.
  - **Zwei Wochen**
  - **Zwei Arbeitswochen:** Samstage und Sonntage werden ausgeklammert.
- ✔ **Registerseite Monat**
  - **Ein Monat**
  - **Ein Arbeitsmonat:** Samstage und Sonntage werden ausgeklammert.
- ✔ **Registerseite Besprechungen**

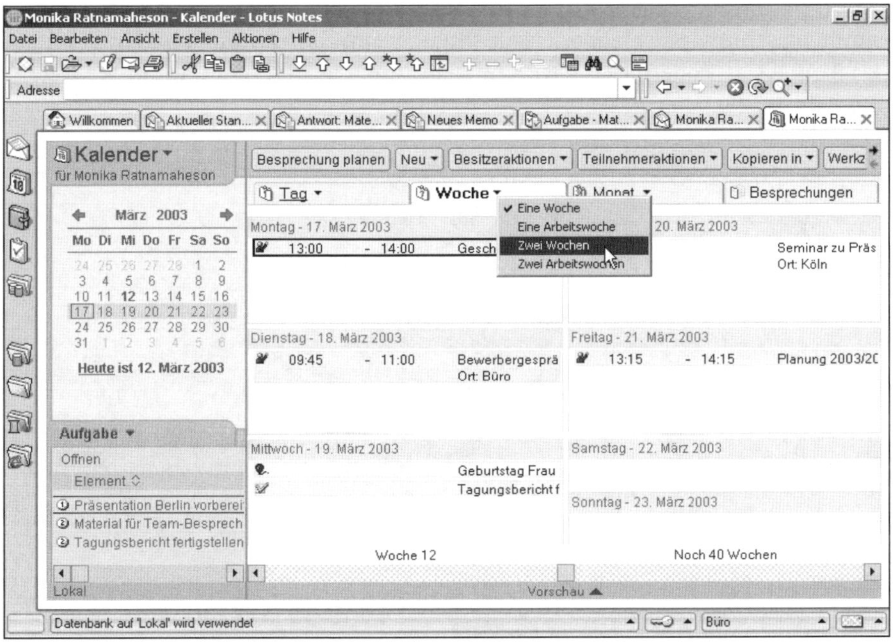

Abbildung 8.5: Ändern Sie die Ansicht Ihres Kalenders.

Wahrscheinlich wird Ihnen die Monatsansicht weniger zusagen – sie enthält sehr viele Informationen, die den Bildschirm füllen.

Die letzte Registerseite – Besprechungen – bietet eine spezielle Kalenderansicht, die einen ähnlichen Aufbau hat wie Ihr Posteingang. Diese Ansicht ist insbesondere hilfreich, wenn Sie Besprechungen planen und eine kurze Übersicht benötigen, wer die Einladung angenommen und wer sie abgelehnt hat. (Näheres zum Thema Besprechungen und Einladungen finden Sie in Kapitel 9.)

Wenn Sie Ihren Kalender konsultieren, um herauszufinden, wo Sie gerade einen Termin haben – und nicht, um zu sehen, wann Sie frei verfügbar sind – können Sie den folgenden Trick nutzen, um die Lesbarkeit zu erhöhen. Wählen Sie ANSICHT|ANZEIGEN|ZUSAMMENFASSUNG. Das Ergebnis sehen Sie in Abbildung 8.6. Wie Sie sehen, ist diese Ansicht lesbarer, da die Einträge untereinander angeordnet und nicht durch leere Zeilen getrennt sind. Hier sehen Sie auch die Informationen zu jedem Kalendereintrag, wie den Namen der Person, von der die Einladung stammt, und den Ort der Besprechung.

Vergleichen Sie die Abbildungen 8.5 und 8.6. In Abbildung 8.6 ist die Option ZUSAMMENFASSUNG aktiviert, in Abbildung 8.5 hingegen nicht. Wenn Sie in die Standardansicht ohne zusammengefasste Daten zurückwechseln wollen, wählen Sie erneut die Optionen ANSICHT|ANZEIGEN|ZUSAMMENFASSUNG.

Die Zusammenfassung des Kalenders zeigt Ihnen, wann Sie Termine eingetragen haben und wo diese Termine stattfinden. Diese Ansicht zeigt Ihnen jedoch nicht, wann Sie freie Zeit zur Verfügung haben.

Die vertikale Linie weist auf eine Doppelbelegung hin

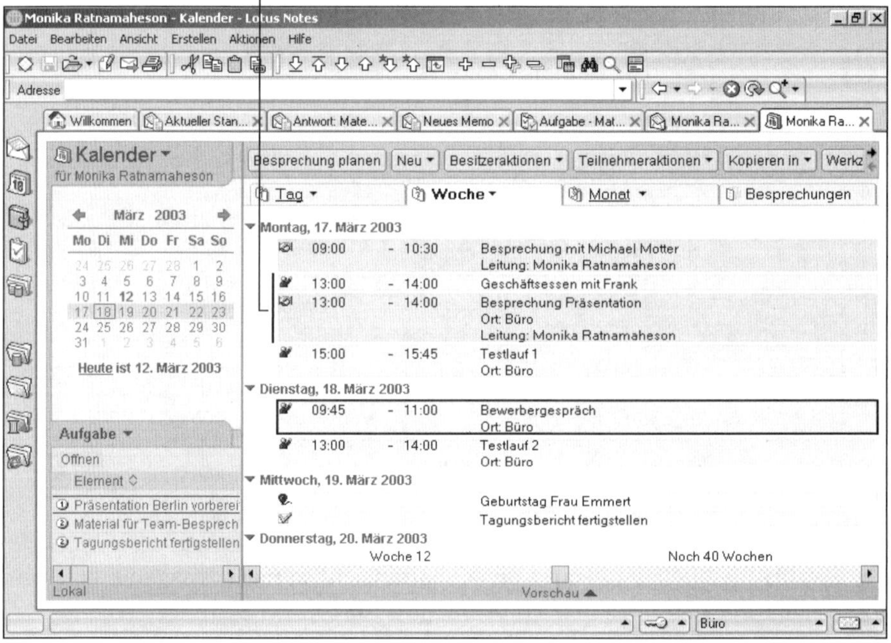

Abbildung 8.6: Eine Ihrer Kalenderwochen in zusammengefasster Form

Das Feature ZUSAMMENFASSUNG steht Ihnen sowohl für die Wochen- als auch für die Monatsansicht zur Verfügung.

Die wichtigsten Elemente Ihres Kalenders sind die einzelnen Einträge, die im Detailfenster angezeigt werden: Jeder Eintrag stellt eine Aktivität dar, die Sie für einen bestimmten Zeitpunkt vorgesehen haben. In Abbildung 8.6 sehen Sie zum Beispiel, dass ich am 18. März 2003 um 9.45 Uhr ein Bewerbergespräch habe und um 13 Uhr ein Testlauf geplant ist.

Jeder Kalendereintrag enthält mehr Informationen, als in der Ansicht angezeigt wird. Vergessen Sie nicht, Kalendereinträge sind nichts anderes als Dokumente: Wenn es darum geht, Zugang zu allen verbundenen Informationen zu bekommen, ist die sicherste Methode, den Eintrag einfach zu öffnen – wie Sie das bei jedem anderen Dokument auch tun. Doppelklicken Sie den Kalendereintrag oder wählen Sie den Eintrag, der Sie interessiert, und drücken Sie die [↵]-Taste.

Ein Trick: Gehen Sie mit der Maus auf einen beliebigen Eintrag, ohne ihn jedoch anzuklicken. Wie Sie in Abbildung 8.7 sehen, wird immer, wenn Sie die Maus über einen Kalendereintrag bewegen, ein Popup-Menü mit den Detailinformationen des Eintrags angezeigt.

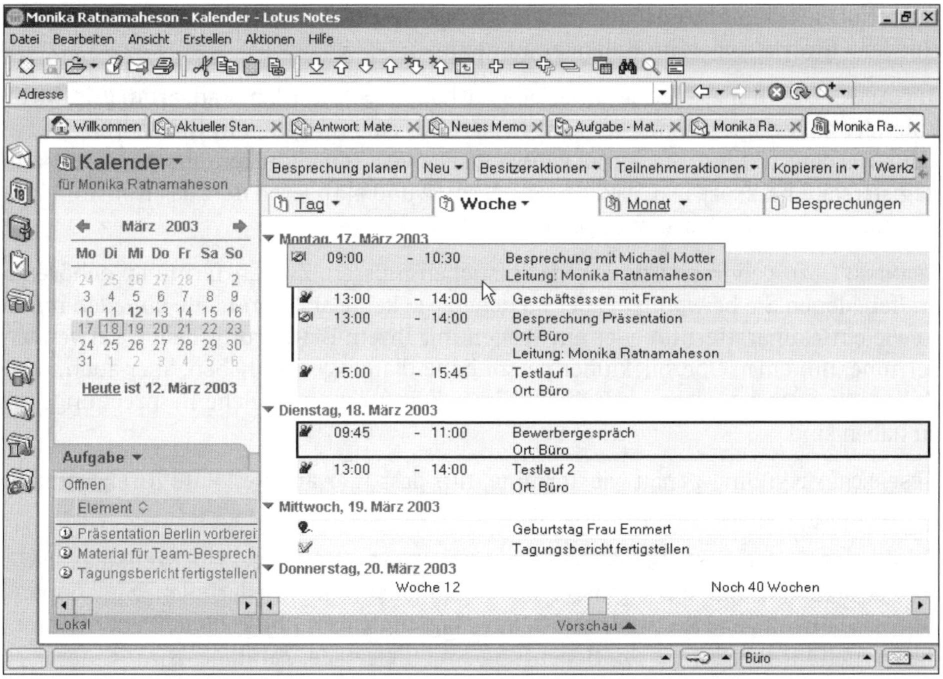

Abbildung 8.7: Bewegen Sie die Maus über einen Kalendereintrag, werden die Details angezeigt.

Doppelbelegungen vermeiden

Es ist eine traurige und nicht vermeidbare Tatsache, dass wir alle sehr beschäftigt sind. Natürlich nicht so beschäftigt, dass wir keine E-Mail-Nachrichten mehr beantworten könnten, aber doch so beschäftigt, dass es mehr als einmal vorkommen kann, dass mehrere Kalenderereignisse zum gleichen Zeitpunkt eingetragen sind und eine Doppelbelegung vorliegt. Notes kann dieses ewige Problem, »Wie kann ich gleichzeitig an zwei Orten sein« wohl kaum lösen, aber Notes kann Sie warnen, wenn Sie für den gleichen Zeitpunkt zwei Einträge in Ihren Kalender eintragen. Tritt eine solche Doppelbelegung ein, ist auf Ihrem Terminplan eine schwarze vertikale Linie zu sehen (siehe die Einträge für den 17. März 2003, 13 bis 14 Uhr, in Abbildung 8.6). Das bedeutet dann, ich bin mehr als ausgebucht, denn ich habe zwei Termine zum gleichen Zeitpunkt.

In diesem Kapitel (und auch in Kapitel 9) erfahren Sie Genaueres über die Tricks, die Notes in Petto hat, um Doppelbelegungen zu reduzieren. Sie können beispielsweise zunächst eigene freie Zeit – oder die eines anderen – prüfen, bevor Sie eine Besprechung eintragen. Gleichzeitig sollten sie darauf achten, Besprechungen nicht direkt nacheinander anzusetzen.

Mehr als nur Besprechungen

In Ihrem Notes-Kalender findet sich mehr als nur Besprechungen. Sie können bis zu sechs verschiedene Eintragstypen im Kalender aufnehmen:

- ✔ **Aufgaben:** Die Dinge, die Sie zu erledigen haben. Sie werden standardmäßig in Ihrem Kalender angezeigt. (Wenn Sie nicht wollen, dass die Aufgaben in Ihrem Kalender angezeigt werden, wählen Sie Aktionen|Werkzeuge|Vorgaben, klicken anschließend auf der Registerseite Kalender und Aufgaben auf Aufgabe und aktivieren dort das Kontrollkästchen Aufgaben nicht im Kalender anzeigen.)
- ✔ **Termine:** Dazu gehören Orte, die Sie aufsuchen müssen. Zu den Terminen gehören auch Treffen, denen Sie beiwohnen, aber zu denen Sie keine anderen Leute einladen müssen – so wie ein Zahnarzttermin oder ein Treffen mit Ihrem Bewährungshelfer. Verwenden Sie Termine, um einen Überblick über persönliche Planungen zu haben, aber auch, um Ihre Kollegen wissen zu lassen, dass Sie in dieser Zeit für irgendwelche Besprechungen nicht zu haben sind.
- ✔ **Besprechungen:** Sind genau wie Termine, nur dass hier andere Leute Ihrer Firma daran teilnehmen. (Näheres hierzu siehe Kapitel 9.)
- ✔ **Jahrestage:** Unter diese Kategorie fallen Geburtstage, Feiertage, Hochzeitstage usw. Jahrestage sind ganztägige Ereignisse, die sich in jedem Jahr wiederholen. Sie können Ihre eigenen Jahrestage (wie etwa Ihren Geburtstag) eintragen und vielleicht auch Jahrestage, die speziell für Ihre Firma von Bedeutung sind (Feiertage, Zahltage usw.).

Der Eintrag eines Jahrestages in Ihrem Kalender hält andere jedoch *nicht* davon ab, Sie zu einer Besprechung an diesem Tag einzuladen.

- **Ganztägige Veranstaltungen:** Das sind Ereignisse, die mehrere Tage umfassen können, etwa ein Termin in einer anderen Stadt. Wenn Sie eine solche Veranstaltung in Ihren Kalender eintragen, können andere Personen Sie an diesem Tag nicht zu einer Besprechung einladen.
- **Erinnerungen:** Dieser Eintragstyp ist ähnlich wie der Typ Aufgaben. Erinnerungen sollen Sie zum gegebenen Zeitpunkt daran erinnern, dass Sie etwas erledigen wollen.

Einträge in Ihren Kalender aufnehmen

Um einen neuen Eintrag Ihrem Kalender hinzuzufügen, können Sie entweder Neu in der Aktionsleiste des Kalenders anklicken oder Sie wählen Erstellen|Kalendereintrag aus dem Menü. Was Sie danach ausführen müssen, hängt vom Eintragstyp ab.

Anstatt das Menü Erstellen zu verwenden, können Sie einfach auf ein bestimmtes Datum auf Ihrem Kalender doppelklicken, und Notes wird einen neuen Kalendereintrag starten und automatisch die Anfangszeit einfügen. (Wählen Sie Ansicht|Anzeigen|Zeitraster, um im Kalender die Zeitspannen anzeigen zu lassen, die Sie noch frei verfügbar haben.)

Einen Termin eintragen

Um einen Termin in Ihren Kalender aufzunehmen, öffnen Sie den Kalender, wählen Neu in der Aktionsleiste des Kalenders und klicken im folgenden Dropdown-Menu auf Termin. In Abbildung 8.8 sehen Sie, wie ein Termin erzeugt wird.

Um einen Termin zu planen, können Sie in den einzelnen Feldern folgende Angaben machen:

- **Thema:** Schreiben Sie einige Worte, die den Termin beschreiben.

Beginn und **Endet:** Benutzen Sie diese Felder, um die Länge des Termins einzutragen. Sie können Zeit und Datum angeben oder Sie klicken die Kalender- und Uhrenbilder neben den Feldern für Datum oder Zeit an.

- **Andere Zeitzone angeben:** Aktivieren Sie dieses Kontrollkästchen, wenn der Termin an einem Ort in einer anderen Zeitzone stattfindet. (Vielleicht arbeiten Sie in München, aber der geplante Termin findet in Dublin statt?)
- **Wiederholend:** Aktivieren Sie dieses Kontrollkästchen, um automatisch weitere Termine mit gleichem Thema und gleichen Zeitangaben zu erstellen. (Näheres hierzu finden Sie weiter unten in diesem Kapitel.)

Abbildung 8.8: So wird ein neuer Termin erzeugt.

- **Ort:** Geben Sie den Ort, an dem der Termin stattfinden soll, in das Textfeld Ort ein. Sie wollen doch wohl nicht vergessen, wo Sie hinfahren müssen, oder?
- **Beschreibung:** In diesen Teil der Maske können Sie irgendetwas oder auch gar nichts eintragen. Sie können an das Termin-Dokument, das Sie gerade erzeugen, auch eine Datei anhängen, indem Sie das Büroklammer-Icon anklicken.
- **Ich möchte benachrichtigt werden:** Aktivieren Sie dieses Feld, wenn Notes Sie an diesen Termin erinnern soll. Sie können ihn dann nicht vergessen. (Wie könnten Sie es denn jemals vergessen, zum Zahnarzt zu gehen?) Wenn Sie benachrichtigt werden möchten, erscheint eine Dialogbox, wo Sie festlegen können, wann Notes Sie alarmiert, wie diese Meldung aussehen soll und ob eine Klangdatei abgespielt wird.
- **Als 'Privat' markieren:** Mit dieser Schaltfläche verhindern Sie, dass andere Personen sehen, was genau Sie an Ihrem Termin machen. Andere können zwar sehen, dass Sie beschäftigt sind, genauere Details Ihrer Aktivitäten werden jedoch nicht zugänglich sein.
- **Vormerken:** Aktivieren Sie dieses Kontrollkästchen, wenn Sie wollen, dass Kollegen Sie auch dann einladen, wenn Sie im betreffenden Zeitraum bereits einen Termin eingetragen haben.
- **Kategorisieren:** In diesem Feld können Sie optional eine Kategorie für den Termin angeben (oder auswählen).

Klicken Sie in der Aktionsleiste auf die Schaltfläche SPEICHERN UND SCHLIESSEN, wenn Sie die Optionen in der Terminmaske festgelegt haben.

Einen Jahrestag eintragen

Um einen Jahrestag in Ihren Kalender aufzunehmen, klicken Sie in der Aktionsleiste des Kalenders die Schaltfläche NEU an und wählen dann JAHRESTAG. Die nun angezeigte Kalendermaske gleicht weit gehend der Maske in Abbildung 8.9. Beachten Sie, dass in der Jahrestagsmaske das Kontrollkästchen WIEDERHOLEND automatisch aktiviert ist. Ohne nachzufragen geht Notes davon aus, dass der Jahrestag in den folgenden zehn Jahren automatisch in Ihrem Kalender erscheinen soll. (Wenn Ihnen das nicht recht ist, können Sie das Kontrollkästchen WIEDERHOLEND natürlich auch deaktivieren.)

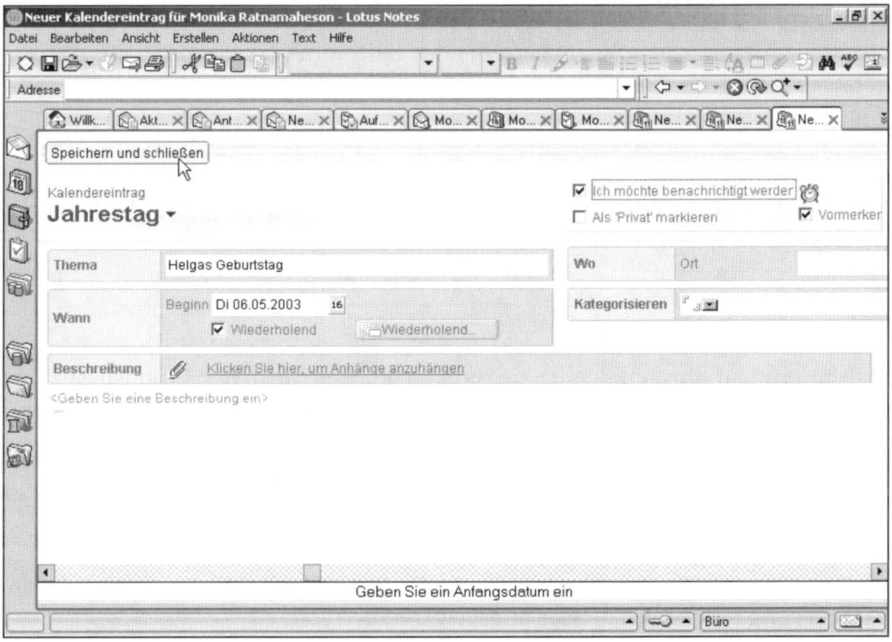

Abbildung 8.9: In dieser Maske erstellen Sie einen neuen Jahrestag.

Für die Planung eines Jahrestags stehen Ihnen folgende Felder zur Verfügung:

- ✔ **THEMA:** Schreiben Sie einige Worte, die den Jahrestag beschreiben. Wie bei allen Kalendereinträgen sind das die Angaben, die in Ihrem Kalender für diesen Eintrag angezeigt werden.
- ✔ **WANN:** Benutzen Sie diese Felder, um den Beginnzeitpunkt einzugeben oder auszuwählen. (Nein, hier geht es nicht darum, wann Ihr Hochzeitstag ist, sondern ab welchem Datum dieser Eintrag in Ihrem Kalender angezeigt werden soll.)

- **Wo:** Wenn es für den neuen Jahrestagseintrag eine bestimmte Ortsangabe gibt, geben Sie diese in das Textfeld ORT ein.
- **BESCHREIBUNG:** In diesen Teil der Maske können Sie irgendetwas oder auch gar nichts eintragen. Sie können an das Jahrestag-Dokument, das Sie gerade erzeugen, auch eine Datei anhängen, indem Sie das Büroklammer-Icon anklicken.
- **ICH MÖCHTE BENACHRICHTIGT WERDEN:** Aktivieren Sie dieses Kontrollkästchen, wenn Notes Sie vorwarnen soll, damit Sie diesen Jahrestag auch ja nicht vergessen. (Kleiner Hinweis: an Blumen denken.) Wenn Sie benachrichtigt werden möchten, erscheint eine Dialogbox, wo Sie festlegen können, wann Notes Sie alarmiert und wie diese Meldung aussehen soll.
- **ALS 'PRIVAT' MARKIEREN:** Mit dieser Schaltfläche verhindern Sie, dass andere Personen von dem Jahrestag erfahren.
- **VORMERKEN:** Aktivieren Sie dieses Kontrollkästchen, wenn Sie wollen, dass Kollegen Sie auch dann einladen, wenn Sie im betreffenden Zeitraum bereits einen Jahrestag eingetragen haben.
- **KATEGORISIEREN:** In diesem Feld können Sie optional eine Kategorie für den Jahrestag angeben (oder auswählen).

Klicken Sie auf die Schaltfläche SPEICHERN UND SCHLIESSEN, wenn Sie die Maske JAHRESTAG abgeschlossen haben.

Eine Erinnerung eintragen

Um eine Erinnerung in Ihren Kalender einzufügen, klicken Sie in der Aktionsleiste des Kalenders auf die Schaltfläche NEU und wählen dann aus der Dropdown-Liste die Option ERINNERUNG. Abbildung 8.10 zeigt Ihnen ein Beispiel für eine ERINNERUNG.

Führen Sie die folgenden Schritte durch, um eine neue Erinnerung zu erstellen:

- **THEMA:** Schreiben Sie einige Worte, die die Erinnerung beschreiben.
- **WANN:** Benutzen Sie diese Felder (die Textfelder Beginn und Ende), um festzulegen, wann die Erinnerung in Ihrem Kalender angezeigt werden soll.
- **ANDERE ZEITZONE ANGEBEN:** Aktivieren Sie dieses Kontrollkästchen, wenn der Termin an einem Ort in einer anderen Zeitzone stattfindet.
- **WIEDERHOLEND:** Aktivieren Sie dieses Kontrollkästchen, um automatisch weitere Termine mit gleichem Thema und gleichen Zeitangaben zu erstellen.
- **WO:** Wenn es für den neuen Erinnerungseintrag eine bestimmte Ortsangabe gibt, geben Sie diese in das Textfeld ORT ein.
- **BESCHREIBUNG:** In diesen Teil der Maske können Sie irgendetwas oder auch gar nichts eintragen. Wenn Sie das Büroklammer-Icon anklicken, können Sie auch eine Datei anhängen.

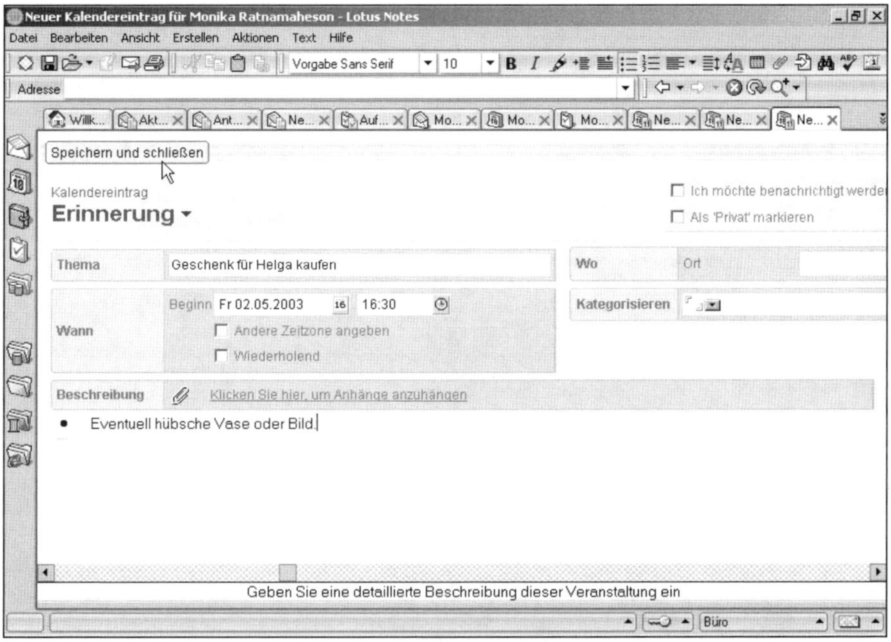

Abbildung 8.10: In dieser Maske erstellen Sie eine neue Erinnerung.

- ✔ **Ich möchte benachrichtigt werden:** Aktivieren Sie dieses Kontrollkästchen, wenn Notes Sie auf die Erinnerung hinweisen soll (quasi eine Erinnerung, dass Sie eine Erinnerung erstellt haben...kompliziert, was?).
- ✔ **Als 'Privat' markieren:** Aktivieren Sie diese Schaltfläche, wenn Sie verhindern wollen, dass andere Personen sehen, was genau Sie an Ihrem Termin machen. Andere können zwar sehen, dass Sie beschäftigt sind, genauere Details Ihrer Aktivitäten werden jedoch nicht zugänglich sein.
- ✔ **Kategorisieren:** In diesem Feld können Sie optional eine Kategorie für den Jahrestag angeben (oder auswählen).

Sind Sie mit der Erinnerungsmaske fertig, schließen Sie auch diese mit SPEICHERN UND SCHLIESSEN ab.

Eine ganztägige Veranstaltung eintragen

Wenn Sie eine Veranstaltung in Ihrem Kalender planen, klicken Sie in der Aktionsleiste des Kalenders auf die Schaltfläche NEU und wählen Sie dann im Dropdown-Menü die Option GANZTÄGIGE VERANSTALTUNG. Abbildung 8.11 zeigt ein Beispiel der Maske GANZTÄGIGE VERANSTALTUNG.

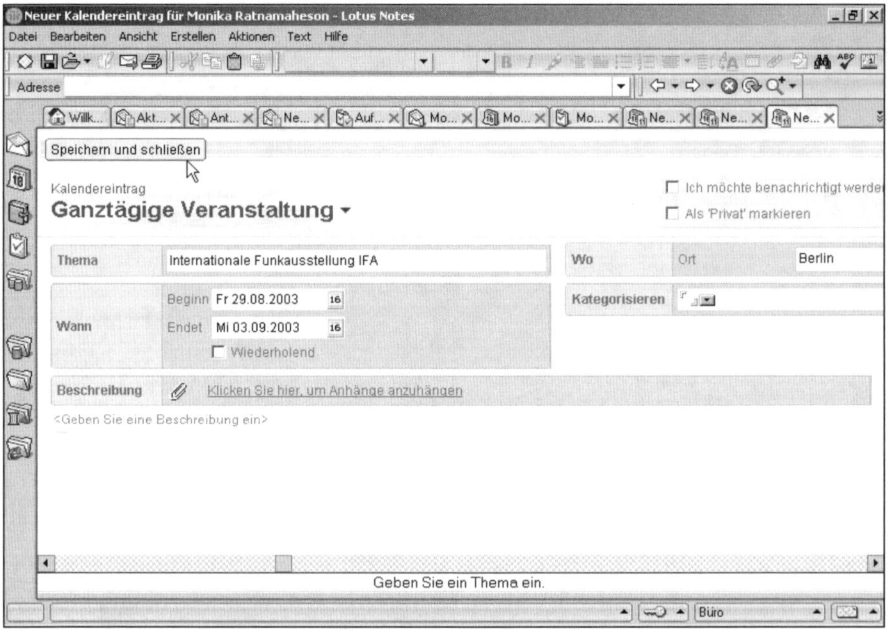

Abbildung 8.11: Hier tragen Sie eine neue ganztägige Veranstaltung ein.

Machen Sie folgende Angaben, um eine ganztätige Veranstaltung einzutragen:

- ✔ **Thema:** Schreiben Sie einige Worte, die die Veranstaltung beschreiben.
- ✔ **Wann:** Benutzen Sie diese Felder (die Textfelder Beginn und Endet), um anzugeben, wann die Veranstaltung beginnt und wann sie endet. Sie können auch den Kalender anklicken, um das Datum einzutragen.
- ✔ **wiederholend:** Aktivieren Sie dieses Kontrollkästchen, um automatisch weitere Termine mit gleichem Thema und gleichen Zeitangaben zu erstellen.
- ✔ **Wo**: Wenn es für den neuen Erinnerungseintrag eine bestimmte Ortsangabe gibt, geben Sie diese in das Textfeld Ort ein.
- ✔ **Beschreibung:** In diesen Teil der Maske können Sie irgendetwas oder auch gar nichts eintragen. Wenn Sie das Büroklammer-Icon anklicken, können Sie auch eine Datei anhängen.
- ✔ **Ich möchte benachrichtigt werden:** Aktivieren Sie dieses Kontrollkästchen, wenn Notes Sie auf die Veranstaltung hinweisen soll.
- ✔ **Als 'Privat' markieren:** Aktivieren Sie diese Schaltfläche, wenn Sie verhindern wollen, dass andere Personen sehen, was genau Sie an Ihrem Termin machen. Andere können zwar sehen, dass Sie beschäftigt sind, genauere Details Ihrer Aktivitäten werden jedoch nicht zugänglich sein.

- ✔ **Vormerken:** Aktivieren Sie dieses Kontrollkästchen, wenn Sie wollen, dass Kollegen Sie auch dann einladen, wenn Sie im betreffenden Zeitraum bereits eine ganztägige Veranstaltung eingetragen haben.
- ✔ **Kategorisieren:** In diesem Feld können Sie optional eine Kategorie für den Jahrestag angeben (oder auswählen).

Sind Sie mit der Veranstaltungsmaske fertig, schließen Sie diese mit Speichern und Schliessen ab.

Eine Veranstaltung ist eine ganztägige Sache, die sich auch über mehrere Tage hinziehen kann. Deshalb ist die Benutzung der Veranstaltungsmaske fast genau die gleiche wie die Benutzung der Besprechungs- oder Terminmaske. Sie tragen sich selber für eine Besprechung oder einen Termin ein, die bzw. der den ganzen Tag dauert.

Einen Kalendereintrag bearbeiten

Um in einem Kalendereintrag Änderungen vorzunehmen – vielleicht wollen Sie das Datum für den Beginn eines Termins ändern oder einen anderen Zeitpunkt angeben, wann eine Erinnerung an Ihrem Kalender angezeigt werden soll –, markieren Sie den betreffenden Eintrag und drücken anschließend [Strg]+[E]. Geben Sie die gewünschten Änderungen ein und klicken Sie anschließend in der Aktionsleiste auf die Schaltfläche Speichern und schliessen.

Gruppenkalender

Gruppenkalender sind ein schneller und guter Weg, um eine Übersicht über die Kalender mehrerer Personen, mit denen man häufig gemeinsam zu tun hat, zu bekommen. Sie können einen Gruppenkalender benutzen, um die Termine einer gesamten Abteilung zu verwalten oder wenn Sie einen Blick auf die Kalender mehrerer Personen werfen müssen. Oder aber Sie verwenden Gruppenkalender überhaupt nicht (wir beispielsweise verwenden sie nicht).

Gruppenkalender erstellen

Bevor Sie einen Gruppenkalender betrachten können, müssen Sie zunächst einen Gruppenkalender erstellen. Das stellen Sie wie folgt an:

1. **Öffnen Sie Ihren Kalender.**
2. **Klicken Sie in der oberen linken Ecke auf den Titel Kalender.**
3. **Wählen Sie aus der folgenden Dropdown-Liste die Option gruppenkalender anzeigen und erstellen (siehe Abbildung 8.12) oder wählen Sie Aktionen|Neuer gruppenkalender im Menü.**

4. **Klicken Sie in der Aktionsleiste auf die Schaltfläche Neuer Gruppenkalender und geben Sie dann im Feld Titel: der Dialogbox Gruppenkalender einen Namen für den neuen Gruppenkalender ein.**

5. **Im Feld Mitglieder: geben Sie die Namen der Personen an, deren Kalender Sie einsehen wollen.**

   Klicken Sie den nach unten zeigenden Pfeil am Ende des Feldes an, um Namen aus dem öffentlichen Verzeichnis zu entnehmen oder geben Sie die Namen der Personen in das Feld Mitglieder ein.

6. **Klicken Sie auf die Schaltfläche OK, um diesen neuen Gruppenkalender zu erstellen.**

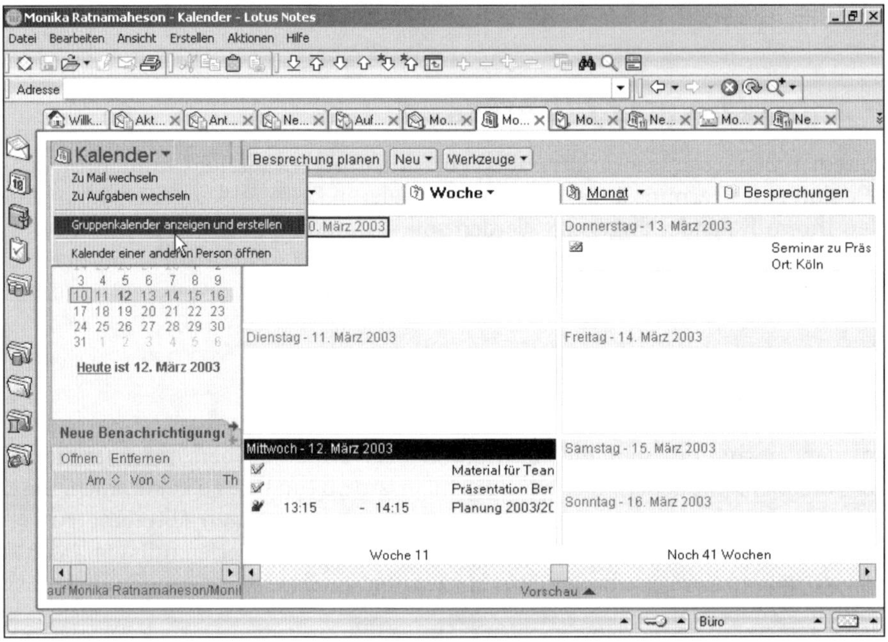

Abbildung 8.12: In dieser Maske erzeugen Sie einen neuen Gruppenkalender.

Gruppenkalender verwenden

Um einen bereits erstellten Gruppenkalender zu sehen, machen Sie Folgendes:

1. **Öffnen Sie Ihren Kalender.**

2. **Klicken Sie im Navigationsbereich den Titel des Kalenders an.**

3. **Wählen Sie aus der folgenden Dropdown-Liste die Option Gruppenkalender anzeigen und erstellen (siehe Abbildung 8.12).**

4. Wählen Sie den Gruppenkalender aus, den Sie sehen wollen.

Abbildung 8.13 zeigt das Beispiel eines Gruppenkalenders.

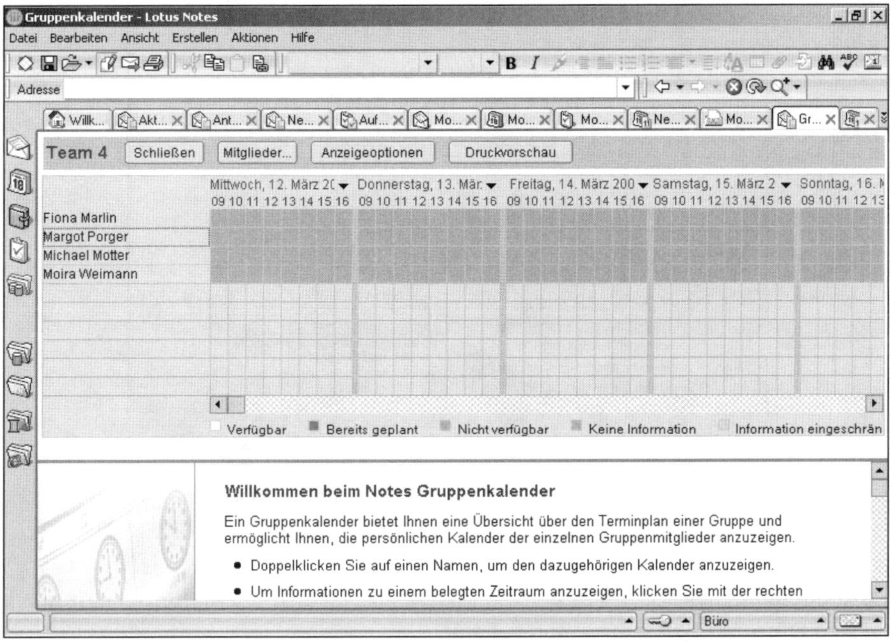

Abbildung 8.13: Gruppenkalender bieten einen Überblick über die Aktivitäten einer Gruppe.

Ihren Kalender drucken

Das Drucken Ihres Kalenders unterscheidet sich kaum von Drucken einer anderen Ansicht einer anderen Notes-Datenbank. Die Grundidee ist, dass Sie den Kalender zunächst in der gewünschten Ansicht öffnen und dann [Strg]+[E] drücken oder die Optionen DATEI|DRUCKEN. Alles Übrige dürfen Sie Ihrem Drucker überlassen.

In einem Aspekt unterscheidet sich das Drucken von Kalendern allerdings. Notes hält für Sie eine Reihe von Druckvorlagen bereit. Sie sind z.B. sehr praktisch, wenn Sie Ihren Kalender automatisch im Format eines üblichen Tagesplaners ausdrucken wollen.

Um Ihren Kalender zu drucken, wählen Sie DATEI|DRUCKEN und klicken dann auf die Registerseite KALENDERSTIL (vergleiche Abbildung 8.14).

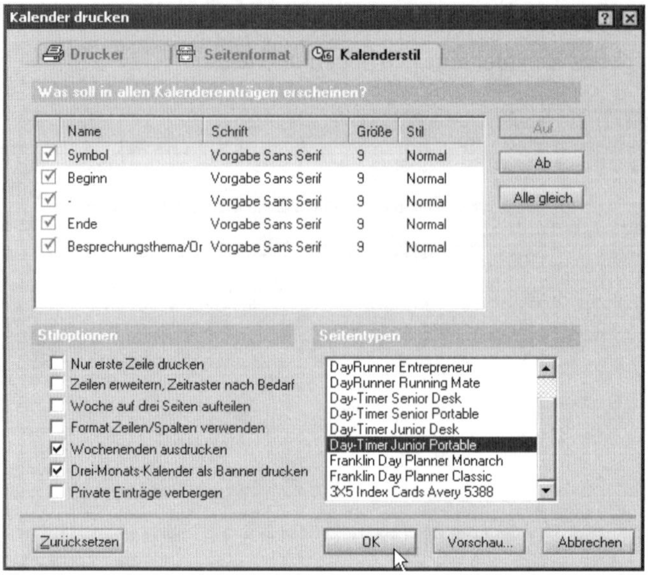

Abbildung 8.14: Drucken Sie Ihren Kalender so aus, dass er in Ihren ledergebundenen Tagesplaner passt.

Hierfür wählen Sie in der Liste SEITENTYPEN einfach das gewünschte Seiten-Layout und klicken anschließend OK, um diese Seiten anzuzeigen.

Klicken Sie auf die Schaltfläche VORSCHAU..., um einen Blick auf das Endergebnis zu werfen, bevor Sie Papier vergeuden.

Ihren Kalender verwalten

9

In diesem Kapitel

- Besprechungen erzeugen
- Andere Personen einladen
- Auf Einladungen antworten
- Wann haben Sie Zeit?

Der interessanteste und wichtigste Aspekt des Kalenders von Lotus Notes 6 ist seine Fähigkeit, Sie dabei zu unterstützen, Besprechungen und Termine mit anderen Personen zu initiieren, zu planen und zu verwalten. Wenn Sie z.B. einen Kalendertermin erstellen, an dem andere Personen beteiligt sind, kann Notes automatisch die Kalender der betreffenden Personen prüfen, um den bestmöglichen Zeitpunkt für alle Beteiligten herauszufinden. Schon allein wegen dieses Features lohnt sich die Anschaffung von Notes.

Außerdem können Sie noch eine Menge Dinge tun, wenn Sie zu einer Besprechung eingeladen werden: Sie nehmen eine Einladung an oder lehnen sie ab. Sie können aber auch einen günstigeren Zeitpunkt für die Besprechung vorschlagen usw.

Fazit: Die Zusammenarbeit mit anderen und die Koordination der individuellen Terminpläne ist mit Notes um einiges leichter. In diesem Kapitel werden wir dafür sorgen, dass Sie alles erfahren, damit Sie Ihre Besprechungen in aller Gelassenheit planen können.

Eine Besprechung ansetzen

Wenn Sie Kapitel 8 bereits gelesen haben, wissen Sie bereits alles über die unterschiedlichen Kalender-Eintragstypen, die Sie erstellen können. Nur einen Typ haben Sie noch nicht kennen gelernt: Die Besprechung. Wie Sie in Abbildung 9.1 sehen, sieht eine Besprechung weit gehend wie ein Termin aus. Sie finden allerdings auch noch einige Zusatzinformationen, wie die Namen der Personen, die zu dieser Besprechung eingeladen sind, sowie Informationen über deren zeitliche Verfügbarkeit. Hierin unterscheidet sich die Besprechung von einem Termin, in dem nur Ihr eigener Name steht.

Erstellen Sie einen Termin, wenn das Ereignis nur Sie selbst betrifft. Verwenden Sie den Eintragstyp BESPRECHUNG, wenn Sie andere Personen Ihrer Firma einladen.

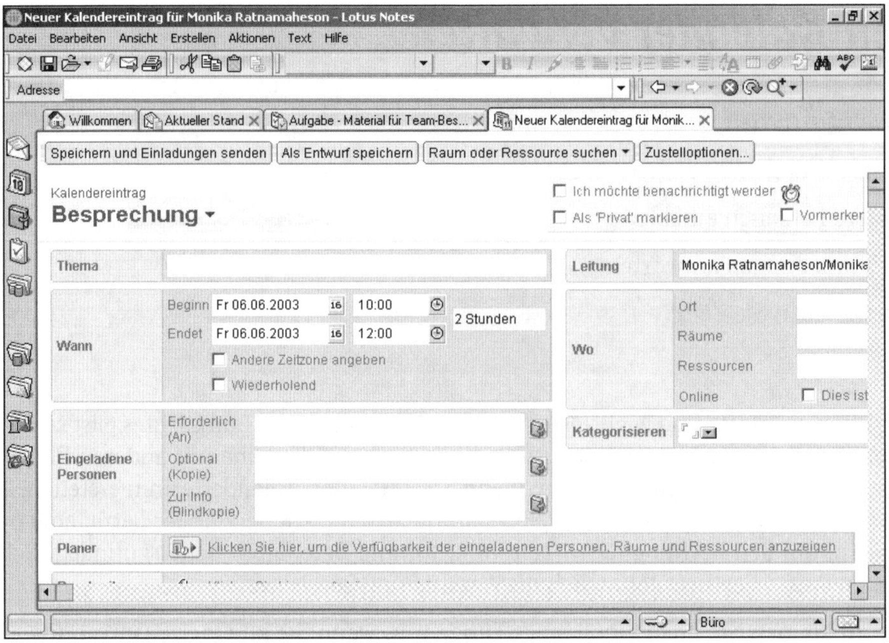

Abbildung 9.1: Die Besprechungs-Maske von Notes

Sie werden feststellen, dass Sie eine Besprechung auf verschiedene Art und Weise verwenden können. Manchmal sind Sie der Gastgeber – Sie sind derjenige, der die neue Besprechung plant und andere Personen dazu einlädt. Manchmal sind Sie jedoch derjenige, der eine Einladung bekommt. Das heißt, in Ihrem Posteingang erhalten Sie eine Einladung zu einer Besprechung, die ein anderer Ihnen geschickt hat. Wenn Sie eine solche Einladung erhalten, müssen Sie entscheiden, ob Sie an der Besprechung teilnehmen wollen oder nicht.

Eine Besprechung eintragen

Um eine neue Besprechung zu erstellen, öffnen Sie zunächst den Kalender und klicken in der Aktionsleiste auf die Schaltfläche BESPRECHUNG PLANEN. (Alle weiteren Informationen über den Kalender finden Sie in Kapitel 8.) Eine leere Maske wird angezeigt. In Abbildung 9.2 sehen Sie eine Besprechungs-Maske, die wir erstellt haben.

Die meisten Felder der Maske BESPRECHUNG sehen genauso aus wie die Maske TERMIN. Sie müssen die Hauptfelder wie THEMA, WANN und WO ausfüllen. (Um zu erfahren, wie Sie einen Termin ausfüllen, lesen Sie Kapitel 8). In diesem Abschnitt wollen wir ein besonderes Augenmerk auf die Felder EINGELADENE PERSONEN, PLANER und RAUM ODER RESSOURCE SUCHEN legen, weil diese Aspekte für eine Besprechung von Bedeutung sind und den Unterschied zwischen einer Besprechung und einem Termin ausmachen.

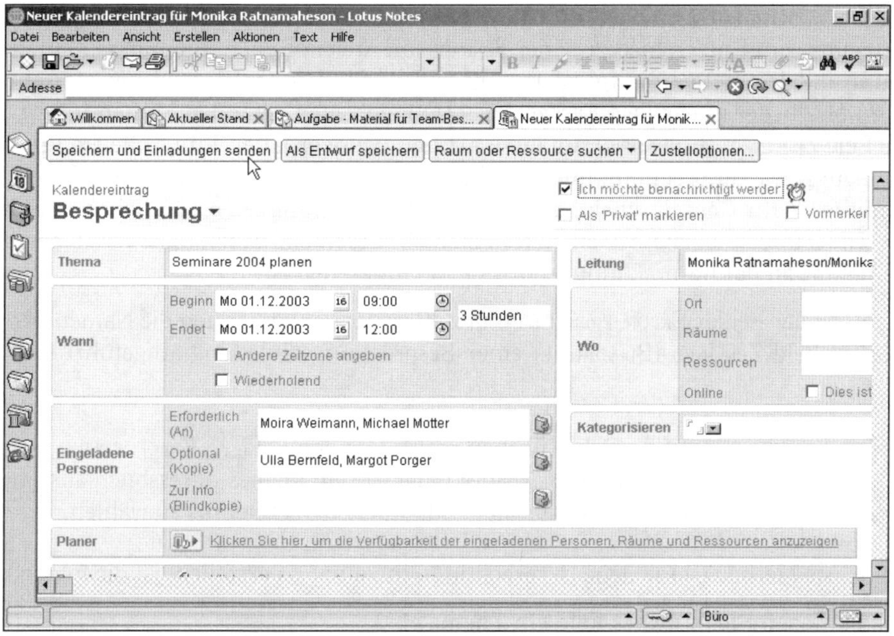

Abbildung 9.2: Eine neue Besprechung eintragen

Die teilnehmenden Personen einladen

Im einfachsten Fall geben sie einfach die Namen der Personen ein, die an der Besprechung teilnehmen sollen. Füllen Sie die Felder des Abschnitts EINGELADENE PERSONEN (im unteren linken Bildschirmbereich) sowie Datum, Zeit und Ort der neuen Besprechungs-Maske aus (siehe Abbildung 9.2). Wie Sie in dieser Abbildung sehen, können Sie drei Kategorien von Personen einladen: Die Kategorien ERFORDERLICH (AN), KOPIE (OPTIONAL) oder ZUR INFO (BLINDKOPIE).

✔ **ERFORDERLICH (AN):** Jeder, dessen Namen Sie in diese Liste eingeben, wird von Notes als Teilnehmer eingestuft, der unbedingt an der Besprechung teilnehmen sollte. Das ist insbesondere wichtig, wenn Sie Notes beauftragen, den günstigsten Zeitpunkt für die Besprechung herauszufinden. Näheres über das Finden eines Zeitpunkts, an dem jeder der Beteiligten zeitlich verfügbar ist, finden Sie im Abschnitt »Den Planer verwenden« weiter unten.

✔ **KOPIE (OPTIONAL):** Notes behandelt diese Personen weit gehend wie diejenigen der Kategorie ERFORDERLICH (AN). Notes vergleicht den Kalender der einzelnen Personen, um den günstigsten Zeitpunkt für Ihre Besprechung zu finden. Wenn eine Person in einer Besprechungseinladung als optionaler Geladener aufgeführt ist, ist ihre Anwesenheit nicht unbedingt erforderlich. Es gleicht den Personen, die nur die Kopien einer E-Mail-Nachricht bekommen: Sie erhalten die Nachricht, es ist aber nicht unbedingt erforderlich, dass sie sich in das Geschehen einschalten.

- ✔ **Zur Info (Blindkopie):** Verwenden Sie dieses Feld, wenn Sie eine Besprechungs-Notiz senden sollen (im Unterschied zu einer Einladung). Angenommen, Sie müssen eine Besprechung mit Ihren Team-Mitgliedern einberufen. Sie können den Namen der einzelnen Team-Mitglieder in das Feld Erforderlich (An) eintragen, aber den Namen Ihres Chefs in das Feld Zur Info (Blindkopie).Auf diese Art und Weise erhalten Ihre Kollegen jeweils eine Einladung zur Besprechung und Ihr Vorgesetzter bekommt stattdessen nur eine Notiz. Somit weiß Ihr Chef Bescheid, dass Sie eine Besprechung angesetzt haben und dass Sie die Einladungen an die betreffenden Personen geschickt haben, dass seine persönliche Teilnahme an der Besprechung jedoch nicht vorgesehen ist.

Die Personen der Felder Erforderlich (An) und Kopie (optional) können die Namen der Personen, die im Feld Zur Info (Blindkopie) einer Besprechungseinladung aufgeführt sind, nicht lesen.

Klicken Sie auf die Schaltflächen rechts von den Feldern Erforderlich (An), Kopie (optional) und Zur Info (Blindkopie), die wie ein kleines Adressbuch aussehen, um die gewünschten Namen aus dem öffentlichen Verzeichnis zu wählen.

Die einfachste Methode, eine neue Besprechungseinladung zu erstellen, ist die folgende:

1. **Thema: Geben Sie in dieses Feld ein Thema ein.**
2. **Wann: Benutzen Sie diese Felder Beginn und Endet, um den Beginn und das Ende der Besprechung einzutragen.**
3. **Ort: In dieses Feld geben Sie den Ort ein, an dem die Besprechung stattfinden soll. Informationen über das Reservieren von Räumen finden Sie im Abschnitt »Räume und Ressourcen reservieren« weiter unten in diesem Kapitel.**
4. **Eingeladene Personen: Geben Sie hier die Namen der Personen ein, die eingeladen werden sollen.**
5. **Klicken Sie anschließend in der Aktionsleiste auf die Schaltfläche Speichern und einladungen senden.**

Alle Personen, die Sie eingeladen haben, erhalten in Ihrem Posteingang eine Nachricht mit der Aufforderung, an der Besprechung teilzunehmen. Abbildung 9.3 zeigt ein Beispiel für eine Einladung.

Der einzige Nachteil dieser Methode – obwohl sie natürlich direkt ist – ist, dass sie meist einen regen E-Mail-Austausch in beiden Richtungen zwischen Ihnen und den eingeladenen Personen zur Folge hat. Sicher kennen Sie diese Nachrichten wie »Um 9.30 schaffe ich es keinesfalls, wie wäre es mit 10 Uhr?« Je nachdem, wie viele Personen Sie zur Besprechung einladen – es kann Sie schon einige Zeit kosten, wenn Sie nach dem Versenden der Einladungen alle diese Antworten mit »Ja, ich kann kommen« oder »Nein, ich kann um diese Uhrzeit keinesfalls, aber...« erhalten und nun das Ganze unter Dach und Fach kriegen müssen.

Sie können dieses Problem jedoch ganz leicht umgehen. Anstatt in der oben beschriebenen Art und Weise vorzugehen, suchen Sie Hilfe beim Notes-Planer. Er vergleicht die Kalender der Personen, die in den Feldern Eingeladene Personen aufgeführt werden, und findet einen Zeitpunkt, an dem jede der Personen zeitlich verfügbar ist. Mit dieser Information sollte es ein Leichtes sein einen (doch hoffentlich) für alle Teilnehmer passenden Besprechungszeitpunkt festzulegen. Wenn die eingeladenen Personen in Ihrem Posteingang Ihre Einladung vorfinden, enthält diese bereits eine Zeitangabe, zu der die Betreffenden laut ihren Kalendern noch zeitlich verfügbar sind (hehe!). Natürlich hat jeder der Eingeladenen noch die Option Ihre Einladung abzulehnen, aber Sie können die Möglichkeit einer Absage stark reduzieren, wenn Sie zeitliche Konflikte schon von vornherein ausschalten. Wie, das zeigen wir im folgenden Abschnitt.

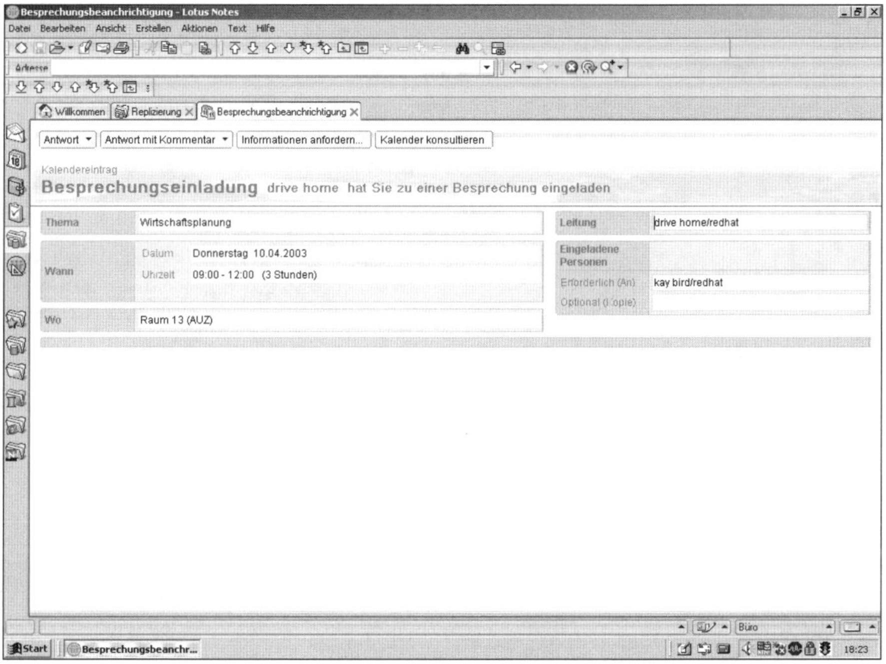

Abbildung 9.3: Eingeladene Personen erhalten Einladungen zu Besprechungen automatisch.

Den Planer verwenden

Damit Notes Ihnen einen optimalen Zeitvorschlag auf der Grundlage der Verfügbarkeit der erforderlichen und optionalen Besprechungsteilnehmer machen kann, halten Sie sich noch einen Moment zurück, bevor Sie auf die Schaltfläche Speichern und einladungen senden klicken. Stattdessen ergänzen Sie zunächst die Besprechungs-Maske wie sonst auch und klicken dann im Bereich Planer auf die Schaltfläche, um die Verfügbarkeit der eingeladenen Personen, Räume und Ressourcen anzuzeigen (siehe Abbildung 9.2).

Abbildung 9.4 zeigt ein Beispiel für eine Besprechungseinladung; der Planer ist hier geöffnet.

Wenn Sie den Planer verwenden, damit Notes einen passenden Zeitpunkt für Ihre Besprechung sucht, haben sie zwei Suchkriterien zur Auswahl: Suchen nach dem günstigsten Zeitpunkt oder nach Planer-Details. In Abbildung 9.4 wurde die Optionsschaltfläche Zusammenfassung (unter dem Titel Anzeigen) gewählt, um diese Ansicht zu zeigen. Diese Ansicht ist wahrscheinlich die einfachste Variante, weil Sie auf einen Blick den Zeitplan der einzelnen Personen aufgeteilt in Blöcken sehen können, die anzeigen, wann die eingeladenen Personen verfügbar sind.

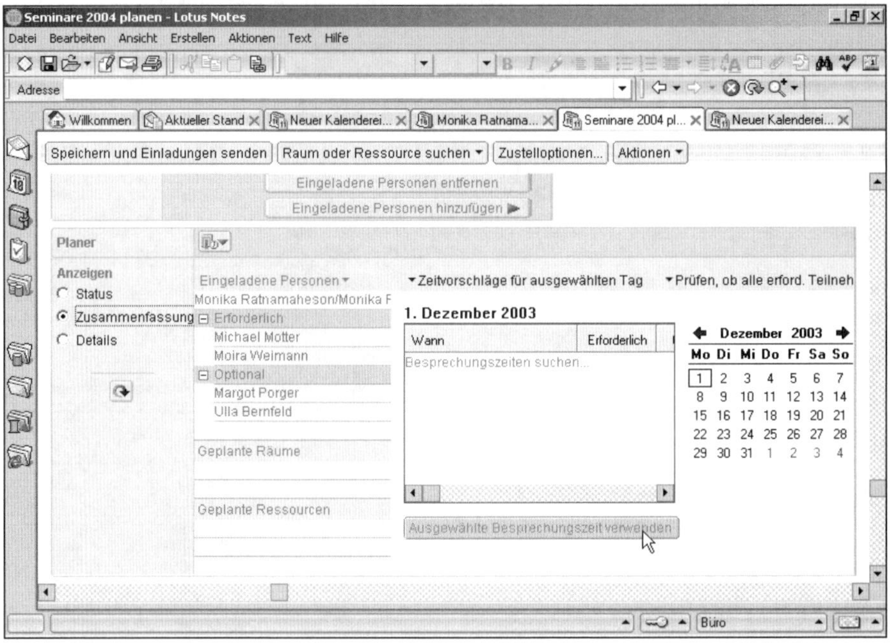

Abbildung 9.4: Verwenden Sie den Planer, um herauszufinden, wann die eingeladenen Personen für ein Treffen Zeit haben.

Um einen der von Notes vorgeschlagenen Zeitpunkte zu übernehmen, wählen Sie aus der Dropdown-Liste Zeitvorschläge für ausgewählten Tag einen Zeitpunkt, der für alle Teilnehmer günstig ist, und klicken Sie auf die darunter liegende Schaltfläche Ausgewählte Besprechungszeit verwenden. Notes wird daraufhin Datum und Zeit Ihrer Besprechung entsprechend ändern. Sie können sehen, wie die Einträge in den Feldern des Abschnitts Wann oben in der Maske Besprechung sich entsprechend ändern, wenn Sie einen Eintrag in der Liste anklicken.

Probieren Sie den kleinen Pfeil neben dem Titel Zeitvorschläge für ausgewählten Tag aus. Klicken Sie auf diesen Pfeil, um weitere mögliche Zeitpunkte für eine Besprechung anzuzeigen. In der folgenden Dropdown-Liste (siehe Abbildung 9.5) können Sie festlegen, dass nach Zeitvorschlägen an einem bestimmten Tag, Woche oder Monat gesucht werden soll. Das ist besonders nützlich, wenn die Personen, die Sie einladen, am ursprünglich geplanten Besprechungstermin nicht verfügbar sind.

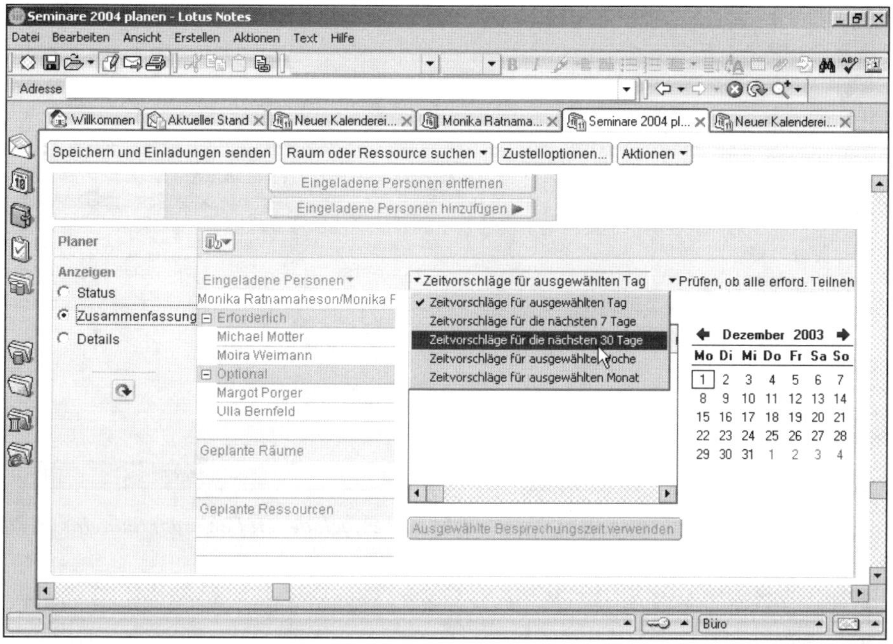

Abbildung 9.5: Lassen Sie Notes für einen bestimmten Tag, Woche oder Monat einen Terminvorschlag machen.

Wenn Sie Probleme haben, einen Zeitpunkt zu finden, der für *alle* EINGELADENE(n) PERSONEN passt, klicken Sie auf die Option PRÜFEN OB ALLE ERFORDERLICHEN TEILNEHMER TEILNEHMEN KÖNNEN und verwenden dann die folgende Dropdown-Liste, um einen Zeitpunkt für eine kleinere Gruppe von Personen auszuwählen (vergleiche Abbildung 9.6). Das ist hilfreich, wenn Sie versuchen, eine Besprechung mit einer größeren Anzahl von Teilnehmern – mehr als 20 Personen – anzusetzen.

Eine weitere visuelle Methode, um einen Zeitpunkt zu finden, an dem alle EINGELADENE(n) PERSONEN verfügbar sind, ist die Anzeige PLANER|DETAILS. Wählen Sie unter dem Titel ANZEIGEN die Optionsschaltfläche DETAILS, um eine Tabelle anzuzeigen, die anzeigt, wann jede der eingeladenen Personen verfügbar ist. Sie können eine solche Ansicht in Abbildung 9.7 sehen. Ein Vorteil dieser Planer-Tabelle ist, dass Sie für jede Person die frei verfügbare Zeit für einen Zeitraum von zwei Wochen anzeigen können.

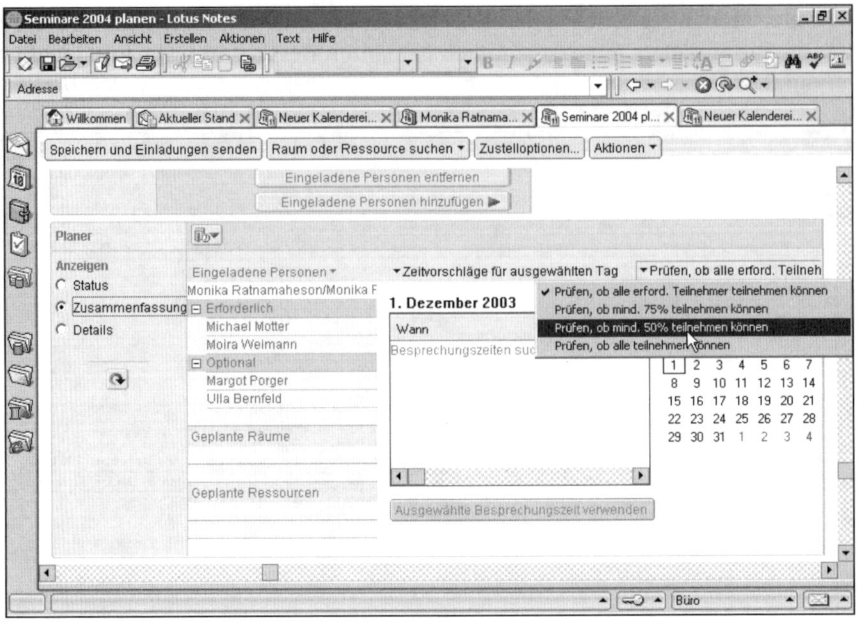

Abbildung 9.6: Prüfen Sie die Optionen, wenn nicht alle eingeladenen Personen teilnehmen können.

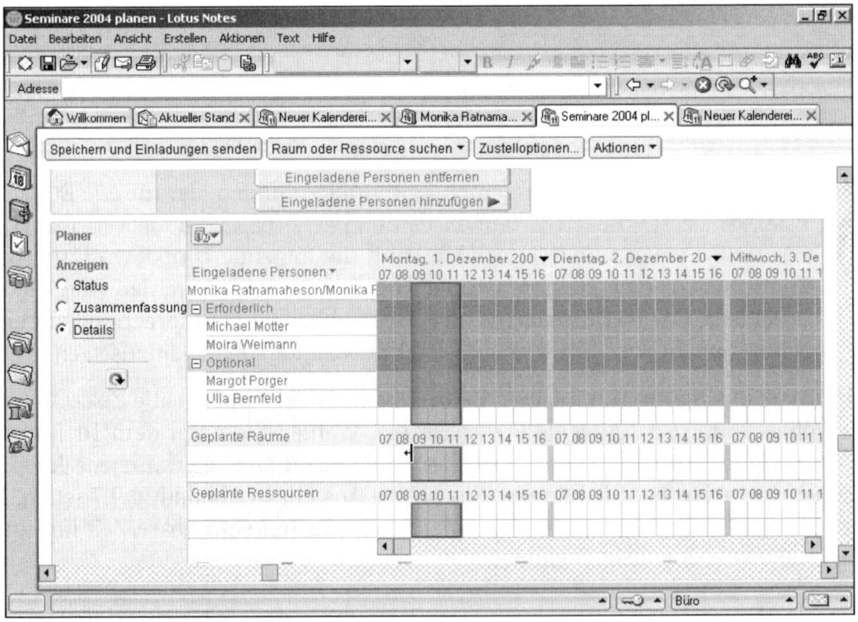

Abbildung 9.7: Zeigen Sie die Planer-Details der einzelnen eingeladenen Personen an, um einen günstigen Zeitpunkt zu finden.

Ziehen Sie die große, transparente, vertikale Leiste, bis Sie einen Zeitpunkt finden, zu dem jeder verfügbar ist. (Der Balken wird grün, wenn dies der Fall ist.) Die weißen Blöcke in der Tabelle repräsentieren die Zeiten, in denen noch keine Termine vorgesehen sind. Die farbigen Blöcke repräsentieren die Zeiten, wenn der jeweilige Teilnehmer anderweitig beschäftigt ist. Ist keiner der Eingeladenen Personen zeitlich verfügbar, wird die vertikale Leiste rot, um zu signalisieren, dass dieser Zeitpunkt ein Ding der Unmöglichkeit ist. (Ein Schlüssel unten am Bildschirm zeigt Ihnen an, welchen Status jede der Farben repräsentiert.)

Welche der Methoden Sie auch verwenden, um einen passenden Zeitpunkt für alle zu finden: Wenn Sie mit dem Vorgang fertig sind, klicken Sie in der Aktionsleiste auf die Schaltfläche Speichern und einladungen senden.

Räume und Ressourcen reservieren

Möglicherweise hat Ihre Firma das Notes-Kalendersystem so konfiguriert, dass Sie eine Raum- und Ressourcenreservierung vornehmen können. Ist das nicht der Fall, können Sie den folgenden Abschnitt überspringen.

Ein Raum ist das, was man sich im Allgemeinen darunter vorstellt – in der Regel ein gemeinsames Konferenzzimmer, das schon fast wie eine Person behandelt wird. Anders ausgedrückt führt Notes einen Zeitplan für diesen Raum, sodass Sie ihn für eine Besprechung reservieren können. Sie reservieren einen Raum, indem Sie in der Besprechungs-Maske unter Wo in das Textfeld Räume den Namen des gewünschten Raums eingeben.

Die Reservierung von Ressourcen funktioniert genauso. Eine *Ressource* ist in der Regel ein Gerät (zum Beispiel ein Overhead-Projektor), das Sie für Ihre Besprechung reservieren und buchen können. Notes verwaltet auch, ob Ressourcen verfügbar sind, und berücksichtigt dies, wenn Sie die Schaltfläche Verfügbarkeit der eingeladenen Personen, Räume und Ressourcen anzeigen anklicken.

Es ist Aufgabe Ihres Administrators, im Hintergrund die Voraussetzungen zu schaffen, damit Sie die Option der Raum- und Ressourcenreservierung verwenden können. Es lohnt sich also, nachzufragen, um sicherzustellen, dass Sie diese Option auch verwenden können.

Online-Besprechungen

Sametime ist ein Partnerprodukt von Lotus Notes. Dieses (absolut coole) Programm wird, um im Lotus-Jargon zu sprechen, für Echtzeit-Zusammenarbeit verwendet. Sie verwenden den Instant-Messenger (mitunter auch als *Chat* bezeichnet) von Lotus Sametime und Online-Besprechungen auf Ihrem eigenen Desktop, um andere Personen an dem teilhaben zu lassen, was Sie auf Ihrem Bildschirm sehen. Stellen Sie sich vor, Sie können eine PowerPoint-Präsentation halten, ohne auch nur Ihr Büro zu verlassen!

Wenn Ihre Firma mit Lotus Sametime arbeitet, aktivieren Sie in der Maske BESPRECHUNG (im Abschnitt WO) das Kontrollkästchen DIES IST EINE ONLINE-BESPRECHUNG, um Informationen zu dieser Besprechung einzugeben. Sie können diese Einstellungen in Abbildung 9.8 sehen. Die Felder dienen dazu, Ihre Notes-basierende Einladung mit dem Sametime-Besprechungsserver zu verbinden. Diesen Server verwenden Sie und Ihre Kollegen, um in der Besprechung Ihren Bildschirm gemeinsam zu nutzen und gemeinsam auf das elektronische Whiteboard von Sametime zuzugreifen.

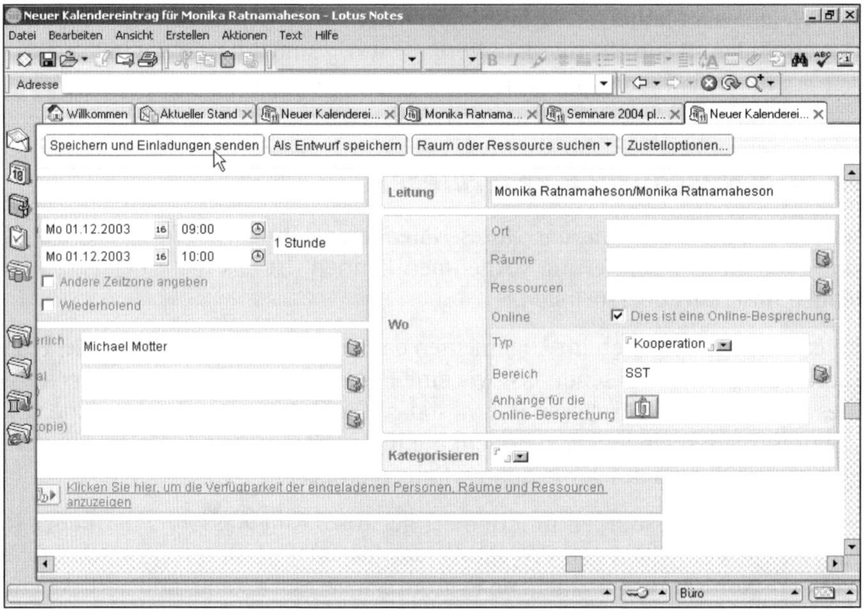

Abbildung 9.8: Planen Sie eine Online-Besprechung mit Lotus Sametime.

Die Felder der Online-Besprechung sind:

- ✔ **Typ:** Hier legen Sie fest, ob die Präsentation in der Besprechung durch ein oder mehrere Personen durchgeführt wird. Sie wählen unter Optionen wie KOOPERATION, MODERIERTE PRÄSENTATION/DEMO oder PODIUMSBESPRECHUNG.
- ✔ **Bereich:** Der Name des Sametime-Servers, auf dem die Online-Besprechung abgehalten wird.
- ✔ **Anhänge für die Online-Besprechung:** Wird verwendet, um bei Bedarf (beispielsweise PowerPoint-Folien) für die Online-Besprechung benötigte Materialien anzuhängen.

Lotus Sametime ist ein eigenständiges Produkt und es kann sein, dass Ihre Firma diese Software nicht besitzt. (Anders ausgedrückt muss Ihre Firma dieses separat erwerben – es ist nicht Bestandteil von Notes.) Fragen Sie Ihren Administrator, ob Sie Online-Besprechungen abhalten können.

Auf eine Einladung antworten

Was geschieht, wenn Sie nicht selbst eine Einladung initiieren, sondern Empfänger einer Einladung sind?

Alles beginnt mit der Einladung, die in Ihren Posteingang zugestellt wird (siehe Abbildung 9.9).

Die Aktionsleiste der Einladungs-Anzeige bietet Ihnen eine Reihe von Schaltflächen: Antwort, Antwort mit Kommentar, Informationen anfordern und Kalender konsultieren.

Welche Schaltfläche Sie auch anklicken – und keine Angst, all diese Schaltflächen werden im folgenden Abschnitt genau erläutert –, eine Frage bleibt: »Werden Sie an der Besprechung teilnehmen oder nicht?«

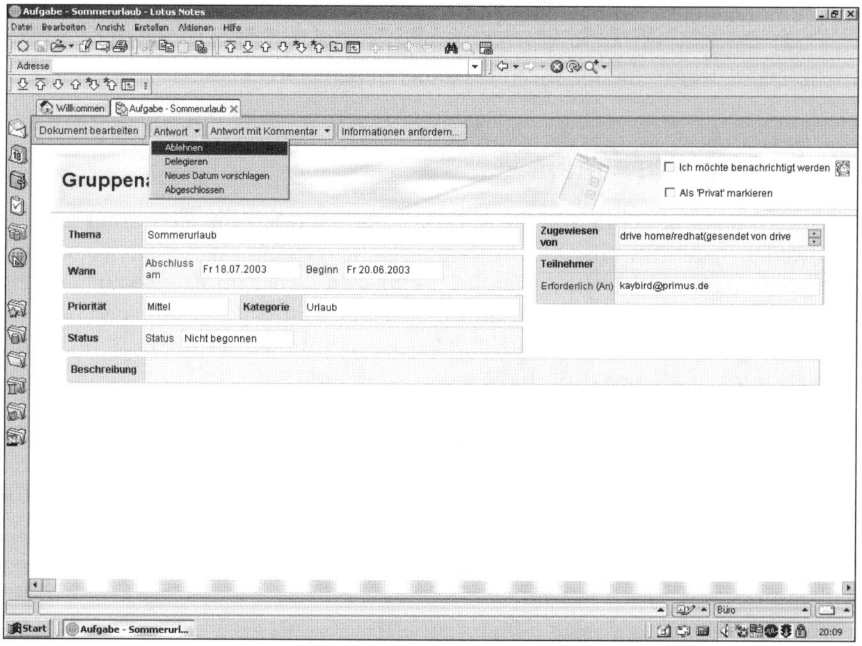

Abbildung 9.9: Eine Einladung für eine Besprechung.

Eine Einladung annehmen

Eine Einladung annehmen heißt, Sie haben vor, an der Besprechung teilzunehmen. Wenn Sie in der Aktionsleiste die Schaltfläche Antwort anklicken und dann Aktionen|Antwort|Annehmen wählen, geschehen folgende drei Dinge:

✔ Erstens erhält das Oberhaupt der Besprechung (d.h. die Person, die Sie eingeladen hat) eine Nachricht. Auf diese Weise weiß er oder sie Bescheid, dass Sie kommen werden.

- ✔ Zweitens wird die Einladung in einen Kalendereintrag konvertiert, der zum betreffenden Zeitpunkt und Datum in Ihrem Kalender erscheint.
- ✔ Drittens weiß Ihr Kalender nun, dass Sie von nun an zu diesem Zeitpunkt beschäftigt sind. Sollten Sie weitere Einladungen erhalten, wird Notes nicht versuchen, sie auf diesen Zeitpunkt zu legen. Und wenn andere Ihren Planer verwenden, weil sie Sie einladen wollen, können Sie auf den ersten Blick sehen, dass Sie zu diesem Zeitpunkt bereits ausgebucht sind.

Es gibt auch andere Möglichkeiten, eine Einladung anzunehmen: Klicken Sie entweder in der Aktionsleiste die Schaltfläche ANTWORT MIT KOMMENTAR an und wählen Sie dann EINLADUNG ANNEHMEN oder wählen Sie die Option AKTIONEN|ANTWORT MIT KOMMENTAR|ANNEHMEN. Der einzige Unterschied bei dieser Methode ist, dass Sie der Nachricht an das Oberhaupt der Besprechung etwas hinzufügen müssen – etwa »Danke für die Einladung« oder »Wir sehen uns dann bei der Besprechung.« Sie können mitteilen, was Sie möchten. Denken Sie nur daran, die Schaltfläche SENDEN anzuklicken, wenn Sie mit Ihren Eingaben fertig sind.

Eine Einladung ablehnen

Wenn Sie eine Einladung zeitlich nicht unterbringen, können Sie sie immer ablehnen. Klicken Sie entweder in der Aktionsleiste die Schaltfläche ANTWORT MIT KOMMENTAR an und wählen Sie dann ABLEHNEN oder wählen Sie die Option AKTIONEN|ANTWORT MIT KOMMENTAR|ABLEHNEN. Dann müssen Sie in die Nachricht an den Initiator der Besprechung etwas eingeben wie »Sorry, das schaffe ich unmöglich« oder »An diesem Tag hat mein Sohn ein Fußballspiel«. Wenn Sie fertig sind, klicken sie auf die Schaltfläche SENDEN.

In Abbildung 9.10 sehen Sie ein Beispiel für eine Nachricht, die eine Einladung ablehnt.

Wenn Sie eine Einladung ablehnen, wird die Besprechung *nicht* in Ihren Kalender eingetragen.

Delegieren

Sie können an einer Besprechung selbst nicht teilnehmen, wollen aber vorschlagen, dass ein anderer an Ihrer Stelle erscheint. Klicken Sie entweder in der Aktionsleiste auf die Schaltfläche ANTWORT und wählen Sie dann DELEGIEREN oder die Option AKTIONEN|ANTWORTEN|DELEGIEREN. Damit wird die Einladung an die Person weitergeleitet, die Sie an Ihrer Stelle nominieren, und gleichzeitig eine Nachricht an den Initiator der Besprechung gesendet, damit er nicht überrascht ist, wenn ein anderer an Ihrer Stelle zur Besprechung erscheint. Die delegierte Person trifft natürlich selbst die Entscheidung, ob sie die Einladung annimmt oder ablehnt.

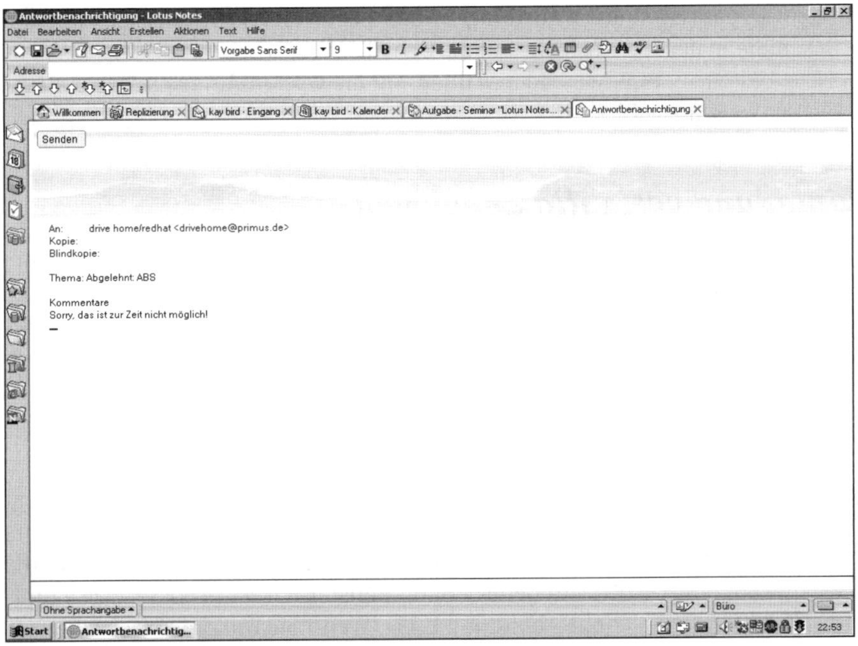

Abbildung 9.10: Lehnen Sie eine Einladung ab und senden Sie gleichzeitig eine kurze Nachricht.

In der Delegierungs-Nachricht, die an das Oberhaupt der Besprechung gesendet wird, können Sie einige Worte mitsenden. Klicken Sie hierfür in der Aktionsleiste auf die Schaltfläche ANTWORT MIT KOMMENTAR und wählen Sie dann DELEGIEREN oder wählen Sie die Option AKTIONEN|ANTWORT MIT KOMMENTAR|DELEGIEREN. Dann machen Sie die gewünschten Eingaben in die Nachricht für den Organisator der Besprechung wie »Tut mir leid, ich kann leider nicht teilnehmen, ich hoffe aber, dass Sofie kommen kann« oder »An diesem Tag bin ich beim Zahnarzt, vielleicht kann Jennifer stattdessen teilnehmen?«. Wenn Sie fertig sind, klicken Sie auf die Schaltfläche SENDEN.

Eine neue Uhrzeit vorschlagen

Wenn Sie liebend gerne zu der Besprechung kommen würden, aber zum vorgeschlagenen Zeitpunkt schon etwas geplant haben, schlagen Sie vor, diese zu einem anderen Zeitpunkt zu halten. Klicken Sie hierfür entweder in der Aktionsleiste auf die Schaltfläche ANTWORT und wählen Sie dann NEUE UHRZEIT VORSCHLAGEN oder wählen Sie die Option AKTIONEN|ANTWORT|NEUE UHRZEIT VORSCHLAGEN. Sie werden aufgefordert, einen alternativen Zeit- oder Datumsvorschlag machen, der für Sie günstiger ist. Außerdem sendet Notes eine Nachricht an das Oberhaupt der Besprechung mit dem neuen Terminvorschlag. (Wie Sie aus dem Abschnitt »Den Planer verwenden« wissen, hätte der Initiator der Einladung Ihnen das ersparen können, wenn er das Merkmal ZEITVORSCHLÄGE FÜR AUSGEWÄHLTEN TAG oder einen anderen Zeitraum genutzt hätte.)

Wenn Sie dem Organisator der Einladung in der Nachricht noch ein paar Worte mitteilen wollen, klicken Sie in der Aktionsleiste auf die Schaltfläche Antwort mit Kommentar und wählen Sie dann Neue Uhrzeit vorschlagen oder wählen Sie die Option Aktionen|Antwort mit Kommentar|Neue Uhrzeit vorschlagen.

Eine Einladung vorläufig annehmen

Eine Einladung vorläufig anzunehmen bedeutet, dass Sie die Einladung annehmen, der Zeitraum der Besprechung aber nicht als vergeben in Ihrem Kalender eingetragen wird. Wenn Sie später nach verfügbarer freier Zeit suchen, wird der Zeitraum, in dem eine vorläufig angenommene Einladung angesetzt ist, in Ihrem Planer als frei verfügbar angezeigt. Sie können darauf reagieren, indem Sie in der Aktionsleiste die Schaltfläche Antwort anklicken und dann Vorläufig annehmen wählen. Sie können aber auch die Optionen Aktionen|Antwort|Vorläufig annehmen verwenden.

Sie können alternativ auch die Schaltfläche Kalender konsultieren in der Aktionsleiste verwenden, um einen Blick auf Ihren Kalender zu werfen, bevor Sie sich entschließen, eine Einladung anzunehmen. Wenn Sie diese Schaltfläche anklicken, öffnet Notes ein neues Popup-Fenster Kalender konsultieren und zeigt Ihren Kalender an (siehe Abbildung 9.11). Wenn Sie mit dem Nachsehen fertig sind, schließen Sie Kalender konsultieren mit der [Esc]-Taste und kehren zum vorherigen Arbeitsgang zurück.

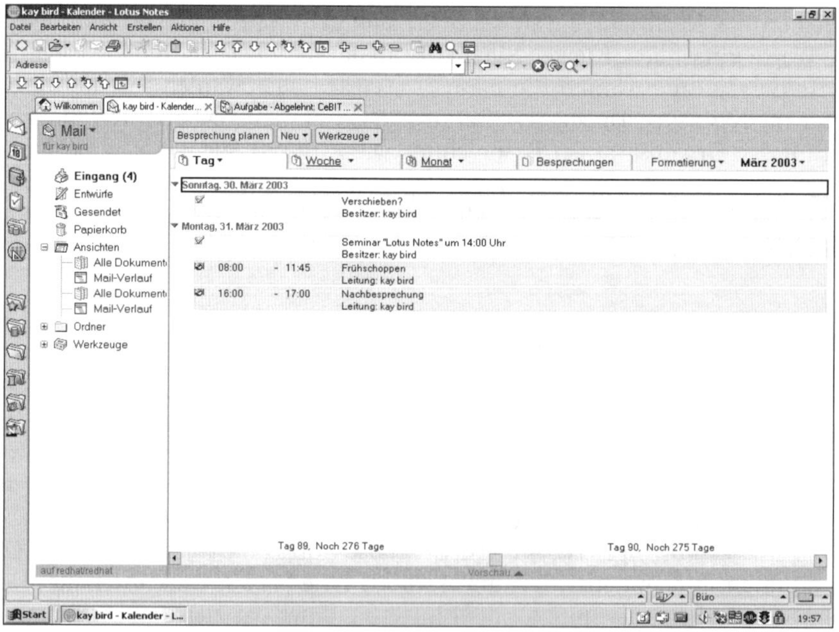

Abbildung 9.11: Werfen Sie einen Blick auf Ihren Kalender, bevor Sie eine Einladung annehmen.

Wann haben Sie Zeit?

Einer der wichtigen Punkte Ihres Notes-Kalendersystems ist die Tatsache, dass Notes, soweit möglich, weiß, wann Sie beschäftigt sind. Wenn Sie eine Einladung erhalten und die Schaltfläche VERFÜGBARKEIT DER EINGELADENEN PERSONEN, RÄUME UND RESSOURCEN ANZEIGEN, konsultiert Notes Ihren Planer, um festzustellen, wann Sie Zeit haben. Dieser Faktor »Freie Zeit« ist abhängig von mehreren Faktoren.

Erstens hängt Ihre freie Zeit von den Angaben ab, wann Sie generell verfügbar sind. Sie geben diese Zeiten über die Menüoptionen AKTIONEN|WERKZEUGE|VORGABEN|KALENDER UND AUFGABEN|ZEITPLAN |... ein. Wenn Sie sich bereits in der Kalenderansicht befinden, können Sie in der Aktionsleiste auch die Schaltfläche WERKZEUGE anklicken und dann die Optionen KALENDER|ZEITPLAN |... wählen. (Näheres zu diesem Thema finden Sie in Kapitel 16). Verwenden Sie in der Dialogbox VORGABEN die Registerseite ZEITPLAN, um festzustellen, wann Sie generell verfügbar sind. Angenommen, Sie gehören zu den Glücklichen, die nie am Freitag arbeiten müssen, sollten Sie den Freitag auf dieser Registerseite deaktivieren.

Zweitens ist Ihr ZEITPLAN dadurch bestimmt, welche Termine und Besprechungen Sie bereits angenommen und gebucht haben.

Drittens spielt für Ihren ZEITPLAN eine Rolle, ob und wenn ja welche Namen Sie in der Dialogbox VORGABEN auf der Registerseite ZUGRIFF AUF IHREN ZEITPLAN im Feld NUR DIE FOLGENDEN PERSONEN ODER GRUPPEN DÜRFEN IHREN ZEITPLAN LESEN angegeben haben. Andernfalls können Sie die Optionsschaltflächen ALLE DÜRFEN IHREN ZEITPLAN LESEN oder NIEMAND DARF IHREN ZEITPLAN LESEN auswählen oder welche der Optionen Sie im Feld ZEITPLANINFORMATIONEN, DIE DIESE PERSONEN LESEN DÜRFEN aktiviert haben. Wenn Sie diese Felder nicht ausfüllen (die Standardeinstellung) kann jede Person in Ihrem Unternehmen Ihren Kalender konsultieren, um zu sehen, wann Sie zeitlich verfügbar sind. Wenn Sie aber nur bestimmten Personen diesen Einblick in Ihren Tagesplan zugestehen wollen, geben Sie deren Namen in die entsprechenden Felder der Dialogbox VORGABEN ein.

Vor einer Besprechung

Schließlich stehen Ihnen im Vorfeld einer Besprechung auch noch eine Reihe anderer Optionen zur Verfügung. Es kann sein, dass Sie doch noch Ihre Meinung ändern und eine bereits zugesagte Besprechung ablehnen wollen. Oder Sie wollen an die Besprechungsteilnehmer eine Nachricht schicken, um den Besprechungstermin zu bestätigen.

Die Optionen, die Ihnen für eine in Ihrem Kalender eingetragene Besprechung offen stehen, sind in erster Linie davon abhängig, ob Sie die Einladungen verschickt haben, d.h. ob Sie der Organisator der Besprechung sind.

Um auf eine der folgenden Optionen zuzugreifen, wählen Sie die Einladung aus und wählen dann über die Option BESITZERAKTIONEN in der Aktionsleiste das gewünschte Element aus dem Menü.

Sind Sie der Organisator einer Besprechung, das heißt, Sie haben die Besprechung selbst angesetzt und die Einladungen verschickt, dann stehen Ihnen danach für diese Besprechung verschiedene Aktionsoptionen zur Verfügung. Wenn Sie eine Einladung für eine geplante Besprechung öffnen, wählen Sie in der Aktionsleiste die Schaltfläche BESITZERAKTIONEN. Als Organisator werden Ihnen die folgenden Optionen angezeigt:

- ✔ **NEU PLANEN:** Sie wollen die Besprechung nach wie vor abhalten, allerdings zu einem anderen Zeitpunkt. Wählen Sie die Option NEU PLANEN, schickt Notes erneut Einladungen an alle betreffenden Personen, die die Einladung dann erneut annehmen oder ablehnen müssen.
- ✔ **ABSAGEN:** Die Besprechung fällt flach? Notes sendet jedem Teilnehmer eine E-Mail, in der mitgeteilt wird, dass die Besprechung gestrichen ist, und entfernt die Besprechung aus den Kalendern aller Teilnehmer.
- ✔ **BESTÄTIGEN:** Notes versendet eine kurze Nachricht an alle Teilnehmer, mit der bestätigt wird, dass die Besprechung immer noch aktuell ist und stattfindet.
- ✔ **STATUS DER EINGELADENEN PERSONEN ANZEIGEN:** Der schnelle Weg, eine Liste aller Leute einzusehen, die Sie eingeladen haben. Außerdem sehen Sie dort, wer die Einladung angenommen bzw. abgelehnt hat und von wem eine Rückmeldung noch aussteht.
- ✔ **MEMO AN ALLE EINGELADENEN PERSONEN SENDEN:** Ähnlich wie bei der Option BESTÄTIGEN erzeugt Notes eine neue E-Mail-Nachricht. Die Adressen der eingeladenen Personen sind bereits eingetragen.
- ✔ **MEMO SENDEN AN EINGELADENE PERSONEN, DIE GEANTWORTET HABEN:** Notes erzeugt eine neue E-Mail-Nachricht, die an die Teilnehmer adressiert ist, die die Einladung entweder angenommen oder abgelehnt haben.
- ✔ **MEMO AN TEILNEHMER SENDEN, DIE NICHT GEANTWORTET HABEN:** Ähnlich wie bei der Option BESTÄTIGEN erzeugt Notes eine neue E-Mail-Nachricht, die jedoch nur an die Teilnehmer adressiert ist, die noch nicht auf die Einladung geantwortet haben.

Sind Sie die eingeladene Person – d.h. Sie haben die Einladungen nicht selbst verschickt und haben bereits zugesichert zu kommen – dann stehen Ihnen als Teilnehmer verschiedene Optionen zur Verfügung. Wählen Sie die betreffende Besprechung aus und klicken Sie in der Aktionsleiste auf die Schaltfläche TEILNEHMERAKTIONEN.

- ✔ **ABLEHNEN:** Es kann schon vorkommen, dass Sie Ihre Meinung ändern und eine bereits zugesagte Besprechung ablehnen müssen. In diesem Fall informiert Notes die einladende Person, dass Sie nicht in der Lage sind, an der Besprechung teilzunehmen, und streicht die Besprechung aus Ihrem Kalender.
- ✔ **DELEGIEREN:** Wählen Sie diese Option, wenn Sie Ihre Meinung ändern und den Organisator der Besprechung informieren wollen, dass Sie jemand anderes an Ihrer Stelle schicken. Die Besprechung wird dann aus Ihrem Kalender gestrichen.
- ✔ **NEUE UHRZEIT VORSCHLAGEN:** Mit dieser Option können Sie dem Organisator des Besprechung einen alternativen Zeit- oder Datumsvorschlag unterbreiten.

Aufgaben verwalten

10

In diesem Kapitel

- Aufgaben anzeigen
- Persönliche Aufgaben erstellen
- Aufgaben zuweisen: Aufgaben an andere delegieren
- Wenn Sie eine Aufgabe zugewiesen bekommen

Schluss damit – Sie müssen Ihren Kopf nicht mehr mit einer immer länger werdenden Liste anstehender Aufgaben blockieren, und auch die vielen kleinen gelben Haftnotizen, die Sie überall verteilt haben, können Sie einfach sich selbst überlassen. Mit Lotus Notes 6 können Sie Ihre Aufgaben verwalten und verfolgen – und Sie haben sogar die Möglichkeit, Aufgaben an andere abzugeben.

Lesen Sie dieses Kapitel und finden Sie heraus, wie Sie mit dem Aufgaben-Feature von Notes 6 Ihre Effizienz steigern können. Notes zeigt Ihnen an, welche Aufgaben Sie unmittelbar in Angriff nehmen sollten, und hilft Ihnen dadurch, Ihren Zeitplan besser zu organisieren und Prioritäten zu setzen.

Um festzustellen, welche Aufgaben Sie hätten erledigen sollen, anstatt den ganzen Tag mit diesem Buch zuzubringen (nun aber zurück an die Arbeit!) ist es am einfachsten und direktesten, die Schaltfläche AUFGABE in der Lesezeichenleiste anzuklicken (siehe Icon am Seitenrand). Ein Klick auf diese Schaltfläche zeigt die Ansicht ALLE AUFGABEN (siehe Abbildung 10.1). Die eingefassten Ziffern (1, 2 und 3) zeigen den Prioritätsgrad der einzelnen Aufgabe an.

Wenn Sie Notes verwenden, wird die Lesezeichen-Leiste immer angezeigt.

Sie können auch auf der Willkommen-Seite die Schaltfläche AUFGABENLISTE anklicken. Wenn Sie Ihren Posteingang oder Kalender geöffnet haben, können Sie auch zu Ihren Aufgaben wechseln, indem Sie den Titel der Datenbank anklicken (siehe Abbildung 10.2).

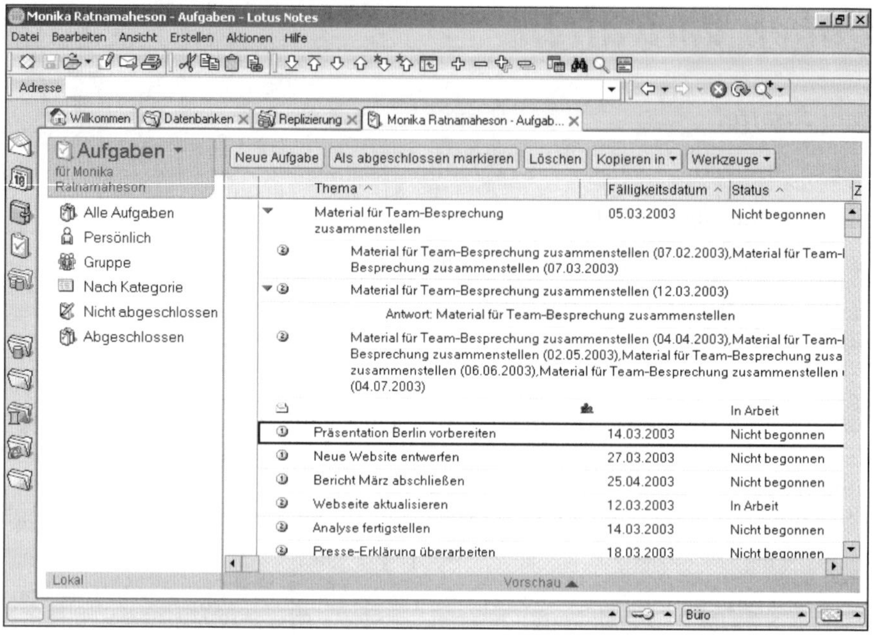

Abbildung 10.1: Nutzen Sie das Feature AUFGABEN, *um mit der Erledigung Ihrer Aufgaben auf dem Laufenden zu sein.*

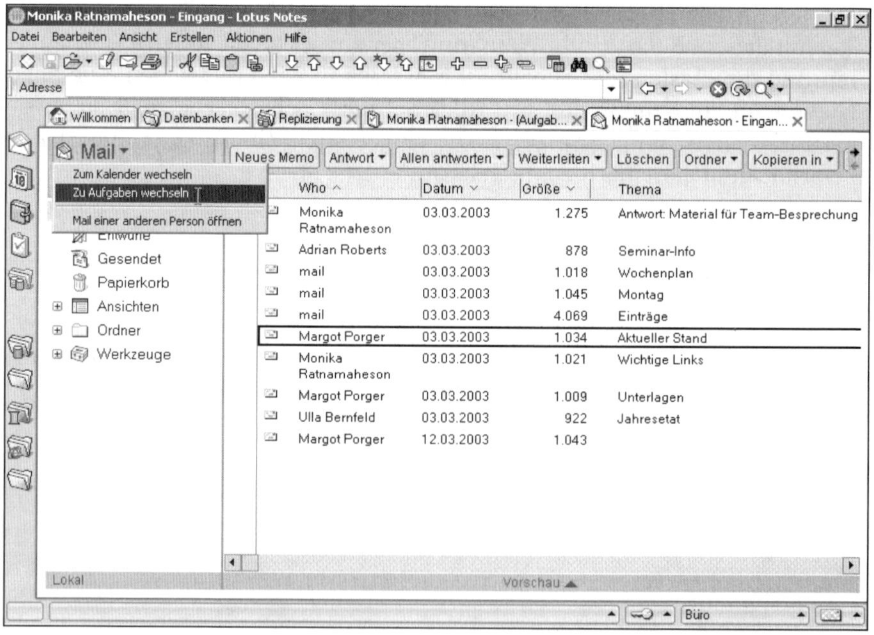

Abbildung 10.2: Eine einfache Methode, in die Aufgabenliste umzuschalten

Aufgaben anzeigen

Abbildung 10.1 zeigt die Ansicht Alle Aufgaben des Features Aufgaben. In dieser Ansicht werden fünf Informationskategorien für jede Aufgabe angezeigt. Obwohl für jede Aufgabe auch mehrere andere Felder zur Verfügung stehen, sind dies die wichtigsten Elemente jeder Aufgabe:

- ✔ **Thema:** In dieser Spalte wird die Aufgabe in ein oder zwei Sätzen beschrieben. Die nächste Spalte hat keine Überschrift, gibt jedoch an, ob die Aufgabe an eine andere Person delegiert ist. Das kleine Icon, das drei nebeneinander stehende Personen darstellt, wird neben jeder Aufgabe, die nicht der Person zugewiesen ist, die diese Aufgabe erstellt hat, angezeigt.
- ✔ **Fälligkeitsdatum:** Diese Kategorie zeigt das Datum an, an dem die Aufgabe ausgeführt sein soll.
- ✔ **Status:** Gibt an, ob die jeweilige Aufgabe In Arbeit (Sie oder ein anderer arbeitet gerade daran), nicht begonnen (Sie müssen noch nicht daran arbeiten), Abgeschlossen Am (die Aufgabe ist bereits beendet) oder Überfällig (Sie sollten bereits fertig gestellt sein, worauf warten Sie noch?) ist.
- ✔ **Zugewiesen an:** Der Name der Person, der für die Aufgabe verantwortlich ist. Ist kein Name in der Spalte angegeben, sind Sie für die Erledigung der Aufgabe zuständig. (Machen Sie sich an die Arbeit!)
- ✔ **Kategorie:** Verwenden Sie diese Spalte, um Aufgaben zu sammeln und nach Projektname, Kunde oder einen beliebigen anderen Kategorie zu organisieren.

Lesern mit Adlerblick wird nicht entgehen, dass Sie die Aufgaben in der Ansicht alle aufgaben sortieren können, indem Sie eine der Spaltenüberschriften anklicken.

Klicken Sie auf die Aufgabenansicht Persönlich, so erscheint ein Popup-Fenster (siehe Abbildung 10.3). Diese Ansicht zeigt die Aufgaben nach den Prioritätsabstufungen Hoch, Mittel, Niedrig oder keine an.

Was ist der Unterschied zwischen der Ansicht Alle Aufgaben und der Ansicht Persönlich? Ausschlaggebend ist, wem die Aufgabe zugewiesen ist. Wie Sie später in Abschnitt »Anderen eine Aufgabe zuweisen« dieses Kapitels lesen werden, können Sie eine Aufgabe erstellen, diese aber dann einer anderen Person zuweisen. Das wird Ihnen sicherlich gefallen. Aufgaben, die Sie anderen zuweisen, werden in der Ansicht Alle Aufgaben, aber nicht in der Ansicht Persönlich angezeigt.

Die Ansicht Alle Aufgaben zeigt alle Aufgaben an, die Sie erstellen, ganz unabhängig davon, wem diese Aufgaben zugewiesen werden. Die Ansicht persönlich wiederum zeigt nur die Aufgaben an, die Ihnen zugewiesen sind.

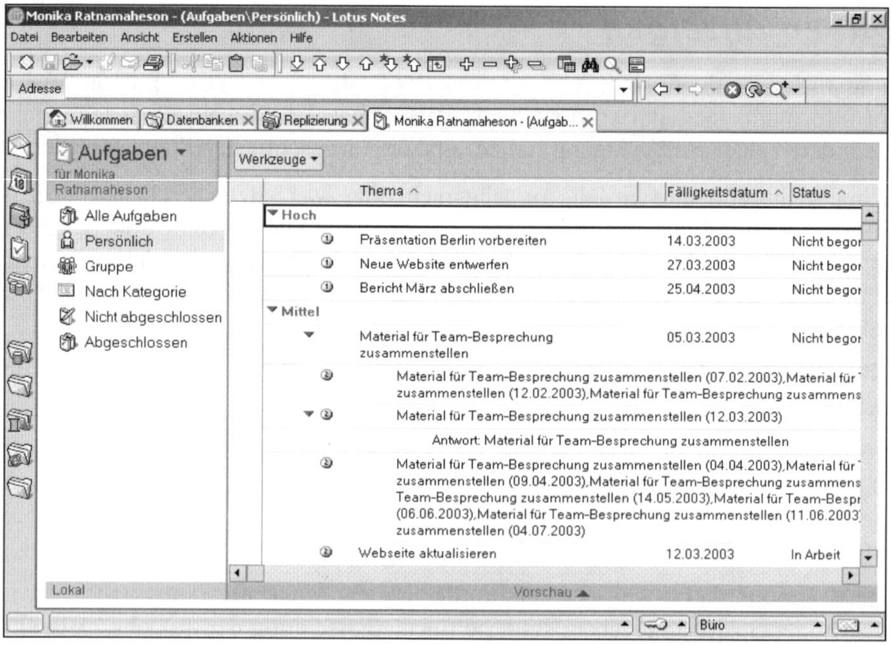

Abbildung 10.3: Lassen Sie sich Ihre persönlichen Aufgaben anzeigen.

Neben den Ansichten ALLE AUFGABEN und PERSÖNLICH gibt es noch weitere vier Ansichten für die Kategorie AUFGABEN.

- ✔ **Gruppe:** Zeigt die Aufgaben eingeteilt nach Gruppen.
- ✔ **Nach Kategorie:** Listet Aufgaben entsprechend dem Kategorieeintrag auf.
- ✔ **Nicht abgeschlossen:** Zeigt die Aufgaben, die – leider – noch nicht abgeschlossen sind.
- ✔ **Abgeschlossen:** Zeigt die Aufgaben an, die (Juhu!) bereits abgeschlossen sind. (Diese Ansicht kann einen doch wirklich in gute Stimmung versetzen!)

Um mehr Informationen als in den genannten Ansichten für die Kategorie AUFGABEN anzuzeigen, klicken Sie die entsprechende AUFGABE an und drücken Sie die [↵]-Taste oder öffnen Sie die AUFGABE mit einem Doppelklick. Wie Sie in Abbildung 10.4 sehen, verfügt die Aufgabenmaske über mehr Felder, als in den Ansichten angezeigt werden.

- ✔ **Thema:** Dieses Feld enthält eine Beschreibung der zu erledigenden Aufgabe in ein oder zwei Sätzen.
- ✔ **Wann:** In diesem Maskenabschnitt finden Sie die Felder, die Notes mitteilen, wann mit der Erledigung der Aufgabe begonnen werden kann und wann die Aufgabe vervollständigt sein soll.

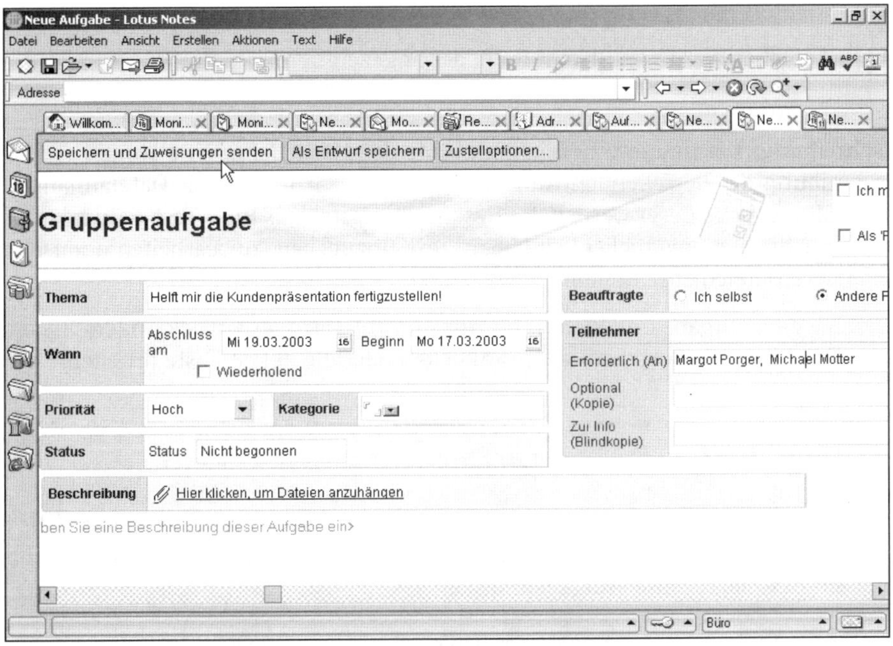

Abbildung 10.4: Beispiel für eine Gruppenaufgabe

- ✔ **Priorität:** Spezifiziert den Wichtigkeitsgrad der Aufgabe (Hoch, Mittel, Niedrig oder Keine).
- ✔ **Kategorie:** Dieses Feld zeigt an, wie die Aufgabe klassifiziert werden soll – z.B. nach Projekt, Kundenname oder was auch immer.
- ✔ **Status:** Dieses Feld gibt an, in welchem Status (Abgeschlossen, Überfällig, in Arbeit oder nicht begonnen) die Aufgabe sich gerade befindet. (Notes legt diesen Status automatisch fest.)
- ✔ **Beauftragte:** In diesem Feld können Sie sehen, wer daran glauben muss (leider in der Regel Sie selbst) und die Aufgabe zu erledigen hat.
  - **Ich:** Wenn Sie zuständig sind, ist diese Optionsschaltfläche aktiviert.
  - **Andere Person(en):** Diese Optionsschaltfläche ist aktiviert, wenn eine andere Person zuständig ist. Mehr über dieses Merkmal erfahren Sie, wenn Sie einen Blick in den Abschnitt »Anderen eine Aufgabe zuweisen« weiter unten werfen.
- ✔ **Ich möchte benachrichtigt werden:** Aktivieren Sie dieses Kontrollkästchen, werden Sie vor dem Vervollständigungstermin der Aufgabe von Notes alarmiert.
- ✔ **Als >Privat< markieren:** Verwenden Sie dieses Kontrollkästchen, um festzulegen, ob andere Personen, die Einblick in Ihren Kalender haben, auch diese Aufgabe angezeigt bekommen.

Aufgaben werden in Ihrem Kalender angezeigt.

- **Beschreibung:** Der gesamte Bereich am Ende der Maske kann eine längere, umfassende Beschreibung der betreffenden Aufgabe enthalten, darunter auch Dateianhänge, Bilder usw. (Aufmerksame Leser werden das Beschreibungsfeld als Rich-Text-Feld erkennen, was heißt, dass Sie hier die Möglichkeit haben, Text einzugeben, zu bearbeiten und Dokumente und andere Dateien einzufügen.)

Schließen Sie eine Aufgabe und kehren Sie zur Ansicht AUFGABEN zurück, indem Sie entweder die Schaltfläche SPEICHERN UND SCHLIESSEN anklicken oder die Esc-Taste drücken.

Eine neue Aufgabe erstellen

Um eine neue Aufgabe hinzuzufügen, klicken Sie entweder in der Aktionsleiste auf die Schaltfläche NEUE AUFGABE oder wählen Sie in der Kategorie ERSTELLEN die Option AUFGABE. Abbildung 10.5 zeigt ein Beispiel für eine Aufgabenmaske.

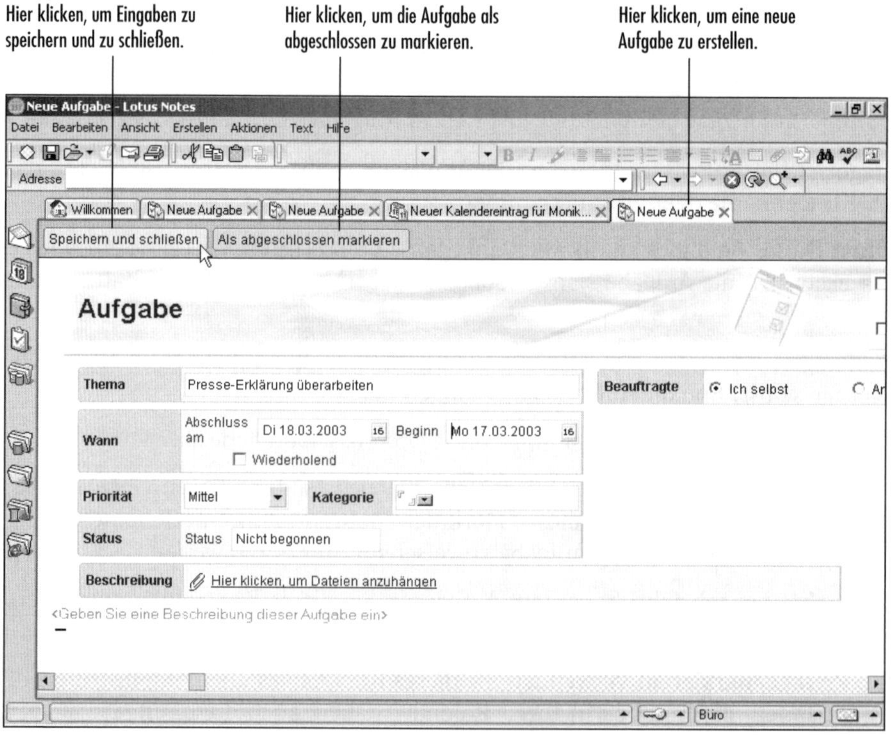

Abbildung 10.5: Eine neue Aufgabe erstellen

Wenn Sie die Felder der Maske zum Erstellen einer neuen Aufgabe ausgefüllt haben, klicken Sie in der Aktionsleiste auf die Schaltfläche Speichern und Schliessen. Sie können immer die [Esc]-Taste drücken, wenn Sie es sich doch noch anders überlegen und die neue Aufgabe doch nicht erstellen wollen. Sie können auch die Tastenkombination [Strg]+[E] drücken, um die Aufgabe zu einem späteren Zeitpunkt zu bearbeiten.

Wenn Sie eine Aufgabe erledigt haben: Aufgaben als abgeschlossen markieren

Mit dem Feature Aufgaben kann Notes Sie in erster Linie bei der Zeitorganisation und dem Setzen von Prioritäten unterstützen, indem es Ihnen mitteilt, welcher Aufgabe Ihr unmittelbares Interesse gelten sollte. Natürlich ist es hierfür erforderlich, dass Notes ganz genau Bescheid weiß, wann die Erledigung einer Aufgabe beginnen, wann Sie beendet sein soll und in welchem Status sich die Erledigung befindet. Um mehr über das Festsetzen dieser Parameter zu erfahren, sollten Sie sich noch einmal den Abschnitt »Aufgaben anzeigen« weiter oben in diesem Kapitel ansehen.

Damit Ihre Aufgabenliste immer präzise und auf aktuellstem Stand ist, ist es vor allem wichtig, den Status der Aufgaben regelmäßig zu aktualisieren. Mit anderen Worten: Sie müssen Notes mitteilen, wenn Sie eine Aufgabe erledigt haben.

Um eine Aufgabe als erledigt, vollständig, abgeschlossen, finito zu markieren, selektieren Sie die Aufgabe und klicken Sie anschließend in der Aktionsleiste auf die Schaltfläche Als Abgeschlossen Markieren oder wählen Sie in der Kategorie Aktionen die Option Als Abgeschlossen Markieren.

Mit anderen zusammenarbeiten

Einer der interessantesten Aspekte von Notes ist, dass Notes Ihre Zusammenarbeit mit anderen vereinfacht. Angenommen, ein Personenteam arbeitet an einem gemeinsamen Projekt oder Ziel. Als Mitglied dieses Teams können Sie Notes verwenden, um anderen Team-Mitgliedern Aufgaben zuzuweisen, Aufgaben zu delegieren oder selbst Aufgabenzuweisungen entgegenzunehmen. Hierfür verwenden Sie die gleichen Masken und Ansichten, die Sie auch benutzen, um Ihre eigenen Aufgaben zu verfolgen, zu organisieren und zu verwalten.

Natürlich ist der Erfolg eines solchen Unterfangens zum großen Teil abhängig von den Teammitgliedern und dem Niveau der Zusammenarbeit. Man könnte auch sagen, nur weil Sie die Optionsschaltfläche Beauftragte in einer Aufgaben-Maske verwenden, heißt das noch lange nicht, dass die Person die zugewiesene Aufgabe tatsächlich erledigen wird!

Aufgaben lassen sich in ähnlicher Weise für die Kooperation mit anderen Personen verwenden wie der Kalender. (Informationen zum Kalender finden Sie in Kapitel 9.) Mit anderen Worten: die Art und Weise, wie Sie eine Aufgabe zuweisen, ablehnen oder delegieren, ähnelt sehr dem Vorgehen, wenn man andere zu Besprechungen einlädt, Besprechungstermine an andere delegiert oder Besprechungseinladungen ablehnt.

Anderen eine Aufgabe zuweisen

Um einer anderen Person eine Aufgabe in einer neuen Aufgabenmaske zuzuweisen, aktivieren Sie die Optionsschaltfläche ANDERE PERSONEN in der Maske BEAUFTRAGTE (siehe Abbildung 10.6).

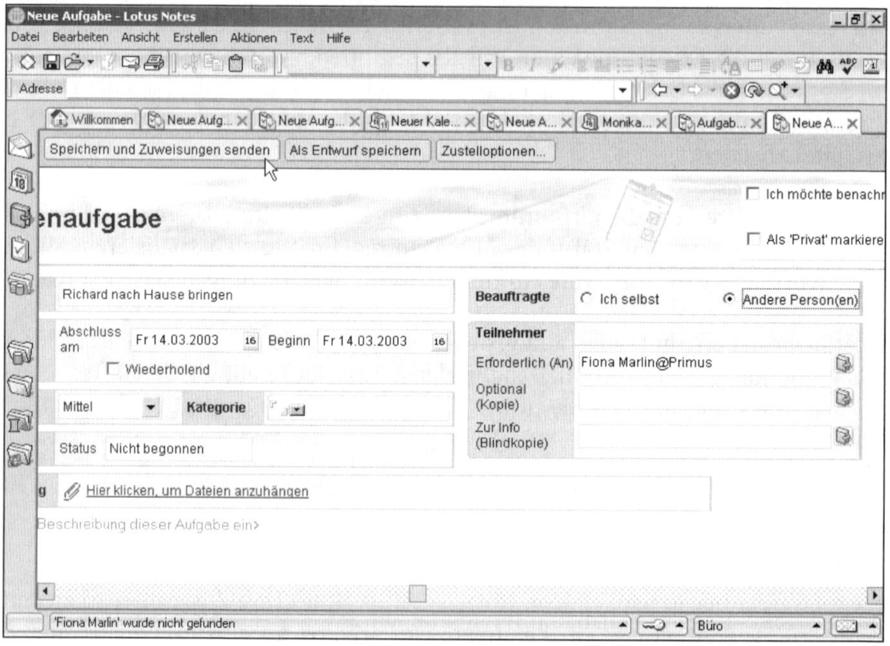

Abbildung 10.6: Anderen eine Aufgabe zuweisen

Sie können beliebig viele Namen in den drei Feldern des angezeigten Bereichs für Teilnehmer eingeben: ERFORDERLICH (AN), OPTIONAL (KOPIE) und ZUR INFO (BLINDKOPIE). Am wichtigsten ist hier, dass jeder, dessen Name im Feld ERFORDERLICH (AN) eingegeben ist, diese Aufgabe in seiner Aufgabenliste angezeigt bekommt (in der Annahme, dass die betreffenden Personen damit einverstanden sind, die jeweilige Aufgabe zu erledigen). Die neue Aufgabe wird wie im Abschnitt »Aufgaben anzeigen« beschrieben sortiert und kategorisiert. An all diejenigen, die im Feld OPTIONAL (KOPIE) eingetragen sind, wird die Aufgabe ebenfalls weitergeleitet, aber sie wissen, dass die Erledigung nicht von ihnen abhängt. Die Leute, die Sie im Feld ZUR INFO (BLINDKOPIE) eingetragen haben, erhalten eine Kopie der Aufgabe, erhalten jedoch keine Aufforderung, diese zu übernehmen.

Angenommen, Sie arbeiten mit Firmenkollegen aus der Abteilung Grafik & Design zusammen, um eine neue Produktbroschüre herauszubringen, und müssen gemeinsam entscheiden, welche neue Grafik für das Titelblatt der Broschüre verwendet werden soll. Sie können für diesen Prozess die Funktion NEUE AUFGABE verwenden. Sie können beispielsweise eine neue Aufgabe erstellen und diese dem Mitarbeiter (Steff) in der Abteilung Grafik & Design zuweisen, der die Grafik prüfen soll. Sie können Steffs Assistenten Jörg als optionalen Empfänger im Feld OPTIONAL (KOPIE) eingeben, für den Fall, dass Steff gerade wieder einmal Urlaub hat oder krank ist. Sie können auch Ihre Chefin (Frau Ludwig) im Feld ZUR INFO (BLINDKOPIE) eingeben, sodass sie über die Vorgänge informiert ist.

Wenn Sie alle Daten für eine neue Aufgabe, die Sie einer anderen Person zuweisen wollen, eingegeben haben, klicken Sie in der Aktionsleiste auf die Schaltfläche SPEICHERN UND ZUWEISUNGEN SENDEN.

Sie können sehen, ob Ihr Opfer auf Ihre Bitten eingeht, indem Sie die betreffende Aufgabe in Ihrer Aufgabenliste anklicken (siehe Abbildung 10.7).

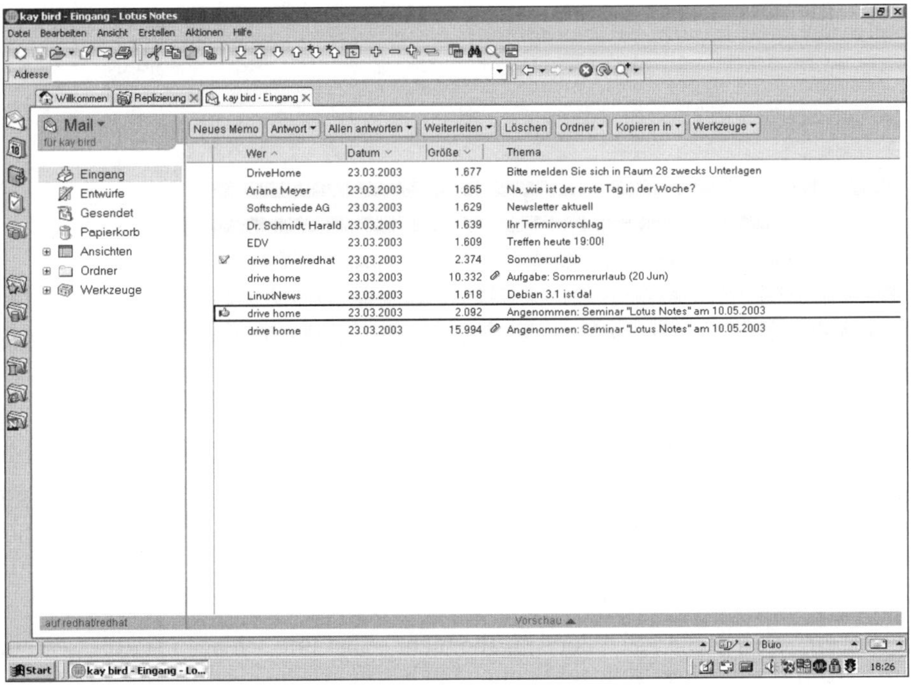

Abbildung 10.7: Prüfen Sie, ob der Auserwählte die Aufgabe akzeptiert!

Wenn Ihnen eine Aufgabe zugewiesen wird

Wenn Sie am anderen Ende sitzen und Ihnen eine Aufgabe zugewiesen wird... werden diese Aufgabenzuweisungen wie jede andere E-Mail auch in Ihrem Eingang angezeigt. (Vergleichen Sie Abbildung 10.8.)

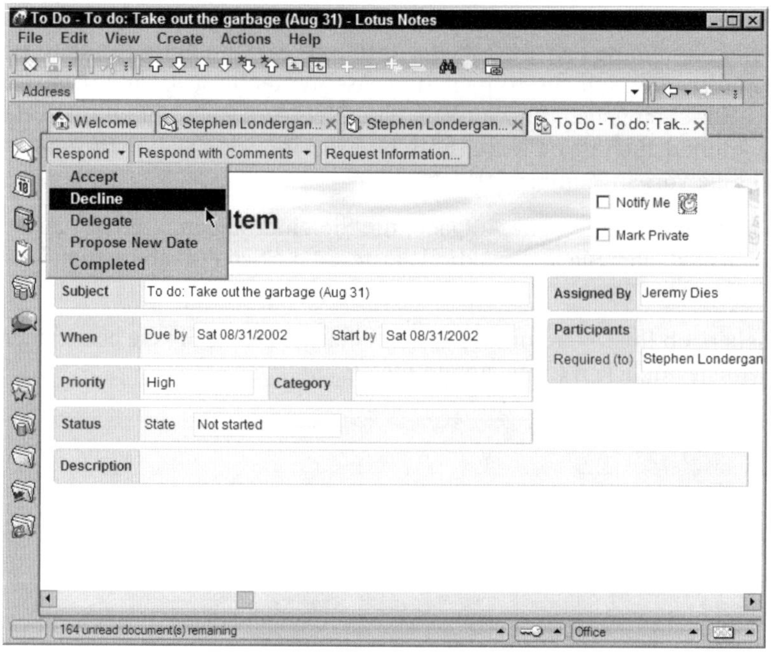

Abbildung 10.8: Ihnen zugewiesene Aufgaben werden im Eingang angezeigt.

Für den Umgang mit einer Ihnen zugewiesenen Aufgaben haben Sie fünf Optionen. Über die Schaltfläche Antwort in der Aktionsleiste können Sie Aufgaben:

- ✔ **Annehmen:** Hiermit wird die Aufgabe in Ihre Aufgabenliste aufgenommen und der Zuweisende erhält eine Bestätigung, dass Sie bereit sind, die betreffende Aufgabe zu erledigen.
- ✔ **Ablehnen:** Nein, keinesfalls, diese Aufgaben werden Sie nicht übernehmen. Wenn Sie sich für diese Option entscheiden, wird die zugewiesene Aufgabe nicht in Ihre Aufgabenliste übernommen. Außerdem teilt Notes dem Zuweisenden mit, dass er für diese Aufgabe nicht mit Ihnen rechnen kann.
- ✔ **Weiterleiten:** Sie stellen sich der Aufgabe nicht selbst und schlagen stattdessen eine andere Person vor, die diese Aufgabe womöglich besser erledigen wird.

Weitere Optionen sind:

✔ **EINEN NEUEN TERMIN VORSCHLAGEN:** Diese Option akzeptiert die Aufgabe, allerdings unter dem Vorbehalt, dass der Zuweisende mit dem neuen Fälligkeitsdatum einverstanden ist.

✔ **ABGESCHLOSSEN:** Sendet dem Zuweisenden eine Nachricht mit der Mitteilung, dass Sie die betreffende Aufgabe erledigt haben. (Wie machen Sie es nur, dass Sie derart effizient sind?)

Sie können alternativ auch die Option ANTWORT MIT KOMMENTAR in der Aktionsleiste verwenden, um zusammen mit der Mitteilung, dass Sie die Aufgabe akzeptieren bzw. ablehnen, eine E-Mail-Nachricht zu verschicken.

Aufgaben-Vorgaben festlegen

Sie können die Funktion AUFGABEN in verschiedener Weise auf Ihre eigenen Bedürfnisse zuschneiden. Um Einstellungen zu verändern, um die Aufgaben-Funktion auf Ihre eigenen Zwecke und Ihren Geschmack abzustimmen, öffnen Sie zunächst das Menü MAIL. Dann wählen Sie die Option WERKZEUGE, aktivieren dann VORGABEN und klicken im Dialogfeld VORGABEN auf die Registerkarte KALENDER UND AUFGABEN und wiederum auf die Registerkarte AUFGABE.

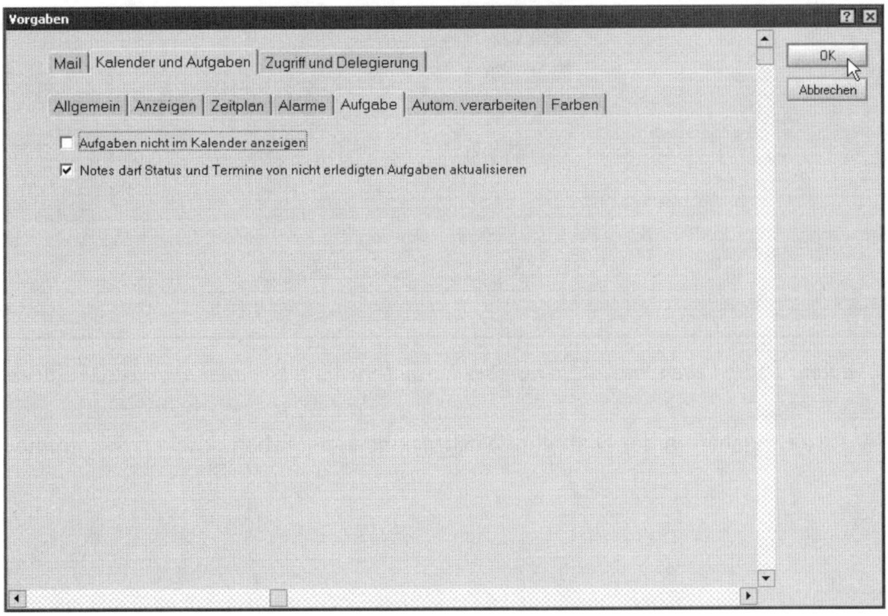

Abbildung 10.9: Ihre Präferenzen für die Funktion AUFGABEN können Sie hier festlegen.

Wie in Abbildung 10.9 gezeigt, können Sie zwischen zwei Optionen wählen. Aktivieren Sie das Kontrollkästchen AUFGABEN NICHT IM KALENDER ANZEIGEN, wenn die Aufgaben nur in der Ansicht AUFGABEN und nicht zusammen mit Besprechungen und anderen Terminen im Kalender angezeigt werden sollen.

Markieren Sie das Kontrollkästchen NOTES DARF STATUS UND TERMINE VON NICHT ERLEDIGTEN AUFGABEN AKTUALISIEREN, damit Notes Sie automatisch unterstützt und nicht erledigte Elemente, die bereits fällig waren, markiert.

Und schließlich können Sie im Dialogfeld VORGABEN auch die Registerkarte FARBEN verwenden, um den Hintergrund und die Schriftfarbe für den Aufgabentext festzulegen. Diese Einstellung bestimmt, in welchen Farben die Aufgaben in Ihrem KALENDER und EINGANG angezeigt werden. Abbildung 10.10 zeigt sämtliche Auswahlmöglichkeiten auf.

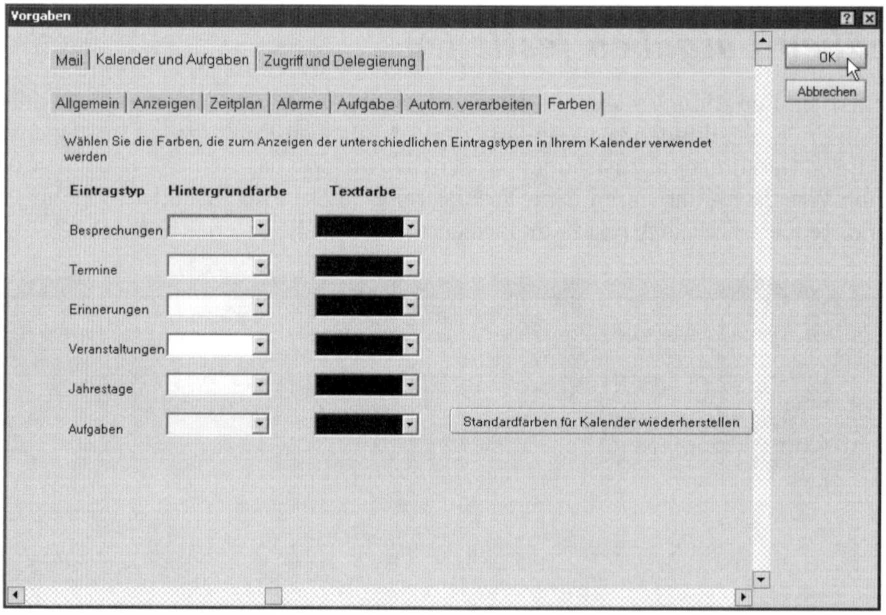

Abbildung 10.10: Legen Sie fest, in welcher Farbe Ihre Aufgaben angezeigt werden sollen.

Wenn Sie Ihre Eingaben in der Dialogbox VORGABEN beendet haben, klicken Sie auf die Option OK.

Ihr persönliches Adressbuch

11

In diesem Kapitel

- Ihr persönliches Adressbuch verwenden
- Kontakte erstellen, verwalten und verwenden
- Eigene Gruppen (Mailing-Listen) erstellen und verwalten
- Vorgaben einstellen

Sicherlich haben Sie Kunden (oder zumindest Freunde oder Familienmitglieder), deren E-Mail-Adressen Sie verfügbar haben müssen. Vielleicht wollen Sie eine eigene ganz persönliche Mailing-Liste erstellen. Dann sind Sie in diesem Kapitel genau richtig, wir werden Ihnen hier zeigen, wie Sie das persönliche Adressbuch von Notes 6 verwenden können, um all diese Aufgaben in Angriff zu nehmen.

Nun wird es persönlich

Ihre Firma unterhält wahrscheinlich eine dicke Liste mit allen Unternehmensbeschäftigten. Dies ist das so genannte *öffentliche Verzeichnis* oder *öffentliche Adressbuch*. Sie verwenden es, um eine neue Nachricht zu erstellen und sie zu adressieren, wenn sie in der Lesezeichenleiste die Schaltfläche ADRESSBUCH klicken. (Weitere Details über die Lesezeichenleiste finden Sie in Kapitel 2.)

Normalerweise sind diese Verzeichnisse Kompendien mit sehr vielen Daten. Sie enthalten die Vor- und Zunamen, E-Mail-Adressen der einzelnen Beschäftigten und mitunter auch deren Telefonnummern, den Namen ihrer Vorgesetzten, den genauen Standort usw. (Natürlich hängt das von der Größe Ihrer Firma ab, aber diese Liste könnte ohne weiteres mehrere hunderttausend Personen umfassen.)

Das öffentliche Verzeichnis ist sicherlich ein sehr praktisches Werkzeug. Alle Informationen, die es enthält, stehen jedem Mitarbeiter Ihrer Firma zur Verfügung und das ist eine gute Sache... meistens zumindest. Es sind aber auch zwei Situationen denkbar, in denen es weniger vorteilhaft ist, die Kontaktinformationen im öffentlichen Verzeichnis zu haben.

Angenommen, Sie haben einen Kunden oder auch einen Bekannten oder ein Familienmitglied, mit dem Sie in E-Mail-Kontakt stehen müssen. Es wäre einfacher für Sie, wenn Notes die E-Mail-Adresse dieser Person kennt, sodass Sie sich die schwierigen Details der E-Mail-Adresse nicht zu merken brauchten. Sie müssten sich dann nicht den Kopf zerbrechen... war es nun *.com* oder *.de*, war es *werner_schmidt* oder *werner.schmidt*? Sie hätten die Möglichkeit, Ihren Netzwerk-Administrator zu bitten, die Daten dieser Person mit in das öffentliche

Verzeichnis aufzunehmen, aber wenn es sich bei dieser Person um einen Freund und auch nur um *Ihren* Freund handelt, wird der Administrator vielleicht davor zurückschrecken, Ihren persönlichen Eintrag in das öffentliche Verzeichnis einzutragen.

Die zweite Situation tritt ein, wenn Sie regelmäßig E-Mail-Nachrichten an eine Gruppe von Personen senden. Diese Gruppe kann sich aus Kollegen Ihrer Abteilung zusammensetzen, es können drei Studienkollegen sein oder andere Personen, die Sie irgendwie zusammenfassen möchten. Auch in diesem Fall könnten Sie auf den Administrator zugehen und ihn bitten, für diese Personengruppe eine Mailing-Liste zu erstellen, die dann dem öffentlichen Verzeichnis hinzugefügt wird. Das wäre aber nur dann sinnvoll, wenn auch die anderen Kollegen Ihrer Firma dieser spezifischen Personengruppe E-Mail-Nachrichten zukommen lassen müssten. Natürlich trifft dies mitunter zu – und in diesem Fall ist es absolut gerechtfertigt, den Administrator zu bitten, eine Mailing-Liste zu erstellen, die von jedem Mitarbeiter genutzt werden kann. Aber manchmal ist es nicht wünschenswert – manchmal brauchen Sie eine Mailing-Liste, die ausschließlich für Sie bestimmt ist.

Sie können beide Situationen selbst in den Griff bekommen, wenn Sie ein ganz eigenes persönliches Adressbuch erstellen. Weil dieses Adressbuch ausschließlich Ihnen gehört, können Sie eintragen, was Sie möchten. Sie können die E-Mail-Adressen eintragen, die Sie beim letzten Belegschaftstreffen notiert haben, oder die Namen und Adressen Ihrer zehn wichtigsten Kunden. Sie können das persönliche Adressbuch auch verwenden, um eigene Mailing-Listen (Gruppen) zu erstellen.

Der einzige Unterschied zwischen dem öffentlichen Adressbuch und Ihrem persönlichen Adressbuch ist der jeweiligen Zugriffsbereich. Informationen im öffentlichen Adressbuch sind jedem Firmenmitglied zugänglich, aber auf die Informationen in Ihrem persönlichen Adressbuch haben nur Sie Zugriff.

Ihr persönliches Adressbuch verwenden

Ihr persönliches Adressbuch ist eine Datei, die Notes automatisch für Sie erstellt und die Sie bereits besitzen, ob Sie es wahrhaben wollen oder nicht.

Ihr persönliches Adressbuch öffnen

Die einfachste Methode, Ihr persönliches Adressbuch zu öffnen, bietet das dritte Icon in der Lesezeichenleiste (siehe Icon am Seitenrand). In der Willkommen-Seite können Sie auch die Schaltfläche KONTAKTE anklicken.

In Abbildung 11.1 sehen Sie ein geöffnetes persönliches Adressbuch – es besteht aus einer sortierten Liste der Personen (Kontakte), die Sie hinzufügen. Wenn Sie Ihrem Adressbuch keine Personen hinzugefügt haben, ist Ihr persönliches Adressbuch natürlich leer.

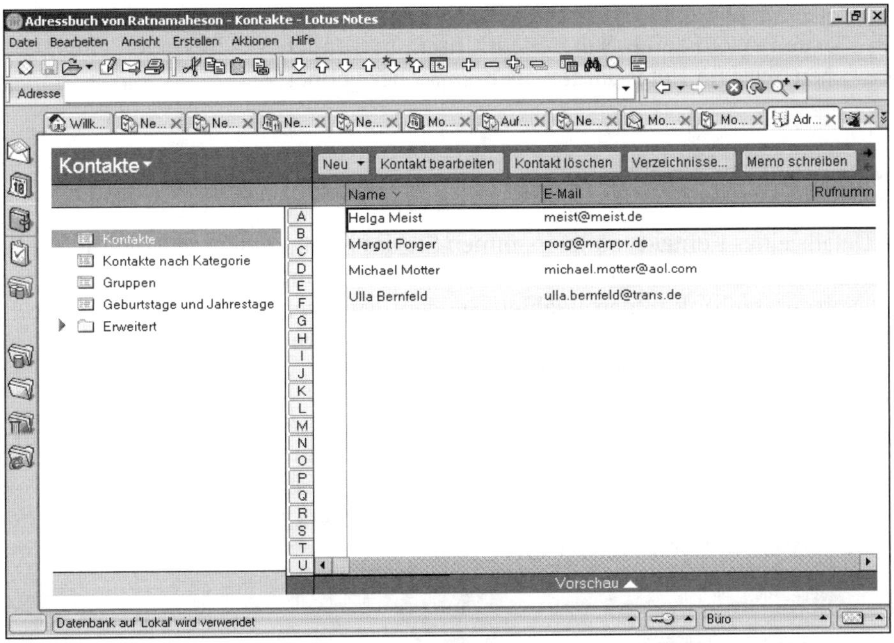

Abbildung 11.1: In dieser Dialogbox können Sie neue persönliche Kontakte oder Gruppeninformationen hinzufügen.

Wenn Sie Ihr persönliches Adressbuch zum ersten Mal öffnen, wird die Ansicht KONTAKTE angezeigt (vergleiche Abbildung 11.1).

Wie Sie der Abbildung entnehmen können, ist diese Ansicht ähnlich aufgebaut wie Ihre E-Mail-Datenbank. Sie sehen auf der linken Seite eine Liste mit Ordnern wie KONTAKTE, KONTAKTE NACH KATEGORIE und GRUPPEN.

In der Mitte sehen Sie die Namensliste der Personen, die in Ihrem persönlichen Adressbuch eingetragen sind. Die horizontale Liste der Buchstaben-Schaltflächen (A-Z) zwischen den Ordnern und den Kontakte-Namen ist sehr praktisch und erleichtert es, von einer Person zur anderen zu wechseln. Wenn Sie beispielsweise zur ersten Person mit Anfangsbuchstaben *L* gehen wollen, klicken Sie einfach die Schaltfläche *L* an (sie wussten es, nicht wahr!?).

Wie Sie in Abbildung 11.1 sehen, kann jede der Spalten verwendet werden, um den Inhalt Ihres persönlichen Adressbuches in gleicher Weise zu sortieren, wie Sie das von Ihren Mail-Nachrichten her kennen. Klicken Sie einfach auf den Titel der Spalten NAME oder FIRMA, und Notes ordnet die Kontakte basierend auf der angeklickten Spalte neu.

Beachten Sie auch die Schaltflächen (NEU, KONTAKT BEARBEITEN, KONTAKT LÖSCHEN usw.) in der Aktionsleiste, die Sie dabei unterstützen den Inhalt Ihres persönlichen Adressbuchs zu verwalten.

Jede Person, deren Name Sie in Ihrem persönlichen Adressbuch eingetragen haben, wird im Notes-Jargon als KONTAKT bezeichnet.

Ein Kontaktdokument lesen

Um alle Details eines Kontakts zu lesen, öffnen Sie das Kontaktdokument auf gleiche Art und Weise, wie Sie eine E-Mail-Nachricht oder ein beliebiges anderes Dokument in irgendeiner anderen Notes-Datenbank öffnen. Wählen Sie den gewünschten Kontakt bzw. eine Person, und drücken Sie dann entweder die [↵]-Taste oder doppelklicken Sie aufden Eintrag, um das Kontaktdokument dieser Person zu öffnen.

Wie Sie in Abbildung 11.2 sehen, verwenden Kontaktdokumente eine Reihe von Tabellen und Bereichen, um die Informationen über die Person anzuzeigen. Sie können z.B. die Registerkarte PRIVAT anklicken, um die Privatanschrift von Werner Schmidt angezeigt zu bekommen, oder die Registerseite ERWEITERT, um festzulegen, ob Werners private oder geschäftliche Daten in der DOKUMENTVORSCHAU erscheinen sollen.

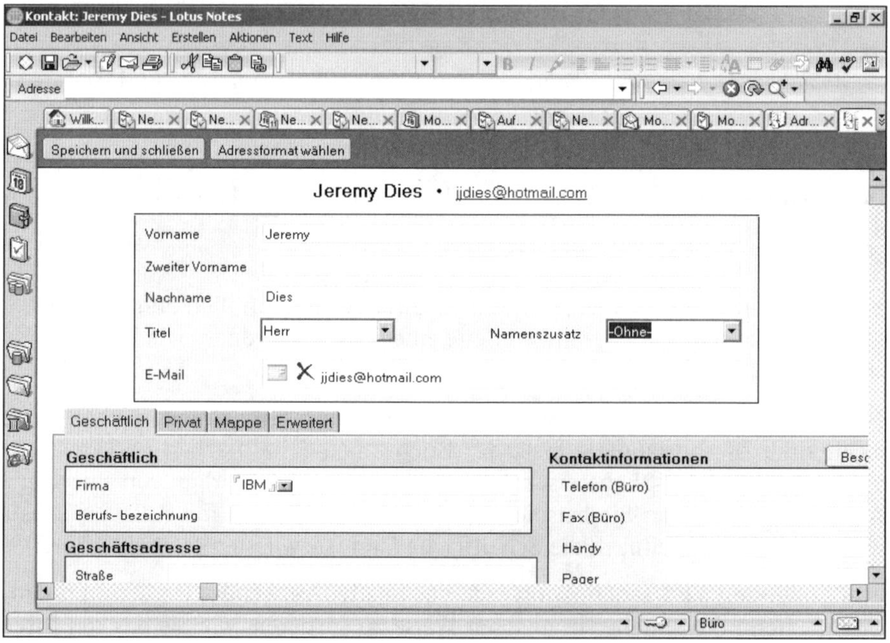

Abbildung 11.2: In Ihr persönliches Adressbuch können Sie zusätzliche Informationen über Ihre Kontakte mit aufnehmen.

Wenn Sie einen Kontakt in Ihr persönliches Adressbuch eingetragen haben, ist es einfach, dieser Person eine E-Mail-Nachricht zu senden, denn der Name der Person wird automatisch in die Liste aufgenommen, die beim Anklicken der Schaltfläche AN angezeigt wird, wenn Sie eine neue E-Mail-Nachricht versenden wollen.

In der Ansicht KONTAKTE können Sie auch das Vorschaufenster verwenden, um weitere Details über einen Kontakt einzublenden (vergleiche Abbildung 11.3). Klicken Sie unten am Bildschirm auf die Schaltfläche VORSCHAU, um das Vorschaufenster ein- oder auszublenden, wie Sie das auch in Ihrem Posteingang machen können.

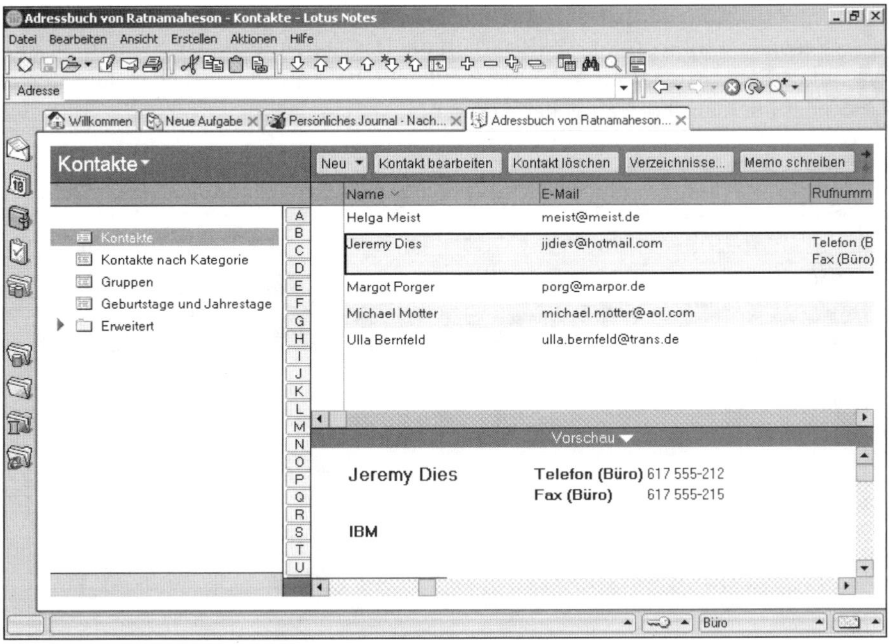

Abbildung 11.3: Zeigen Sie im Vorschaufenster weitere Details für einen Kontakt an.

Einen Kontakt hinzufügen

Es gibt viele unterschiedliche Methoden, um Informationen über eine Person in Ihr persönliches Adressbuch einzutragen. Je nachdem, wie viel Arbeit und Mühe Sie heute auf sich nehmen wollen, können Sie zwischen einem schweren und einem leichten Weg wählen.

Einen neuen Kontakt kompliziert erstellen

Die direkteste Art und Weise, einen neuen Kontakt hinzuzufügen, besteht darin, Ihr persönliches Adressbuch zu öffnen, in der Aktionsleiste die Schaltfläche NEU zu drücken und aus der folgenden Dropdown-Liste die Option KONTAKT zu wählen.

Damit öffnen Sie eine neue Kontaktmaske (vergleiche die Maske in Abbildung 11.4, in die bereits einige Daten eingegeben wurden), und nun liegt es an Ihnen, beliebig viele (oder auch nicht so viele) Informationen über die Person einzugeben. Abhängig vom Informationstyp werden Sie unterschiedliche Registerseiten und Abschnitte der Maske anklicken (wie die Registerseite PRIVAT oder MAPPE).

Besonders interessant ist sicherlich die Registerseite MAPPE. Sie enthält ein spezielles Feld, in das Sie Anhänge (vielleicht haben Sie den Lebenslauf der Person) oder auch ein Foto eingeben können.

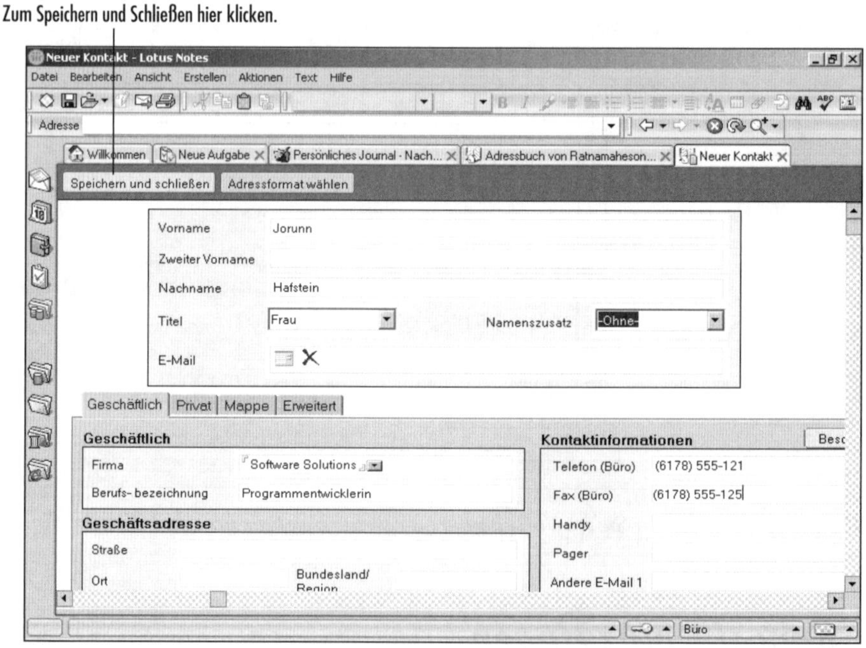

Abbildung 11.4: Tragen Sie einen neuen Kontakt in Ihr persönliches Adressbuch ein.

Verwenden Sie die Schaltfläche BESCHRIFTUNGEN FÜR KONTAKTE BEARBEITEN (über der Telefonnummer), um eine spezielle Maske zu verwenden, die das Eingeben von Telefonnummer wesentlich vereinfacht. Sie können diese Maske auch verwenden, um die Bezeichnung der einzelnen Telefonnummern zu ändern. Wenn eine Person z.B. eine zusätzliche Telefonnummer hat, können Sie im zweiten Feld die Bezeichnung FAX (BÜRO) in TELEFON ERDGESCHOSS ändern.

Wenn Sie mit dem Eingeben der Informationen fertig sind, klicken Sie auf die Schaltfläche Speichern und Schliessen in der Aktionsleiste (vergleiche Abbildung 11.4).

Um einen bestehenden Kontakt zu bearbeiten (vielleicht haben Sie gerade erfahren, dass Ihr Kontakt auch eine Handy-Nummer besitzt oder eine neue E-Mail-Adresse verwendet), wählen Sie den Namen der Person in der Ansicht Kontakte aus. Klicken Sie in der Aktionsleiste die Schaltfläche Kontakt bearbeiten an und tragen Sie die Neuerungen ein. Wenn Sie die Bearbeitung der Daten des Kontakts abgeschlossen haben, klicken Sie die Schaltfläche Speichern und Schliessen in der Aktionsleiste an.

Einen neuen Kontakt einfach erstellen

Am allerhäufigsten trägt man einen neuen Kontakt in das persönliche Adressbuch ein, um seine E-Mail-Adresse schnell zur Hand zu haben. Darum haben die Entwickler von Notes diesen Vorgang überaus einfach gestaltet.

Angenommen, ein neuer Kunde sendet Ihnen eine Nachricht und Sie wollen die E-Mail-Adresse dieser Person in Ihr persönliches Adressbuch eintragen, damit Sie sich die Adresse nicht auswendig merken oder sie erneut suchen und neu eintippen müssen.

Vielleicht ist es Ihnen noch nicht aufgefallen, aber jede Nachricht, die Sie erhalten, verfügt über eine Schaltfläche, die genau zu diesem Zweck eingerichtet wurde.

1. **Um einen Kontakt mit der einfachen Methode hinzuzufügen, öffnen oder markieren Sie zunächst eine Nachricht des Absenders, dessen Namen Sie in Ihr persönliches Adressbuch eintragen wollen.**
2. **Wählen Sie Aktionen|Werkzeuge|Absender in Adressbuch aufnehmen.**

Dieser hübsche kleine Trick erspart Ihnen die Mühe, Ihr persönliches Adressbuch öffnen zu müssen, den Namen der Person manuell einzugeben etc. Und natürlich wird der Name des neuen Kontakts automatisch in der Adressenliste einer neuen E-Mail-Nachricht angezeigt, wenn Sie diesen Kontakt in ihr persönliches Adressbuch eingetragen haben.

Sie können einen neuen Kontakt auch über Quick Notes einfügen. Klicken Sie auf den blauen Pfeil rechts in der Willkommen-Seite von Notes und klicken Sie dann auf die Schaltfläche Kontakt. Dieses Feature ist neu in Notes 6.

Alles über Gruppen

Gruppen, man spricht auch von *Mailing-Listen,* sind eine einfache Möglichkeit, eine E-Mail-Nachricht an viele Leute gleichzeitig zu adressieren, ohne den Namen jeder einzelnen Person angeben zu müssen. Das ist sehr praktisch. Sie können es verwenden, wenn sie ohne große Mühe E-Mail-Nachrichten an Arbeitskomitees oder an mehrere persönliche Freunde senden wollen.

Verwenden Sie den Gruppen-Ordner in Ihrem persönlichen Adressbuch, um die Gruppen anzuzeigen, die Sie bereits erstellt haben.

Wie beim Hinzufügen neuer Kontakte gibt es auch für dieses Feature mehrere Möglichkeiten, um Ihrem persönlichen Adressbuch eine neue Gruppe hinzuzufügen: eine mühsame und eine clevere Methode.

Eine Gruppe kompliziert erstellen

Um eine neue Gruppe zu erstellen, öffnen Sie Ihr persönliches Adressbuch, klicken die Schaltfläche Neu in der Aktionsleiste an und wählen dann aus der angezeigten Dropdown-Liste die Option Gruppe.

Auch wenn die Maske Gruppe viele Felder aufweist, sind nur zwei der Felder für Sie interessant. Es sind die Felder Gruppenname und Mitglieder und sie befinden sich in der Registerseite Allgemein (siehe Abbildung 11.5).

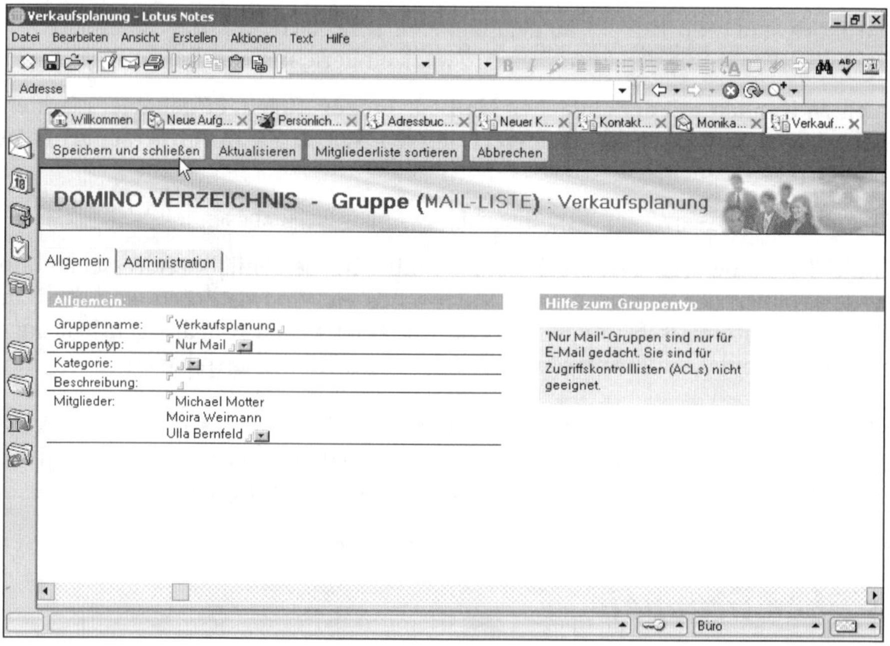

Abbildung 11.5: Tragen Sie eine neue Gruppe in Ihr persönliches Adressbuch ein.

Sie können eine Gruppe nennen, wie Sie wollen, geben Sie einfach den Namen, mit dem die E-Mail-Nachrichten adressiert werden soll, in das Feld Gruppenname ein.

Als Nächstes geben Sie in das Feld Mitglieder die Namen der Personen ein, die zu dieser Gruppe gehören.

Wenn Sie die Namen der Gruppenmitglieder nicht einzeln eintippen wollen, können Sie den kleinen Pfeil neben dem Feld Mitglieder verwenden, um die Gruppenmitglieder aus dem Verzeichnis auszuwählen.

Wenn Sie mit dem Eingeben der Daten für Ihre neue Gruppe fertig sind, klicken Sie in der Aktionsleiste auf die Schaltfläche Speichern und Schliessen.

Um eine Gruppe zu bearbeiten (um Mitglieder hinzuzufügen oder zu entfernen oder um den Gruppennamen zu ändern), wählen Sie den Gruppennamen in der Ansicht Gruppe. Klicken Sie in der Aktionsleiste die Schaltfläche Gruppe bearbeiten an und tragen Sie die Neuerungen ein. Wenn Sie die Bearbeitung der Gruppendaten abgeschlossen haben, klicken Sie die Schaltfläche Speichern und Schliessen in der Aktionsleiste an.

Eine Gruppe clever erstellen

Wenn Sie mit einer Gruppe von Personen regelmäßig in E-Mail-Kontakt sind, könnte das ein Grund sein, um diese Personen als Gruppe in Ihr persönliches Adressbuch aufzunehmen. Wenn Sie bereits eine E-Mail-Nachricht haben, die an diese Personen adressiert ist, können Sie diese einfache Methode ausprobieren und eine neue Gruppe erstellen, die automatisch die richtigen Personen enthält.

1. **Öffnen Sie zunächst die Nachricht, die Sie an die Personen gesendet haben, die Sie als neue Gruppe eintragen wollen.**

2. **Wählen Sie Aktionen|Empfänger hinzufügen|Zur neuen Gruppe im Adressbuch hinzufügen.**

   Nun wird die Dialogbox Empfänger Zur neuen Gruppe hinzufügen angezeigt. Hier können Sie die neue Gruppe erstellen, ohne Ihr persönliches Adressbuch öffnen zu müssen.

3. **Wenn Sie den Gruppennamen und (bei Bedarf) auch eine Beschreibung eingegeben haben, klicken Sie in der Dialogbox Empfänger Zur neuen Gruppe hinzufügen auf OK.**

Eine andere Methode, eine neue Gruppe zu erstellen basiert auf den Kontaktdokumenten, die Sie bereits in Ihrem persönlichen Adressbuch haben. Öffnen Sie Ihr persönliches Adressbuch, wählen Sie in der Ansicht Kontakte die gewünschten Namen (entweder durch Mausklick oder indem Sie jeden Namen markieren und die Leertaste drücken) und wählen Sie dann im Menü Werkzeuge der Aktionsleiste die Option In neue Gruppe kopieren.

Andere coole Adressbuch-Spielereien entdecken

Vielleicht haben Sie in Ihrem persönlichen Adressbuch neben Kontakten und Gruppen auch noch andere Features bemerkt (siehe Abbildung 11.3). Obwohl Sie diese Features vielleicht nie verwenden müssen, wollen wir Sie Ihnen kurz vorstellen.

Außer Kontakten und Gruppen bietet Ihr persönliches Adressbuch noch die folgenden Masken und Ansichten:

- ✔ **Geburtstage und Jahrestage:** Hier werden Ihre Kontakte sortiert nach dem Geburtsdatum (vorausgesetzt, Sie haben den Geburtstag der Kontakte eingegeben) aufgelistet. Sie können die Kontakte auch sortiert nach Jahrestagen (z.B. das Datum, an dem Sie den ersten Auftrag von diesem Kunden bekommen haben oder an dem ein Kollege eingestellt wurde) anzeigen.
- ✔ **Konten:** Dieses Feature wird verwendet, wenn Sie Notes mit anderen Systemen wie etwa einem Verzeichnisdienst verbinden. (Fragen Sie Ihren Administrator, wenn Sie meinen, Sie sollten einen solchen einrichten.)
- ✔ **Zertifikate:** Dienen dazu, die Identität von Benutzern festzustellen, und sichern Ihren Zugriff auf Notes. Dies ist ein weiteres Thema, über das Sie mit Ihrem Netzwerk-Administrator sprechen können.
- ✔ **Verbindungen:** Sie werden verwendet, um festzulegen, wie Ihr Computer mit dem Server kommuniziert – insbesondere wenn Sie Notes verwenden, wenn Sie nicht ans Netz angeschlossen sind oder über Modem mit dem Server kommunizieren. Näheres über Verbindungen finden Sie in Kapitel 19.
- ✔ **Internationale MIME-Einstellungen:** Sie unterstützen Notes bei der Zeichenübersetzung. Das ist *ganz sicherlich* ein Thema, das Sie mit Ihrem Administrator besprechen sollten.
- ✔ **Arbeitsumgebungen:** Sie helfen Ihnen, Notes für mehrere Standorte zu verwenden und zu konfigurieren. Sie verwenden dieses Feature, wenn Sie einen Laptop haben und mitunter mit dem Netz verbunden sind, mitunter aber auch nicht verbunden sind. Werfen Sie einen Blick in Kapitel 20. Dort erfahren Sie mehr über Arbeitsumgebungen.

Vorgaben einstellen

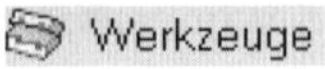

Darüber hinaus verschafft Ihr persönliches Adressbuch Ihnen die Möglichkeit, Aspekte seiner Funktionsweise festzulegen. Abbildung 11.6 zeigt die Maske VORGABEN Ihres persönlichen Adressbuches. Sie aktivieren diese Maske, indem Sie in der Aktionsleiste die Schaltfläche WERKZEUGE anklicken (siehe Icon am Seitenrand) und die Option VORGABEN wählen.

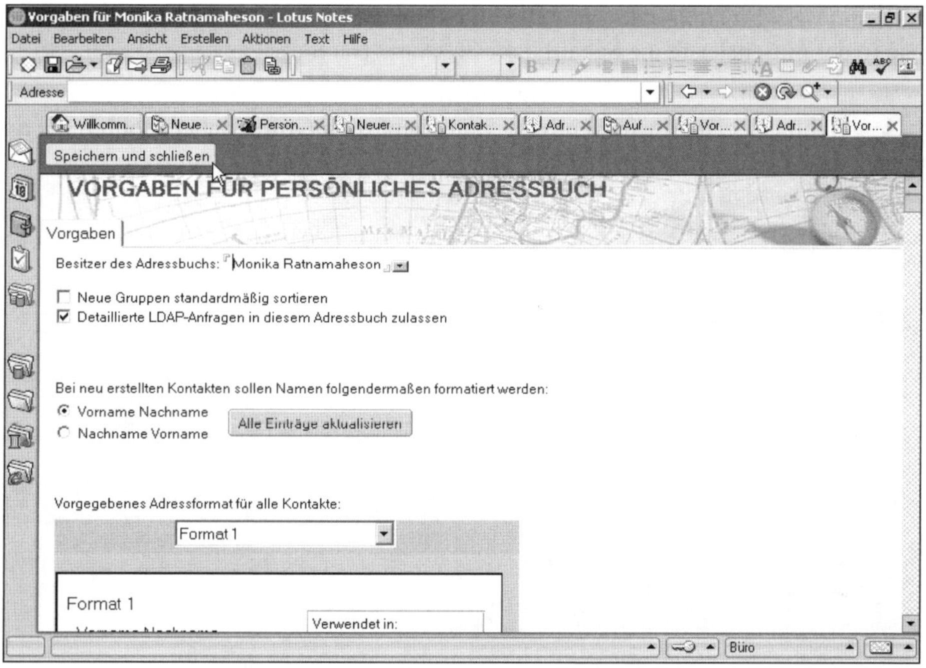

Abbildung 11.6: In dieser Dialogbox können Sie Vorgaben für Ihr persönliches Adressbuch ändern.

Wie in Abbildung 11.6 gezeigt, können Sie in der Maske fünf Vorgaben-Optionen einstellen:

- ✔ **Besitzer des Adressbuchs:** Hier sollte Ihr Name stehen. Ändern Sie dieses Feld nicht!
- ✔ **Neue Gruppen standardmäßig sortieren:** Hier wird Notes mitgeteilt, ob eine neue Liste von Gruppenmitgliedern in alphabetischer Ordnung angezeigt werden soll.
- ✔ **Detaillierte LDAP-Anfragen in diesem Adressbuch zulassen:** Dieses Feature teilt Notes mit, ob das Adressbuch eine Suche zulässt. (Lassen Sie dieses Feld wie es ist, es sei denn, Sie haben genaue und begründete Anweisungen.)
- ✔ **Bei neu erstellten Kontakten sollen Namen folgendermaßen formatiert werden:** Hier wird Notes mitgeteilt, ob bei den Kontakten an erster Stelle der Nachname oder der Vorname angezeigt werden soll. Wählen Sie eine der beiden Optionsschaltflächen. Wenn Sie eine Option auswählen, werden alle folgenden Einträge mit dieser Option angezeigt. Um die bereits existierenden Kontakte zu aktualisieren, klicken Sie auf die Schaltfläche ALLE EINTRÄGE AKTUALISIEREN.
- ✔ **Vorgegebenes Adressformat für alle Kontakte:** Diese Option teilt Notes mit, wie die neuen Kontaktdokumente angezeigt werden sollen. Wählen Sie eine der vorgegebenen Formatoptionen, um Ihre Vorgabe festzulegen.

Wenn Sie mit dem Einstellen der Vorgaben für Ihr persönliches Adressbuch fertig sind, klicken Sie in der Aktionsleiste die Schaltfläche SPEICHERN UND SCHLIESSEN an.

Wenn Sie keinen wirklich hieb- und stichfesten Grund haben, sollten Sie an den Vorgaben Ihres persönlichen Adressbuches nicht herumdoktern.

Grundsätzliches über Datenbanken

12

In diesem Kapitel

- Erläuterung der Grundbegriffe
- Finden und Öffnen von Notes-Datenbanken
- Verwendung des Notes-Servers
- Wo man Hilfe bekommt

Wenn Benutzer über Lotus Notes diskutieren, schwirren mitunter sehr viele abgehobene Begriffe durch den Raum. Man spricht von *Arbeitsbereichen* und *Zusammenarbeit* und dem *Aufbau effizienterer Teams* usw.

Wenn es aber ans Eingemachte geht, ist Lotus Notes 6 auch nicht anders als andere Programme und arbeitet mit Dateien, den so genannten *Datenbanken*. Da die meisten dieser speziellen Datenbanken auf den Lotus Domino-Servern gespeichert sind, können sie von mehreren Personen gleichzeitig verwendet werden. Und weil mehrere Personen gleichzeitig einer Datenbank Dokumente hinzufügen, Informationen dieser Datenbank lesen können usw. verfallen manche Leute vor lauter Begeisterung in diesen Lotus-Jargon.

Diese Begeisterung ist zum Teil darauf zurückführen, dass Notes-Datenbanken sich von den herkömmlichen Datenbanken wie den IBM-Datenbanken DB2 und anderen Datenbankprodukten wie Microsoft Access unterscheiden. Ich könnte ein ganzes Buch mit den technischen Unterschieden zwischen den herkömmlichen relationalen Datenbanken und Notes füllen, aber das wäre sicherlich nicht in Ihrem Interesse.

Sie sollten allerdings wissen, dass die anderen Datenbanken (wie DB2) sich wirklich gut eignen, um Daten, die in der Regel in Zeilen, Spalten und Tabellen organisiert sind, zu verfolgen und zu verwalten. Wenn es aber darum geht, Daten wie E-Mail-Nachrichten, Spesenabrechnungen oder einen in Microsoft Word erstellten Vertrag zu verfolgen, zu verwalten und gemeinsam auf Daten zuzugreifen, ist Notes sehr viel besser geeignet.

In diesem Kapitel schauen wir unter die Haube einer durchschnittlichen Datenbank und möchten erreichen, dass Sie erkennen können, *was* Sie da sehen. Wir zeigen Ihnen auch, wie man Datenbanken findet und sie startet. Sie müssen wissen, wie man das macht, weil man in einem Textverarbeitungsprogramm ein Dokument einfach öffnet und dann mit dem Lesen beginnen kann. Bevor Sie aber ein Dokument in Notes öffnen, müssen Sie die Datenbank öffnen, in der das Dokument enthalten ist.

Perfektes Datenbanklatein

Sie fühlen sich in einem Land wesentlich wohler, wenn Sie dessen Sprache sprechen. Dasselbe gilt, wenn Sie in die Welt der Datenbanken eintreten. Hier ist eine Liste der verschiedenen Wortformen, die Sie routinemäßig von den Personen hören, die diese Datenbanksprache fließend sprechen:

- ✔ **Datenbank:** Eine *Datenbank* ist eine Ansammlung von Informationen. Die meisten Notes-Datenbanken, die Sie benutzen werden, befinden sich nicht auf Ihrem Computer, sondern eher irgendwo auf einem Domino-Server.
- ✔ **Dokument:** Ein *Dokument* befindet sich in einer Notes-Datenbank. Notes-Dokumente werden von Personen erstellt und gespeichert, von denen zumindest einer so wie Sie aussieht. In einer Datenbank können Sie Dokumente von anderen Leuten lesen und manchmal auch bearbeiten.
- ✔ **Maske:** Eine *Maske* ist der Teil der Datenbank, den Sie benutzen, um sich ein Dokument anzuschauen, zu erstellen oder zu bearbeiten. Das Ausfüllen einer Maske erzeugt ein Dokument.
- ✔ **Ordner:** Ein *Ordner* ist eine tabellarische Liste aller in einer Datenbank enthaltenen Dokumente. Ein Ordner zeigt Ihnen Dokumente aus der Datenbank, aber nicht unbedingt alle. Eine Datenbank kann viele Ordner haben, so könnte ein Ordner enthalten sein, der Ihnen nur die Kunden aus Hessen zeigt, und ein anderer Ordner, der Ihre Kunden nach der Schuhgröße auflistet. Ein anderer Ordner kann Ihnen wiederum Dokumente zeigen, die absolut nichts mit Ihren Kunden zu tun haben, wie eine Liste der Geschäfte mit künftigen Schnäppchenangeboten. Abhängig von der jeweiligen Datenbank können Sie eigene Ordner erstellen oder auch nicht.
- ✔ **Feld:** Ein *Feld* ist ein Platz, wo Sie Zwiebeln pflanzen. In der Datenbank ist ein Feld ein Platz, an dem Sie Daten eingeben, wie etwa den Namen einer Person, der Sie eine Nachricht schicken. Wenn Sie ein Dokument erstellen oder bearbeiten, ist jedes Feld durch kleine L-förmige Balken (aber nicht immer) markiert. Ein Feld kann auch eine Box sein, in die Sie Daten eingeben oder verschiedene Werte auswählen können. Notes ist stolz auf vierzehn Feldtypen, Sie können sich die folgende Liste ansehen, wenn jemand Sie jemals danach fragen sollte.

  - Autor
  - Kontrollkästchen
  - Kombinationsfeld
  - Datum/Uhrzeit
  - Dialogliste
  - Formel
  - Listenfeld
  - Namen
  - Zahl
  - Passwort
  - Optionsschaltflächen
  - Leser
  - Rich-Text
  - Text

✔ **Daten:** Als *Daten* werden die Informationen bezeichnet, die Sie oder jemand anderes in ein Feld eingegeben hat, während in einer Datenbank ein Dokument erstellt oder bearbeitet wurde.

Wenn man nun alles zusammenfasst, könnten Sie die Personal-*Datenbank* Ihres Unternehmens öffnen, ein neues *Dokument* durch Benutzen der *Maske* PERSONAL INFORMATION erstellen, dann den Namen **Manfred Schmidt** in das *Feld* VOLLER NAME und noch einige andere *Daten* eingeben. Das Ganze speichern Sie dann in der Datenbank als neues Dokument, das dann in der *Ansicht* ALLE MITARBEITER NACH NAMEN aufgeführt wird. So, jetzt können Sie hinausgehen und Zwiebeln pflanzen.

Dieses Kapitel widmet sich sehr ausführlich sämtlichen Aspekten, die mit der Verwendung der Notes-Datenbank zu tun haben. Die gute Nachricht ist, dass Ihnen das Meiste wahrscheinlich bereits bekannt ist, ohne dass Sie sich darüber im Klaren sind – vor allem, wenn Sie die früheren Kapitel über Ihre Mail (Kapitel 3 bis 7) gelesen haben. Wenn Sie mit Ihrer Mail zu tun haben, haben Sie es mit einer Datenbank zu tun – wussten Sie das? Der einzige Unterschied zwischen den Datenbanken, die in diesem Kapitel vorgestellt werden, und Ihrer Mail-Datenbank ist die Benutzer-Zugriffsebene.

Neue Datenbanken finden

Ihr Chef fordert Sie auf – natürlich kommuniziert er mit Ihnen über Notes-E-Mail – eine bestimmte Notes-Datenbank zu benutzen, um Anfragen von Kunden zu beantworten. Auch wenn Sie schon einige Personen aus der Firma über diese Datenbank haben reden hören, Sie haben sie noch nie zuvor benutzt. Was machen Sie jetzt?

Besorgen Sie sich deren Spezifikationen! Als Angestellter erwartet man nicht von Ihnen, dass Sie über die Existenz einer jeden in Ihrem Unternehmen vorhandenen Datenbank Bescheid wissen oder wo jede von ihnen gespeichert ist. Suchen Sie die gewünschte Datenbank nicht auf Ihrer Festplatte. Datenbanken sind normalerweise irgendwo auf einem Server platziert, damit jeder sie benutzen kann. Denn trotz allem: Datenbanken gehören nicht *Ihnen*; sie gehören *uns*.

Wenn Sie eine neue Datenbank zum ersten Mal geöffnet haben, können Sie bei Bedarf ein Lesezeichen erstellen, sodass Sie beim nächsten Mal nicht danach suchen müssen (siehe Kapitel 2).

Bevor Sie mit dem Suchen anfangen, fragen Sie Ihren Chef oder einen Mitarbeiter nach zwei Dingen: nach dem Namen der Datenbank *und* dem Namen des Servers. Den Dateinamen zu kennen, könnte auch hilfreich sein; oft haben einige Datenbanken ähnliche Namen: Kundenprofil, Kundendaten, Kundenbetreuung. Kennen Sie den Dateinamen, garantiert das den Zugriff auf die richtige Datenbank.

Notes-Datenbanken haben in der Regel die Dateierweiterung *.nsf.*

Wenn Sie eine Datenbank öffnen wollen, die Sie früher noch nicht verwendet haben, gehen Sie folgendermaßen vor:

1. **Wählen oder drücken Sie [Strg]+[O].**

   Durch die Ausführung dieses Befehls sehen Sie jetzt die in Abbildung 12.1 gezeigte Dialogbox.

2. **Schauen Sie in die Textbox unter dem Wort SERVER.**

   In Abbildung 12.1 enthält diese Textbox LOKAL.

Abbildung 12.1: Die Dialogbox DATENBANK ÖFFNEN

Den Server LOKAL benötigen Sie, wenn die gesuchte Datenbank auf Ihrer eigenen Festplatte ist.

3. **Wenn Sie eine Datenbank suchen, die sich nicht auf Ihrer Festplatte befindet, klicken Sie auf den abwärts gerichteten Pfeil auf der rechten Seite der Textbox.**

   Jetzt sehen Sie die Namen einiger oder vieler Domino-Server, je nachdem, wie Ihr Administrator Notes in Ihrer Firma eingerichtet hat. Wenn Sie den Namen des gesuchten Servers nicht sehen, können Sie den Rollbalken benutzen, um in der Liste weiter nach unten zu kommen.

Suchen Sie auf Ihrem eigenen Computer nach einer Datenbank und haben Schwierigkeiten, diese zu finden, dann benutzen Sie die Schaltfläche Durchsuchen..., um die verschiedenen Ecken, Schlupfwinkel und Verzeichnisse Ihrer Festplatte zu durchstöbern.

4. **Wählen Sie den Server, den Sie brauchen, indem Sie auf seinen Namen klicken.**

   Wenn Sie den Namen eines Servers in der Textbox Server: anklicken, erscheint eine Liste der Datenbanken des Servers in dem Listenfeld Datenbank:. Doppelklicken Sie auf die gewünschte Datenbank oder markieren Sie diese erst und klicken Sie dann auf die Schaltfläche Öffnen. Wenn Sie sich nicht sicher sind, welche der verschiedenen Datenbanken mit ähnlichen Titeln Sie brauchen, überprüfen Sie die Dateinamen in der Textbox Dateiname:.

5. **In der Box Datenbank wählen Sie die benötigte Datenbank mit einem Doppelklick aus oder Sie markieren diese und klicken dann auf die Schaltfläche Öffnen.**

   Wenn Sie sich nicht sicher sind, welche der verschiedenen Datenbanken mit ähnlichen Titeln Sie benötigen, prüfen Sie die Dateinamen in der Textbox Dateiname:.

Wenn Ihre Firma viele Domino-Server hat, werden ihre Namen nicht in der Dialogbox Datenbank öffnen erscheinen. Wenn Sie versuchen, einen Server zu finden, der nicht auf Ihrer Liste steht, versuchen Sie es, indem Sie den Namen des Servers in die Textbox Server: eintippen und dann Öffnen anklicken. Wenn das nicht hilft, kontaktieren Sie Ihren Administrator.

Ich höre Sie anklopfen, aber ... (Zertifizierungsprobleme)

Wie Sie sich sicher vorstellen können, hat Ihr Administrator alle möglichen Tricks auf Lager, um herauszufinden, welche Leute welche Server benutzen dürfen. Wenn Sie jemals auf einen Server-Namen in der Dialogbox Datenbank öffnen doppelklicken und eine Fehlermeldung bekommen, die so ähnlich ist wie `Ihre Benutzer-ID ist für den Zugriff auf diesen Server nicht zertifiziert` oder `Sie sind nicht autorisiert, diesen Server zu verwenden`, dann muss Ihr Administrator wohl irgendetwas tun, um Ihnen die Benutzung des Servers zu ermöglichen. Sie können gar nichts machen, um dieses Problem zu korrigieren. Also schicken Sie Ihrem Administrator eine E-Mail, in der Sie nach dem Zugriff fragen. Schicken Sie eine Kopie der E-Mail an Ihren Chef, dann sieht der Administrator, dass Sie nicht scherzen.

Um in der Lage zu sein, einen Server zu benutzen, müssen Ihre Benutzer-ID und die Server-ID ein gemeinsames Zertifikat haben. Diese Zertifikate auszugeben ist einer der vielen Jobs, die Ihr Administrator jeden Tag erledigt. Wenn Notes Ihnen also jemals mitteilen sollte, dass Sie für einen speziellen Server nicht das richtige Zertifikat haben, kontaktieren Sie Ihren Administrator. Der sollte in der Lage sein, das Problem zu lösen. Mehr Informationen über Zertifikate finden Sie in Kapitel 16.

Aus allen möglichen Gründen legen die Datenbankentwickler in der Datenbank hin und wieder einen Hebel um, sodass die Datenbank dann nicht mehr in der Liste DATENBANK erscheint. In diesem Fall gibt es keine Möglichkeit, den Namen auf Ihrem Computer zu finden; jetzt müssen Sie eine lebende Person nach dem Dateinamen fragen. Dann können Sie den Dateinamen in die Textbox DATEINAME: eingeben, um die Datenbank so zu öffnen.

Die Servernamen, die Sie in der Dialogbox DATENBANK ÖFFNEN sehen, entstammen der Laune Ihres Administrators. Die Namen können funktionell (und »erwachsen«) sein wie zum Beispiel *Marketing* oder *Verkaufszahlen*. Oder Sie sind etwas phantasievoller wie *Schlafmütze*, *Angsthase*, *Doc* oder *Miesepeter* (Anmerkung des Übersetzers: Es handelt sich um einige der aus dem Amerikanischen übersetzten Namen der sieben Zwerge aus dem Märchen Schneewittchen.). Und wenn Sie gar nicht mehr weiterwissen, sollten Sie einfach jemanden fragen, welchen Server Sie benutzen könnten. Nach einer speziellen Datenbank zu suchen kann Ihnen das Gefühl geben, nach einer Nadel im Heuhaufen suchen zu müssen.

In Ordnern herumsuchen

So wie Sie Ordner (Unterverzeichnisse) auf Ihrer Festplatte haben, die Ihnen bei der Organisation Ihrer Mail-Datenbank-Dateien und -Ordner für die bessere Verwaltung Ihrer Nachrichten helfen, so kann Ihr Administrator auf den Servern Ordner einrichten, die bei der Organisation der Datenbanken helfen sollen. Sind auf Ihrem Server Ordner eingerichtet, erscheinen diese am Ende der Datenbankliste, so wie etwa die Verzeichnisse MAIL oder HELP in Abbildung 12.2. Das kleine Ordner-Icon ist ein zusätzlicher Hinweis, dass es sich um einen Ordner, und nicht um eine Datenbank handelt.

Abbildung 12.2: Datenbanken können auf dem Server in Ordnern organisiert sein.

Um in einem speziellen Ordner eine Liste von Datenbanken zu sehen, doppelklicken Sie auf den Namen des Ordners. Doppelklicken Sie in der Liste auf das, was wie ein nach oben gerichteter Doppelpfeil aussieht, um zum übergeordneten Ordner auf dem Server zurückzukehren.

Ein Lesezeichen erstellen oder eine Datenbank öffnen

Haben Sie den richtigen Server und die richtige Datenbank in der Dialogbox DATENBANK ÖFFNEN gefunden, können Sie zwei Dinge tun:

- ✔ Sie öffnen die Datenbank sofort.
- ✔ Sie versehen die Datenbank mit einem Lesezeichen, damit Sie diese später leichter öffnen können.

Wollen Sie die Datenbank gleich öffnen, klicken Sie auf ÖFFNEN (oder doppelklicken Sie auf die Datenbank, das hat den gleichen Effekt). Notes führt jetzt drei Aktionen aus:

- ✔ Erstens wird im Ordner DATENBANKEN die zu öffnende Datenbank mit einem Lesezeichen versehen abgelegt: So können Sie diese in zukünftigen Notes-Sitzungen öffnen, ohne die Schritte DATEI|DATENBANK|ÖFFNEN... noch einmal durchlaufen zu müssen.
- ✔ Zweitens schließt es die Dialogbox DATENBANK ÖFFNEN.
- ✔ Drittens öffnet es die gewählte Datenbank.

Möchten Sie stattdessen eine Datenbank mit einem Lesezeichen versehen, um sie erst später zu öffnen, klicken Sie in der Dialogbox DATENBANK ÖFFNEN nur auf die Schaltfläche LESEZEICHEN... Wenn Sie das machen, erscheint die Dialogbox in Abbildung 12.3. Hier legen Sie fest, wo das Icon für die neue Datenbank erscheinen soll (siehe das abgebildete Icon). Sämtliche Details zur Verwendung von Lesezeichen finden Sie in Kapitel 2.

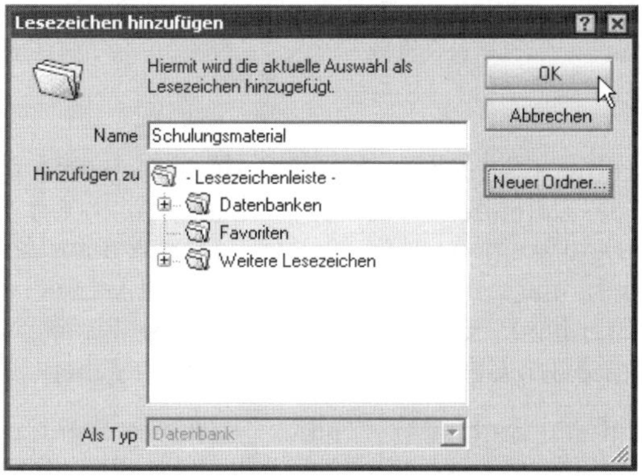

Abbildung 12.3: Erstellen Sie für den späteren einfachen Zugriff ein Lesezeichen für eine neue Datenbank.

Wenn Sie ein neues Lesezeichen für eine Datenbank erstellen, passiert Folgendes:

- ✔ Standardmäßig wird die neue Datenbank im Ordner Datenbanken abgelegt. Um einen anderen Ordner zu bestimmen, wählen Sie einen aus dem Listenfeld Hinzufügen zu aus.
- ✔ Möchten Sie einen neuen Ordner für das neue Icon erzeugen, klicken Sie auf die Schaltfläche Neuer Ordner... und schreiben dann im folgenden Dialog den neuen Namen in die Textbox Name. Klicken Sie auf OK, und die Datenbank wird Ihrem Arbeitsbereich und dem neuen Ordner hinzugefügt.

Haben Sie bemerkt, was *nicht* passiert ist? Die Datenbank wurde nicht geöffnet. Brauchte sie auch nicht. Warum? Sie sehen immer noch die Dialogbox Datenbank öffnen. Sie haben nun die Möglichkeit, noch mehr Datenbanken zu öffnen oder mit Lesezeichen zu versehen. Die Schaltfläche Lesezeichen... ist immer dann nützlich, wenn Sie einige Datenbanken sammeln müssen und diese alle mit einem Mal über die Dialogbox Datenbank öffnen erfassen möchten. Es kann ziemlich zeitraubend sein, jede Datenbank einzeln zu öffnen und dann in die Dialogbox zurückkehren, um die nächste zu öffnen. Und so etwas hält Sie auch von den Dingen ab, für die Sie eigentlich bezahlt werden, nämlich Besprechungen abzuhalten und zu »powerlunchen«.

Nachdem Sie alle benötigten Datenbanken mit Lesezeichen versehen haben, wählen Sie Abbrechen. Jawohl, Abbrechen. Egal, was Sie gerade denken, Abbrechen wird nicht all Ihre harte Arbeit ungeschehen machen, es schließt nur die Dialogbox.

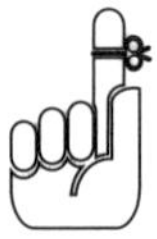

Ob Sie nun die Datenbank öffnen oder mit einem Lesezeichen versehen, wenn Sie das nächste Mal in diese Datenbank gelangen möchten, müssen Sie nicht mehr mit der Dialogbox Datenbank öffnen nach ihr suchen. Sie können dann einfach auf das Datenbank-Icon auf dem Desktop oder im Lesezeichenordner doppelklicken.

Mitunter wird es Ihnen mit neuen Notes-Datenbanken so ergehen wie beim ersten Zugriff auf eine Webseite – Sie können sich erst dann für ein Lesezeichen entscheiden, wenn Sie die Datenbank kennen gelernt haben. Natürlich stehen Ihnen alle in Kapitel 2 vorgestellten Methoden zum Erstellen eines Lesezeichens zur Verfügung, wenn Sie Gefallen an der Datenbank finden (oder zumindest einen leichten Zugriff zu ihr benötigen).

Über »Über ...«

Eine Datenbankliste auf einem Server kann sehr lang, verwirrend und nicht immer gerade hilfreich sein. Wenn Sie die Datenbank mit den Verkaufszahlen einer Firma öffnen möchten und dann Namen wie Verkaufsregionen, Verkaufsprognosen oder Verkaufskonten aufgelistet sehen, dann kann die Suche nach der richtigen Datenbank schwierig sein. Das so genannte Über-Dokument einer Datenbank, im Deutschen Über diese Datenbank genannt, kann Ihnen Hinweise auf den Inhalt und den Gebrauch einer Datenbank geben.

Klicken Sie im Menü ? auf den Eintrag Über diese Datenbank. Wenn derjenige, der die Datenbank angelegt hat, ein Dokument Über diese Datenbank erstellt hat, können Sie sehen, ob die markierte Datenbank die gesuchte ist. Existiert ein solches Dokument nicht, erhalten Sie die Mitteilung Spezielles DatenbankObjekt nicht gefunden. Na ja, einen Versuch war es wert!

»Sesam öffne dich ...«

Was ist denn in einer Datenbank eigentlich drin? Das kann ganz unterschiedlich sein.

Öffnen Sie eine Datenbank zum allerersten Mal, sehen Sie ein Dokument. Welches Sie als Erstbenutzer sehen, hat der Datenbankentwickler festgelegt. Es könnte das Dokument ÜBER DIESE DATENBANK sein, aber auch ein grafischer Navigator mit Flächen, die man anklicken kann, um an wichtige Bereiche der Datenbank zu gelangen, oder einen Ordner, der einige der wichtigeren Dokumente der Datenbox auflistet.

Meistens jedoch ist es das Dokument ÜBER DIESE DATENBANK, das vom Datenbankentwickler oder der Person, die den Entwickler der Datenbank anleitet, geschrieben wurde. Natürlich sind manche Datenbankentwickler gewissenhafter als andere, sodass einige Dokumente ÜBER DIESE DATENBANK ausführlichere Instruktionen enthalten als andere. Ein fauler Datenbankprogrammierer hat womöglich überhaupt kein solches Dokument erstellt. Seien Sie also nicht überrascht, wenn Sie gelegentlich beim Öffnen einer Datenbank einen leeren Bildschirm sehen. Wenn das passiert, drücken Sie die [Esc]-Taste, um das leere Dokument ÜBER DIESE DATENBANK zu verabschieden. Die Chancen stehen gut, dass Sie gleich danach schon in der Datenbank sind.

Haben Sie das Dokument ÜBER DIESE DATENBANK sorgfältig gelesen und sich schon davon verabschiedet, sehen Sie dann einen der Datenbankordner. Dieser Ordner mag nur einer von mehreren Datenbank-Ordnern sein. Aber genau diesen Ordner sollten Sie nach Ansicht des Datenbankentwicklers zuerst sehen.

Eine Datenbank hat möglicherweise verschiedene Ordner und die meisten enthalten nicht alle Dokumente einer Datenbank. (Und das ist ja auch der eigentliche Sinn von Ordnern – sie sind dazu da, Dokumente in einer Datenbank zu organisieren und voneinander zu trennen). Zum Glück haben die meisten Datenbanken einen Navigationsbereich (wie Ihre Mail-Datenbank), in dem die verfügbaren Ordner angezeigt werden und in dem Sie sich von einem Ordner zum anderen bewegen können. Sie können auch die Optionen ANSICHT|GEHE ZU... verwenden, um eine Liste der verfügbaren Ordner anzuzeigen.

Und in einer Abteilung kann es auch Ordner in einer Datenbank geben, die Sie gar nicht sehen können und von denen Sie nichts wissen. Vermuten Sie keine bösen Absichten! Niemand will Ihnen was. Tatsache ist, dass ein Datenbankentwickler genau festlegen kann, wer was in einer bestimmten Datenbank sehen kann, und der Entwickler der Datenbank kann nun mal entschieden haben, dass Sie sich mit bestimmten Ordner nicht befassen müssen!

In der Regel wird bei jedem neuen Öffnen eine Datenbank (das allererste Mal natürlich ausgenommen) der Ordner angezeigt, den Sie beim letzten Besuch in dieser Datenbank verwenden haben. Auch wenn Sie sich vielleicht nicht mehr erinnern, Notes weiß ganz genau, in welcher Datenbank Sie zuletzt gearbeitet haben.

Aus den Augen, aus dem Sinn: Das Dokument Über diese Datenbank später wiederfinden

Wenn Sie eine Datenbank schon ein paar Monate benutzten, haben Sie wahrscheinlich das Dokument Über diese Datenbank schon längst vergessen. Sie haben es ja auch nur einmal gesehen, nämlich beim ersten Benutzen dieser Datenbank. Da aber dieses Dokument viele nützliche Informationen enthält, möchten Sie auch in Zukunft darauf zurückgreifen können, besonders dann, wenn Sie beim ersten Mal nur schnell darüber hinweggegangen sind. Machen Sie sich keine Sorgen, das Dokument Über diese Datenbank ist immer schnell bei der Hand: Wählen Sie ?|Über diese Datenbank, und bingo, da ist es.

Datenbanken über das Internet/Intranet öffnen

Je nachdem, was der Datenbankentwickler festgelegt hat, erhalten Sie die Aufforderung, eine Datenbank mit Ihrem Browser zu öffnen, und nicht mit Notes. Interessanterweise kann das sogar noch einfacher sein als das Öffnen einer Datenbank in Notes.

Um eine Datenbank über das Web zu öffnen, kurbeln Sie einfach Ihren Lieblings-Browser an, tippen den URL ein, und schon können Sie beginnen.

Im Unterschied zu Notes vergisst Ihr Browser nämlich, was Sie beim letzten Besuch in dieser Datenbank gemacht haben. Somit beginnen Sie immer am Anfangsbildschirm und navigieren von hier aus weiter.

Dieser erste Bildschirm ist entweder eine Liste von Ansichten oder eine Karte der Datenbank. Oder es ist eine Startseite mit Flächen, die man anklicken kann, um weiter in der Datenbank zu graben, Dokumente zu erstellen oder mehr Informationen zu sammeln, bevor man weitergeht.

Wenn Sie Hilfe brauchen

Manchmal probieren Sie etwas aus, und nachdem Sie halbwegs durch die Prozedur durch sind, sind Sie sich über den nächsten Schritt nicht sicher. Oder vielleicht versuchen Sie gerade herauszufinden, wie etwas Neues funktioniert. Hilfe ist immer nur ein paar Mausklicks entfernt, denn Sie können in jeder Notes-Datenbank, in der Sie navigieren, auf die Hilfefunktion zugreifen. Die Notes-Hilfefunktion selbst ist ebenfalls eine riesige Datenbank.

An allen diesen Stellen finden Sie eine hilfreiche Hand:

- ✔ Die eingebaute Hilfefunktion in Notes

  Notes hat ein Hilfesystem, das Sie auf zwei verschiedenen Wegen benutzen können: Sie können Hilfe für eine bestimmte Aktivität, mit der Sie gerade beschäftigt sind, anfordern, oder Sie können die ganze Notes-Hilfedatenbank durchforsten.

- ✔ Das Dokument BENUTZEN DIESER DATENBANK, das sich in jeder Datenbank befindet. (Näheres hierzu finden Sie im folgenden Abschnitt »Das Dokument BENUTZEN DIESER DATENBANK«.)

Verwenden von kontextbezogener Hilfe

Gute Nachrichten: Wie bei der meisten Software in diesen Tagen ist die kontextbezogene Hilfe in Notes nur einen Tastenanschlag weit weg. Wenn Sie nicht mehr weiterwissen, können Sie immer [F1] drücken (oder die Hilfetaste beim Mac), und Notes wird sein Bestes tun, um einen Hilfebildschirm anzuzeigen, der etwas mit dem zu tun hat, was Sie gerade machen. Wie immer können Sie die [Esc]-Taste drücken, um das Hilfedokument zu schließen.

Drücken Sie [F1] jederzeit und überall, wenn Sie für das, was Sie gerade tun, Hilfe benötigen.

Schlechte Nachrichten: Die kontextbezogene Hilfe kann Ihnen keine datenbankspezifische Hilfe geben. Das ist nun einmal so, da die Hilfefunktion mit dem Notes-Programm ausgeliefert wird und sich nur damit beschäftigt, wie man das Programm benutzt, und nicht irgendeine spezielle Datenbank. Die Entwickler von Notes sind zwar clever, aber auf keinen Fall erfahren Sie, welche Datenbanken die vielen Tausend weltweit tätigen Datenbankentwickler erschaffen haben. Wenn Sie eine Frage zu einer Einzelheit in einer Anwendung haben, müssen Sie zum datenbankeigenen Hilfebildschirm gehen. Wie Sie datenbankspezifische Hilfe erhalten, können Sie im folgenden Abschnitt »Das Dokument BENUTZEN DIESER DATENBANK« erfahren.

Abbildung 12.4 zeigt die Ansicht der Notes-Hilfe, die angezeigt wird, wenn Sie in der Dialogbox DATENBANK ÖFFNEN die Taste [F1] drücken. Hier wird jeweils die Seite der Hilfe-Datenbank angezeigt, die für die Aktion, die Sie gerade durchführen, relevant sein könnte.

Lesen der Hilfedatenbank

Haben Sie einige Minuten Zeit, bevor Ihre nächste Besprechung anfängt? Alles, was Sie beim Drücken von [F1] sehen, kommt von einer Datenbank, die sich Notes-Hilfe nennt. Sie können die Dokumente der Hilfedatenbank genauso durchstöbern wie die einer jeden anderen. Es gibt da eine Menge Informationen, die Sie über die [F1]-Taste niemals abfragen würden.

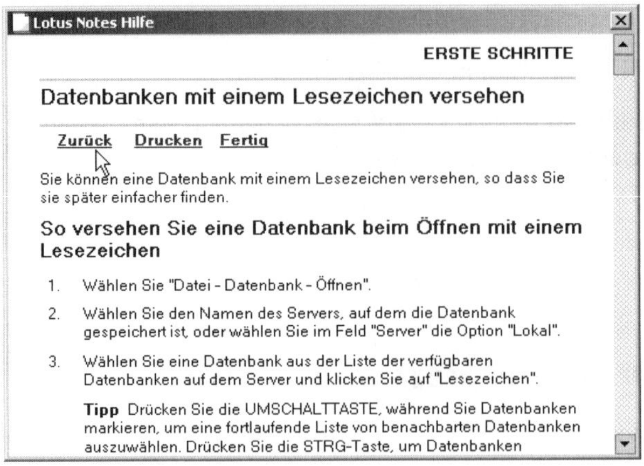

Abbildung 12.4: Drücken Sie [F1] *jederzeit und überall, wenn Sie Hilfe benötigen.*

Um die Notes-Hilfe zu benutzen, gehen Sie in das Menü und wählen Sie ?.

Das Dokument Benutzen dieser Datenbank

Jede Datenbank hat ein Dokument BENUTZEN DIESER DATENBANK, welches ungefähr mit dem Dokument ÜBER DIESE DATENBANK zu vergleichen ist, das wir schon weiter oben in diesem Kapitel beschrieben haben. Wenn es existiert, wurde es vom Datenbankentwickler erstellt, um Sie beim Kennenlernen der Funktionsweise der Datenbank zu unterstützen. Um das Dokument BENUTZEN DIESER DATENBANK zu sehen, müssen Sie die gewünschte Datenbank öffnen und dann ?|BENUTZEN DIESER DATENBANK wählen.

Einige Programmentwickler (nicht die guten!) sind faul, wundern Sie sich also nicht, wenn Sie gelegentlich eine Dialogbox sehen, in der `Spezielles Datenbankobjekt nicht gefunden` steht. Wenn das passiert, nerven Sie den Datenbankentwickler mit Ihren Fragen. Wenn diese Leute die Nase voll haben, immer und immer wieder dieselben Fragen zu beantworten, werden sie vielleicht das überfällige Dokument BENUTZEN DIESER DATENBANK erstellen. Wir lebten sicherlich in einer besseren Welt, wenn es für alle Notes-Datenbanken Hilfedokumente gäbe.

Die Verwendung von Datenbanken

13

In diesem Kapitel

- Wissenswertes über Ordner und Ansichten
- Masken verwenden
- Organisation von Dokumenten in Ordnern
- Auswahl, Lesen, Weiterleiten und Drucken von Dokumenten
- Herausfinden, was in einem Dokument ist

Wenn Sie eine Notes-Datenbank öffnen, erhalten Sie einen ersten Einblick in den Inhalt dieser Datenbank. Was Sie jedoch beim erstmaligen Öffnen der Datenbank sehen, das entscheidet der Entwickler dieser Datenbank. Sie fragen sich vielleicht »Was erwartet mich hier?« Nun, dieses Kapitel zeigt Ihnen, was Sie beim Öffnen einer Datenbank erwartet und welche Änderungen Sie durchführen können. Sie erfahren Genaueres über Ordner, Ansichten, Masken, Dokumente und Suchoptionen.

Der Datenbankentwickler kann eine Datenbank auf verschiedene Art und Weise konfigurieren. Seien Sie also nicht überrascht, wenn das, was Sie beim erstmaligen Öffnen sehen, anders aussieht, als es gemäß dieses Abschnittes aussehen sollte. Genau deshalb benutzen wir die Worte *Sie werden möglicherweise sehen* lieber als die Worte *Sie werden sehen*. Jede Datenbank kann abweichend gestaltet sein. Lesen Sie also das ganze Kapitel, bevor Sie denken, dass wir verrückt geworden sind.

Warum es Ansichten gibt

Jede Datenbank hat mindestens eine Ansicht, die meisten haben sogar mehrere. Ansichten werden von einem Ihrer geschätzten Kollegen erstellt, den wir hier mit *Datenbankdesigner* bezeichnen wollen. Die schlechte Nachricht ist, dass die funktionale Gestaltung einer Ansicht ganz in der Hand dieses Designers liegt. Das heißt, wir können nicht genau vorhersagen, welche Ansichten Sie beim Navigieren durch Notes erwarten. Die gute Nachricht wiederum ist, dass die Grundaktionen – das Auswählen von Dokumenten, das Drucken von Dokumenten usw. – in allen Ansichten (und Datenbanken) im Wesentlichen gleich sind.

Eine Datenbankansicht soll vor allem vier Aufgaben erfüllen:

- ✔ **Zusammenfassen:** Sie fasst die Dokumente einer Datenbank zusammen.
- ✔ **Ordnen:** Sie ordnet die Dokumente in der Datenbank.

- **Finden:** Sie hilft Ihnen, Dokumente in der Datenbank zu finden.
- **Auswählen:** Sie wählt wenigstens einige Dokumente in der Datenbank für die Anzeige aus.

Abbildung 13.1 zeigt die Ansicht einer sehr einfachen Datenbank, in der eine Liste von Anträgen zu Kundenbestellungen dargestellt wird. Die Ansicht zeigt nur die Bestellungen der Region Nord; ein Überblick der Daten von Kunden der Regionen Ost, West und Süd ist in der Ansicht nicht enthalten. Diese Ansicht ordnet die Dokumente nach dem Namen des Kunden und führt dann den Standort des Kunden an. Wir gehen jede Wette ein, dass jedes der hier gewählten Dokumente mehr Informationen enthält, als diese Teilansicht in ihren Spalten erkennen lässt. Der Entwickler dieser Ansicht hat entschieden, dass diese ausgewählten Informationen die bestmögliche Zusammenfassung eines jeden Dokuments repräsentieren.

Ansichten und Ordner sind beinahe das Gleiche, lassen Sie sich von den unterschiedlichen Begriffen also nicht nervös machen. Der kleine, aber feine (und wichtige) Unterschied betrifft die Art und Weise, wie Notes festlegt, welche Dokumente in welcher Ansicht angezeigt werden. Der Inhalt einer Ansicht wird vom Datenbankdesigner bestimmt und festgelegt – mit anderen Worten können Sie nichts tun, damit ein bestimmtes Dokument in einer bestimmten Ansicht erscheint (oder auch nicht erscheint). Den Inhalt eines Ordnern dagegen können Sie erstellen und festlegen.

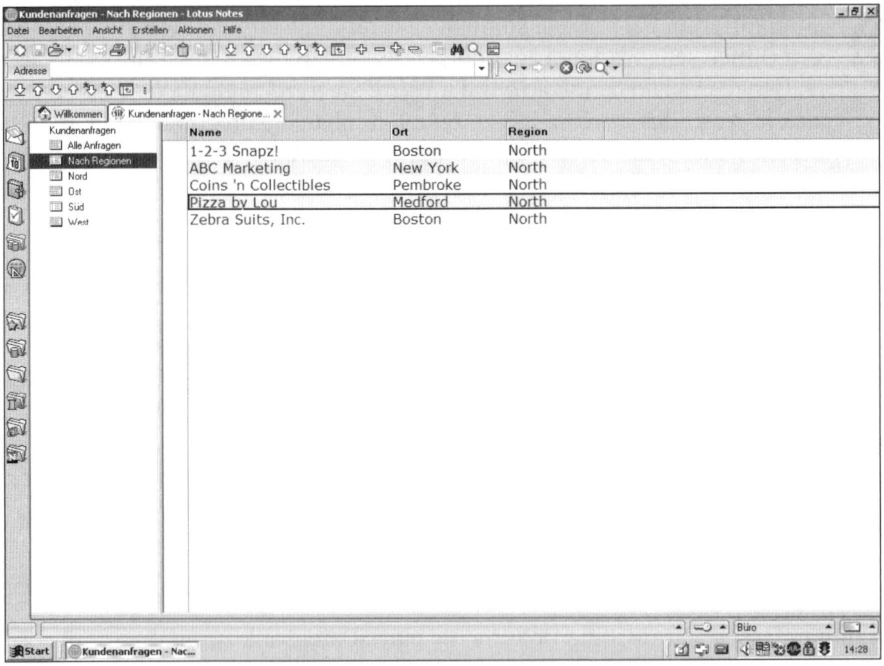

Abbildung 13.1: In Ansichten sind die Dokumente zusammengefasst, sortiert und ausgewählt.

Was Sie beim erstmaligen Öffnen einer Datenbank sehen, kann von Datenbank zu Datenbank unterschiedlich sein. Seien Sie also nicht überrascht, wenn das, was Sie sehen, anders aussieht als in den Abbildungen dieses Kapitels. Jede Datenbank ist anders gestaltet.

Was ist in einer Ansicht denn überhaupt drin?

Jede Zeile stellt ein individuelles Dokument dar, und jede Spalte gibt die Informationen wieder, die in den jeweiligen Dokumenten enthalten sind. Abhängig davon, wie die Ansicht konfiguriert ist und wie viele Dokumente sich in der jeweiligen Datenbank befinden, ist es meist so, dass eine Ansicht eine größere Anzahl Dokumente enthält, als auf dem Bildschirm angezeigt werden kann.

Sie können zwischen den einzelnen Dokumenten navigieren, indem Sie auf die Pfeiltasten klicken, das jeweilige Dokument mit der Maus anklicken oder indem Sie die Rollbalken verwenden.

Oft erlaubt ein Datenbankentwickler dem Anwender, die Breite der Spalten zu verändern. Ziehen Sie mit gedrückter Maustaste den rechten Rand einer Spalte nach links, so verkleinern Sie die Spalte. Wenn Sie diese dagegen nach rechts ziehen, wird die Spalte breiter.

Wenn Sterne aufgehen

In vielen Datenbanken ist Notes auf dem Laufenden, d.h. Notes weiß, welches Dokument Sie schon gelesen haben und welches nicht. Diese Unterscheidung ist beispielsweise bei einer Diskussionsdatenbank besonders hilfreich, bei der Sie keine Zeit mit Dokumenten verschwenden wollen, die Sie bereits gelesen haben. *Normalerweise* erkennen Sie ein neues Dokument (oder ein noch nicht gelesenes) daran, dass es eine andere Farbe aufweist als der Rest der Dokumente. Ein Dokument, das Sie noch nicht gelesen haben, ist *immer* mit einem kleinen Stern in der äußersten linken Spalte der Ansicht markiert.

Normalerweise erscheinen noch nicht gelesene Dokumente in roter Schrift. Sollten diese doch eine andere Farbe aufweisen, dann seien Sie nicht überrascht. Der Datenbankentwickler entscheidet nämlich auch hier, welche Farbe verwendet wird.

Antwortdokumente können von Benutzern erstellt werden, um – Sie erraten es – auf ein anderes Dokument in der Datenbank zu antworten. Die meisten Datenbanken, wie auch die in Abbildung 13.2, stellen Antwortdokumente eingerückt unter dem Dokument dar, auf das geantwortet wurde.

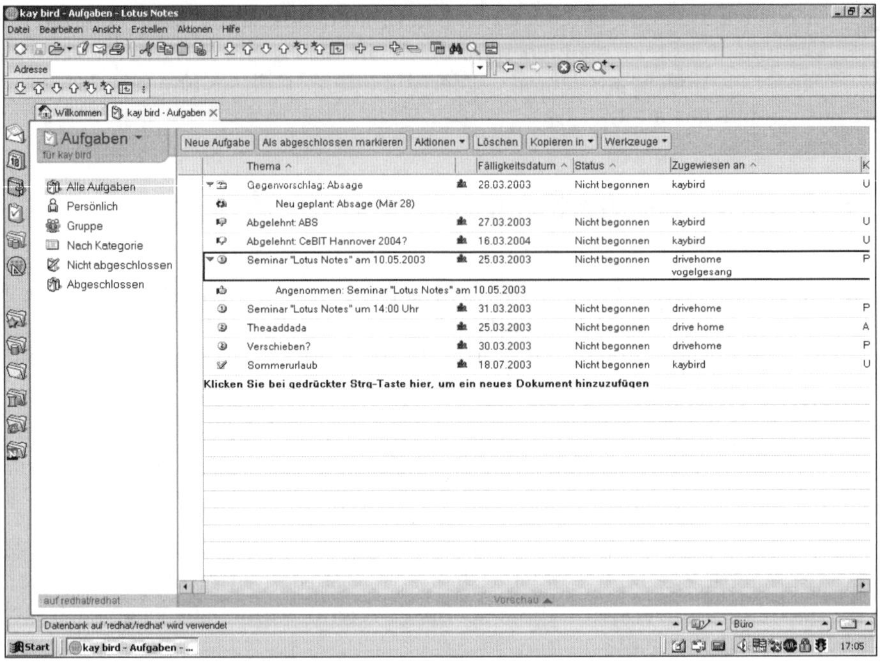

Abbildung 13.2: Antwortdokumente machen transparent, wer wem was mitteilt.

Sortieren durch Kategorisieren

Ansichten eignen sich hervorragend zum Sortieren von Dokumenten. Mit Hilfe von Sortierkriterien können Sie in einer gegebenen Datenbank Dokumente in einer von Ihnen gewünschten Reihenfolge auflisten: Beispielsweise nach Typ der Ausbildungsmaßnahme, nach Kundennamen oder nach Verkaufsergebnissen. Einige Ansichten (und Ordner) ermöglichen neben dem Sortieren auch noch das *Kategorisieren*.

Wenn eine Ansicht Dokumente sortiert, listet sie diese in alphabetischer oder numerischer Reihenfolge, je nachdem, was in diesen Feldern drin ist. Natürlich wird auch angezeigt, was jedes Dokument in diesem Feld für einen Wert hat, auch wenn dies der gleiche Wert wie im Dokument darüber ist. Die Dokumente werden immer noch sortiert, wenn eine Ansicht ihre Dokumente *kategorisiert*. In einer kategorisierten Ansicht wird ein spezieller Feldwert nur noch einmal angezeigt. Dann folgen alle Dokumente, die denselben Wert in diesem kategorisierten Feld haben.

Verwirrt? Es ist leichter zu verstehen, wenn Sie es vor sich sehen. Schauen Sie sich Abbildung 13.3 an. In der gezeigten Ansicht sehen Sie alle Anträge, die in die Datenbank eingegebenwurden, sortiert nach Region. Die Ansicht zeigt, dass sie zwei Anträge der Region Ost, drei

Anträge der Region Nord, einen Antrag der Region Süd und einen weiteren der Region West enthält.

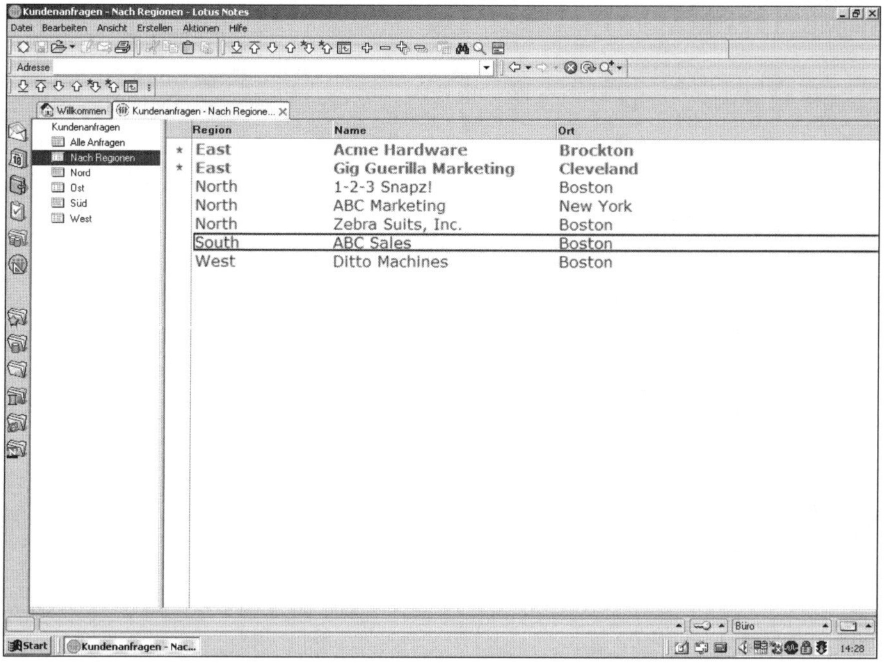

Abbildung 13.3: Dokumente nach Region sortiert

Setzen Sie Ihre Brille auf und werfen Sie einen vorsichtigen Blick auf den Kopf der ersten Spalte in Abbildung 13.3. Sehen Sie die kleine doppelte Pfeilspitze? Wenn Sie eine oder zwei Pfeilspitzen erkennen, heißt das nichts anderes, als dass ein umsichtiger Datenbankentwickler Ihnen die Möglichkeit gibt, Spalten anders zu sortieren. Mit anderen Worten: wenn die Spalte in aufsteigender alphabetischer Reihenfolge sortiert ist (*von A nach Z*), können Sie durch einfaches Klicken in den Kopf dieser Spalte die Reihenfolge von aufsteigend nach absteigend (*von Z nach A*) ändern.

Betrachten Sie nun Abbildung 13.4, die im Wesentlichen die gleiche Ansicht darstellt. Sie können sehen, dass alle Anträge in die Datenbank eingetragen sind und, statt nach Region geordnet, kategorisiert aufgeführt werden. Kategorien bieten eine einfache Darstellung des Inhalts einer Ansicht und sind besser lesbar.

Einer der Gründe für die Verwendung von Kategorien ist es, Ansichten ein wenig ordentlicher und einfacher aussehen zu lassen. Sie können noch mehr Ordnung in eine Ansicht bringen, wenn Sie Kategorien komprimieren und erweitern können.

In Abbildung 13.5 ist die Kategorie »Süd« vollständig erweitert, während die Kategorien »Ost«, »Nord« und »West« komprimiert angezeigt werden. Auf jeden Fall sind alle Dokumente immer noch da, und sie werden auf wunderbare Weise erscheinen, wenn Sie eine komprimierte Kategorie wieder erweitern.

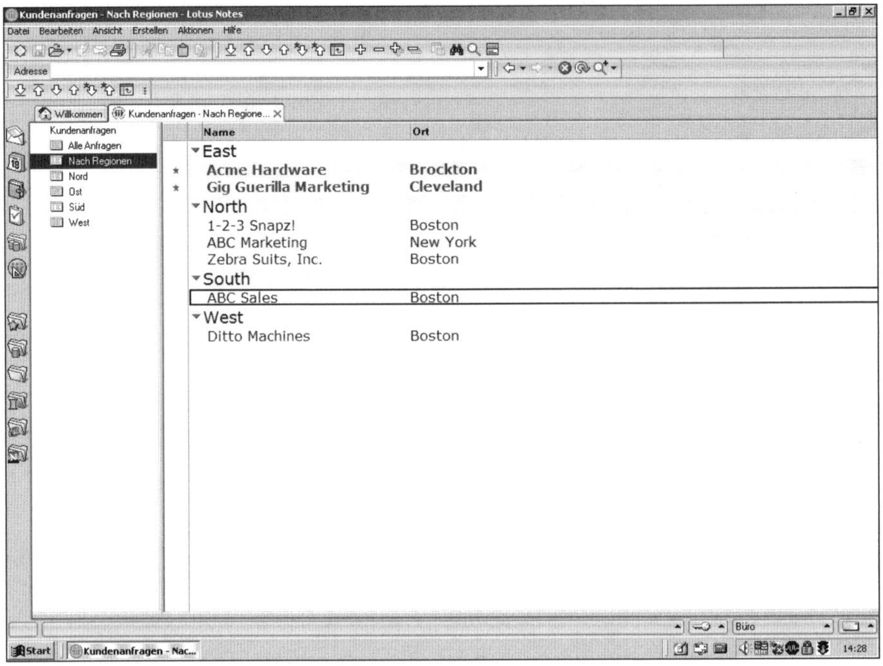

Abbildung 13.4: Diese Ansicht hat Dokumente nach Region kategorisiert.

Hier sind die möglichen Varianten, eine einfache Kategorie zu erweitern oder zu komprimieren (Es hängt nur davon ab, wie Sie erweitern oder komprimieren möchten.):

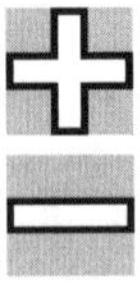

- **Menü:** Markieren Sie die fragliche Kategorie und wählen Sie im Menü ANSICHT| ERWEITERN/KOMPRIMIEREN. Dann wählen Sie in der Dropdown-Liste entweder ALLE ERWEITERN, ALLE KOMPRIMIEREN, GEWÄHLTE EBENE ERWEITERN, GEWÄHLTE UND UNTEREBENEN ERWEITERN oder GEWÄHLTE EBENE KOMPRIMIEREN.
- **Tastatur:** Es ist wesentlich einfacher, auf die Taste [+] zur Erweiterung oder auf die Taste [-] zur Komprimierung einer markierten Kategorie zu drücken.
- **Schaltflächen:** Klicken Sie in der Werkzeugleiste auf die Schaltflächen mit den abgebildeten Icons, um Kategorien zu erweitern oder zu komprimieren.
- **Twisty:** Klicken Sie links neben dem Kategorietitel einmal auf das grüne Dreieck, das so genannte Twisty (vergleiche Abbildung 13.5).

- **Doppelklicken:** Ehe Sie jedoch versuchen, sich all das zu merken, doppelklicken Sie einfach auf die Kategorie, die Sie erweitern oder komprimieren möchten. Oder Sie wählen die Kategorie aus und drücken die [↵]-Taste.

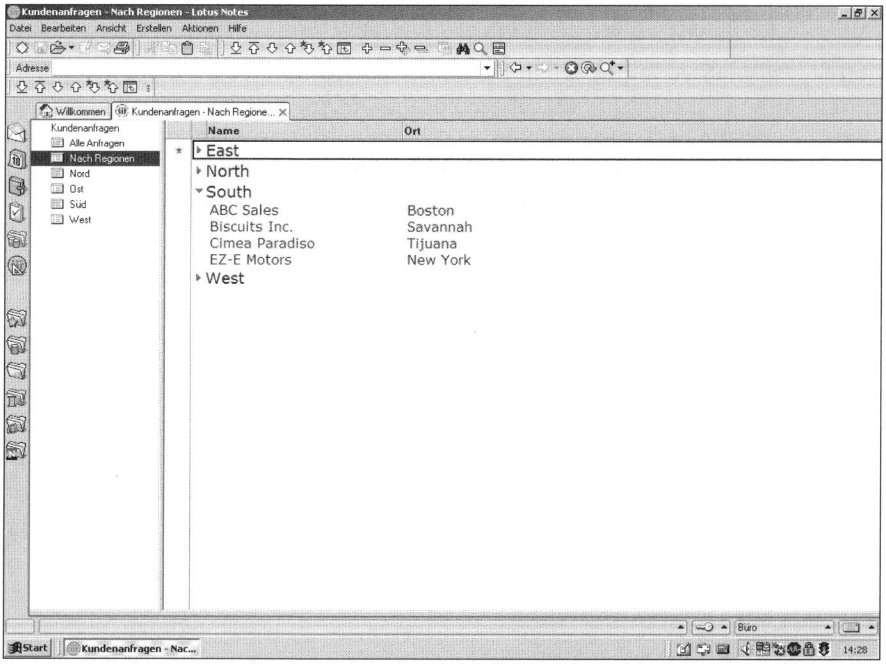

Abbildung 13.5: Die Kategorien können erweitert und komprimiert werden.

Nun noch ein paar Varianten, wie Sie eine gesamte Ansicht erweitern oder komprimieren können.

- **Menü:** Wählen Sie aus dem Menü Ansicht|Alle Erweitern oder Ansicht|Alle komprimieren.

- **Schaltflächen:** Klicken Sie in der Werkzeugleiste auf die Schaltflächen mit dem abgebildeten Icon Alle erweitern oder dem Icon Alle komprimieren.
- **Tastatur:** Mit gedrückter Umschalttaste die Taste [+] drücken, um die gesamte Ansicht zu erweitern, oder mit gedrückter Umschalttaste die Taste [-] drücken, um die gesamte Ansicht zu komprimieren.

Mitunter enthalten Kategorien weitere Unterkategorien. Vielleicht stoßen Sie auf eine Ansicht, die Dokumente nach Ländern kategorisiert und jedes Land wiederum nach Staaten unterkategorisiert. Unterkategorien können Sie in gleicher Weise handhaben wie Hauptkategorien: Auch sie lassen sich erweitern und komprimieren.

Verwendung von Ordnern zum Aufbewahren

Zweifellos sind Ansichten etwas Hervorragendes, und Sie werden von uns sicherlich keine Kritik hören. Aber sie haben einen Nachteil: Sie als Anwender können nicht entscheiden, was in einer Ansicht enthalten ist, das kann nur der Datenbankentwickler.

Was sollen Sie beispielsweise tun, wenn Sie eine große Anzahl Dokumente Ihrer Wahl an einem Ort, d.h. in einer Datenbank zusammenfassen wollen. Was ist, wenn Sie beispielsweise die Dokumente zusammenfassen möchten, die sofort erledigt werden müssen, oder Gruppendokumente mit unbestimmtem Inhalt? Natürlich könnten Sie diese mit einem Lesezeichen versehen, aber wenn eine Datenbank Ordner enthält, ist das Ganze leichter zu handhaben.

Wenn Sie Ordner verwenden möchten, beachten Sie Folgendes:

- ✔ **Dokumente in Ordnern speichern**
    - In einem Ordner legen Sie ein Dokument ab, wenn Sie auf ein Dokument in einer Ansicht oder einem anderen Ordner klicken und es zu diesem Ordner ziehen.
    - Es könnte auch sein, dass Sie irgendwo auf dem Bildschirm eine Schaltfläche finden, mit der Sie ein oder mehrere ausgewählte Dokumente in einem Ordner ablegen können.
    - Das Ablegen eines Dokuments in einem Ordner erzeugt keine neue Kopie des Dokuments. Das Dokument befindet sich jetzt lediglich an einem neuen Ort.
- ✔ **Dokumente aus Ordnern entfernen**
    - Entfernen Sie aus einem Ordner ein oder mehrere ausgewählte Dokument/e über das Menü Aktionen|Aus Ordner entfernen. Das Entfernen eines Dokuments durch die vorstehend genannte Methode löscht dieses nicht aus der Datenbank. Es wird einfach nur aus dem Ordner entfernt.
    - Möglicherweise finden Sie irgendwo auf dem Bildschirm eine Schaltfläche, mit der Sie ein oder mehrere ausgewählte Dokumente aus einem Ordner entfernen können, je nachdem, wie Ihr Datenbankdesigner die Datenbank konfiguriert hat.

Drücken Sie nicht die `Entf`-Taste, um ein Dokument aus einem Ordner zu entfernen. Mit dieser Taste entfernen Sie das Dokument vollständig aus der Datenbank.

- ✔ **Ansichten in Ordnern**
    - Ordner haben Spalten, ebenso wie Ansichten auch. Jede Spalte zeigt den Inhalt verschiedener Felder der jeweiligen Dokumente an.
    - Wenn Sie ein Dokument einem Ordner hinzufügen und dieses keines der dort angezeigten Felder enthält, so werden Sie das Dokument auch nicht sehen. Es wird repräsentiert durch eine leere Zeile.

Es kann vorkommen, dass Sie manchmal die Dokumente einer Datenbank auf eine andere Art und Weise aufgelistet haben möchten. Mit anderen Worten: wenn Sie zu einer anderen Ansicht oder einem anderen Ordner umschalten möchten, dann klicken Sie einfach auf seinen Namen. Geben Sie Notes noch ein bis zwei Sekunden, und die neue Auswahl ist geöffnet.

Was können Sie mit Dokumenten machen?

Mit den Dokumenten einer Ansicht können Sie unter anderem folgende Dinge tun:

- ✔ Auswählen
- ✔ Lesen
- ✔ Weiterleiten
- ✔ Einem Ordner hinzufügen
- ✔ Drucken
- ✔ Löschen

In diesem Abschnitt erläutern wir Ihnen, wie Sie all diese Dinge tun können.

Auswahl von Dokumenten

Sie können zwar alles mögliche mit Dokumenten machen – sie drucken, löschen, als E-Mail weiterleiten –, doch bevor Sie dies tun können, müssen Sie Dokumente erst auswählen.

Wie ein einzelnes Dokument ausgewählt wird

Wenn Sie in einem Textverarbeitungsprogramm ein Wort in Fettschrift darstellen möchten, müssen Sie dieses Wort zuerst markieren und dann einige Kommandos ausführen, damit dieses Wort dann entsprechend dargestellt wird. Dieses Konzept wird auch für die Auswahl von Dokumenten in einer Ansicht benutzt. Wenn Sie eine Ansicht mit einigen Dokumenten haben und möchten mit einem einzigen irgendetwas tun – es drucken, es löschen oder öffnen – , so müssen Sie es zuerst auswählen.

Nun werden Sie sicherlich bemerkt haben, dass in einer Ansicht oder einem Ordner ein einzelnes Dokument von einer Box umgeben ist. Diese wird AUSWAHLLEISTE genannt und kann zur Auswahl eines einzelnen Dokuments verwendet werden. Das Dokument in dieser Box ist das ausgewählte Dokument und Notes weiß, dass Sie etwas mit diesem Dokument vorhaben.

Wie wählt man mehrere Dokumente aus?

Gut, dass Sie fragen. Angenommen, Sie möchten fünf Dokumente einer Ansicht ausdrucken. Sicher, Sie können die Auswahlleiste benutzen, um sie auszuwählen. Doch wie teile ich Notes mit, dass ich mehr als nur ein Dokument auswählen möchte? Der einfachste Weg, mehrere Dokumente auszuwählen, ist folgender: Sie wählen das erste in Frage kommende Dokument aus und drücken die Leertaste. Wenn Sie das getan haben, erscheint wie in Abbildung 13.6 zu sehen in der äußersten linken Spalte der Ansicht ein Häkchen (Sie können auch die Maus verwenden, um die jeweiligen Elemente auszuwählen, indem Sie diese in der äußersten linken Spalte anklicken). Wenn dort keine Häkchen zu finden sind, ist das markierte Dokument ausgewählt; finden sich dort Häkchen, sind alle Dokumente mit Häkchen ausgewählt. Gute Beobachter werden auch den Zähler in der linken unteren Ecke der Ansicht bemerken, der darüber wacht, wie viele Dokumente gerade ausgewählt sind.

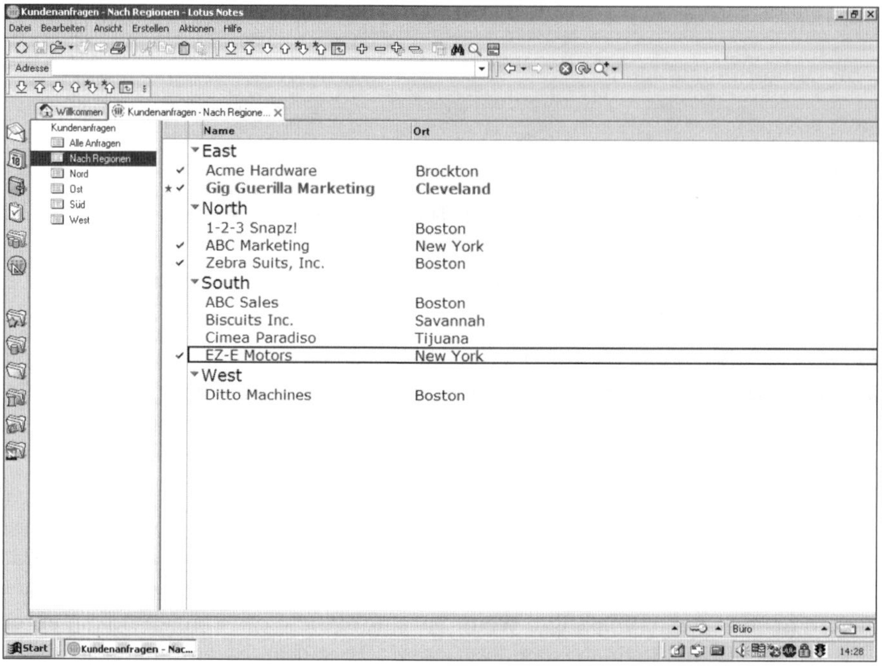

Abbildung 13.6: Sie können gleichzeitig mehrere Dokumente auswählen.

Müssen Sie nur wenige Dokumente auswählen, setzen Sie die Auswahlleiste auf jedes einzelne und drücken Sie die Leertaste. Stehen die gewünschten Dokumente hintereinander, ist es ein wenig einfacher. Sie halten die Umschalttaste gedrückt, während Sie die Auswahlleiste mit den Tasten [↑] oder [↓] über die Dokumente bewegen. Notes markiert all die, über die der Auswahlbalken bewegt wurde.

Noch einfacher funktioniert es mit der Maus. Sie können eine große Anzahl von Dokumenten auf einmal auswählen, indem Sie einmal in die linke Spalte klicken und dann mit gedrückter Maustaste nach oben oder unten ziehen.

Übrigens können Sie die Auswahl von Dokumenten, die Sie versehentlich gewählt haben (ups!), auch wieder rückgängig machen. Verwenden Sie dafür einfach die Methoden, mit denen Sie die Dokumente bereits ausgewählt haben. Anders ausgedrückt: wenn ein Dokument bereits ein Häkchen besitzt, entfernt eine erneute Auswahl das Häkchen wieder.

Über die Menüoptionen Bearbeiten|Alle Auswählen können Sie alle Dokumente eines Ordners auf einmal auswählen oder anzeigen.

Das Lesen von Dokumenten

Es ist sehr einfach, Dokumente einer Datenbank zu lesen. Das Lesen von Dokumenten in einer Datenbank funktioniert genauso wie das Lesen einer Nachricht in Ihrem Posteingang. Verwenden Sie folgende Schritte, um ein Dokument zu öffnen und zu schließen:

1. **Markieren Sie das Dokument, das Sie lesen wollen, bzw. klicken Sie es an.**
2. **Drücken Sie die [↵]-Taste, um das Dokument zu öffnen.**
3. **Falls das Dokument größer ist als der Ansichtsbereich, verwenden Sie die Rollbalken.**
4. **Um das Dokument zu schließen und zur vorherigen Ansicht bzw. Ordner zurückzukehren, drücken Sie die [Esc]-Taste oder wählen Sie Datei|Schliessen.**

Häufig öffnen Sie ein Dokument natürlich, um Änderungen vorzunehmen. Näheres zur Bearbeitung von Dokumenten erfahren Sie im Abschnitt »Moment – Kann ich eigene Dokumente erzeugen?« weiter unten in diesem Kapitel.

Sie können auf ein Dokument auch doppelklicken, um es zu öffnen und zu lesen.

Dokumente im Vorschaubereich anzeigen

Sie können ein Dokument auch im Vorschaufenster lesen.

Um den Vorschaubereich für ein Dokument zu aktivieren, wählen Sie Ansicht|Dokumentvorschau|Dokumentvorschau anzeigen. Damit werden einige Elemente des Inhalts der Ansicht ausgeblendet, um die Größe des Vorschaubereichs zu erweitern. Im Vorschaubereich wird nun der Anfang des ausgewählten Dokumentes angezeigt.

Es ist voll und ganz Ihnen überlassen, ob Sie den Vorschaubereich verwenden wollen. Haben Sie ein Dokument im Vorschaubereich geöffnet, können Sie das angezeigte Dokument lesen – mehr aber nicht.

Sollten Sie es sich anders überlegen und möchten Sie ein Dokument dagegen auf dem gesamten Bildschirm sehen, wählen Sie erneut ANSICHT|DOKUMENTVORSCHAU|DOKUMENTVORSCHAU ANZEIGEN. Bei jedem erneuten Aktivieren dieses Befehls öffnet bzw. schließt Notes den Vorschaubereich.

Einige Benutzer ziehen es vor, den Vorschaubereich ständig geschlossen zu halten, um mehr Bildschirmplatz zur Verfügung zu haben.

Weiterleiten von mehreren Dokumenten

Hin und wieder möchten Sie, dass jemand ein von Ihnen gelesenes Dokument auch zu sehen bekommt. Sie können ihn anrufen und mitteilen, dass er die Verkaufsdatenbank auf dem Marketing-Server öffnen soll, dort die Ansicht »Brandneue Prospekte« heraussuchen und das Dokument mit dem Titel "Der Mann hat eine Million zu verschenken« lesen soll. Aber warum sich nicht den Anruf und eine Menge Zeit sparen und das Dokument einfach zu dieser Person schicken? Markieren Sie ein oder mehrere Dokumente und rufen Sie den Menübefehl AKTIONEN|WEITERLEITEN auf. Geben Sie den Namen des Dokumentenempfängers an und senden Sie die Nachricht. Die markierten Dokumente werden zum Textkörper der Nachricht.

Dokumente zu Ordnern hinzufügen

Im Abschnitt »Verwendung von Ordnern zum Aufbewahren« haben wir beschrieben, wie Dokumente zu Ordnern hinzugefügt werden. Sorgen Sie dafür, dass ein Dokument in diesem Ordner auch sichtbar ist. Wenn ein Dokument keines der Felder enthält, die in den Spalten aufgelistet sind, so erscheint das Dokument nicht in diesem Ordner. Lediglich eine leere Zeile als Platzhalter ist da zu finden, da keine Felder in diesen Spalten dargestellt werden können. Mit einem Doppelklick auf diese leere Zeile lässt sich das Dokument öffnen.

Drucken aus einer Ansicht

Haben Sie eine Ansicht oder einen Ordner geöffnet und wählen DATEI|DRUCKEN, erscheint (anders als bei einem Dokument) die in Abbildung 13.7 gezeigte Dialogbox ANSICHT DRUCKEN.

In dieser Dialogbox ist jede Menge Inhalt, und es könnte noch mehr sein. Das Aussehen der Dialogbox hängt vom verwendeten Drucker ab.

Im Bereich INHALT der Dialogbox befindet sich das Wichtigste. Dort finden Sie die Optionen ANSICHT DRUCKEN und AUSGEWÄHLTE DOKUMENTE DRUCKEN. Hier können Sie entweder bestimmen, ob eine Ansicht so gedruckt wird, wie sie auf dem Bildschirm erscheint, oder ob alle markierten Dokumente gedruckt werden sollen.

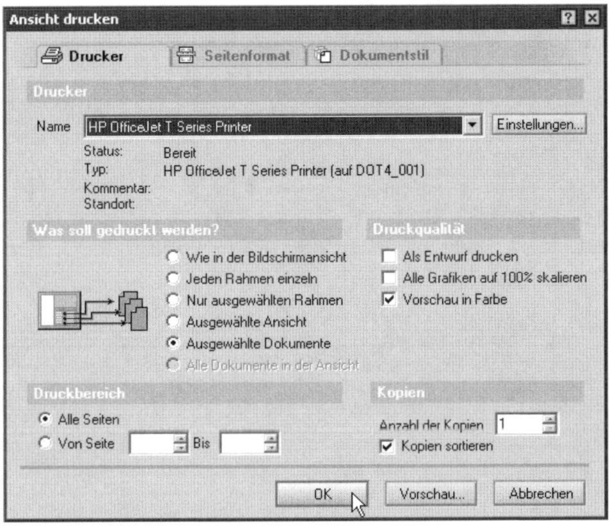

Abbildung 13.7: In dieser Dialogbox legen Sie die Einstellungen für den Druckvorgang fest.

In den anderen Bereichen der Dialogbox legen Sie fest, welche Seiten Sie drucken, wie viele Kopien gedruckt werden sollen und wie die Qualität des Ausdrucks sein soll. Durch Drücken auf die Schaltfläche DOKUMENTSTIL teilen Sie Notes mit, wie die Dokumente voneinander getrennt werden (JEDES DOKUMENT AUF NEUER SEITE DRUCKEN, JEDES DOKUMENT ALS SEPARATEN DRUCKAUFTRAG DRUCKEN, FORTLAUFEND DRUCKEN MIT EINER LEEREN ZEILE ZWISCHEN DOKUMENTEN, FORTLAUFEND DRUCKEN OHNE LEERE ZEILEN ZWISCHEN DOKUMENTEN). Sie legen auch fest, ob Notes die Seitenzahlen für jedes zu druckende Dokument zurücksetzen soll und ob für das Drucken eine andere Maske verwendet werden soll. Es ist empfehlenswert, auf die Schaltfläche VORSCHAU zu klicken, um auf dem Bildschirm das Aussehen der Druckseite zu überprüfen. Für weitere Informationen zum Thema »Drucken« lesen Sie in Kapitel 5 nach.

Löschen von Dokumenten

Zum Löschen wählen Sie nur das oder diejenigen Dokumente aus, die Sie loswerden möchten, und drücken die [Entf]-Taste. Notes entfernt die Dokumente nicht sofort, sondern versieht diese mit einem kleinen X, wie in Abbildung 13.8 gezeigt.

Möchten Sie ein zum Löschen markiertes Dokument sofort entfernen, können Sie Folgendes tun:

- ✔ Drücken der Taste [F9]
- ✔ Den Menübefehl ANSICHT|AKTUALISIEREN wählen
- ✔ Datenbank schließen

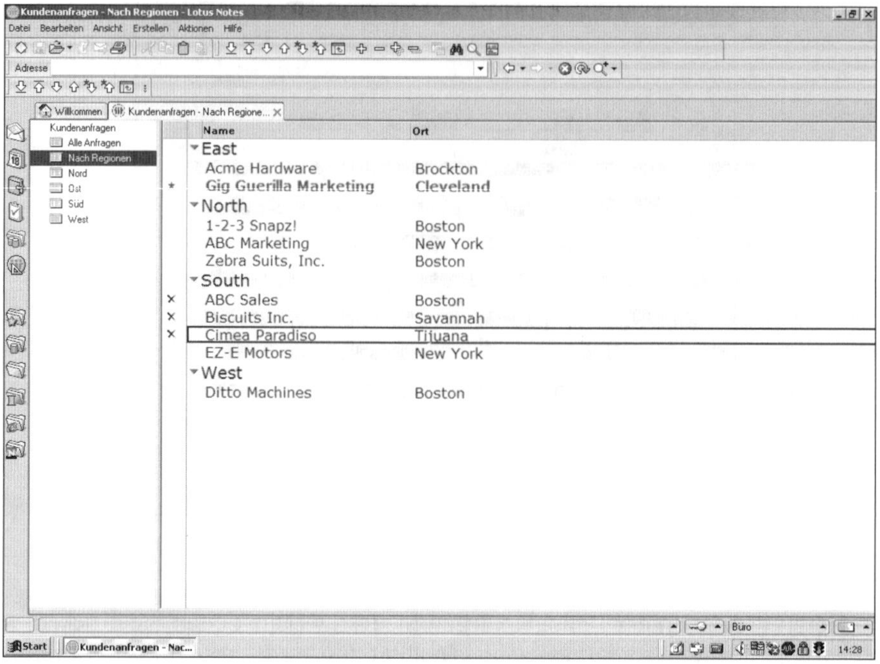

Abbildung 13.8: Zum Löschen ausgewählte Dokumente sind mit einem X versehen.

Probieren Sie eine der vorstehenden Aktionen aus, dann fordert Notes Sie in einer Ja/Nein-Dialogbox auf, das unwiderrufliche Löschen zu bestätigen. Das ist gut so, denn Sie können immer noch NEIN wählen, wenn Sie Mist gebaut haben.

Wenn Sie ein Dokument bereits zum Löschen ausgewählt haben (dieses aber noch nicht endgültig entfernt haben) und sich entschließen, das Dokument doch nicht zu löschen, wählen Sie es und drücken erneut die Taste [Entf]. Das kleine X verschwindet wieder. Sie brauchen sich keine Sorgen zu machen, das Dokument dagegen verschwindet nicht irgendwohin.

Selbstverständlich können Sie bei Bedarf ein Dokument nicht durch einfaches Drücken der [Entf]-Taste löschen. Bei den meisten Datenbanken können Sie ein Dokument nur dann löschen, wenn Sie die Person sind, die das Dokument ursprünglich erstellt hat. Sie brauchen also keine Angst zu haben, dass Sie aus Versehen irgendwelche Dokumente von anderen löschen oder dass irgendjemand anderes Ihre Dokumente löscht. Näheres zur Frage, ob der Benutzer Erlaubnis hat, Dokumente zu löschen, finden Sie im Abschnitt »Moment – Kann ich eigene Dokumente erzeugen?« weiter unten in diesem Kapitel.

Ein Dokument und all seine Bestandteile

Sobald Sie ein Dokument öffnen, sehen Sie alle möglichen Dinge: Wörter, Bilder, Symbole, Tabellen, Schaltflächen. Wenn Sie ein Notes-Experte werden möchten, lesen Sie die folgenden Abschnitte und finden Sie heraus, was es mit diesen Dingen auf sich hat.

Statischer Text

Nein, statischer Text hat nichts mit dem Reiben Ihrer Füße auf einem Teppich zur Winterszeit zu tun. *Statischer Text* ist nur die Bezeichnung für Zeichenketten, die ein fester Bestandteil eines beliebigen Formulars sind. Solch ein Text wird *statisch* genannt, weil Sie ihn nicht verändern können.

Derjenige, der die Masken in der von Ihnen verwendeten Datenbank erzeugt hat, hat bedenkenlos statischen Text hinzugefügt. Statischer Text kann der Titel eines Formulars, eines Feldnamens oder einiger Anweisungen zur Handhabung des Formulars sein.

Was ist der Unterschied zwischen einem Dokument und einer Maske?

Gute Frage! Der Unterschied zwischen einer Maske und einem Dokument ist nicht auf den ersten Blick zu erkennen, insbesondere weil beide Elemente immer gleichzeitig auftreten.

Eine Maske ist Bestandteil einer Datenbank. *Masken*, die von Datenbankentwicklern erstellt wurden, sind Bestandteil der Datenbank, die verwendet wird, um Dokumente zu lesen und zu bearbeiten. Wenn Sie beispielsweise neue Informationen in eine Datenbank eingeben wollen, verwenden Sie hierfür eine Maske. Wenn Sie so sind, wie die meisten Notes-Benutzer, werden Sie keine eigenen Masken erstellen. Sie verwenden die Masken, die von den Datenbankentwicklern oder Systemadministratoren Ihrer Firma hinzugefügt worden sind.

Ein *Dokument* dagegen besteht aus den tatsächlichen Daten, die Sie eingeben. Die meisten Notes-Benutzer erstellen Ihre eigenen Dokumente und verwenden hierfür die Masken der Datenbank.

Das heißt das nun? Wenn Sie in einer Ansicht die [↵]-Taste drücken, um ein Dokument zu öffnen, betrachten Sie genau genommen zweierlei Dinge: die Dokumente und eine Maske. Die Maske ist das Element, das die Informationen organisiert, die Feldnamen des Dokumentes auflistet usw. Das Dokument ist die tatsächliche Information, die sich in der Datenbank befindet.

Wenn Sie ein Dokument öffnen, werden Sie verschiedenen Elementen begegnen. In den folgenden Abschnitten erfahren Sie, was Sie in einer Maske erwartet.

Felder

Felder sind dort, wo in Ihrem Dokument Aktionen stattfinden. Sie enthalten wichtige Informationen; diese Informationen können Sie hinzufügen und ändern, wenn Sie ein Dokument erzeugen oder bearbeiten. Felder haben eine Reihe unterschiedlicher Erscheinungsformen (nicht ganz 31). Hier sind einige Feldtypen, auf die Sie stoßen könnten:

- ✔ Text
- ✔ Schlüsselwort
- ✔ Rich-Text
- ✔ Datum
- ✔ Zahl
- ✔ Name

Sollten Sie zu Notes einen Doktortitel vorweisen können, wissen Sie sicherlich genügend über andere verrückte Felder und sprechen offizielles »Feldnamesisch«. Aber für den Rest von uns sind diese sechs Feldtypen ausreichend.

Beim Ausfüllen eines neuen Dokuments können Sie nicht auf Anhieb die Datentypen der verschiedenen Felder erkennen. Mit anderen Worten, es ist schwer, nur vom Aussehen eines Feldes zu beurteilen, ob es sich um ein Datumsfeld, ein numerisches Feld oder um ein Textfeld handelt. Wenn Sie Ihren Verstand gebrauchen und die Feldbezeichnung drückt so etwas Ähnliches wie *Quantität oder Preis* aus, dann erwartet Notes von Ihnen sicherlich die Eingabe einer Zahl. Ist das Feld eine *Adresse*, können Sie sicher sein, dass es ein Textfeld ist.

Textfelder

Ein *Textfeld* ist genau das, wonach es sich auch anhört. Ein Textfeld kann eine beliebige Kombination von Zeichen enthalten: die Buchstaben des Alphabets, Ziffern oder Punktierungen. Ein Textfeld kann den Namen eines Kunden, die Straßenbezeichnung eines Mitarbeiters oder die Beschreibung eines zu verkaufenden Grundstücks enthalten.

Ungefähr 7.000 Zeichen können Sie in ein Textfeld hineinschreiben. Das ist mehr, als die meisten Menschen in ein Textfeld eingeben müssen, befürchten Sie also nicht, es könnte nicht ausreichen!

Weg mit dem Taschenrechner: Editierbare gegen berechnete Felder

Wenn Sie ein neues Dokument anlegen, sind in den meisten Fällen die Felder leer, und Ihre Aufgabe ist es, neue Namen, Adressen usw. einzugeben. Es ist jedoch auch möglich, dass Sie auf ein *berechnetes Feld* stoßen. Ein berechnetes Feld ist ein Feld, dessen Inhalt vom Programm automatisch berechnet wird.

Stellen Sie sich zum Beispiel vor, Sie benutzen eine Datenbank, die Kundenbestellungen verarbeitet und drei Felder besitzt: Ein Mengenfeld, ein Preisfeld und ein Gesamtkostenfeld. Der Datenbank-Manager hat das Gesamtkostenfeld als berechnetes Feld definiert. Wenn Sie einen Wert in das Mengenfeld und einen Wert in das Preisfeld eintragen, berechnet Notes automatisch den Wert des Gesamtkostenfelds.

Berechnete Felder sind oft *nicht editierbar,* man kann sie also nicht verändern. Allerdings ist es in den meisten Fällen nicht notwendig, ein solches Feld zu verändern, so auch im eben genannten Beispiel mit dem Gesamtkostenfeld.

In einem Dokument könnten Sie auf einen speziellen Bereich stoßen, der als *Abschnitt* bezeichnet wird und verschiedene Informationen eines Dokumentes verbergen kann. Auf dem Bildschirm ist solch ein Abschnitt durch einen fett geschriebenen Titel (manchmal einen Namen) dargestellt, der durch ein Dreieck links davon gekennzeichnet ist. Um die verborgene Information in dem *komprimierten Abschnitt* zu sehen, müssen Sie auf das kleine Dreieck neben dem Titel des Abschnitts klicken. Manchmal kann es passieren, dass Sie beim Klicken auf das Dreieck die dahinter liegende Information nicht erreichen. In diesem Fall ist die von Ihnen gewünschte Ansicht vermutlich geschützt. Sie können zwar in diesen Abschnitt nicht hineingehen, aber durch einen Doppelklick auf den Titel des Abschnitts können Sie sehen, wer dies darf.

Schlüsselfelder

Das *Schlüsselfeld* ist die spezielle Form eines Textfelds. Bei einem solchen Feld hat die Person, welche die Datenbank erstellt hat, die möglichen Einträge bereits vordefiniert. Das ist ganz gut so, da Sie a) den Wert eines Schlüsselfelds nicht eingeben, sondern aus einer Liste mit möglichen Werten auswählen müssen, und Sie b) nicht zu befürchten brauchen, dass Sie dieses Feld falsch ausfüllen. Hier sind alle Typen von Schlüsselfeldern, denen Sie begegnen könnten:

✔ **Dialogliste:** Das Feld *Dialogliste* hat fürchterliche Ähnlichkeit mit einem normalen Textfeld, Sie können es aber an dem kleinen Pfeil am rechten Rand des Feldes erkennen. Wenn Sie auf diesen kleinen Pfeil klicken (oder die [↵]-Taste drücken, wenn sich der Cursor in diesem Feld befindet), wird Ihnen eine Liste mit möglichen Werten angezeigt.

  Sofern es der Datenbank-Designer erlaubt hat, können Sie sogar mehr als einen Wert auswählen oder einen Wert eingeben, der nicht in dieser Liste ist. Um festzustellen, ob Sie mehr als einen Wert auswählen können, klicken Sie auf einen und dann auf einen anderen. Wurde die erste Auswahl wieder rückgängig gemacht, dürfen Sie nur einen Wert auswählen. Wenn Sie neue Werte eingeben können, sehen Sie eine Textbox unterhalb der Liste. Dort könnten Sie Werte eingeben, die nicht in der Liste enthalten sind.

Stoßen Sie auf eine Dialogliste, können Sie durch Drücken der Leertaste alle verfügbaren Werte abfragen. (Die Benutzung der Leertaste ist ein wenig schneller als die Auswahl in der Dialogliste.) Sie können aber auch den Anfangsbuchstaben eines Wertes eingeben, um einen bestimmten Wert auszuwählen. Das geht noch schneller.

- **Optionsschaltflächen:** In einem Feld mit *Optionsschaltflächen* können Sie nur einen einzigen Wert markieren. Den gewünschten Wert selbst wählen Sie durch Anklicken. Sie können aber auch den gewünschten Wert mit den Pfeiltasten markieren und ihn dann mit der Leertaste auswählen. Sie müssen mit den Werten auskommen, die Ihnen der Datenbankentwickler vorgegeben hat.

- **Kontrollkästchen:** In einem *Kontrollkästchen* können mehrere Werte ausgewählt werden. Klicken Sie auf so viele Werte, wie Sie möchten. Sie können sie auch mit den Pfeiltasten markieren und dann mit der Leertaste auswählen.

- **Listenfeld:** Nur eine Auswahlmöglichkeit ist in einem Listenfeld sichtbar. Dieses Feld enthält einen Bereich, bei dem der Benutzer sich mit den beiden Pfeiltasten nach oben oder unten durch die Liste bewegen kann. Der Datenbankentwickler kann Ihnen auch erlaubt haben, mehr als nur einen Wert auszuwählen.

- **Kombinationsfeld:** Ein *Kombinationsfeld* ähnelt der Dialogliste, aber es ist zunächst mehr eine leere Box denn ein Feldbezeichner. Die Box hat einen nach unten zeigenden Pfeil auf der rechten Seite außerhalb des Feldes. Klickt ein Benutzer auf dieses Feld, erscheint eine Liste mit Werten, von denen einer oder mehrere ausgewählt werden können. Handelt es sich um ein Schlüsselfeld, könnte der Datenbankentwickler Ihnen das Hinzufügen von Werten erlauben, die nicht in der Liste sind, doch können Sie immer nur einen Wert angeben.

Standardwerte für Felder

Derjenige, der die Datenbank erzeugt hat, könnte Ihnen Zeit und Tipparbeit sparen, wenn für manche Felder Standardwerte gesetzt würden.

Angenommen, die meisten Ihrer Kunden sind aus Bayern (oh je!). Sie können froh sein, wenn jemand diesen Wert (Bayern) als Standardwert gesetzt hat. Jedes Mal, wenn Sie dann ein Kundenprofil erzeugen, erscheint im Feld Bundesland das Wort Bayern. Sie können dieses Feld bei Bedarf ändern, wenn der Kunde in einem anderen Bundesland sitzt. Sie müssen zwar immer noch bestimmte Angaben schreiben, aber nicht mehr für die, die ausschließlich aus Bayern kommen. Dies als Anmerkung zu Standardwerten.

Viele Notes-Datenbanken enthalten Standardwerte in Feldern, in denen solche Dinge vorkommen wie Ländercodes, Staatenbezeichnungen und Autorennamen. Das ist auch gut so, da Standardwerte dabei helfen, Zeit und Tipparbeit zu sparen.

Rich-Text-Felder

Rich-Text-Felder sind genau das, was Notes vom Rest der Datenbankwelt unterscheidet. Es handelt sich dabei um normale Textfelder, die oft nur Wörter und Zahlen enthalten. Und was ist daran denn reich, mögen Sie fragen? Nun, in einem Rich-Text-Feld (im Gegensatz zum normalen Textfeld) können Sie über das Menü TEXT Worte fett oder kursiv erscheinen lassen oder einen größeren Zeichensatz wählen. Versuchen Sie das in einem Programm wie dBase oder Paradox oder in einem normalen Notes-Textfeld. Das gibt es nur in Rich-Text-Feldern, in denen Sie auch bezaubernde eingebettete Objekte, Dateianhänge und Bilder erzeugen können.

Wie erklären Sie den Unterschied zwischen einem Rich-Text-Feld und einem normalen Textfeld? Sie können es möglicherweise nicht, oder Sie können es nicht durch bloßes Hinschauen. Wenn Sie ein Dokument erzeugen, sehen Textfelder nicht anders aus als Rich-Text-Felder. Aber es gibt einen feinen Trick, um herauszufinden, um was für ein Feld es sich handelt. Setzen Sie den Cursor in das fragliche Feld und sehen Sie in die Statusleiste (die ist am unteren Bildschirmrand, wenn Sie das vergessen haben sollten). Wenn Sie dort den Namen des Zeichensatzes, die Schriftgröße und den -stil sehen, dann handelt es sich um ein Rich-Text-Feld.

Sie können die Statusleiste nur dann zum Verändern von Zeichensatz, Schriftgröße und Schriftstil verwenden, wenn es sich um ein Rich-Text-Feld handelt. Deshalb werden die Parameter auch nur dann angezeigt, wenn sie sich in einem solchen Feld befinden.

Rich-Text-Felder können auch Anhänge enthalten. Sie können einen Anhang verwenden, um eine beliebige Datei in Ihr Notes-Dokument einzufügen. In der Vergangenheit haben Sie Ihre Auslagen in eine Microsoft Excel-Tabelle eingetragen, haben diese ausgedruckt und dann dieses Stück Papier Ihrem Chef zur Überprüfung hingelegt. Jetzt, wo Sie Notes verwenden, können Sie diese Tabelle an eine E-Mail-Nachricht *anhängen* und elektronisch an Ihren Chef senden. Wir sind dem papierlosen Büro damit einen Schritt näher gekommen. (Aber dann werden wir Papier aus alten Disketten herstellen müssen.)

Jedes Rich-Text-Feld kann viele, viele Megabytes an Informationen enthalten. Sie können irgendjemanden eine E-Mail senden, in der sich eine Lotus 1-2-3-Tabelle, ein Microsoft Word-Dokument, eine Kopie Ihrer Datei CONFIG.SYS *und* ein eingescanntes Bild Ihres Babys befinden.

Datumsfelder

Datumsfelder enthalten (Sie ahnen es) Datumsangaben. Vielleicht sind Sie überrascht, wenn Sie erfahren, dass Sie in ein Datumsfeld auch Zeitangaben eingeben können. Wenn Sie eine Datenbank zur Registrierung von Kundenanfragen führen, könnte es zum Beispiel notwendig sein, ein Datum und eine Uhrzeit zu vermerken.

Das Format einer Datums- oder Zeitangabe hängt von den Einstellungen Ihres Computers ab. Wenn Sie versuchen, ein Dokument abzuspeichern, und Sie erhalten die Fehlermeldung `Uhrzeit oder Datum kann nicht interpretiert werden`, dann haben Sie vermutlich

Bindestriche verwendet und sollten lieber Schrägstriche benutzen. Oder umgekehrt. Versuchen Sie den einen oder anderen Weg, um herauszufinden, was Ihr Computer akzeptiert. (Hinweis: Ihr Datenbank-Designer kann Ihnen hierbei helfen und Bindestriche bzw. Schrägstriche bereits in das Feld einsetzen.)

Zahlenfelder

Zahlenfelder enthalten Zahlen, ganz einfach. Versuchen Sie nicht in ein numerisches Feld andere Zeichen wie etwa Bindestriche, Schrägstriche, Buchstaben oder Smileys einzugeben. Es ist auch nicht notwendig, das Währungszeichen anzugeben. Notes schmeißt sie raus, wenn der Datenbankentwickler sie dort nicht haben wollte, oder fügt sie von selbst ein, wenn das Feld ein Währungsfeld ist.

Namensfelder

Hierbei handelt es sich um spezielle Felder. Sie enthalten den Namen einer Person aus Sicherheitsgründen. Beispielsweise besitzen die meisten Notes-Dokumente ein berechnetes Feld, in dem automatisch der Name der Person eingetragen wird, die das Dokument erzeugt hat. Dadurch kann jeder, der ein Dokument liest, erkennen, wer es geschrieben hat. Außerdem erinnert Notes selbst daran, wer ein Dokument später bearbeiten darf. (In zahlreichen Datenbanken können Sie ein Dokument nur dann bearbeiten, wenn Sie es selbst erzeugt haben.)

Gelegentlich könnten Sie *editierbaren Namensfeldern* begegnen. So könnte eine Datenbank ein Feld enthalten, in das Sie beispielsweise den Namen der Person eintragen können, die Ihren Kaufauftrag erhalten soll. Wenn Sie eines Tages mit Ihrem Cursor auf ein editierbares Namensfeld stoßen, geben Sie den Namen der Person so ein, wie er auf seiner oder ihrer Visitenkarte steht.

Schaltflächen

Neben statischem Text, Feldern und Abschnitten könnten Sie bei Ihren Abenteuern mit Notes noch auf Schaltflächen stoßen. *Schaltflächen* helfen Ihnen dabei, bestimmte Dinge schnell zu erledigen. Sie haben vermutlich schon Schaltflächen in Ihrer Navigationsleiste benutzt, als Sie Ihre Mail-Datenbank geöffnet hatten. Sie könnten solchen Schaltflächen aber auch in den Masken mancher Datenbanken begegnen. Angepasste Schaltflächen dieser Art helfen Ihnen bei bestimmten Aufgaben, wenn Sie einem Kunden beispielsweise E-Mail-Nachrichten oder ein Fax senden wollen.

Wenn Sie eine Schaltfläche sehen und sie benutzen möchten, dann klicken Sie darauf. (Das ist wirklich einfach, nicht wahr?) Sie können auch die Pfeiltasten benutzen, um die Schaltfläche auszuwählen, und mit der Leertaste »drücken« Sie den Knopf.

Was beim Klicken einer Schaltfläche passiert, hängt natürlich davon ab, was der Datenbankentwickler für diese Schaltfläche programmiert hat.

Hotspots

Ein *Hotspot* ist ein spezieller Teil eines Dokuments, der etwas tut, wenn Sie darauf klicken, genauso wie eine Schaltfläche. Wenn Sie auf einen Hotspot klicken, könnte eine Zusatzinformation angezeigt werden, oder es wird ein anderes Dokument in einer anderen Datenbank geöffnet. Um einen Hotspot zu verwenden, müssen Sie nur darauf klicken. Sie können ihn auch mit Hilfe der Pfeiltasten auswählen und dann die Leertaste drücken.

Pop-ups

Die gebräuchlichste Form eines Hotspots wird *Pop-up* genannt. Pop-ups erscheinen gewöhnlich als Text, der von einer grünen Box umschlossen wird. Wenn Sie darauf klicken, erscheint ein Merkzettel, ein Hinweis oder eine Information zu einem speziellen Wort oder Ausdruck. Um das Pop-up zu sehen, klicken Sie nur irgendwo in das grüne Feld hinein und halten die Maustaste gedrückt.

Einige Pop-ups sind nicht dazu da, Informationen anzuzeigen, sondern sie bringen denjenigen, der auf sie klickt, zu einem anderen Dokument der Datenbank, zu einer ganz anderen Datenbank oder auch zu einer bestimmten Webseite.

Auf geht's - Erzeugen Sie Ihr erstes Dokument

Sie haben bereits eine ganze Reihe von Dokumenten gelesen, aber nun möchten Sie sich in den Kampf stürzen und Ihren eigenen Beitrag leisten – Sie möchten jetzt Ihre eigenen Dokumente anfertigen.

Sie müssen zuerst die Datenbank öffnen, in der sie ein Dokument erzeugen möchten, noch bevor Sie im Menü Erstellen herumpfuschen. In den meisten Fällen haben Sie eine Datenbank bereits geöffnet. Wenn Sie sich also entscheiden, ein neues Dokument zu erzeugen, prüfen Sie nach, ob die geöffnete Datenbank auch die Datenbank ist, in der Sie Ihr Dokument erzeugen möchten.

Moment - Kann ich eigene Dokumente erzeugen?

Die Tatsache, dass Sie einer Datenbank eigene Dokumente hinzufügen wollen, heißt noch lange nicht, dass Ihnen diese Möglichkeit offen steht. Für jede einzelne Notes-Datenbank, die Sie verwenden – auch wenn es sich um Ihre eigene Mail-Datenbank handelt – sind bestimmte Regeln festgelegt, von denen abhängt, welcher Benutzer in der jeweiligen Datenbank welche Änderungen vornehmen kann.

In einigen Datenbanken werden Sie sich auf einer Ebene wiederfinden, in der Sie ausschließlich Zugang zu den Informationen haben, die Sie unbedingt benötigen. Ganze Datenbankbereiche können Ihnen verschlossen sein. In einigen Datenbanken wiederum können Sie nach Belieben Dokumente hinzufügen und löschen. In anderen wiederum kann es sogar sein, dass Sie Dokumente bearbeiten können, die von anderen Benutzern erstellt wurden. Es kann also ganz unterschiedlich sein und hängt von einem ganz bestimmten Faktor ab.

Von welchem Faktor? Von der Zugriffs-Kontroll-Liste (ACL) der Datenbank. Jede Datenbank verfügt über eine solche Liste und diese bestimmt, welche Möglichkeiten Ihnen offen stehen.

Man unterscheidet zwischen folgenden sieben Zugriffsebenen einer Notes-Datenbank:

- ✔ **Kein Zugriff:** Wenn Sie keinen Zugriff zu einer Datenbank haben, können Sie diese nicht benutzen. Punkt und Schluss!
- ✔ **Depositor:** Als Depositor können Sie nur Dokumente zu einer Datenbank hinzufügen, aber Sie können diese Dokumente nicht sehen, nicht einmal diejenigen, die sie selbst erstellt haben. Dieses Zugriffslevel wird oft verwendet, wenn die Option bestehen soll, anonym Vorschläge in Textboxen einzutragen.
- ✔ **Reader:** Mit Reader-Zugriff können Sie nur Dokumente lesen, die andere erstellt haben, selbst aber keine erstellen. Ein Beispiel wäre eine Datenbank mit Bestimmungen und Verfahrensweisen oder aber andere Dokumente, die als Referenzmaterial dienen.
- ✔ **Autor:** Dies ist das häufigste Zugriffslevel. Wenn Sie für eine Datenbank als Autor eingetragen sind, stehen Ihnen vier Optionen offen. Sie können:
  - von anderen erstellte **Dokumente lesen**
  - eigene **Dokumente hinzufügen**
  - eigene **Dokumente bearbeiten**
  - eigene **Dokumente löschen**
- ✔ **Editor:** Mit Editor-Zugriff können Sie all das tun, was auch ein Autor tun kann. Darüber hinaus aber können Sie Dokumente, die von anderen Benutzern erstellt wurden, bearbeiten und löschen.
- ✔ **Designer:** Mit Designer-Zugriff können Sie die Funktionsweise von Datenbanken ändern und Elemente wie Masken und Ansichten hinzufügen, löschen und bearbeiten. Hierfür verwenden Sie ein eigenes Programm: den Lotus Domino Designer.
- ✔ **Manager:** Das höchste mögliche Zugriffslevel auf eine Datenbank. Sie können mit der betreffenden Datenbank anstellen, was Sie wollen. Sie haben auch das Recht, anderen Benutzern den Zugriff auf die Datenbank zu erlauben oder zu verweigern.

In Notes gibt es also all diese verschiedenen Datenbanken und für jede Datenbank haben Sie einen eigenen ACL-Status. Wie wissen Sie, welche Zugriffsrechte man Ihnen eingeräumt hat?

Sie können das feststellen, indem Sie Optionen im Menü ERSTELLEN austesten. Wenn Sie in diesem Menü keine Liste von Masken, die Sie in dieser Datenbank erzeugen könnten, vorfinden, ist anzunehmen, dass Sie für diese Datenbank lediglich als Reader eingetragen sind und nur Lesezugriff haben. Pech gehabt!

Da aber nicht alle Datenbanken das Menü Erstellen verwenden – einige Datenbanken verwenden Schaltflächen, um Dokumente hinzuzufügen –, brauchen Sie eine absolut sichere Methode, um Ihren persönlichen Zugriffsgrad auf eine Datenbank festzustellen.

Betrachten Sie die Statusleiste am unteren Rand des Notes-Bildschirms. Auf der rechten Seite finden Sie die Schaltfläche Sicherheit – sie sieht meist wie ein Schlüssel aus, der nach links zeigt. Diese Schaltfläche ist textabhängig, d.h. sie ändert sich abhängig von der Datenbank, in der Sie sich befinden. Wenn Sie sich zum Beispiel in Ihrer Mail-Datenbank befinden, wird diese Schaltfläche mit einem Schlüssel-Icon angezeigt. Wenn Sie sich in einer Firmenmailverzeichnis-Datenbank befinden, sehen Sie vielleicht ein ganz anderes Icon. Klicken Sie auf diese Schaltfläche und prüfen Sie in der folgenden Dialogbox Gruppen und Rollen, welchen Zugriffslevel Sie haben.

In dem meisten Fällen können Sie den Zugriffslevel auf eine Datenbank nicht ändern... und wenn man es genau bedenkt ist genau das der eigentliche Sinn der Zugriffsliste. Wenn Sie für eine Datenbank einen anderen Zugriffsgrad benötigen, wenden Sie sich an einen Benutzer mit Manager-Zugriff und bitten ihn Ihren Status in der Zugriffs-Kontroll-Liste zu ändern.

Bekommen Sie Ihre Erbschaft vom richtigen Dokument

Kann ein gerade geöffnetes Dokument von Belang sein, wenn ich ein neues erzeugen möchte? Die Antwort ist ein definitives »kann sein«. Viele Datenbanken enthalten Dokumente mit Merkmalen, die als Vererbung bezeichnet werden. *Vererbung* ist ein Weg für Notes, um Informationen, die bereits in einem Dokument der Datenbank enthalten sind, in ein neues zu übertragen.

Nehmen wir an, Sie haben eine Datenbank mit Bestellungen. In dieser können Sie zwei Typen von Dokumenten erzeugen: eine Kundenkartei und eine Kundenbestellung. Die Datenbank ist bereits so konfiguriert, dass beim Eingeben einer neuen Kundenbestellung Notes automatisch den Kundennamen und andere Informationen über den Kunden in das neue Dokument einträgt. Notes erreicht dies durch Vererbung der entsprechenden Adressfelder der Kundenkartei, die Sie beim Erzeugen der neuen Bestellung ausgewählt hatten. Wenn Sie im Ansichtsbereich nicht die richtigen Kundendaten ausgewählt oder markiert haben, erscheint die falsche Adresse in der Bestellung.

Die Moral von der Geschichte: Wenn Sie ein neues Dokument erzeugen möchten, müssen Sie dann das richtige Dokument geöffnet haben, wenn die Datenbank das Vererbungsprinzip benutzt, um Felder zu berechnen.

Das Menü Erstellen

Immer wenn Sie den Menüpunkt ERSTELLEN auswählen, gibt Notes Ihnen eine Liste von Dokumenten, die Sie in dieser Datenbank erzeugen können.

Es versteht sich von selbst, dass die Liste der Dokumente, die Sie in diesem Menü erzeugen können, von Datenbank zu Datenbank unterschiedlich ist. In Ihrer Mail-Datenbank können Sie eine Nachricht oder eine Antwort auf eine Nachricht erzeugen, in anderen Datenbanken können Sie wiederum verschiedene Arten von anderen Dokumenten erzeugen. Wir sind nicht einmal in der Lage, Ihnen Beispiele für einzelne Dokumentnamen zu geben, da auch diese von den von Ihnen verwendeten Datenbanken abhängen.

Auch wenn Sie das Menü ERSTELLEN gefunden haben, so heißt das noch lange nicht, dass Sie auch Dokumente in einer bestimmten Datenbank erzeugen können. In manchen Datenbanken haben Sie nur Reader-Zugriff und es ist Ihnen nur erlaubt, Dokumente zu lesen und nicht Ihre eigenen zu erzeugen – hierfür bräuchten Sie Autor-Zugriff. (Nehmen Sie es nicht persönlich!)

Rufen Sie den Administrator an, wenn Sie zu einer Datenbank, auf die Sie nur Lesezugriff haben, Dokumente hinzufügen möchten.

In Ihrem neuen Dokument navigieren

Das Navigieren in einem neuen Dokument ist einfach. Wenn Sie Werte in Ihr Dokument eingeben, drücken Sie die Tabulatortaste, um von einem Feld zum nächsten zu gelangen. Sie können dafür auch die Pfeiltasten und die Maus verwenden.

Dagegen können Sie die Tabulatortaste nicht benutzen, um von einem Rich-Text-Feld zum nächsten Feld zu gelangen. Sie müssen stattdessen die Pfeiltasten oder die Maus benutzen. Im Rich-Text-Feld springen Sie bei Benutzung der Tabulatortaste nur zur nächsten Tab-Position in diesem Feld.

Speichern Sie Ihr neues Dokument

Wenn Sie in Ihrem neuen Dokument die Felder ausgefüllt haben, drücken Sie die Taste [Esc]. Daraufhin erscheint eine Dialogbox, in der Sie durch Auswahl von JA das Dokument in der Datenbank speichern. Dann schließen Sie das Dokument und kehren zum ursprünglichen Dokument zurück.

Es ist empfehlenswert, ein Dokument während der Bearbeitung öfters zu speichern, für den Fall, dass Sie Mist bauen, dass der Strom ausfällt oder Ihr Computer abstürzt. Sie können Ihr Dokument jederzeit speichern, indem Sie entweder DATEI|SPEICHERN wählen, in der Navigationsleiste auf die Schaltfläche SPEICHERN klicken oder indem Sie [Strg]+[S] drücken.

Ihr neues Dokument verwerfen

Falls Sie mit der Bearbeitung eines neuen Dokuments bereits begonnen haben und dann Ihre Meinung ändern, können Sie jederzeit ein Dokument verwerfen. Drücken Sie die [Esc]-Taste und wählen NEIN in der Dialogbox SPEICHERN. Das war's schon.

Nach Regeln vorgehen

Möglicherweise hat die Person, welche die Datenbank erzeugt hat, einige Regeln für das Ausfüllen von Feldern aufgestellt: Sie können eventuell bestimmte Felder nicht leer verlassen, oder eine Regel stellt sicher, dass Sie einen von den Drei-Zeichen-Ländercodes benutzen. Wenn Sie das Dokument sichern, überprüft Notes die Werte in den verschiedenen Feldern entsprechend der aufgestellten Regeln (falls der Programmierer welche aufgestellt hat).

Seien Sie nicht überrascht, falls Sie beim Versuch, ein Dokument zu speichern, eine Fehler-Dialogbox erhalten. Solch eine Dialogbox teilt Ihnen mit, welche Regel Sie gebrochen haben und dass es nicht möglich ist, das Dokument zu speichern, bevor Sie nicht das Problem korrigiert haben. Na und? Klicken Sie auf OK, korrigieren Sie den Fehler und versuchen Sie das Dokument erneut zu speichern.

Ein Dokument gefällig gestalten

Neben dem Lesen und dem Neuanlegen von Dokumenten können Sie ein Dokument auch drucken, bearbeiten, löschen, per E-Mail versenden oder in einen persönlichen Ordner verschieben.

Ein Dokument drucken

Um ein Dokument zu drucken, müssen Sie es zuerst öffnen und in der Navigationsleiste auf die Schaltfläche DRUCKEN klicken. Sie können auch im Menü DATEI|DRUCKEN.. wählen oder die Tasten [Strg]+[P] drücken. Daraufhin öffnet sich die Dialogbox DRUCKEN, wie sie in Abbildung 13.9 dargestellt ist. Sie können aussuchen, welchen Drucker Sie verwenden möchten, wie viele Exemplare gedruckt werden und welche Seiten gedruckt werden sollen. Außerdem können Sie entscheiden, ob der Druck in Entwurfsqualität (schneller, aber schlechtere Qualität) und ob Grafiken in ihrer Originalgröße gedruckt werden sollen, wenn Sie deren Größe und Form im Dokument verändert haben sollten. Bevor Sie ein Dokument drucken, sollten Sie die Druckvorschau wählen. Nachdem Sie das Erscheinungsbild Ihres Dokuments in der VORSCHAU... überprüft haben, klicken Sie auf die Taste OK. Und das Dokument wird gedruckt! (Weitere Informationen zum Thema Drucken finden Sie in Kapitel 5.)

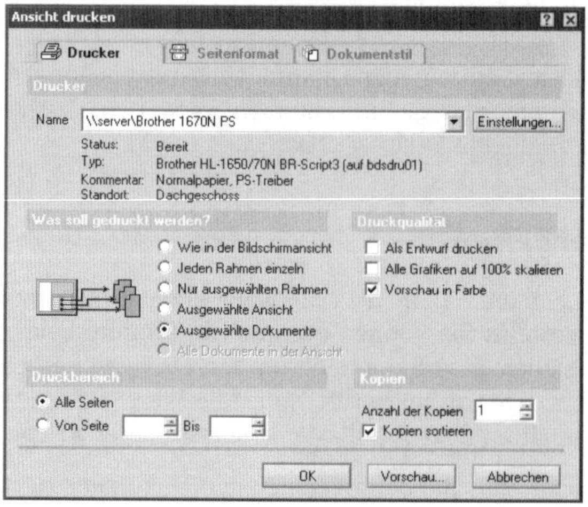

Abbildung 13.9: Verwenden Sie die Dialogbox DRUCKEN, *um Ihr Meisterstück aufs Papier zu bringen.*

Ein Dokument bearbeiten

Um ein Dokument bearbeiten zu können, müssen Sie es entweder geöffnet oder wenigstens im Ansichtsbereich markiert haben. Klicken Sie dann in der Navigationsleiste auf die Schaltfläche DOKUMENT BEARBEITEN, wählen Sie AKTIONEN|DOKUMENT BEARBEITEN oder verwenden sie die Tasten [Strg]+[E]. Vorausgesetzt, Sie dürfen das Dokument bearbeiten, wechselt Notes in den *Bearbeitungsmodus*, und Sie können in den Feldern Veränderungen vornehmen. Nach Abschluss aller Änderungen speichern Sie das Dokument genauso wie beim Neuanlegen (Drücken der [Esc]-Taste und die Auswahl von JA).

Wenn Sie ein Dokument bereits geöffnet haben, können Sie auch durch einen Doppelklick irgendwo im Dokument in den Bearbeitungsmodus wechseln. Vielleicht hat der Datenbank-Designer auch bereits eine Schaltfläche BEARBEITEN in der Navigationsleiste vorgesehen.

Ein Dokument lesen zu können heißt noch lange nicht, es auch bearbeiten zu können. Die meisten Datenbanken erlauben die Bearbeitung eines Dokuments nur demjenigen, der das Dokument ursprünglich erzeugt hatte. (Oder möchten Sie, dass irgend jemand Ihr Dokument verändert und sich die Lorbeeren für Ihre guten Ideen holt?) Wenn Notes Ihnen also die Bearbeitung eines Dokuments nicht erlaubt, so waren Sie möglicherweise nicht die Person, die es ursprünglich angelegt hatte. Um ein Dokument bearbeiten zu können, benötigen Sie einen Zugriff als Autor, Editor oder Manager.

Ein Dokument löschen

Ein geöffnetes oder im Ansichtsbereich markiertes Dokument können Sie durch Drücken der Taste [Entf] löschen. Ist das Dokument geöffnet, wird dieses von Notes geschlossen, als gelöscht markiert und das nächste Dokument der Datenbank geöffnet. Notes löscht das Dokument nicht sofort aus der Datenbank, sondern erledigt dies erst, wenn Sie die Ansicht aktualisieren (durch Drücken der [F9]-Taste) oder die Datenbank verlassen. Dadurch haben Sie noch die Möglichkeit, Ihre Meinung zu ändern, und können das Löschen rückgängig machen.

Bei den meisten Datenbanken haben Sie und nur Sie allein die volle Kontrolle über das Schicksal der Dokumente, die von Ihnen erzeugt wurden. Sie sind der einzige, der diese Dokumente bearbeiten und löschen kann. Andernfalls könnten Ihre Rivalen Ihre Dokumente einfach löschen und Sie hätten das Nachsehen!

Ein Dokument weiterleiten

Sie können jedes von Ihnen betrachtete Dokument in eine E-Mail-Nachricht verpacken – jederzeit und überall. Wenn Sie ein Dokument gelesen haben und der Meinung sind, dieses an einen Freund weiterzuleiten, wählen Sie den Befehl AKTIONEN|WEITERLEITEN. Notes nimmt dieses Dokument und macht es zum Textkörper einer neuen E-Mail-Nachricht. Sie adressieren und versenden Ihre neue E-Mail-Nachricht wie jede andere Nachricht auch.

Dokumente in persönlichen Ordnern ablegen

Einige Datenbanken sind mit *persönlichen Ordnern* ausgestattet. Mit deren Hilfe können Sie die für Sie interessanten Dokumente an einem einzigen Platz sammeln. Dadurch finden Sie diese später schneller.

Ein gutes Beispiel für die Verwendung von persönlichen Ordnern ist die Notes-Hilfedatenbank. Diese Datenbank ist vollgepfropft mit Dokumenten zu jeder nur denkbaren Einzelheit, die Sie irgendwann über Lotus Notes 6 wissen möchten. Oder anders, hier sind viel mehr Informationen, als Sie brauchen. Angenommen, Sie verbringen eine Stunde in der Hilfedatenbank, um herauszufinden, wie die Statusleiste benutzt wird. Sie können sich beim nächsten Mal den Zeitaufwand sparen, wenn Sie das Dokument in den persönlichen Ordner der Hilfedatenbank ablegen. Wenn Sie also das nächste Mal die Hilfestellung zur Statusleiste erneut lesen möchten, finden Sie diese in Ihrem persönlichen Ordner der Hilfedatenbank.

Nur Sie können den Inhalt Ihres eigenen persönlichen Ordners sehen. Ordner werden durch kleine Ordnersymbole neben dem Namen und Ansichten durch eine kleine Karte dargestellt. Sie können kein Dokument zu einer Ansicht ziehen.

Das gewünschte Dokument legen Sie in Ihrem persönlichen Ordner ab, indem Sie es im Ansichtsbereich anklicken und zum Ordnersymbol im Navigationsbereich ziehen. Sie können die Maustaste loslassen, wenn sich der Mauszeiger zu einem kleinen Kreuz verändert.

Wenn Sie ein Dokument lesen, können Sie durch die Wahl von Aktionen|In Ordner verschieben... das Dokument in diesem Ordner ablegen.

Um in persönlichen Ordnern gespeicherte Dokumente zu sehen, klicken Sie auf das Ordner-Icon im Navigationsbereich.

Wenn Dinge wichtig werden

Wir haben in diesem Kapitel sicherlich nicht das Beste bis zum Schluss aufgehoben. Wir behaupten auch nicht, dass die folgenden zwei Punkte schlecht sind. Aber falls Sie diese überhaupt benutzen, dann wird dies recht selten sein. Sie sollten den Rest dieses Kapitels also nur dann lesen, wenn Sie dies auch wirklich tun müssen oder wenn Ihnen mitgeteilt wird, dass Sie Felder verschlüsseln und Dokumente verbergen müssen.

Verschlüsseln von Feldern

Notes hat ein Merkmal, das als *Feldverschlüsselung* bezeichnet wird. Dabei handelt es sich um eine extrem sichere Methode, bestimmte Feldwerte als geheim zu definieren. Und wir meinen geheim. Wenn ein Feld verschlüsselt wurde und Sie nicht zu denen gehören, die den Feldinhalt sehen dürfen, haben Sie auch keine Chance, dieses Feld auszuspionieren.

Okay, warum eigentlich sollten Sie Verschlüsselung einsetzen? Nehmen wir an, Ihr Unternehmen hat eine Datenbank, die Informationen zu den Angestellten enthält. Dort gibt es Felder wie etwa Name des Angestellten, wo sich sein Büro befindet, seine Telefonnummer und das jährliche Gehalt. Das gesamte Unternehmen benutzt diese Datenbank als eine Art Unternehmensverzeichnis. Personen können da nach anderen Angestellten, deren Telefonnummern, ihrer Schuhgröße oder anderen öffentlich interessierenden Daten nachschauen.

Möchten Sie, dass Ihre Mitarbeiter erfahren können, wie viel Geld Sie erhalten? Ihre Manager möchten, dass die gesamte Firma die Datenbank benutzt, Sie möchten aber auch, dass das Einkommensfeld geschützt ist, sodass nur Sie, Ihr Chef und die Personalabteilung dieses Feld sehen kann. (Ein solch hohes Gehalt wie Ihres könnte alle Formen der Unzufriedenheit und Verstimmung hervorrufen, wenn jedermann dieses Feld sehen könnte.)

Wenn ein Feld verschlüsselt ist, benötigen Sie einen speziellen *Schlüssel*, um den Feldinhalt sehen zu können. Lesen Sie gerade ein Dokument, das ein solches verschlüsseltes Feld enthält, und Sie besitzen nicht den Schlüssel zu diesem Feld, dann können Sie auch nicht dessen Inhalt sehen. Notes speichert diese Schlüssel in der Benutzer-ID.

Ein Dokument verbergen

Beim Neuanlegen eines Dokuments können Sie entscheiden, dass nur bestimmte Leute dieses Dokument lesen können. Sie müssen vor dem Speichern eines neuen Dokuments eine *Lesezugriffsliste* erstellen, in der Sie festlegen, wer dieses Dokument sehen darf. Personen, die auf diese Datenbank zugreifen und nicht in dieser Lesezugriffsliste aufgeführt sind, erfahren auch nicht, dass dieses Dokument in dieser Datenbank ist.

Bevor Sie ein Dokument als geheim deklarieren, müssen Sie im Menü DATEI|EIGENSCHAFTEN: DOKUMENT... und in der Infobox die Registerseite mit dem Schlüssel wählen. Standardmäßig ist ALLE LESER UND HÖHERE aktiviert. Das bedeutet nichts anderes, als dass jeder, der Zugriff auf die Datenbank hat, auch das von Ihnen erzeugte Dokument sehen kann. Entfernen Sie das Häkchen aus der Box rechts daneben. Sie können anschließend im Feld darunter auf die Namen derjenigen klicken, denen Sie das Lesen des Dokumentes erlauben.

Möchten Sie eine Person hinzufügen, die nicht in der Liste enthalten ist, klicken Sie auf die kleine Schaltfläche neben der Liste. Hier können Sie aus einer Namensliste diejenigen auswählen, die das Dokument lesen dürfen.

Abbildung 13.10 zeigt die Infobox eines Dokuments, das nur die Personen Anna Berling, Gerd Naumann und Volker Bruns lesen dürfen.

Nachdem Sie die Personen markiert haben, die dieses Dokument lesen dürfen, schließen und speichern Sie das Dokument wie jedes andere auch.

Wenn Sie eine Lesezugriffsliste zu einem Dokument hinzufügen und vergessen, Ihren eigenen Namen in die Liste aufzunehmen, können Sie anschließend das Dokument nicht mehr sehen.

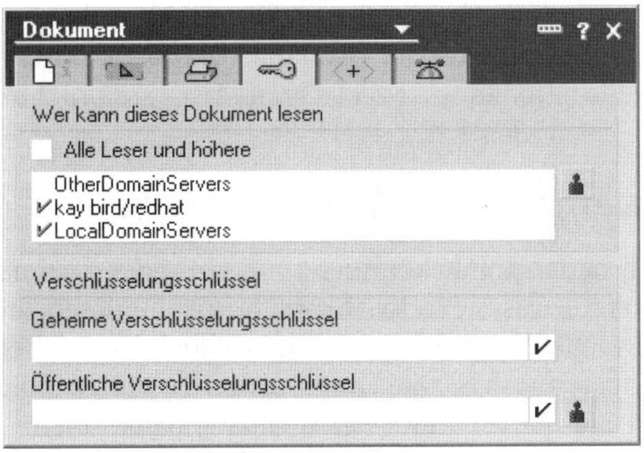

Abbildung 13.10: Benutzen Sie die Infobox DOKUMENT, um zum Dokument eine Lesezugriffsliste hinzuzufügen.

Suchen

Datenbanken – vollgestopft mit Dokumenten – drängeln sich auf Ihren Servern, und hundert Millionen Dokumente sind in irgendwelchen staubigen Ecken des Internets verstaut. Berge von Daten gibt es da zu lesen. Und jetzt müssen Sie ein kleines Informationsteilchen finden, das irgendjemand irgendwo untergebracht hat. Sie müssen jedes gefundene Dokument lesen. Streichen Sie Ihre Pläne für das Wochenende, denn Sie haben *viel* zu lesen. Oder etwa nicht? Wir leben im Zeitalter der elektronischen Wunder, gibt es da nicht eine Möglichkeit, einen bestimmten Text zu finden, ohne jedes Dokument in jeder Datenbank lesen zu müssen?

Richtig geraten, wir würden die Frage nicht stellen, wenn die Antwort darauf negativ ausfallen würde. Notes hat Ihnen verschiedene Möglichkeiten anzubieten, Informationen zu finden, von der schnellen Suche eines Dokuments bis hin zur Volltextsuche (ein schlauer Weg, Notes wühlen zu lassen) oder der Suche im Internet. Glauben Sie uns, egal wie viele Kurse in Speed-Reading Sie absolviert haben, Notes findet Informationen schneller, als Sie es jemals zu hoffen wagten.

Volle Power suchen

Durch die Benutzung des Icons Bearbeiten – Suchen/Ersetzen in der Navigationsleiste haben Sie alles unter Ihrer Kontrolle – von einer Ansicht bis hin zur ganzen Welt. Wo Sie suchen sollen, was Sie suchen sollen, wie die Suchresultate angezeigt werden sollen und welche speziellen Suchbedingungen Sie stellen wollen, das alles ist irgendwo in diesem Icon drin. Was Sie aber dort angeben können, hängt davon ab, wo Sie nachschauen.

Die verfügbaren Optionen und das Erscheinungsbild der Suchresultate hängen davon ab, ob die Datenbank, in der Sie suchen, über einen Volltextindex verfügt (FTI: Full Text Index). Hat der Entwickler der Datenbank keinen Volltextindex erstellt, können Sie zwar immer noch die Datenbank durchsuchen, aber so weiterentwickelte Funktionen wie Suchen nach Maske sind nicht möglich.

Alle Dokumente einer Ansicht durchsuchen

Soeben haben Sie einen neuen Job bekommen, und ein- oder zweimal monatlich gehen Sie auf Geschäftsreise. Das erste, was Sie in Erfahrung bringen müssen, sind die Gepflogenheiten der Firma bei Reisen, welche Fluglinie Sie nehmen sollen, in welchen Hotels Sie nächtigen können und – am wichtigsten – ob *Sie* die Gratismeilen für die Vielfliegerei auch *selbst* behalten dürfen. Also öffnen Sie die vertraute Personaldatenbank, doch die umfasst mindestens siebenhundert Dokumente. Wie finden Sie jetzt all die Dokumente, die das Wort *Reise* enthalten? Wir reden jetzt über das ganze Dokument, nicht nur über den Titel eines Dokuments (oder über einen beliebigen Text, der in einer Ansicht gezeigt wird).

Das Such-Icon in der Navigationsleiste kommt zu Hilfe. Es erlaubt *Volltextsuche*, eine Möglichkeit, alle Vorkommen des Wortes (oder mehrerer Wörter) sehr, sehr schnell zu finden. Sie können eine gewaltige Datenbank nahezu ohne Zeitaufwand durchsuchen. Die meisten Suchvorgänge dauern nicht länger als zwei oder drei Sekunden. Und wenn Sie Notes instruieren, das Wort *Reise* zu finden, wird es *alle* Dokumente finden, die das Wort enthalten, unabhängig davon, wo und wie oft die Dokumente dieses Wort enthalten. Notes nennt das *Volltextsuche*, nicht weil es vollen Text sucht (gibt es ja gar nicht), sondern weil es voll netter Möglichkeiten steckt.

Hintergrundsuche mit der Suchleiste

Möchten Sie eine Volltextsuche starten, müssen Sie die Suchleiste sehen, um die Suchkriterien eingeben zu können. Für deren Anzeige klicken Sie auf das Such-Icon in der Navigationsleiste (es sieht aus wie eine Brille) oder wählen Ansicht|In dieser Ansicht suchen aus dem Menü.

Wenn Sie eine Suche durchführen, sucht Notes nur Dokumente in der momentanen offenen Ansicht. Also passen Sie auf, dass Sie die richtige Ansicht wählen, wie zum Beispiel die Ansicht Alle Dokumente, bevor Sie eine Suche starten. Wenn die geöffnete Ansicht nur Dokumente des ersten Halbjahres anzeigt, dann wird eine Suche danach nicht die Dokumente des zweiten Halbjahres durchforsten.

Die Suchleiste

Die Suchleiste besteht aus einigen wichtigen Teilen. Von links aus angefangen schreiben Sie in die leere Box den Text, nach dem gesucht werden soll. An dieser Stelle einige Vorschläge, was Sie so eingeben können:

- ✔ **Ein einzelnes Wort:** Schreiben Sie zum Beispiel das Wort **Gold,** um alle Dokumente zu finden, die das Wort *Gold* enthalten.
- ✔ **Eine Wortgruppe in Anführungszeichen:** Schreiben Sie zum Beispiel **»Gold und Silber«,** um so alle Sätze zu finden, in denen die Wortgruppe *Gold und Silber* vorkommt.
- ✔ **Wörter, die mit *und* verknüpft sind, ohne Anführungszeichen:** Geben Sie zum Beispiel Gold und Silber ein, um Dokumente zu finden, die sowohl das Wort *Gold* als auch das Wort *Silber* enthalten.
- ✔ **Wörter, die mit *oder* verknüpft sind, ohne Anführungszeichen:** Schreiben Sie zum Beispiel **Gold oder Silber**, finden Sie entweder Dokumente, die das Wort *Gold* oder das Wort *Silber* enthalten, vielleicht beide, wenigstens jedoch eines davon.

Aufstellen von Suchbedingungen

Oftmals werden Sie schon glücklich sein, einfach Dokumente zu finden, die den Text enthalten, den Sie suchen. Geben Sie den Suchtext ein, klicken Sie auf die Schaltfläche Suchen und warten Sie darauf, dass das richtige Dokument erscheint. Stellen Sie sich bitte vor, Sie suchen *Reise* in der Personaldatenbank und finden 150 Dokumente. Das ist zum Lesen immer noch zu viel. Wenn Sie Ihre Suche noch verfeinern können, verringern Sie auch die Anzahl der Suchergebnisse. Wissen Sie beispielsweise, dass der Autor der meisten Dokumente »Verfahrensweisen bei Reisen« ein Gerd Naumann aus der Personalabteilung ist, dann können Sie die Zahl der Suchergebnisse verringern, indem Sie nach Dokumenten suchen, die er erstellt hat und die das Wort *Reise* enthalten.

Klicken Sie auf Mehr, dann auf die Schaltfläche Autor... und geben Sie nun den Namen des Autors ein. Nehmen Sie zur Kenntnis, dass im Suchfenster das Wort *enthält* steht.

Wenn Sie die verschiedenen Schaltflächen anklicken und die Bedingungen angeben, wird jede Bedingung zum Suchfenster hinzugefügt, sodass Sie zum Beispiel Dokumente finden können, die von Gerd Naumann geschrieben wurden, nicht aber von Lisa Anders, und außerdem das Wort *Reise* enthalten. In der Suchleiste wird jede einzelne Bedingung durch eine Art Schaltfläche dargestellt. Es handelt sich um eine graue Box, welche die spezifische Bedingung enthält. Um die Bedingung zu sehen oder zu verändern doppelklicken Sie auf ihre Schaltfläche. Um die Bedingung zu löschen, markieren Sie diese und drücken [Entf].

Aber warten Sie, da gibt es noch mehr, viel mehr sogar. Zu viel, um dieses Kapitel damit vollzustopfen. Also schlagen wir vor, dass Sie einige Minuten damit verbringen, Ihre Suchekenntnisse zu verbessern. Klicken Sie einfach ein bisschen auf den Schaltflächen in der Suchleiste herum und schauen Sie sich alle verfügbaren Optionen an. Die wichtigeren Optionen erklären wir jetzt:

- ✔ **Nach Datum:** Hier erscheint eine Dialogbox, in die Sie ein Datum eintragen und Notes beauftragen können, Dokumente mit neuerem oder älterem Datum zu finden. Sie können auch Dokumente finden, die zwischen zwei Zeitpunkten oder die nicht zwischen zwei Zeitpunkten erstellt wurden oder die innerhalb einer bestimmten Anzahl von Tagen erstellt wurden usw. usw.

- ✔ **Nach Autor:** Eine neue Dialogbox erscheint, in die Sie den Namen der Person eintragen, deren Dokumente Sie sehen oder nicht sehen möchten.

- ✔ **Nach Feld:** Eine Dialogbox erscheint, in das Sie die Feldnamen und die Daten, die das Feld enthalten soll (oder nicht), eintragen können.

- ✔ **Nach Maske:** Das gestattet Ihnen, nach Dokumenten zu suchen, die auf der Grundlage einer einzelnen Maske erstellt wurden. Wenn die Ansicht, die Sie gerade durchsuchen, viele Typen von Hauptdokumenten oder Antworten enthält, möchten Sie möglicherweise nur einen ganz speziellen Dokumententyp suchen. Bei unserem Beispiel mit den Verfahrensweisen bei Reisen suchen Sie zum Beispiel nur die Dokumente, die mit der Maske Verfahrensweisen erstellt wurden.

- ✔ **Nach mehreren Wörtern:** Eine andere Art, Ihre Suche zu verfeinern, ist die Suche nach mehreren Wörtern, zum Beispiel nach *Reise*, *Verfahrensweise* und *Mitarbeiter*. Bevor Sie Wörter oder Sätze in die Textbox eintragen, können Sie diese in die nummerierten Felder der Dialogbox Abfragefunktion eintragen. Klicken Sie auf Mehrere Wörter und tragen Sie dann jeweils ein Wort in eines der nummerierten Felder ein. Die Auswahl beliebigen ist wie die Benutzung des Wortes *oder* in der Textbox zwischen *Gold* und *Silber*. Die darauf folgende Suche wird nach den Dokumenten stöbern, die irgendeines dieser Wörter beinhalten. Die Auswahl allen nachfolgenden Wörtern findet die Dokumente, die alle Wörter der Liste enthalten.

✔ **Nach Ausfüllen einer Beispielmaske:** Sie können in einer bestimmten Maske spezifische Felder ausfüllen. Zu den zahlreichen Suchoptionen gehört auch die berühmte Abfrage nach Maske. Weil diese so wichtig ist, wird sie im nächsten Abschnitt genauer erklärt.

Abfrage nach Maske

Eine große Erleichterung ist eine *Abfrage nach Maske*. Das heißt, Sie benutzen eine der Masken in der Datenbank, um Notes mitzuteilen, nach welchen Wörtern Sie suchen und in welchen Feldern Sie diese finden möchten. Diese Methode grenzt Ihre Suche sowohl räumlich als auch zeitlich erheblich ein.

Stellen Sie sich vor, Sie durchsuchen eine persönliche Datenbank nach dem Namen einer bestimmten Person, aber diese Person ist auch gleichzeitig der Autor zahlreicher Dokumente in dieser Datenbank. Das Problem wird noch komplizierter, da die Dokumente in der Ansicht auch noch verschieden vom Typ her sind (das heißt, mit verschiedenen Masken erstellt wurden). Sie sind jedoch nur an den Dokumenten interessiert, die den Namen dieser Person erwähnen, nicht aber an denen, die diese Person selbst geschrieben hat. Außerdem möchten Sie nur einen bestimmten Typ von Dokumenten. Hier können Sie eine Abfrage nach Maske benutzen, damit Notes beauftragt werden kann, den gesuchten Namen im Textkörper einer bestimmten Maske zu suchen. (Der Name des Feldes könnte in der von Ihnen verwendeten Maske anders lauten.)

An dieser Stelle die Anweisung, wie man eine Abfrage nach Maske durchführt:

1. **Klicken Sie in der Suchleiste auf die Schaltfläche Ansicht|In dieser Ansicht suchen.**
2. **Klicken Sie in der Suchleiste auf die Schaltfläche Mehr.**
3. **Klicken Sie die auf Schaltfläche Maske.**

   Die Dialogbox Abfragefunktion erscheint.
4. **Klicken Sie den Abwärtspfeil am Ende des Textfeldes Bedingung: und wählen Sie nach Maske.**
5. **Klicken Sie auf die Masken, die in der Dialogbox Dokumente suchen, die folgende Maske verwenden gesucht werden sollen.**
6. **Positionieren Sie den Cursor in das Feld, in dem Sie das Wort oder den Satz finden wollen, und schreiben Sie den Text, den Notes in diesem Feld finden soll.**
7. **Klicken Sie auf OK, um die Dialogbox zu schließen, und klicken Sie dann auf die Schaltfläche Suchen in der Suchleiste, um die Dokumente zu finden.**

Ungenaue Suche: Der letzte Schrei im Spielzeugladen?

Sie müssen jetzt nicht gleich losrennen, um gegen fünf Uhr morgens in Ihrem lokalen Spielzeuggeschäft anzustehen, damit Sie für ein besonderes Kind eine UNGENAUE SUCHE kaufen können. Das heißt, gehen Sie lieber gar nicht. Wir gehen davon aus, dass dieses bestimmte Kind mit einem einfachen Spielzeug, bei dem das Risiko nicht besteht, dafür getötet zu werden, genauso glücklich ist. Außerdem ist UNGENAUE SUCHE kein Spielzeug, sondern eine Suchbedingung.

In der Suchleiste, unter der Zeile mit den Bedingungsschaltflächen, gibt es noch einige Suchoptionen, die Sie möglicherweise einsetzen möchten, bevor Sie die Suchmaschine in die Datenbank schicken, um nach allerhand Trödel zu jagen. Sie können sie auch auf ihrem Bildschirm sehen, wenn Sie auf die Schaltfläche MEHR klicken.

Im Folgenden nun die durch die volltextindizierten Datenbanken zugänglichen Optionen:

- ✔ **MIT WORTVARIANTEN:** Bittet Notes, nach dem eingegebenen Suchbegriff zu suchen, aber auch nach dem Basiswort mit anderen Vor- oder Nachsilben. Suchen nach *Niesen* bedeutet auch Suchen nach *genossen* oder *geniest*. Gesundheit!
- ✔ **UNGENAUE SUCHE:** Bittet Notes, nicht nur den eingegebenen Suchbegriff zu suchen, sondern auch korrigierte Versionen, falls Sie ein Wort falsch geschrieben haben, oder ähnliche Wortgruppen. Zum Beispiel wird die Suche nach *Reise* als Ergebnis *Reise* finden, und die Suche nach *bekannten Problemen* wird als Ergebnis *bekannten ernsthaften Problemen* zurückmelden.

Die Suchergebnisse können Sie wie folgt sortieren:

- ✔ **NACH RELEVANZ:** Die Dokumente sind so geordnet, dass diejenigen, welche die größte Anzahl der Kriterien enthalten, oben in der Liste stehen.
- ✔ **NACH LETZTER ÄNDERUNG** oder **NACH ERSTER ÄNDERUNG:** Die Dokumente mit dem ältesten oder dem neuesten Änderungsdatum stehen in der Ergebnisliste oben.
- ✔ **REIHENFOLGE BEIBEHALTEN (SORTIERBAR):** Die Dokumente werden in der Reihenfolge aufgelistet, in der sie in der Ansicht erscheinen; sie sind nicht nach Bedeutung sortiert. Nur die Suchergebnisse sind in der Ansicht zu sehen und erscheinen mit Kontrollzeichen.
- ✔ **ALLE DOKUMENTE ANZEIGEN:** Alle Dokumente werden in der Ansicht angezeigt; neben den Dokumenten, auf welche die Suchkriterien zutreffen, steht ein Kontrollzeichen.

Auf die Plätze, fertig, suchen!

Nachdem Sie die Bedingungen festgelegt und die Optionen ausgewählt haben, ist es Zeit, die Suche an sich zu starten. Dieser Teil ist einfach. Klicken Sie nur auf die Schaltfläche SUCHEN. Wenn Sie viele Dokumente in der Ansicht haben, dann kann es schon ein paar Minuten dauern, die richtigen zu finden. Wenn Sie andererseits eine Datenbank mit nur drei kleinen Dokumenten haben, geht die Suche ruck, zuck über die Bühne. Der Zeitaufwand einer Suche ist von drei Faktoren abhängig:

✔ **Größe** des Dokuments in der Datenbank

✔ **Zahl** der Dokumente in der Datenbank

✔ **Komplexität** der Bedingungen, die Sie aufgestellt haben

Suchen Sie und Sie werden finden

Nach Abschluss der Suche ändert Notes die Ansicht, um die Suchergebnisse so zu zeigen, wie Sie es in der Liste RESULTATE ANZEIGEN NACH... festgelegt haben.

Wenn es sich um eine Datenbank mit Volltextindex handelt, dann listet Notes die Dokumente, die Ihren Kriterien entsprechen, nach ihrem Gewicht auf. Nicht, dass Notes das Gewicht in Kilo, Gramm oder etwa Bytes misst. Nein, in diesem Fall verweist das *Gewicht* auf den Grad, nach dem jedes einzelne Dokument den Suchkriterien entspricht. In der vertikalen Markierungsleiste in der linken Seite der Ansicht wird die relative Häufigkeit der Suchkriterien für jedes Dokument dargestellt. Je dunkler die Leiste ist, desto öfter werden die Kriterien in einem Dokument erfüllt.

Im Pop-up-Menü OPTIONEN können Sie aussuchen, ob das Suchergebnis mehr geordnet oder mehr gewichtet ist. Stellen Sie nur sicher, dass Sie die Entscheidung treffen bevor Sie die Suche starten.

Ein Dokument, das Ergebnis einer Suche ist, öffnen Sie genau so, wie Sie jedes andere Dokument öffnen würden; doppelklicken Sie darauf oder markieren Sie es mit den Cursortasten und drücken dann die [↵]-Taste. Wenn Sie das machen, dann zeigt Notes Ihnen das Dokument und markiert die Wörter, die Sie in den Suchkriterien angegeben haben.

Wenn Sie ein Dokument lesen, das Sie durch Volltextsuche gefunden haben, dann können Sie schnell zum nächsten Auftreten des gesuchten Wortes springen, indem Sie [Strg]+[+] drücken (das ist [Strg] und das Pluszeichen). Um das vorherige Vorkommen des Wortes zu finden, drücken Sie [Strg]+[-] (die Minus-Taste).

Originalzustand wiederherstellen

Wenn Sie die für Sie interessanten Dokumente gelesen haben, klicken Sie auf die Schaltfläche ERGEBNISLISTE LÖSCHEN, um die Suche zu beenden und alle Dokumente wieder in die Ansicht zurückzustellen.

Möchten Sie dagegen eine erneute Suche durchführen, müssen Sie nicht erst die Schaltfläche ERGEBNISLISTE LÖSCHEN anklicken. Tippen Sie nur eine Menge neuen Text und legen Sie Ihre

Bedingungen fest. Dann klicken Sie auf SUCHEN, und los geht's. Wenn Sie einen neuen Suchbegriff eingeben, vergisst Notes sofort die alten und liefert Ihnen nur Dokumente, die den neuen Suchkriterien entsprechen. Die Schaltfläche ERGEBNISLISTE LÖSCHEN müssen Sie erst dann benutzen, wenn Sie mit dem Suchen komplett fertig sind.

Teil IV

Notes Ihren Bedürfnissen anpassen

»Sag' dem Chef, er hat noch mehr flammendheiße Mails von Du-weißt-schon-wem bekommen.«

In diesem Teil ...

Das Senden und Empfangen von E-Mail und das Herumreichen in einer Datenbank kann Notes von Haus aus. Teil IV zeigt Ihnen, wie Sie durch Veränderungen an Ihren Einstellungen zum Notes 6 Power-User werden können.

Bis zu diesem Kapitel haben wir die Verwendung von Notes so beschrieben, wie Sie dieses Programm nach der Installation vorfinden. Von jetzt an zeigen wir Ihnen, wie Sie selbst das Kommando übernehmen können. Fühlen Sie sich beim Lesen dieses Teils so, als würden Sie auf das Biest herabschauen und es gemeistert haben. Seien Sie nicht eingeschüchtert, fühlen Sie sich nicht länger so, als würde das Programm Sie beherrschen. Schließlich sind Sie es, der den Ton angibt.

Möbeln Sie Ihre Texte auf

14

In diesem Kapitel

- Die Auswahl von Text
- Das Erscheinungsbild von existierendem Text verändern
- Text formatieren, während Sie schreiben
- Erzeugen von Sonderzeichen
- Ändern von Rändern und Setzen von Tabulatoren
- Setzen von Seitenumbruch
- Definition von Ausrichtung und Anordnung
- Verwendung von Absatzformatierungen
- Markieren mit Kommentarstift

Wenn Sie eine Nachricht versenden oder ein Dokument erzeugen, möchten Sie sicherlich, dass andere dies erfahren? Natürlich wollen Sie das. Sonst hätten Sie es ja nicht geschrieben. Wenn ein Satz oder eine Wendung wichtiger ist als der übrige Text, warum ihn nicht hervorheben?

Natürlich können Sie als Textfarbe Pink wählen und die Schrift vergrößern (dieses Kapitel zeigt Ihnen, wie das geht), vielleicht erfüllt dies dann etwas eher seinen Zweck.

Das Verändern von Zeichen

Alle Dokumente bestehen aus einzelnen Zeichen. Notes erlaubt Ihnen das Erscheinungsbild dieser Zeichen festlegen und entweder einzelne Zeichen oder Gruppen von Zeichen wie Wörter, Sätze oder Absätze zu ändern. Sie können zum Beispiel die Zeichen in **Fettschrift,** *Kursivschrift* oder in verschiedenen Farben und Schriftgrößen anzeigen. Und Sie können das Erscheinungsbild einer ganzen Reihe von Zeichen festlegen, bevor Sie diese eintippen, oder Sie schütten zunächst Ihre Gedanken auf dem Bildschirm aus, gehen dann zurück und treffen Ihre Veränderungen, nachdem Sie mit dem Schreiben fertig sind. Die Art und Weise, das Erscheinungsbild von Zeichen ändern, funktioniert bei Notes sehr ähnlich wie bei anderen gängigen Programmen wie etwa Microsoft Word.

Verändert man das Erscheinungsbild von Text, spricht man von *Formatieren*. Dieser Begriff ist Ihnen sicher schon einmal untergekommen.

Nutzen Sie die Möglichkeiten, die Notes Ihnen bietet, um Ihre Nachrichten kreativ zu gestalten! Sie müssen nur eine Regel beachten: Der Text, den sie ändern wollen, muss sich in einem Rich-Text-Feld befinden.

Wollen Sie wissen, ob Sie sich in einem Rich-Text-Feld befinden, dann setzen Sie den Cursor dort hinein und beobachten Sie den Navigationsbereich im oberen Bildschirmbereich. Werden dort die Format-Funktionen angezeigt – d.h. Sie sehen den Namen des Zeichensatzes, die Schriftgröße, die Schaltfläche für Fettschrift usw.–, befinden Sie sich in einem Rich-Text-Feld. Wenn Sie sich in einem Rich-Text-Feld befinden, können Sie die Formatierung von Text und Absätzen ändern. Befinden Sie sich nicht in einem Rich-Text-Feld, können Sie keine Änderungen vornehmen. So einfach ist das.

Sie sind es!

Nachdem Sie etwas geschrieben haben, passiert es nicht selten, dass Sie im Text zurückgehen, um etwas zu verändern. Vielleicht haben Sie langweilig geschrieben, sich nicht klar ausgedrückt oder wollen einfach einige Überschriften aufpeppen. Doch bevor Sie etwas ändern können, müssen Sie Notes wissen lassen, was Sie verändern wollen. Der Vorgang, Text zur Änderung auszuwählen, wird als Markieren bezeichnet. Wir kommen später dazu, was Sie mit diesem Text dann tun können, zunächst behandeln wir das Markieren von Text.

Drei Ausdrücke sollten Sie in dieser Hinsicht kennen: I-Beam, Cursor und aktuelle Position.

- ✔ Der *I-Beam* ist die senkrechte Linie, die sich auf dem Bildschirm bewegt, wenn Sie die Maus bewegen. Notes bezeichnet diese Linie als I-Beam, weil Sie aussieht wie ein bei Gebäudekonstruktionen eingesetztes Element, es ist eine senkrechte Linie mit zwei kurzen horizontalen Linien oben und unten. Der I-Beam ähnelt dem Großbuchstaben I.
- ✔ Der *Cursor* ist die dicke vertikale Linie, die an der Stelle blinkt, an der Sie sonst schreiben.
- ✔ Die *aktuelle Position* ist eine andere Bezeichnung für den Cursor.

Der Mauszeiger ist auf dem Bildschirm immer sichtbar, meist in der Form des I-Beams. Wenn Sie den Mauszeiger verwenden, um nach oben oder nach unten zu scrollen, kann der Cursor vom Bildschirm verschwinden. Keine Angst. Drücken Sie irgendeine Taste, um den Cursor zu bewegen (beispielsweise die Pfeiltasten oder die Tasten [Bild↑] und [Bild↓]), schreiben Sie irgendetwas oder drücken Sie die Leertaste, und der Bildschirm zeigt wieder die aktuelle Position an.

Am einfachsten markieren Sie Text, indem Sie diesen anklicken und den Mauszeiger darüber bewegen. Der von einer dunklen Box umgebene Text ist dann der markierte Text. Die dunkle Box wird als *Invers-Darstellung* bezeichnet (helle Buchstaben auf dunklem Hintergrund, also genau umgekehrt). Auch mit der Tastatur können Sie Text markieren. Bewegen Sie einfach den Cursor mit Pfeiltasten bei gedrückter Umschalttaste vom Anfang bis zum Ende des zu markierenden Textes. Drücken Sie die Pfeiltasten nach links oder nach rechts, dann markieren Sie das nächste Zeichen links oder rechts von der aktuellen Position. Drücken Sie dagegen die Pfeiltasten nach oben oder nach unten, können Sie Text bis zur gleichen Position in der vorherigen oder nächsten Zeile markieren. Das gleichzeitige Drücken der Umschalttaste und der Tasten zur Cursor-Bewegung dient dem Markieren von Text.

Hier sind einige weitere Hinweise zum Markieren von Text. Es ist ganz nützlich, sie zu kennen, da man mit ihnen eine Menge Zeit sparen kann.

- ✔ **[⇧]+[Strg]:** Verwenden Sie die [Strg]-Taste in Verbindung mit der Umschalttaste und den Cursor-Bewegungstasten, um die Geschwindigkeit beim Markieren von Text zu erhöhen. [⇧]+[Strg]+[↓] oder [↑] erweitern die Markierung zum Anfang oder Ende der nächsten bzw. vorhergehenden Zeile.
- ✔ **Doppelklick:** Durch Doppelklick auf ein Wort wird es markiert.
- ✔ **Alles auswählen:** Wenn Sie den gesamten Text im aktuellen Feld markieren möchten, wählen Sie im Menü BEARBEITEN|ALLES AUSWÄHLEN; Sie können auch auf die Schaltfläche ALLES AUSWÄHLEN klicken oder nur die Tastenkombination [Strg]+[A] drücken.

Wenn Sie den Menüpunkt BEARBEITEN|ALLES MARKIEREN im Bearbeitungsmodus anwenden, markieren Sie alles im aktuellen Feld. Befinden Sie sich im Lesemodus, markieren Sie das gesamte Dokument (im letztgenannten Fall ist das einzige, was Sie tun können, den markierten Text in die Zwischenablage zu kopieren).

- ✔ **Text aus mehr als nur einem Feld markieren:** Möchten Sie Text aus mehr als nur einem Feld markieren, während Sie editieren, werden Sie kein Glück haben. Leider können Sie immer nur in einem Feld Text markieren.
- ✔ **Hoppla:** Wenn Sie feststellen, dass Sie den falschen Text markiert haben, markieren Sie einfach den anderen Text, um den Fehler zu korrigieren.
- ✔ **Nicht genug markiert:** Wenn Sie schon etwas Text markiert haben und weiteren noch markieren möchten, halten Sie einfach die Umschalttaste gedrückt und klicken an das äußerste Ende des zusätzlichen Textes oder verwenden die Umschalttaste zusammen mit den Cursor-Bewegungstasten. Notes fügt zum bereits markierten Text all das zwischen bereits markierten Text und der Position hinzu, auf die Sie klicken.
- ✔ **Viel markieren:** Um ein großes Stück Text zu markieren, stellen Sie den Cursor auf den Anfang des zu markierenden Textes. Benutzen Sie dann die Maus und die Scroll-Leisten, um zum anderen Ende des zu markierenden Textes zu gelangen. Drücken Sie jetzt die Umschalttaste und klicken Sie auf das gewünschte Textende. Notes markiert den gesamten Text dazwischen.
- ✔ **Text dazwischen markieren:** Um den gesamten Text zwischen Cursor und Feldanfang zu markieren, drücken Sie die Tastenkombination [⇧]+[Strg]+[Pos1]. Um den gesamten Text zwischen Cursor und Feldende zu markieren, drücken Sie die Tastenkombination [⇧]+[Strg]+[Ende].

- **Bezahlung:** Bitte zahlen Sie für alles, was Sie ausgewählt haben, an der Kasse, es ist keine Rückgabe und auch keine Rückvergütung möglich. Haben Sie einen schönen Tag und besten Dank, dass Sie bei uns eingekauft haben.

Ich habe etwas markiert – was nun?

Erst wenn Sie etwas Text markiert haben, können Sie ihn auch verändern. Sie haben die Möglichkeit, den markierten Text zu löschen, sein Erscheinungsbild zu verändern, seine Formatierung zu modifizieren, seine Position zu ändern, ihn irgendwohin zu verschieben oder zu kopieren oder die Rechtschreibung zu prüfen. Sie können nicht nur eine Menge mit dem markierten Text machen, Sie können dies auch auf verschiedenen Wegen tun. Werden Sie nicht nervös bei all diesen unterschiedlichen Möglichkeiten, bestimmte Dinge zu tun. Finden Sie die Methode heraus, mit der Sie am besten zurechtkommen, und vergessen Sie den Rest.

Die Strg-Taste kann mit anderen Tasten kombiniert werden, um die Handgriffe zu rationalisieren, die Sie oft erledigen müssen. Seien Sie nicht unvorsichtig, wenn Sie diese Tastenkombinationen anwenden, und zwar aus einem einzigen Grund: Wenn Sie die falsche gewählt haben, könnte es Ihnen wirklich leid tun. Wenn Sie beispielsweise eine ganze Reihe von Änderungen im Text vorgenommen haben und versehentlich die Kombination Strg+T drücken, entfernen Sie alle Formatierungen, die Sie bisher am Text vorgenommen haben.

Wenn Sie versehentlich eine solche Tastenkombination gedrückt haben, erinnern Sie sich an eine sehr nützliche: Strg+Z. Damit weisen Sie Notes an, die allerletzte Aktion wieder rückgängig zu machen.

Wie können Sie das Formatieren ein wenig einfacher gestalten? Gewiss können Sie sich einige Stunden Zeit nehmen und sich die verschiedenen Tastenkombinationen einprägen. Oder Sie können es auf eine elegante Weise tun, durch Verwendung einer zauberhaften Box. Hey, eine Menge der Dinge, die Sie mit dem Text anstellen können – und noch einiges mehr – finden Sie in der Text-Eigenschaftenbox.

Wenn Sie also mehrere Formatierungen in einem Absatz, einem Wort oder auch nur an einem Zeichen verändern möchten, markieren Sie einfach die Elemente, die Sie ändern wollen, und drücken Sie dann Alt+↵, Strg+K oder wählen Sie TEXT|EIGENSCHAFTEN. Abbildung 14.1. zeigt Ihnen diese Text-Eigenschaftenbox für markierten Text.

Diese Dialogbox ist voll gepfropft mit Möglichkeiten, den markierten Text zu verändern, also auch, die Schrift zu vergrößern oder die Farbe in Pink zu ändern. Die Text-Eigenschaftenbox hat Registerseiten, um die verschiedenen Eigenschaften zu organisieren. Im folgenden Abschnitt finden Sie eine Liste der Registerseiten zum Formatieren von Text- und Absätzen. In Abbildung 14.1 können Sie diese Registerseiten sehen. (Wir erläutern diese detaillierter etwas weiter hinten in diesem Kapitel.)

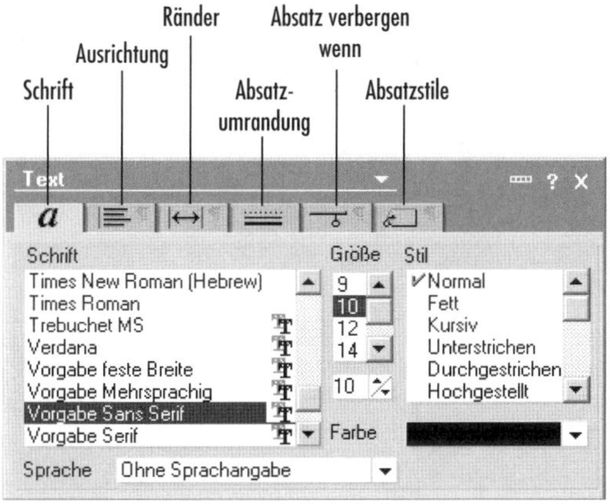

Abbildung 14.1: Verwenden Sie die Eigenschaftenbox TEXT, *um Formatierungen zu ändern.*

- ✔ **SCHRIFT:** Festlegen von Schriftart, Größe, Stil (fett, kursiv usw.) und Textfarbe
- ✔ **ABSATZAUSRICHTUNG:** Festlegen der Ausrichtung (links, zentriert, rechts, Blocksatz oder unausgerichtet), Einrücken der ersten Zeile und des Absatzes, Abstände (zwischen Zeilen sowie oberhalb und unterhalb von Absätzen) und Listenoptionen (Aufzählung oder Nummerierung)
- ✔ **ABSATZRÄNDER:** Festlegen des Seitenumbruchs, der linken und rechten Ränder (der rechte Rand ist nur beim Drucken von Bedeutung und hat keine Auswirkung auf die Darstellung auf dem Bildschirm) sowie das Setzen von Tabulatoren (gelten für den gesamten Absatz)
- ✔ **ABSATZUMRANDUNG:** Hier legen Sie Linienart, Farben, Effekte, Schattierung, Breite und Dicke einer Textumrandung fest.
- ✔ **ABSATZ VERBERGEN WENN:** Verbirgt den oder die gewählten Absätze für alle möglichen Bedingungen. (Lesen Sie weiter hinten, wenn Sie wissen möchten, was das für Bedingungen sind.)
- ✔ **ABSATZSTILE:** Weisen Sie einen Stil einem oder mehreren gewählten Absätzen zu. Natürlich müssen Sie die Stile erzeugt haben, bevor Sie diese hier auswählen können (im Abschnitt »Absätze mit Charakter« weiter unten in diesem Kapitel werden wir die Verwendung der Stile näher erläutern).

Mitunter kommen Sie schneller zum Ziel, wenn Sie die Text-Eigenschaftenbox nicht verwenden, beispielsweise wenn Sie die Schriftart, die Schriftgröße und den Stil festlegen möchten. In diesen Fällen sollten Sie sich die Benutzung der Navigationsleiste angewöhnen. Wenn Sie das nächste Mal in einem Rich-Text-Feld herumhängen, stoppen Sie bei der Navigationsleiste und klicken Sie auf die Box, die den Namen der aktuell verwendeten Schriftart enthält. Die Abbildung 14.2 zeigt Ihnen das Ergebnis dieser Aktion. Die angezeigten Schriftarten hängen von der Software und dem von Ihnen verwendeten Drucker ab.

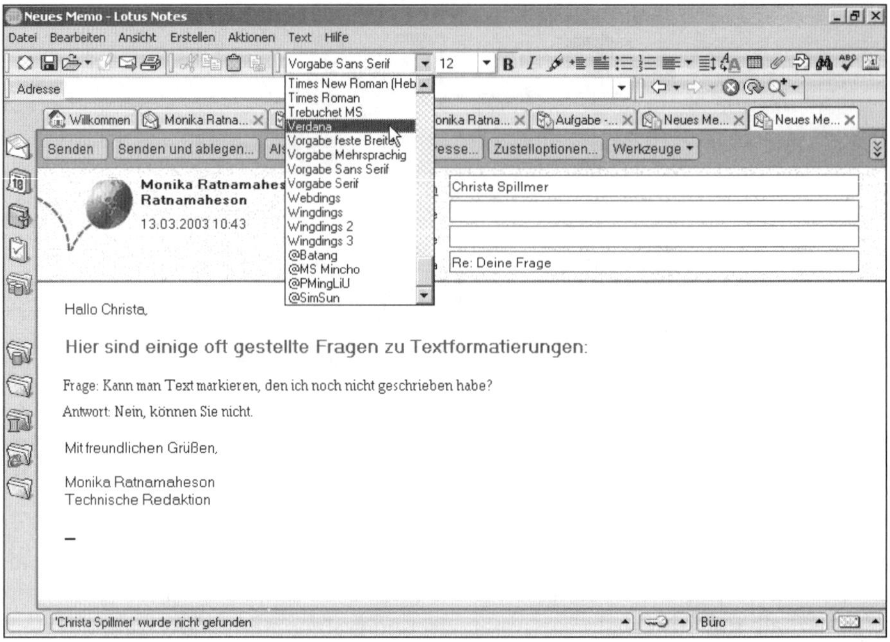

Abbildung 14.2: Verwenden Sie die Navigationsleiste, um schnell und einfach gängige Textformatierungen zu ändern.

Ob Sie nun die Navigationsleiste, Menüoptionen oder die Text-Eigenschaftenbox verwenden, ist gleichgültig, immer sind die gleichen Schriftarten, Schriftgrößen und Stile verfügbar. Die Navigationsleiste ist nur der schnellere Weg, eine einfache Zuweisung auszuführen.

Wenn Sie ein Stück Text markiert haben und dann auf die Navigationsleiste schauen, sehen Sie normalerweise den Zeichensatz, der im markierten Text zur Anwendung kommt. Manchmal jedoch sehen Sie dort nichts. Warum eigentlich nicht? Immer dann nämlich, wenn der markierte Textbereich zwei oder mehr Schriftarten enthält, wird in der Navigationsleiste nichts angezeigt. Aber keine Sorge, auch wenn die Schriftart bzw. Schriftgrößenbox leer ist, können Sie dennoch die Navigationsleiste benutzen, um eine Schriftart für den gesamten markierten Textbereich festzulegen. Klicken Sie wie gewohnt auf die Box, um den Zeichensatz festzulegen, und wählen Sie dann aus der Liste den gewünschten Zeichensatz.

Die Schriftstile und -größen, die Sie vom Web her kennen, unterscheiden sich stark von denen, die Sie in Notes sehen. Das liegt an den funktionellen Einschränkungen des Browsers und nicht an Notes, also tadeln Sie deshalb nicht Notes. Browser können zwei Schriftarten darstellen, eine mit fester Zeichengröße und eine mit variabler Schriftweite und Schriftgrößen (in Punkt) von 8, 10, 12, 14, 18 und 24.

Setzen Sie alles zusammen!

Angenommen, Sie schreiben ein Memo an die Abteilung und laden diese zur jährlichen Party Ihres Unternehmens am Samstag ein. Zunächst schreiben Sie den Text und entschließen sich dann, diesen neu auszurichten und einiges vom Text zu erweitern. Den Cursor an den Anfang eines Wortes zu setzen und dann in der Navigationsleiste auf die Schaltfläche für Fettschrift zu klicken, ist nicht ausreichend. Die Auswahl des Textes und die anschließende Auswahl der Fettschrift ist der einzige Weg, Text zu erweitern, nachdem Sie ihn bereits geschrieben haben.

Erst nachdem sie die richtige Handhabung der Textformatierung kennen, können Sie Ihre Memos interessanter und professioneller gestalten. Abbildung 14.3 zeigt eine Einladung, bevor sie formatiert wurde. Mit nur wenigen Tastenanschlägen wurden Schriftart, Schriftgröße und Stil verändert, das Ergebnis sehen Sie in Abbildung 14.4.

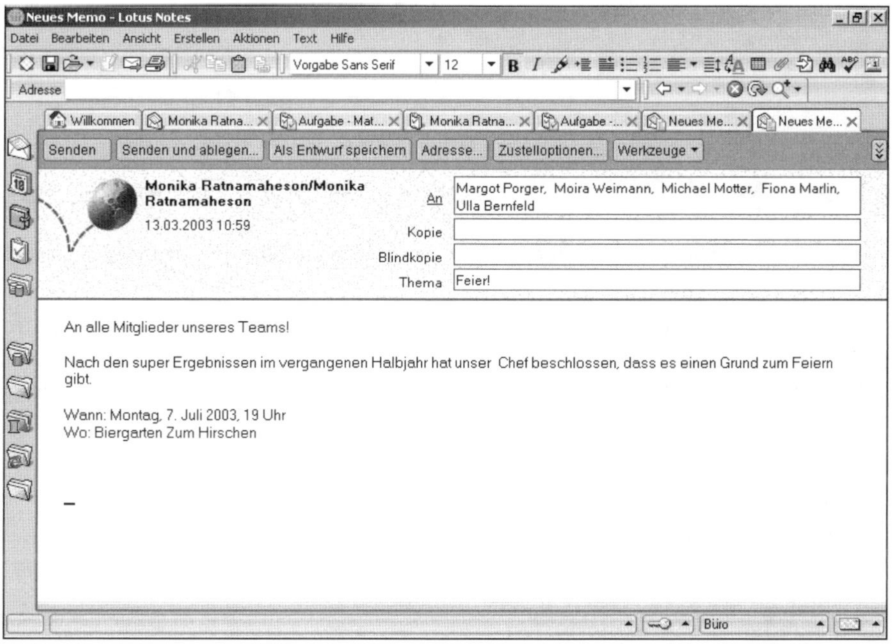

Abbildung 14.3: Gähn! Nichts Persönliches ist an diesem Memo.

Sie können das Erscheinungsbild eines Memos durch neue Schriftarten, durch das Kursivesetzen und Zentrieren von Zeilen mit wenigen Tastenanschlägen erreichen. Es ist keine schlechte Idee, den Inhalt Ihres Party-Memos etwas zu dekorieren, doch es ist genauso wichtig, dass Sie mit Sorgfalt die Dokumente erzeugen, die Sie für Ihre Arbeit benötigen. Die richtigen Worte zu wählen ist bereits die halbe Miete. Die andere Hälfte ist eine ansprechende Gestaltung eines Dokuments.

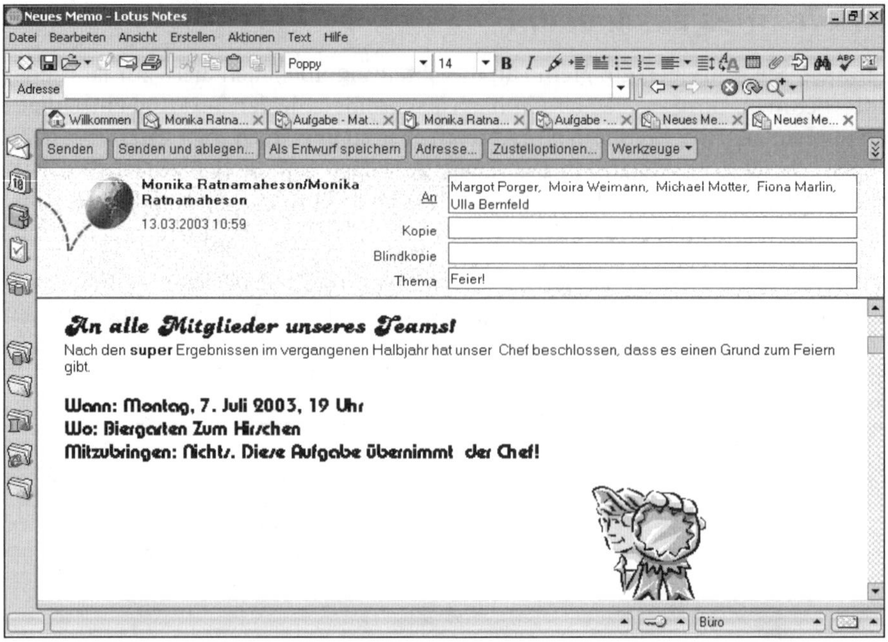

Abbildung 14.4: Das sieht doch gleich besser aus! Schließlich gibt es etwas zu feiern!

Ein bisschen Formatierung kann aber auch langwierig sein. Sind in einem Dokument zu viele Worte in Fettschrift dargestellt, sehen diese auch nicht mehr so wichtig aus. Schütten Sie Unmengen verschiedener Schriftarten sowie Schriftfarben und -größen auf einer Seite aus, könnte das Dokument eher nach einem Zirkusplakat als nach einem offiziellen Dokument aussehen.

Es ist schwer aufzufallen, wenn Sie nicht existieren

Hier sind einige oft gestellte Fragen zu Textformatierungen:

Frage: Kann man Text markieren, den ich noch nicht geschrieben habe?

Antwort: Nein, können Sie nicht.

Frage: Kann man eine Textformatierung festlegen, bevor man Text schreibt?

Antwort: Ja.

Frage: Welche Textformatierungen kann man für noch nicht geschriebenen Text vornehmen?

Antwort: Die zuvor beschriebenen Tastenkombinationen und Symbole können Sie auf Text anwenden, den Sie gerade schreiben oder gestern geschrieben haben. Wenn Sie gerade Text schreiben und wissen, dass die nächsten Worte fett geschrieben werden müssen, klicken Sie auf die Schaltfläche FETTSCHRIFT oder verwenden die anderen Methoden, um Fettschrift zu aktivieren, wie [Strg]+[B]. Schreiben Sie dann die Worte und klicken anschließend wiederum auf die Schaltfläche für Fettschrift, um diese wieder auszuschalten. Möchten Sie die nächste Zeile zentrieren, klicken Sie in der Textbox (oder, soweit vorhanden in der Navigationsleiste) auf die Schaltfläche ABSATZAUSRICHTUNG und wählen Sie die Option ZENTRIEREN und schreiben weiter. Voilà!

Wenn Ihre Tastatur keine 600 Tasten hat

Unsere Welt wird schnell kleiner. Kann sein, dass deshalb so viele Menschen versuchen, ihr Körpergewicht zu verringern. Sie können zum Mittagessen in New York sein und Ihr Abendessen in Frankreich einnehmen. Selbstverständlich werden diese Mahlzeiten nicht viel an Ihrem Gewicht in dieser Welt ändern, aber das ist nebensächlich. Zurück zum Thema! In zunehmendem Maße werden wir aufgefordert, Wörter und Symbole aus anderen Sprachen zu übernehmen. Sie gehen ein Risiko ein, wenn Sie bei diesen Wörtern und Symbolen den feinen Unterschied zwischen dem englischen und allen nichtenglischen Alphabeten übergehen – ein falsches Zeichen kann leicht zu einem internationalen Problem zwischen Kollegen werden. Schließlich bezeichnen *E* und *€* zwei ganz unterschiedliche Dinge. Einen Bürgermeister zu einem Burgermeister (dem Mann, der bei einer Grillparty die Burger anfertigt) zu machen, ist nicht der richtige Weg, sich bei dieser Eminenz einzuschmeicheln.

Notes kennt eine große Anzahl von Sonderzeichen, die Sie nicht auf Ihrer Tastatur finden. Um diese *Kombinationen* für bestimmte Zeichen aufzuspüren, sehen Sie in der Dokumentation nach oder verwenden die Notes-Hilfe.

Hier ein Beispiel, wie Sie beispielsweise das Zeichen *é* erzeugen. Auf einer IBM-Tastatur geben Sie nacheinander [Alt]+[F1], dann [e] und schließlich ['] (das Apostroph-Zeichen) ein. Für das Zeichen ~i müssen Sie demzufolge [Alt]+[F1] drücken, dann den Buchstaben [I] und dann das Apostroph-Zeichen. Das ist fast ebenso schlimm wie das Führen eines Ferngesprächs mittels Kreditkarte, nicht wahr?

Wenn Sie das Zeichen erzeugt haben, können Sie es in die Zwischenablage kopieren und an einer anderen Stelle wieder einfügen, falls Sie das Zeichen noch einmal benötigen. Verwenden Sie hierfür die Optionen BEARBEITEN|EINFÜGEN (oder [Strg]+[C] und [Strg]+[V]).

Absätze mit Charakter

Ausgerüstet mit dem nötigen Wissen, Teile des Textes zu verändern, wenden wir uns nun dem Formatieren von Absätzen zu. Schließlich möchten Sie manchmal einen ganzen Absatz so hervorheben, dass er sich von anderen um ihn herum abhebt.

Hier sind ein paar Dinge, die Sie beim Behandeln von Absätzen beachten sollten:

- ✔ **Einen ganzen Absatz markieren:** Sie können einen ganzen Absatz markieren und das Aussehen seines gesamten Inhalts auf die gleiche Art und Weise verändern, wie Sie dies auch für einzelne Zeichen, Wörter oder Wortgruppen tun können. (Näheres hierzu finden Sie auch im vorherigen Abschnitt »Das Verändern von Zeichen«.)
- ✔ **Wenn es sich nicht um Text-Formatierungen handelt:** Das Aufrufen der Text-Eigenschaftenbox (wählen Sie TEXT|TEXT: EIGENSCHAFTEN... oder [Strg]+[R]) erlaubt Ihnen, Veränderungen am Erscheinungsbild des Absatzes (im Gegensatz zu dem des Textes) vorzunehmen. Sie können beispielsweise die Ausrichtung zentrieren, Aufzählungszeichen verwenden oder den Abstand zwischen Absätzen ändern.
- ✔ **Nur für Rich-Text-Felder:** Sie können Absatzformatierungen nur auf Rich-Text-Felder anwenden. (Näheres zu Rich-Text-Feldern finden Sie im vorherigen Abschnitt »Das Verändern von Zeichen«.)
- ✔ **Jeweils einen Absatz ändern:** Sie können die Eigenschaften eines Absatzes verändern, indem Sie einfach den Cursor irgendwo in diesen Absatz hineinstellen. Sie müssen nicht den gesamten Absatz markieren.

Ändern Sie einen Absatz, enthält auch nur dieser eine Absatz die Formatierungen. Wenn Sie beispielsweise die Tabulatoren in einem Absatz anders festlegen, hat nur dieser eine diese Tabulatoreinstellungen.

- ✔ **Mehrere Absätze gleichzeitig ändern:** Wenn Sie mehrere Absätze verändern möchten, müssen Sie alle markieren.
- ✔ **Alle Absätze ändern:** Wenn Sie alle Absätze verändern möchten, wählen Sie BEARBEITEN|ALLES AUSWÄHLEN (oder [Strg]+[A]).
- ✔ **Formatieren vor der Texteingabe:** Wenn Sie Text noch nicht geschrieben haben, verwenden Sie am besten die Text-Eigenschaftenbox, um die Einstellungen so vorzunehmen, wie sie alle folgenden Absätze haben müssen. Alle Absätze haben dann diese Einstellungen, bis Sie im Menü neue festlegen.

Breite und schmale Ränder

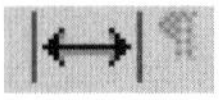

Benutzen Sie die Registerseite ABSATZRÄNDER der Text-Eigenschaftenbox, um den linken oder rechten Rand eines Absatzes zu verändern. (Die oberen und unteren Seitenränder haben mit Absätzen nichts zu tun, deshalb erscheinen sie hier auch nicht. Diese treffen Sie jedoch im Menü DATEI|SEITENFORMAT... an, von dem später in diesem Kapitel die Rede sein wird.) Um Ihre Verwirrung hoch zu halten, erlaubt Notes Ihnen das Setzen der Ränder mit absoluten Angaben (Zentimeter oder Zoll) oder relativen Angaben (Prozentsatz der Seitenbreite).

Sie können zwischen den Maßeinheiten Zoll und Zentimeter durch Auswahl von Datei|Vorgaben|Benutzervorgaben... umschalten. Klicken Sie dann auf die Registerseite International und wählen Sie zwischen den Maßeinheiten Zoll und Zentimeter.

Also, wenn Sie einen relativen Rand von 12 wählen, bedeutet dies 12 Prozent von dem, was Sie bedrucken möchten. Haben Sie ein Blatt im A4-Format, ist der Rand etwa 2,5 cm breit. Drucken Sie auf eine Briefmarke, ist der Rand winzig. So, wie es in Abbildung 14.5 erscheint, können Sie die linken und rechten Seitenränder positionieren:

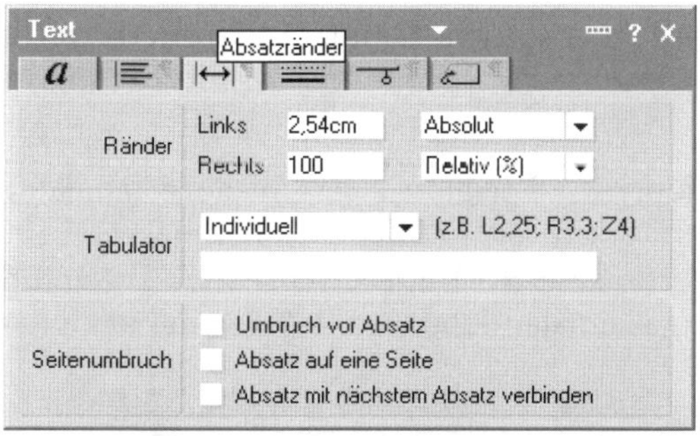

Abbildung 14.5: Verwenden Sie die Eigenschaftenbox Text, um Seitenränder festzulegen.

- ✔ **Linker Rand:** Standardmäßig sind 2,54 cm voreingestellt, das entspricht genau 1 Zoll, wenn Sie Maßangaben in Zoll verwenden. Möchten Sie die erste Zeile des Absatzes etwas einrücken, klicken Sie auf die zweite Registerseite Absatzausrichtung und wählen das, was Ihrem Geschmack am ehesten entspricht.
- ✔ **Rechter Rand:** Darunter versteht man die Entfernung vom *linken* Papierrand bis zum rechten Rand des Absatzes. Das verdient Beachtung. Für einen etwa 5 cm breiten Rand auf einem A4-Papier sollte der rechte Rand bei etwa 16,5 cm gesetzt sein. Standardmäßig verwendet Notes 2,54 cm.

Notes zeigt den Text auf dem Bildschirm anders an, als dieser auf Papier gedruckt werden würde. So können Sie niemals sehen, wie das gedruckte Dokument aussieht. Um in Erfahrung zu bringen, wie das Dokument gedruckt aussehen wird, sollten Sie im Menü Datei|Druckvorschau wählen.

Tabulatoren in Ihren Absätzen verwenden

Zurück zu dem, was vordefiniert ist. Absätze haben bereits Tabulatoren, die auf ein halbes Zoll Abstand voneinander voreingestellt sind. Das ist ganz bequem, da Sie nicht überall Tabulatoren setzen müssen. Wenn Sie aber mit den voreingestellten Tabulatoren nicht zufrieden sind, können Sie die Registerseite Absatzränder der Dialogbox Text benutzen, um neue festzulegen.

Im Bereich TABULATOR können Sie einmal Tabulatoren mit gleichmäßigem Abstand setzen. Sie müssen nur im Feld INTERVALL rechts daneben den Raum zwischen den Tabulatoren angeben (z.B. 1,5 cm). Oder Sie entscheiden sich für INDIVIDUELL, dann müssen Sie für jeden einzelnen Tabulator den genauen Ort angeben, so wie wir dies in Abbildung 14.6 getan haben. Geben Sie die Entfernung jedes einzelnen gewünschten Tabulators an (gemessen vom linken Seitenrand). Bei dieser speziellen Variante können Sie sogar einige Tabulatoren in Zoll und andere in Zentimeter angeben. Geben Sie die Werte in Zoll an, müssen Sie keine Einheit angeben, die Angabe in Zentimetern dagegen erfordert die Zeichenfolge **cm** nach der Zahl. Angaben wie Yards, Meilen, Liter oder Kilometer sind nicht erlaubt. Einige Dinge sollten Sie jedoch bedenken:

- ✔ Es gibt vier Arten von Tabulatoren: linksbündige, zentrierte, rechtsbündige und dezimale. Letztere richten eine Spalte von Zahlen so aus, dass die Kommastellen immer untereinander stehen.
- ✔ Das Beispiel in Abbildung 14.6 zeigt, wie verschiedene Tabulatoren gesetzt werden, aber Sie könnten sich auch verschaukelt fühlen. Das Beispiel zeigt einen Tabulator, der auf 4D (die Zahl kommt zuerst) gesetzt wird, aber dort steht D4 und heißt nichts anderes, als dass es sich um einen dezimalen Tabulator, 4 Zoll vom linken Rand entfernt, handelt.

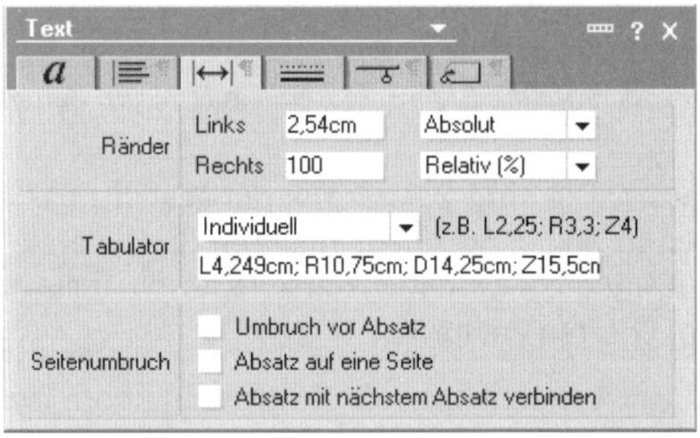

Abbildung 14.6: Manuell gesetzte Tabulatoren eines Absatzes

- ✔ Zwischen jeden einzelnen Tabulator müssen Sie ein Semikolon setzen, Kommata sind nicht erlaubt. Notes beschwert sich, wenn Sie Kommata verwenden.
- ✔ Tabulatoren funktionieren nur in Rich-Text-Feldern (RTF). Wenn Sie in einem solchen Feld auf die Tabulatortaste drücken, springen Sie zur nächsten Tabulatorposition, und nicht zum nächsten Feld im Dokument.

Möglicherweise finden Sie heraus, dass die Verwendung des Lineals auf dem Bildschirm einfacher ist. Wenn Sie sich beim Versuch, das Lineal auf dem Bildschirm zu finden, die Augen reiben, dann wählen Sie aus dem Menü ANSICHT|LINEAL. Dann erscheint am oberen Rand ein Lineal, wie Sie es auch in Abbildung 14.7 sehen.

Klicken Sie im Lineal an die Stelle, an der Sie einen Tabulator setzen möchten, und ein *L* erscheint. Das *L* bedeutet, dass es ein links ausrichtender Tabulator ist. Um einen unerwünschten Tabulator zu entfernen, klicken Sie einfach drauf. Möchten Sie den Typ des Tabulators verändern, klicken Sie mit der rechten Maustaste auf den Tabulator und wählen den gewünschten Tab aus (hier können Sie ihn auch löschen, wenn Sie Mist gebaut haben).

Sie können einen Tabulator auch auf eine besonders handliche Art und Weise hinzufügen. Klicken Sie einfach im Lineal mit der rechten Maustaste an die Stelle, an der Sie einen Tabulator wünschen. Wählen Sie danach den gewünschten Typ aus. Auch hier können Sie LÖSCHEN wählen, sollten Sie Mist gebaut haben.

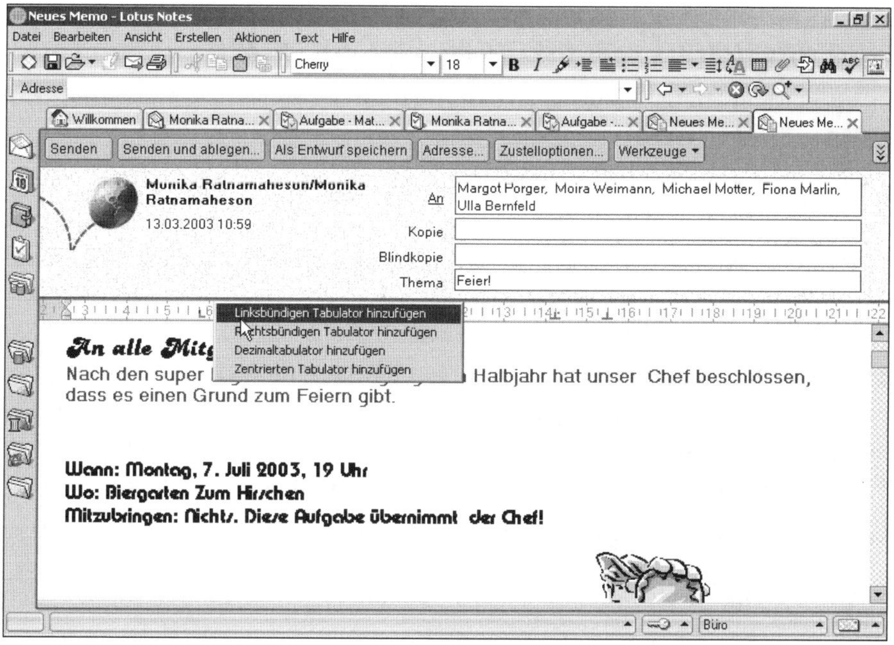

Abbildung 14.7: Drücken Sie Strg *+* R*, um mit dem Lineal Ränder und Tabulatoren zu setzen.*

Ein Absatz ist unteilbar

Wenn Notes erkennt, dass der untere Seitenrand erreicht wurde, fügt es automatisch einen Seitenumbruch ein, sodass der Drucker an dieser Stelle mit einer neuen Seite beginnt. Die dabei gewählte Stelle ist vielleicht aus Ihrer Sicht ungünstig. Ursprünglich wollten Sie den gesamten Absatz als Einheit stehen lassen. Das bedeutet aber auch, dass ein Stück am unteren Ende des Blattes weiß bleibt. Um zu verhindern, dass ein Absatz aufgeteilt wird, klicken Sie in der Text-Eigenschaftenbox der Registerseite ABSATZRÄNDER (siehe Abbildung 14.6) auf SEITENUMBRUCH. Dort können Sie Folgendes festlegen:

✔ Aktivieren Sie das Kontrollkästchen UMBRUCH VOR ABSATZ, wenn Sie unbedingt möchten, dass der aktuelle Absatz auf einer neuen Seite beginnt. Das ist ganz nützlich, wenn Sie einen neuen Abschnitt auf einer neuen Seite beginnen möchten.

- Wählen Sie das Kontrollkästchen Absatz auf eine Seite, schützt Notes den Absatz vor einem Seitenumbruch irgendwo in der Mitte. Notes wird entweder den Absatz auf der aktuellen Seite unterbringen oder ihn in einem Stück auf die nächste Seite verschieben.
- Aktivieren Sie das Kontrollkästchen Mit nächstem Absatz verbinden, wenn Sie sicherstellen möchten, dass ein Absatz sich immer auf der gleichen Seite wie der nachfolgende Absatz befindet.

Das unglaubliche Verschwinden von Absätzen

Es kann irgendwann einmal notwendig sein, einen Absatz zu verbergen. Warum? Nun, hier sind einige mögliche Gründe:

- Sie möchten bei der Vorschau eines Dokuments etwas Platz sparen und erreichen dies durch Verbergen einzelner Absätze.
- Sie möchten, dass Text nur dann sichtbar ist, wenn andere ein Dokument bearbeiten, und nicht, wenn sie es lesen. Der verborgene Text enthält beispielsweise Anweisungen zur Bearbeitung des Dokuments.
- Sie möchten den Absatz vor ganz bestimmten Lesern verbergen.
- Sie haben in einem Dokument eine Schaltfläche eingebaut, mit der Sie ein Kommando ausführen können. Sie wollen nicht, dass diese Schaltfläche mit ausgedruckt wird, damit nicht ein armer Dummkopf versucht, die Schaltfläche auf dem Papier zu drücken.

Sie können insgesamt elf Kriterien einsetzen, um einen Absatz verschwinden zu lassen. Sie finden alle in der Text-Eigenschaftenbox unter der Registerseite Absatz verbergen wenn (Abbildung 14.8). Sie können Notes anweisen, den ausgewählten Absatz mit folgenden Verfahren zu verbergen:

- **Notes R4.6 oder höher:** Wenn eine Einzelheit nicht auf Benutzer angewendet werden soll, die das Dokument in Notes sehen, verbergen Sie diese vor ihnen. (Warum Version 4.6? Die Version 4.6 kam mit einigen neuen Leistungsmerkmalen, sodass es gelegentlich notwendig sein kann, einzelne Informationen in Abhängigkeit von der Notes-Version anzuzeigen oder zu verbergen.) Bitte beachten Sie: Wenn Sie die Option Notes R4.6 oder höher wählen, können Sie über die Menüoptionen Ansicht|Anzeigen|vor Notes Verborgen feststellen, welche Absätze verborgen sind.
- **Web-Browser:** Wenn Benutzer aus dem Web mit einem Web-Browser auf die Datenbank zugreifen, kann es vorkommen, dass Einzelheiten des Textes nicht funktionieren oder eingesetzt werden sollen. In solchen Fällen ist es am besten, diese vor Web-Benutzern zu verbergen.
- **Mobil:** Wenn Sie wissen, dass ein Benutzer, der Ihr Dokument liest, einen PalmPilot, ein Mobiltelefon oder ein anderes Mobilgerät verwendet, aktivieren Sie dieses Kontrollkästchen, um Absätze zu verbergen, die dieser Benutzer nicht sehen soll.

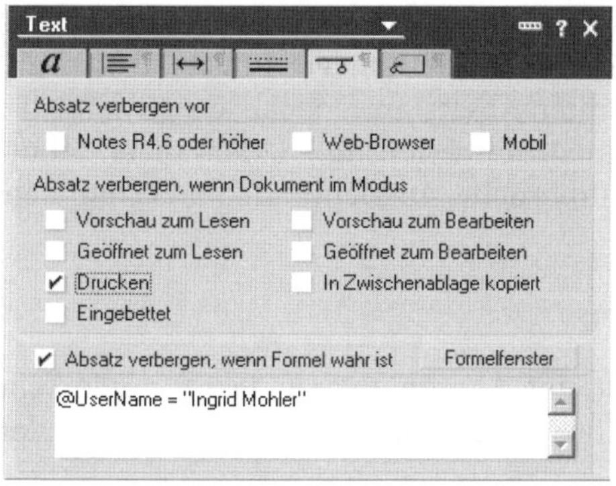

Abbildung 14.8: Der gewählte Absatz wird nicht auf dem Bildschirm von Volker Bruns sichtbar.

- **Vorschau zum Lesen:** Ein im Ansichtsbereich markiertes Dokument ist im Vorschaubereich sichtbar (sofern Sie diesen sichtbar machen). Absätze, die mit diesem Attribut versehen sind, bleiben unsichtbar. Ist der Platz auf dem Bildschirm recht eingeschränkt, kann man mit diesem Attribut wertvollen Raum frei machen.
- **Geöffnet zum Lesen:** Solch ein Absatz ist nur sichtbar, wenn Sie sich im Bearbeitungsmodus befinden. Auch beim Drucken bleibt dieser Absatz verborgen.
- **Drucken:** Absätze, die mit diesem Attribut versehen wurden, werden nicht mitgedruckt. Das ist nützlich bei Absätzen, die nur auf dem Bildschirm zu sehen sein sollen und bei denen Sie das Drucken unterdrücken möchten.
- **Vorschau zum Bearbeiten:** Ein Absatz mit diesem Attribut ist nicht sichtbar, wenn das Dokument im Vorschaubereich zum Bearbeiten geöffnet ist.
- **Geöffnet zum Bearbeiten:** Dieser Absatz ist sichtbar, wenn sich der Leser nicht im Bearbeitungsmodus befindet. Er verschwindet immer dann, wenn versucht wird, das Dokument zu bearbeiten. Mit diesem Attribut können Sie einen Absatz vor Veränderungen durch andere Benutzer schützen, die das Recht zum Bearbeiten von Dokumenten besitzen. Doch Vorsicht! Wenn Sie dieses Attribut gewählt haben, können Sie den Absatz vielleicht selbst nicht mehr verändern.
- **In Zwischenablage kopiert:** Wenn Sie sich im Bearbeitungsmodus befinden und versuchen, einen solchen Absatz in die Zwischenablage zu kopieren, wird da nichts sein, was Sie irgendwo einfügen könnten.
- **Absatz verbergen, wenn Formel wahr ist:** In Abbildung 14.8 haben wir in das kleine Fenster eine Formel geschrieben und das darüber liegende Kontrollkästchen aktiviert. Wie der Name schon vermuten lässt, nimmt Notes diese Formel und verbirgt den Absatz, wenn die Bedingung zutrifft. Die Benutzerin Ingrid Mohler würde diesen Absatz unter keinen Umständen zu sehen bekommen.

Das Verbergen funktioniert nur für einen gesamten Absatz und lässt sich nicht auf einen ausgewählten Text anwenden. In der Tat sind zahlreiche Textoptionen nur auf einen gesamten Absatz anwendbar wie etwa Abstände, Auflistungen (Gliederungspunkte und Nummerierung), Seitenränder, Tabulatoren, Optionen zum Verbergen, Seitenumbrüche, Ausrichtungen und Optionen zur Gestaltung.

Absätze ausrichten

Eine Absatzausrichtung ist eine Anordnung von Text für jede Zeile in Bezug auf die Seitenränder. Sie können in der Text-Eigenschaftenbox fünf Varianten der Textausrichtung wählen:

- ✔ **Links:** Der Text wird am linken Rand angeordnet und ist auf der rechten Seite ungeordnet.
- ✔ **Zentrieren:** Erraten Sie, was diese Option tut? Wenn Sie der Meinung sind, dass der Text in jeder Zeile in der Mitte angeordnet wird und ungeordnete linke und rechte Ränder aufweist, dann fügen Sie Ihrem Konto zehn Punkte hinzu und rücken drei Felder weiter.
- ✔ **Rechts:** Der Text wird am rechten Rand angeordnet und hat einen ungeordneten linken Rand.
- ✔ **Blocksatz:** Der Text reicht immer vom linken bis zum rechten Rand. Blocksatz hat keine Wirkung, wenn Sie nur sehr kurze Zeilen schreiben oder das Ende einer Zeile durch Drücken der [↵]-Taste abschließen.
- ✔ **Keine:** Der Text beginnt immer am linken Rand und reicht nach rechts bis irgendwohin. Der Text wird nicht umgebrochen. Wenn Sie Dokumente aus anderen Programmen importieren, erschrecken Sie oftmals, da die Zeilen über den Bildschirmrand hinausreichen. Sie müssen das Bild nach rechts rollen, um das Ende des Absatzes zu erreichen, und wieder zurückrollen, um den Anfang des nächsten Absatzes zu sehen. Ändern Sie die Ausrichtung nach links oder zum Blocksatz, um das Problem zu korrigieren.

Verwenden Sie die Schaltfläche Absatzausrichtung in der Navigationsleiste (siehe Abbildung 14.9), um die Ausrichtung von Absätzen zu ändern.

Abbildung 14.9: Menü Ausrichtung

Absätze mit Freiraum

Fühlen Sie sich eingezwängt, zusammengedrückt oder eingesperrt? Sehen Ihre Nachrichten aus, als hätten Sie zu viel Inhalt und nicht genügend freien Raum dazwischen? Dann brauchen Sie eben mehr Raum. Verwenden Sie in der Infobox die Registerseite ABSATZAUSRICHTUNG, um Ihre Absätze w-e-i-t-e-r auszubreiten oder um mehr Freiräume zu sehen. Von den zur Verfügung stehenden drei Möglichkeiten können Sie aus jeweils drei Werten immer einen auswählen:

- ✔ **ZEILEN:** Der Zeilenabstand innerhalb eines Absatzes
- ✔ **OBEN:** Der Abstand des aktuellen Absatzes zu dem darüber
- ✔ **UNTEN:** Der Abstand des aktuellen Absatzes zu dem darunter

Die Verwendung aller drei Varianten gleichzeitig kann das reinste Chaos hervorbringen und endet meist damit, dass Sie zu viel Platz frei machen. Probieren Sie ein wenig, damit Ihr Bildschirm nicht fast weiß ist und nur eine einzige Zeile oder einen Absatz enthält und aussieht wie eine Oase in einer Wüste aus weißem Sand. Wenn Sie außerdem immer nur eine Auswahl treffen und mit dieser nicht zufrieden sein sollten, vergessen Sie nicht, dass Sie auf das Rückgängig-Feature zurückgreifen können.

Sie können auch die abgebildete Schaltfläche ABSTAND in der Navigationsleiste verwenden, um die Ausrichtung von Absätzen zu ändern.

Drücken Sie nicht am Ende einer jeden Zeile die [↵]-Taste, um einen zweifachen Zeilenabstand zu erhalten. Glauben Sie uns, das ist keine gute Idee. Wenn Sie die Einstellungsmöglichkeiten für Abstände nicht nutzen, entstehen überall in Ihrem Dokument Lücken, die Sie dann sehen, wenn Sie das Dokument drucken oder die Größe des Fensters ändern.

Alle Formatierungen in einem Stil

Sie müssen bereits Kaffee machen und Papier in den Kopierer einlegen, doch damit nicht genug, jetzt müssen Sie auch noch alle Dokumente durchsehen und ihnen die Formatierung eines bestimmten Absatzes zuweisen. Das reicht aus, um Sie wütend zu machen.

Besänftigen Sie Ihre Wut. Sie müssen vielleicht immer noch Kaffee kochen, aber Sie müssen nicht immer und immer wieder diese vielen Tasten drücken, um die Absätze in Ihren Dokumenten zu formatieren. Angenommen, Sie haben einen Bericht mit einer Menge von Abschnitten geschrieben, und jeder Abschnitt hat seine eigene Überschrift. Sie möchten die Überschriften zentrieren, mit Fettschrift schreiben, eine größere Schrift mit blauer Farbe verwenden und eine Zeile nach der Überschrift frei lassen. Alles, was Sie dafür tun müssen, ist die Formatierung einer einzigen Überschrift, dann weisen Sie diese Formatierung einem Stil zu und benutzen diesen Stil für alle anderen Überschriften. Auf diese Weise sparen Sie eine Menge Zeit und sind rechtzeitig zum Abendessen zu Hause.

Der Einsatz eines Stils garantiert Ihnen auch, dass Ihre Arbeit konsistent ist. Nach dem Formatieren von 15 Überschriften langweilt Sie das Ganze und Sie werden unaufmerksam und könnten vielleicht die Fettschrift neben der Zuweisung der anderen Formatierungen vergessen. Der Einsatz eines Stils garantiert, dass die gleichen Eigenschaften jedem von Ihnen ausgewählten Absatz zugewiesen werden.

Nachdem Sie eine Überschrift geschrieben haben, zentrieren Sie diese, ändern die Textfarbe in Blau, schalten die Fettschrift ein, fügen den Abstand ein und ändern die Schriftart. Setzen Sie dann den Cursor in die Überschrift und aktivieren die Eigenschaftenbox für Text. Klicken Sie dort auf die letzte Registerseite ABSATZSTILE. Drücken Sie dort auf die Schaltfläche STIL ERSTELLEN... Abbildung 14.10 zeigt die Eigenschaftenbox mit der aufgeklappten Registerseite ABSATZSTILE und – zum gleichen verdammt niedrigen Preis – die Dialogbox ABSATZSTIL ERSTELLEN, die nach Drücken der Schaltfläche erscheint.

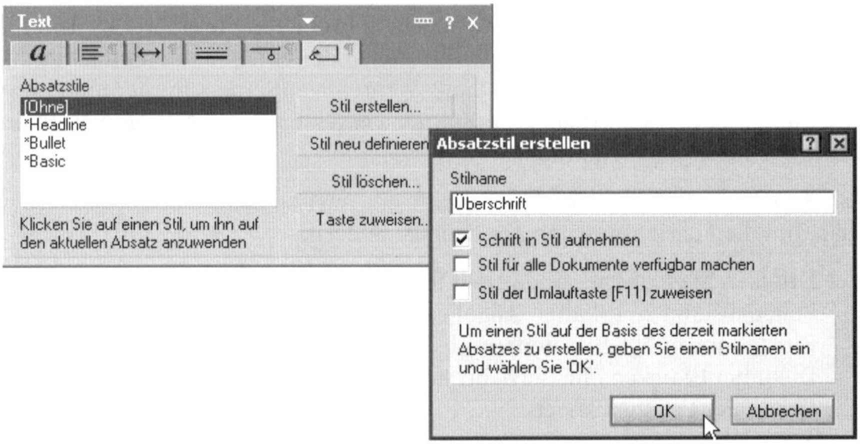

Abbildung 14.10: Diese zwei Dialogboxen arbeiten Hand in Hand und ermöglichen die Erzeugung von Absatzstilen.

Geben Sie dem Stil im Feld STILNAME einen Namen. Dann können Sie noch wählen, ob Sie den Zeichensatz im Stil aufnehmen möchten, ob der Stil für alle Dokumente der Datenbank verfügbar gemacht werden soll und ob Sie diesen Stil in die Umlaufliste (Taste [F11]) aufnehmen möchten. Letzteres bedeutet Folgendes: Wenn irgend jemand einen Absatz markiert und dann die Taste [F11] drückt, werden nacheinander die Stile auf den Absatz angewendet. Klicken Sie auf OK, um die Dialogbox und die Definition des Stiles zu beenden.

Nach Definition eines Stiles können Sie diesen dem aktuellen Absatz (wenn sich der Cursor irgendwo darin befindet) oder allen markierten Absätzen zuweisen. Drücken Sie die Taste [F11], um sich durch alle Stile zu bewegen, die Sie erzeugt haben. Stoppen Sie beim gewünschten Stil, fertig. Sie können einen Stil auch anwenden, wenn Sie auf die Stilbox in der Navigationsleiste klicken (siehe abgebildete Schaltfläche).

Kommentarstift - gibt das Flecken?

Keine Angst, der Kommentarstift hat nichts mit Tinte zu tun, die beim Waschen nicht rausgeht. Aber es hat alles mit Bearbeiten zu tun. Haben Sie schon einmal ein Notes-Dokument gelesen und wollten Ihren eigenen Kommentar irgendwo im Absatz hinzufügen?

Immer wenn Sie das tun, müssen Sie eine andere Schriftart, Farbe oder etwas anderes wählen, damit die Leser Ihre brillanten Kommentare vom dummen Gefasel unterscheiden können.

So etwas kann der Notes-Kommentarstift tun. Er ermöglicht Ihnen, das von Ihnen Geschriebene anders erscheinen zu lassen. Sie müssen dem Kommentarstift nur eine andere Schrift zuweisen – wir zeigen gleich, wie das geht – und immer dann, wenn Sie ein Dokument bearbeiten möchten, aktivieren Sie den Stift und geben Ihre Kommentare ein.

Abbildung 14.11 zeigt einen Diskussionsbeitrag mit ein paar Anmerkungen, die von jemand anderem mit dem Kommentarstift hinzugefügt wurden.

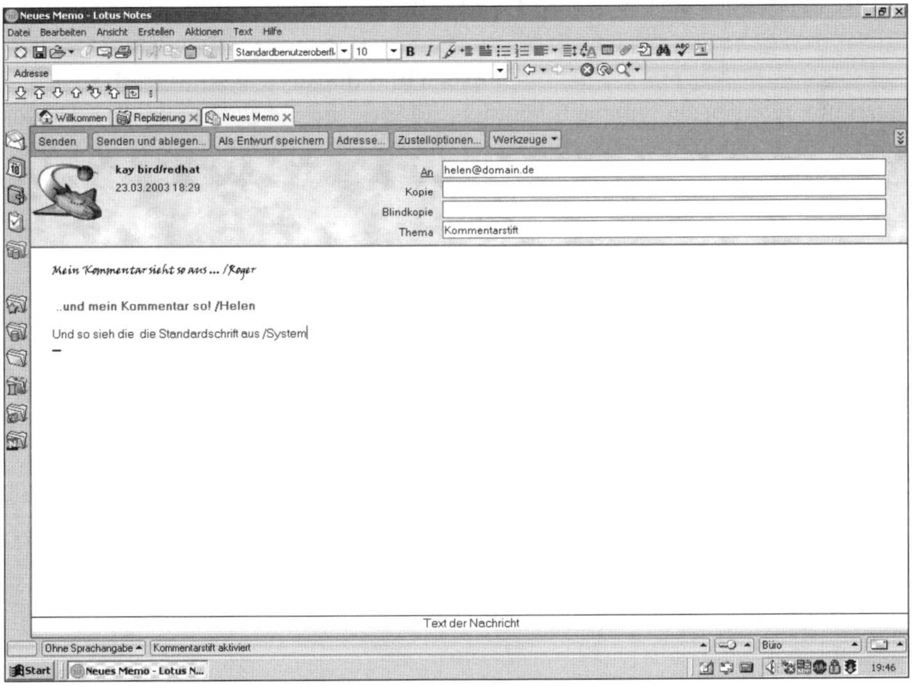

Abbildung 14.11: Verwenden Sie den Kommentarstift, um Ihre Eingaben hervorzuheben.

Um einen Kommentarstift einer Schrift zuzuweisen, müssen Sie nichts schreiben. Wählen Sie TEXT|EIGENSCHAFTEN: TEXT... und wählen Sie Schriftart, Schriftgröße, Farbe und Stil (wie fett oder kursiv). Dann wählen Sie TEXT|KOMMENTARSTIFT|STIL DES KOMMENTARSTIFTS FESTLEGEN. Fertig!

Öffnen Sie nun das Dokument, über das Sie Editorrechte besitzen, wechseln Sie in den Bearbeitungsmodus und finden etwas, was Sie kommentieren möchten. Klicken Sie in der Navigationsleiste auf die Schaltfläche für den Markierstift oder wählen Sie den Befehl TEXT|KOMMENTARSTIFT|KOMMENTARSTIFT VERWENDEN. (Sie werden feststellen, dass der Text, den Sie nun eingeben, automatisch die Einstellungen hat, die Sie im vorherigen Schritt zugewiesen haben!) Beginnen Sie zu schreiben. Um den Kommentarstift auszuschalten, klicken Sie wieder auf die Schaltfläche (oder wählen erneut TEXT|KOMMENTARSTIFT|KOMMENTARSTIFT VERWENDEN).

Wenn Sie Ihre eigenen Einstellungen für den Kommentarstift festgelegt haben, steht er Ihnen jederzeit griffbereit zur Verfügung: Sie brauchen nur die Schaltfläche KOMMENTARSTIFT in der Navigationsleiste anzuklicken.

Hervorheben - gibt das Flecken?

Notes bietet drei Farben, um Text hervorzuheben: Pink, Gelb oder Blau. So wie Sie während Ihrer Schulzeit zum Text-Marker gegriffen haben, um die Absätze zu unterstreichen, die für Prüfungen besonders bedeutend sein könnten, können Sie die Notes-Funktion HERVORHEBEN verwenden, um die Aufmerksamkeit des Lesers auf einen bestimmten Abschnitt des Dokumentes zu lenken.

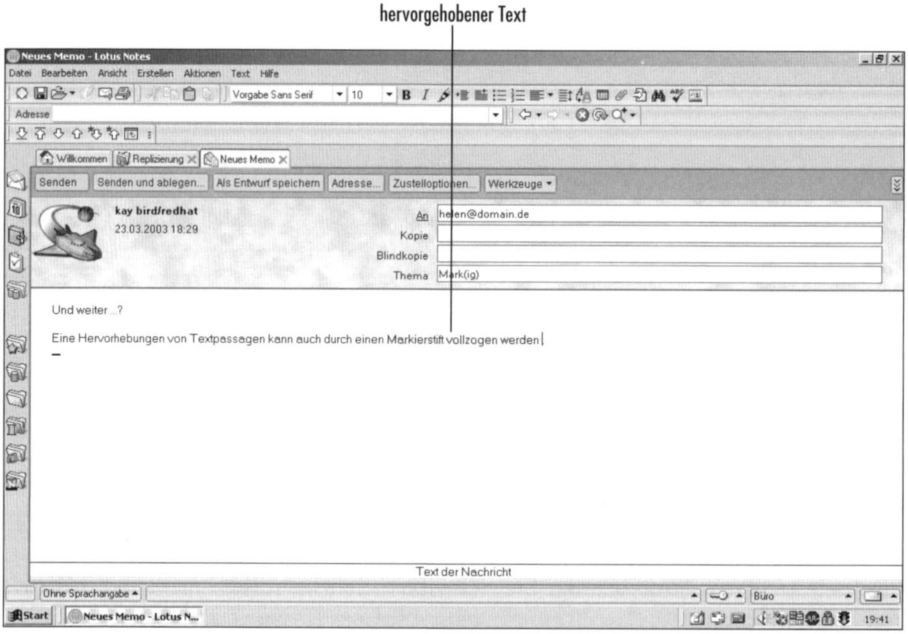

Abbildung 14.12: Verwenden Sie das Notes-Feature MARKIERSTIFT, um die Aufmerksamkeit auf bestimmte Textstellen zu lenken.

Dieses Feature von Notes funktioniert etwas anders als alles Übrige – also aufgepasst!

Wenn Sie einen Textausschnitt hervorheben wollen, dürfen Sie den Text vorher nicht markieren. Stattdessen wählen Sie die Menüoptionen TEXT|MARKIERSTIFT und wählen dann die gewünschte Farbe. Nun verwandelt sich der Cursor in einen kleinen Stift (siehe Abbildung 14.12). Nun müssen Sie nur noch die Maus von links nach rechts über die betreffenden Textstellen bewegen. Um Hervorhebungen rückgängig zu machen, klicken Sie auf die Maus und bewegen sie von rechts nach links über den Text.

Um das Feature HERVORHEBEN wieder auszuschalten, wählen Sie erneut TEXT|MARKIERSTIFT und die gewünschte Farbe.

Ihre Dokumente gestalten

15

In diesem Kapitel

- Einfügen von Seitenumbrüchen
- Erzeugen von Tabellen
- Verändern von Tabellen – Hinzufügen und Löschen von Zeilen und Spalten
- Hinzufügen von Kopf- und Fußzeilen
- Verändern des Seitenlayouts
- Suchen, Finden und (vielleicht) Ersetzen von Begriffen
- Rechtschreibprüfung

Wenn Sie die Hinweise aus Kapitel 14 hernehmen, haben Ihre Zeichen Charakter, Ihre Sätze haben Gefühl und Ihre Absätze haben Schwung. Was wird nun aus all den Seiten und den gesamten Dokumenten? Dieses Kapitel führt Sie weg von den einzelnen Buchstaben zu einer etwas globaleren Sichtweise, wo Sie mehr Übersicht haben und Ihren ein- oder mehrseitigen Dokumenten ein vollständiges, professionelles und gut durchdachtes Erscheinungsbild geben, auf das Sie stolz sein können.

Auch wenn Sie raffinierte Anpassungen an einzelnen Seiten und Änderungen vornehmen, die das gesamte Dokument berühren, so sehen Sie vielleicht nicht eine einzige Veränderung auf dem Bildschirm. Ist jetzt die Zeit, Ihre Geduld zu verlieren? Nein! Einzelne Seiten sind das, was Sie beim Drucken sehen. Sie können nicht verschiedene Seiten auf dem Bildschirm sehen, es sei denn, Sie wählen ANSICHT|ANZEIGEN|SEITENUMBRÜCHE. Sie sehen auch keine Kopf- oder Fußzeilen. Wenn Sie sehen möchten, wie eine Seite wirklich aussieht, müssen Sie diese entweder drucken oder die Vorschau betrachten.

Seitenumbruch

Notes ist ein kluges Programm; es weiß, wann ein Text das untere Ende einer Seite erreicht. Wenn Sie ein Dokument drucken, fügt Notes nämlich automatisch einen Seitenumbruch an der richtigen Stelle ein. Ansonsten würden Sie den Text außerhalb der Seite in die dünne Luft drucken. Es kann jedoch sein, dass Sie einen Seitenumbruch an einer Stelle benötigen, wo Notes keinen platzieren würde. Wenn Sie zum Beispiel den ersten Absatz eines neuen Abschnitts auch auf einer neuen Seite beginnen möchten (und die vorhergehende Seite noch nicht voll ist), können Sie einen *Seitenumbruch* einfügen. Einen Seitenumbruch können Sie mit einer von zwei Möglichkeiten vornehmen:

- ✔ Über die Tastatur durch Drücken der Kombination [Strg]+[⇧]+[L]
- ✔ Im Menü durch Auswahl von ERSTELLEN|SEITENUMBRUCH

Möchten Sie den Seitenumbruch sehen, klicken Sie ANSICHT|ANZEIGEN|SEITENUMBRÜCHE. Der Seitenumbruch wird als durchgehende horizontale Linie auf dem Bildschirm dargestellt. Alles, was über dieser Linie steht, wird auf diese Seite gedruckt, und alles unter dieser Linie wird auf die folgende Seite gedruckt.

Um einen nicht mehr benötigten Seitenumbruch zu entfernen, platzieren Sie den Cursor vor das erste Zeichen nach dem Seitenumbruch und drücken Sie auf die BackSpace-Taste. Wenn Sie einen Seitenumbruch entfernt haben und dieser wieder erscheint, vielleicht eine Zeile darüber oder darunter, dann haben Sie möglicherweise versucht, einen Seitenumbruch zu entfernen, den Notes selbst dahin gesetzt hat, da an dieser Textstelle auch das tatsächliche Seitenende ist. Mit diesem Seitenumbruch werden Sie leben müssen. (Lesen Sie auch über Seiteneinstellungen in Kapitel 14 nach.)

Ihre Kartei gehört in eine Tabelle

Wenn Sie Notes verwenden, ist eine Tabelle etwas, was Ihnen eine ganze Menge Erleichterungen bringen kann, denn Sie können Informationen in Zeilen und Spalten anordnen, ohne Millionen von Tabulatoren setzen zu müssen.

Eine Tabelle ist ein Arbeitsblatt, das Sie in Ihr Dokument einfügen können. Sie enthält Zeilen und Spalten von *Zellen*, in denen Sie Informationen ablegen können. Gegenüber der Verwendung von Tabulatoren hat eine Tabelle den Vorteil, dass der Text innerhalb der Tabellenspalte umgebrochen wird. Tabulatoren würden normalerweise den Text am Anfang der nächsten Zeile fortsetzen.

An dieser Stelle haben wir noch eine Überraschung für Sie: Sie können eine Tabelle nur in einem Rich-Text-Feld unterbringen: wie etwa in einem Dokument oder im Textkörper einer E-Mail-Nachricht.

Eine Tabelle anlegen

Angenommen, wegen einer geplanten Besprechung müssen Sie eine Nachricht versenden, die einen Zeitplan enthält. Solch ein Zeitplan ist ein guter Kandidat für eine Tabelle. Er enthält einzelne Datenstücke und bedarf eines tabellarischen Formats.

Tabellen sind für jede Art von Notes-Dokument geeignet. Sie können Tabellen in E-Mail-Nachrichten, in einer Diskussions-Datenbank und eigentlich überall verwenden.

Sie können eine Tabelle nur in einem Rich-Text-Feld unterbringen.

Suchen Sie die Stelle in der Nachricht, an der Sie den Zeitplan einsetzen möchten. Wählen Sie ERSTELLEN|TABELLE... oder klicken Sie auf die Schaltfläche ERSTELLEN|TABELLE. Abbildung 15.1 zeigt Ihnen die Dialogbox TABELLE ERSTELLEN. Dort können Sie drei Kategorien für Ihre neue Tabelle festlegen.

Abbildung 15.1: Die Dialogbox TABELLE ERSTELLEN; hier legen sie Tabellengröße, Tabellenbreite und Tabellentyp fest.

Erstens müssen Sie bestimmen, wie viele Zeilen und Spalten Ihre Tabelle enthalten soll. Weitere Zeilen und Spalten können Sie auch später noch hinzufügen. Geben Sie die jeweilige Zahl in die Textfelder ZEILENANZAHL und SPALTENANZAHL ein.

Zweitens müssen Sie die Tabellenbreite festlegen. Aktivieren Sie eine der drei Optionsschaltflächen:

- ✔ **AN RÄNDER ANPASSEN:** Aktivieren Sie diese Optionsschaltfläche, um eine Tabelle zu erstellen, die sich in der Breite automatisch anpasst, wenn die Seitenränder des Dokuments definiert werden.
- ✔ **AN FENSTER ANPASSEN:** Aktivieren Sie diese Optionsschaltfläche, um eine Tabelle zu erstellen, deren Breite sich automatisch der jeweiligen Größe des Fensters anpasst, in dem die Tabelle angezeigt wird.
- ✔ **FESTE BREITE:** Aktivieren Sie diese Optionsschaltfläche, um eine Tabelle mit einer Breite zu erstellen, die Sie selbst definieren und die unabhängig von der Fenstergröße und der Papiergröße ist, auf das die Tabelle ausgedruckt wird.

Wenn andere Benutzer Ihre Tabelle auf ihrem Bildschirm anzeigen, sieht die Tabelle mitunter anders aus, als Sie erwarten. Das hängt davon ab, welchen Bildschirm sie verwenden, ob sie beim Anzeigen der Tabelle mehrere Fenster geöffnet haben usw. Darum ist es in der Regel am günstigsten, die Option An Fenster anpassen zu wählen – so stellen Sie weit gehend sicher, dass andere Personen, die Ihre Dokumente anzeigen, die ganze Tabelle sehen können.

Drittens und letztens müssen Sie den Tabellentyp festlegen. Sie haben die Wahl zwischen fünf verschiedenen Typen, die hier in der Reihenfolge vorgestellt werden, wie Sie in der Dialogbox Tabelle erstellen von links nach rechts angezeigt werden.

- ✔ **Einfache Tabelle:** Alle Zeilen und Spalten sind jederzeit sichtbar.
- ✔ **Tabelle mit Registern:** Nur eine Zeile ist jeweils sichtbar, jede Zeile wird von einer anklickbaren Registerseite repräsentiert.
- ✔ **Animierte Tabelle:** Alle zwei Sekunden erscheint eine neue Zeile.
- ✔ **Tabelle mit Titelzeilen:** Zeigt jede Zeile mit einer anklickbaren Titelzeile an.
- ✔ **Programmierte Tabelle:** Die Tabelle zeigt eine Zeile in Abhängigkeit von einem Feldwert an.

Um den Tabellentyp festzulegen, klicken Sie einfach auf die Schaltfläche des gewünschten Typs.

Fast immer werden Sie sich für die Verwendung von *einfachen Tabellen* entscheiden, weil sie am einfachsten und leichtesten zu handhaben sind – und auch, weil die anderen Tabellentypen meist zuviel des Guten sind (es sei denn, sie wollen Eindruck machen). Darum konzentrieren wir uns in diesem Kapitel auf das Erstellen einfacher Tabellen.

Abbildung 15.2 zeigt eine Tabelle, bei der ein Seminarplan zur Diskussion steht. Solch ein Zeitplan lässt sich hervorragend in einer Tabelle abbilden. (Wenn Sie sich große Mühe geben möchten, fallen Ihnen sicherlich noch eine Menge weiterer Beispiele ein.) Wenn Sie eine neue Tabelle zu Ihrem Dokument hinzufügen, breitet Notes diese automatisch über den gesamten Bildschirm aus, und jede Spalte hat auch die gleiche Breite. Im Abschnitt: »Ändern der Spaltenbreite: Der einfache Weg« weiter unten erfahren Sie Näheres, wie Sie Spaltenbreiten ändern können.

Nachdem Sie Ihrem Dokument eine Tabelle hinzugefügt und irgendwo in diese Tabelle den Cursor gestellt haben, ist Notes intelligent genug, die Menüs zu verändern (Haben Sie es bemerkt?). Wenn sich der Cursor in einer Tabelle befindet, taucht ein neuer Menüpunkt Tabelle, der Name spricht für sich, auf. Er befindet sich zwischen den Menüpunkten Text und ? (der Hilfe). In diesem Menü können Sie solche Dinge tun wie Tabelleneigenschaften verändern oder Zeilen und Spalten anhängen, einfügen oder entfernen.

Standardmäßig und wie auch von uns empfohlen, werden neue Tabellen an die Größe des Fensters angepasst, das heißt nichts anderes, als dass Tabellengröße und Spaltenbreite von der Größe des Dokumentenfensters abhängen. Sie können darüber hinaus auf zwei Wegen die Größe Ihrer Tabelle der Größe des Fensters anpassen: mit den Optionen An Ränder anpassen und Feste Breite.

Durch Setzen des Parameters Feste Breite hat die Tabelle immer die gleiche Breite, egal ob das Dokumentenfenster groß oder klein ist.

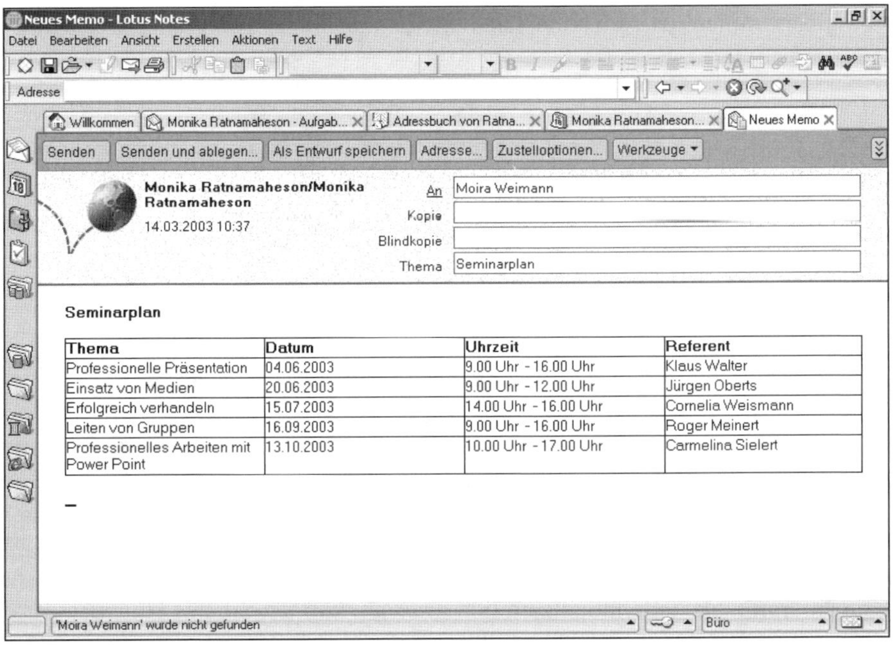

Abbildung 15.2: Tabellen eignen sich großartig für Zeitpläne.

Tabellen konfigurieren

Nachdem Sie eine Tabelle erzeugt haben, können Sie ihr Erscheinungsbild oder ihre Funktionsweise verändern. Dann ist es Zeit, dass Sie sich die Infobox der Tabelle auf den Bildschirm holen. Die einzelnen Registerseiten dieser Box erlauben so zahlreiche Gestaltungsmöglichkeiten, dass Sie eine schlichte Tabelle so umformen können, dass sie Ihren Lesern ins Auge sticht. Mit Hilfe einiger Formatierungstricks, über die Sie Tabellen- und Spaltenbreite, Zellenrahmen, Zellenfarbe, Tabellenrahmen und Tabellenränder anpassen, können Sie Tabellen erzeugen, die bessere Lesbarkeit bieten und attraktiver sind.

Eine Größe für alle ...

Wenn Sie möchten, dass Ihre Tabelle jederzeit die gleiche Größe aufweist, setzen Sie einfach den Cursor in die Tabelle und wählen im Menü Tabelle|Eigenschaften: Tabelle. Wählen Sie in der folgenden Tabellen-Infobox die erste Registerseite (TABELLENLAYOUT) aus und klicken Sie dort auf FESTE BREITE. Abbildung 15.3 zeigt die Infobox TABELLE mit der geöffneten Registerseite TABELLENLAYOUT.

Mit Hilfe dieser Dialogbox können Sie auch Leerraum zwischen den einzelnen Spalten und Zeilen festlegen, den linken Tabellenrand und unterschiedliche Spaltenbreiten setzen. Oftmals ist es einfach das Beste, die Standardeinstellungen zu übernehmen, da Notes die Tabellenattribute für ein optimales Erscheinungsbild vordefiniert.

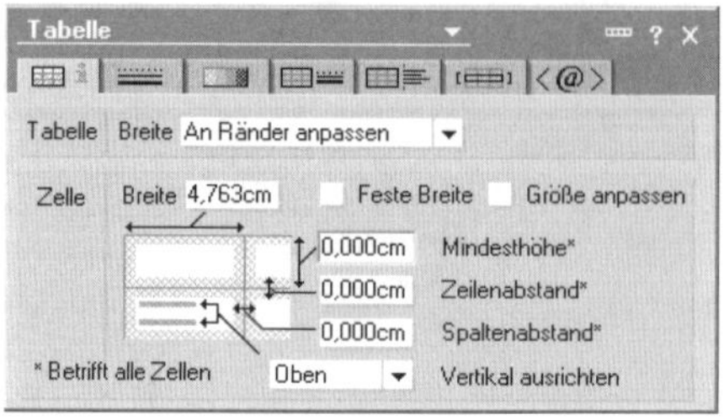

Abbildung 15.3: In der Infobox können Sie die Tabellenbreite ändern.

Wenn Sie jedoch jede einzelne Dimension der Tabelle selbst einstellen möchten, benutzen Sie die erste Registerseite der Infobox TABELLE. Dort können Sie die Breite jeder Spalte separat setzen. Dagegen sind Werte für die minimale Zeilenhöhe (die sich ändert, wenn Sie in eine Zelle mehrere Zeilen Text eingeben), den Zeilenabstand und den Spaltenabstand (der Textabstand zwischen benachbarten Zellen) Parameter, die sich auf die gesamte Tabelle auswirken. Setzen Sie die minimale Zeilenhöhe ziemlich groß an, können Sie mit Hilfe des Parameters VERTIKAL AUSRICHTEN den Text in den Zellen oben, in der Mitte oder unten ausrichten.

Am häufigsten werden Sie die Breite einzelner Spalten verändern müssen. Dazu haben Sie zwei Möglichkeiten. Als Erstes können Sie das Lineal (beschrieben im Abschnitt: »Ändern der Spaltenbreite: Der einfache Weg« weiter unten) verwenden.

Die zweite Möglichkeit definieren Sie über die Infobox TABELLE. (Sie gelangen dorthin über das Menü TABELLE|EIGENSCHAFTEN: TABELLE.). Öffnen Sie die Registerseite TABELLENLAYOUT und geben Sie die gewünschte Spaltenbreite in das Feld BREITE ein. Drücken Sie die gewünschten Werte im Zollmaß aus (oder in Zentimeter durch Hinzufügen der Buchstaben »cm« nach der Zahl). Die Tabelle ändert sich dynamisch, während Sie die Werte eingeben.

Die Zellenumrandung formatieren

Zellenwände haben nichts mit Gefängniswänden zu tun, denn es sind die Linien, die jede Zelle umgeben. In der gleichnamigen Dialogbox (über das Menü TABELLE|EIGENSCHAFTEN: TABELLE) klicken Sie auf die Registerseite ZELLENUMRANDUNG, und Sie können die Zellenwände der Tabelle gestalten. In Abbildung 15.4 können Sie die geöffnete Registerseite dieser Dialogbox sehen, wobei Sie dort folgende Einstellungen ändern können:

✔ **Stil der Zellenumrandung**

- **Stil:** Sie können zwischen drei Stilformen (Durchgezogen, Aufgeprägt, Eingeprägt) wählen, die auf alle Zellen angewendet werden.
- **Farbe:** Sie können zwischen vielen Farben wählen; auch sie werden auf alle Zellen angewendet.

✔ **Umrandung Dicke**

- Die Randstärke lässt sich im Bereich von 0 bis 10 einstellen. Sie können einzelne Ränder einer Zelle oder die Ränder einer, mehrerer oder aller Zellen ändern. Verwenden Sie die Pfeile nach oben bzw. nach unten in den einzelnen Textboxen (Links, Oben, Rechts, Unten). Sie können aber auch für alle ausgewählten Zellen die gleiche Randstärke wählen.
- **Alle auf 0:** Klicken Sie auf diese Schaltfläche, wenn die Zellen der Tabelle keine Umrandung haben sollen.
- **Alle auf 1:** Klicken Sie auf diese Schaltfläche, damit die Zellumrandungen wieder sichtbar werden.
- **Kontur:** Klicken Sie auf diese Schaltfläche, werden drei oder mehr Zellen einer Tabelle als Kontur ausgewählt.

Die Zellen in der Tabelle werden dynamisch angepasst, während Sie die Werte anpassen.

Abbildung 15.4: Auf der Registerseite Zellenumrandung der Infobox Tabelle werden die Randeinstellungen der Tabelle vorgenommen.

Wenn Sie nur einen Teil einer Tabelle ändern wollen – wie beispielsweise nur die Umrandung einer bestimmten Zelle oder vielleicht die Breite einer Spalte – so bewegen Sie den Cursor in die betreffende Zelle, Spalte oder Zeile. Dann öffnen Sie im Menüpunkt Tabelle oder in der Tabellen-Eigenschaftenbox die Registerseite Zellenumrandung. Wählen Sie zunächst mehrere Zellen, um ihre Umrandung zu ändern.

Die Zellenfarbe ändern

Änderungen am farblichen Erscheinungsbild nehmen Sie auf der Registerseite TABELLEN-/ZELLENHINTERGRUND vor. Diese Seite erlaubt eine ganze Reihe von Einstellmöglichkeiten. Wenn wir anhand von Abbildungen jede mögliche Kombination beschreiben würden, wäre dieses Buch viel zu umfangreich. Wir empfehlen, dass Sie eine Tabelle erzeugen und ausprobieren, um die Feinheiten der Farbeinstellung von Zellen einer Tabelle herauszufinden.

Abbildung 15.5 zeigt die Registerseite TABELLEN-/ZELLENHINTERGRUND in der Eigenschaftenbox TABELLE.

Abbildung 15.5: Hintergrundfarben werden über die Registerseite TABELLEN-/ZELLENHINTERGRUND der Dialogbox EIGENSCHAFTEN: TABELLE eingestellt.

Hier sind einige wenige der unzähligen möglichen farblichen Veränderungen:

- ✔ **TABELLENFARBE:** Die Farbeinstellungen für eine Gruppe von Zellen, das können alle Zellen, einzelne Ränder von Zellen oder ein alternierender Farbwechsel bei Zeilen und Spalten sein. Dann müssen Sie zwei Farben auswählen.
- ✔ **ZELLENFARBE:** Farbeinstellung für die markierten Zellen – entweder eine feste Farbe oder zwei Farben, die horizontal oder vertikal miteinander verlaufen. Um miteinander verlaufende Farben auf die gesamte Tabelle anzuwenden, klicken Sie auf die Schaltfläche ALLE ZELLEN.
- ✔ **ZELLENBILD:** Fügt ein Hintergrundbild zu einer oder mehreren Zellen ein und stellt dies entweder einmalig oder in jeder Zelle als Hintergrund dar. Um eine Grafik wie etwa eine GIF-Datei einzufügen, wählen Sie den Ordner rechts vom Textfeld QUELLE.

Nun geht's um die Tabellenumrandung

In Abbildung 15.6 sehen Sie die Registerseite für die Tabellenumrandung und wie sich die dort vorgenommenen Einstellungen auf die Darstellung der Tabelle auswirken. Verwechseln Sie nicht Tabellenränder mit Zellenrändern. *Tabellenränder* sind die äußeren Umrandungen der gesamten Tabelle. Die Registerseite TABELLENUMRANDUNG schließt folgende Einstellungen ein, ist aber nicht allein auf sie beschränkt:

- **UMRANDUNG:** Nicht allzu überraschend, diese Option erlaubt Ihnen das Aussehen des Seitenrandes festzulegen. Wählen Sie aus mehr als acht Varianten (d.h. es sind neun) solche Stile wie DURCHGEZOGEN, DOPPELT, GEPUNKTET, GESTRICHELT, 3D-TIEF, 3D-HOCH, AUFGEPRÄGT, EINGEPRÄGT, BILDERRAHMEN, BILD oder die noch immer populäre Option KEINE. Rechts neben dem Kombinationsfeld für den Seitenrand kann die Farbe des Randes bestimmt werden.
- **EFFEKTE:** Diese Option ist einfach zu erklären. Sie fügt einen Schatten auf der rechten Seite und unterhalb der Tabelle hinzu. Die Tabelle erscheint dann so, als würde sie ein wenig über der Seite schweben. Je größer Sie die Schattenbreite setzen, desto höher scheint sie über der Seite zu schweben. Setzen Sie die Schattenbreite zu hoch, benötigen Ihre Leser eine Leiter, um zu sehen, was in der Tabelle steht. *Anmerkung:* Sie können die Breite durch Eingabe einer Zahl angeben oder Sie klicken auf die kleinen Pfeile
- **DICKE:** Im unteren Bereich der Seite TABELLENRÄNDER können Sie die Randstärke ändern. Jede dieser Optionen können Sie auch einzeln durch Angabe von OBEN, UNTEN, LINKS und RECHTS einstellen. Um Zeit zu sparen, können Sie die größeren Pfeile rechts von der kleinen Tabelle anklicken und die gesamte Umrandung auf einmal ändern.

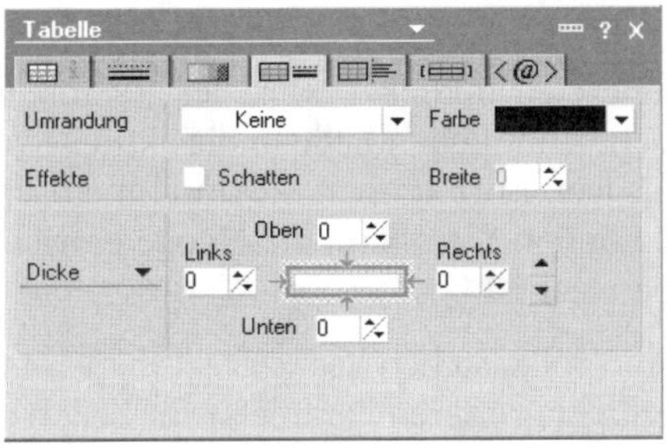

Abbildung 15.6: Hintergrundfarben werden über die Registerseite TABELLEN-/ZELLENHINTERGRUND der Dialogbox EIGENSCHAFTEN: TABELLE eingestellt.

Tabellenränder festlegen

Mit der Registerseite TABELLENRÄNDER (der fünften Registerseite) – wie in Abbildung 15.7 können Sie bestimmen, wie die Tabelle in die Umgebung eingepasst wird und ob sie noch auf die Seite passt. Zuerst geben Sie die linken und rechten Seitenränder an. Sie können diese Ränder genauso setzen, wie Sie das von den Randeinstellungen für Textzeilen her kennen.

Auf dieser Registerseite können Sie auch den Textfluss um die Tabelle bestimmen. Aktivieren Sie AUSSERHALB, fließt der Text um die Tabelle herum. Dieses Kontrollfeld können Sie nur aktivieren, wenn Sie auf der ersten Registerseite die Tabelle auf eine feste Breite gesetzt haben. Mit aktiviertem Kontrollfeld können Sie auch Text neben eine Tabelle schreiben. Allerdings können Sie nicht Text schreiben und erwarten, dass er gleich um die Tabelle herumfließt. Sie müssen den Cursor neben die Tabelle setzen, um in der Lage zu sein, dort Text zu schreiben. Erst wenn der Text dann das untere Ende der Tabelle erreicht hat, fängt er an, diese zu umfließen.

Das andere Kontrollfeld ist mit INNERHALB bezeichnet. Passen Sie auf, dass Sie hier keinen Schaden davontragen. Wenn Sie INNERHALB aktivieren, wird der Text zwischen den Zellen umgebrochen, es erscheint eine Box, in die Sie eine Zahl für die maximale gewünschte Zeilenhöhe eingeben müssen. Wenn Sie genügend Text schreiben, um diese Höhe zu erreichen, wird der Text automatisch in der nächsten Zelle rechts daneben fortgesetzt.

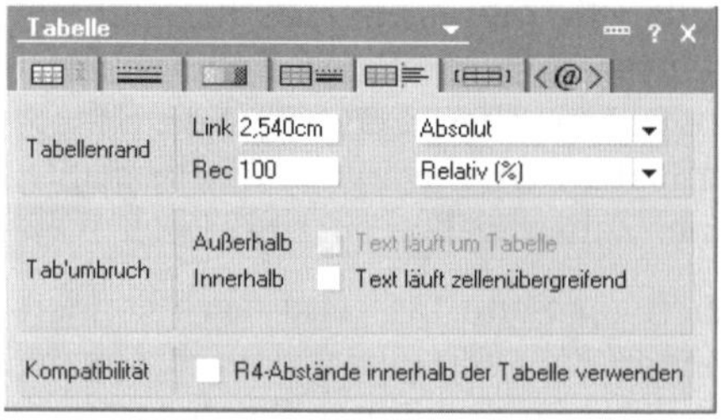

Abbildung 15.7: Mit der Registerseite TABELLENRÄNDER können Sie das Verhalten der Tabelle zu ihrer Umgebung definieren.

Wenn Sie diesen Bereich anklicken, wird der gesamte bereits *existierende* Text aus der rechts daneben befindlichen Zelle in die aktuelle verschoben, und diese rechte Zelle erscheint als leer. Dort können Sie nun hineinschreiben. Wenn Sie in diesen Bereich klicken, können Sie noch eine Menge einrichten, sofern die Zelle rechts davon immer noch leer ist.

Die letzte Möglichkeit: Das Kontrollkästchen VERWENDUNG VON V4-ABSTÄNDE INNERHALB DER TABELLE VERWENDEN aktiviert die geringfügig größeren Parameter für Zellen und Abstände von Notes 4.x.

Die Eingabe von Daten

Haben Sie endlich alle Ihre Entscheidungen getroffen und alle Parameter wie gewünscht definiert, positionieren Sie den Cursor in einer Zelle und beginnen mit dem Schreiben. Sind Sie mit einer Zelle fertig, gehen Sie mit der Taste [Tab] in die nächste Zelle rechts davon. Die Tastenkombination [⇧]+[Tab] bringt Sie in die Zelle links davon. Außerdem können Sie mit [↓] in die Zelle darunter und mit [↑] in die Zelle darüber gelangen. Natürlich können Sie auch mit der Maus in eine beliebige Zelle hineinklicken, um sich dorthin zu bewegen.

Alles, was Sie zur Veränderung der Zeilenhöhe tun müssen, ist schreiben. Passt der Text nicht mehr in eine Zeile innerhalb der Zelle oder Sie drücken die Taste [↵], erhöht sich die Zeilenhöhe automatisch, um den zusätzlichen Text aufzunehmen. Die gesamte Zeile ist immer so hoch, wie die einzelne Zelle in dieser Zeile, die den meisten Text enthält. Möchten Sie die Breite der Spalten verändern, können Sie dies über das Menü, das Lineal oder ein Icon erreichen. Lesen Sie den Abschnitt »Ändern der Spaltenbreite: Der einfache Weg« weiter unten in diesem Kapitel.

Ein tolles neues Feature von Notes 6 erlaubt Ihnen durch Drücken von [Strg]+[↑] bzw. [Strg]+[↓] Zeilenelemente dynamisch neu zu ordnen.

Tabelle öffnen, Zeile einfügen

Sie haben Ihre Tabelle fertig gestellt und wollten Sie gerade versenden, als – »Schnief!« – Sie enttäuscht und ungläubig losheulen. Sie haben vergessen, eine Spalte für den Namen des Verantwortlichen einzufügen. Ist das tragisch? Schlimm? Ist es schwer, eine Spalte hinzuzufügen? Nein. Sie können eine neue Spalte so schnell hinzufügen, wie Sie den Menübefehl TABELLE|SPALTE EINFÜGEN (oder TABELLE|ZEILE EINFÜGEN, je nachdem) wählen können.

Vergewissern Sie sich, dass Ihr Cursor in der Spalte steht, in der Sie eine neue leere Spalte einfügen möchten. (Diese Spalte wird nach rechts verschoben). Möchten Sie dagegen eine Zeile einfügen, stellen Sie den Cursor an die Stelle, an der die Zeile eingefügt werden soll. (Diese Zeile wird nach unten verschoben.) Anders ausgedrückt, beim Einfügen einer neuen Spalte erscheint diese da, wo der Cursor steht, alle anderen Spalten werden nach rechts verschoben, um Platz für die neue Spalte zu schaffen. Fügen Sie dagegen eine Zeile ein, werden alle Zeilen nach unten verschoben, um Platz für die neue zu schaffen. Mit dem Befehl TABELLE|ZEILEN/SPALTEN SELEKTIV ANHÄNGEN... können Sie mehrere Zeilen bzw. Spalten gleichzeitig einfügen oder anhängen.

Zeilen löschen

Was ist, wenn Sie eine Zeile nicht mehr benötigen? Kommt jetzt die Zeit, um mit Korrekturflüssigkeit auf dem Bildschirm herumzuschmieren? Warten Sie einen Moment, wir befinden uns im Computerzeitalter. Es gibt einen besseren Weg, sich von einer Zeile oder Spalte zu befreien.

Zum Löschen einer existierenden Zeile positionieren Sie den Cursor hinein. Das klingt wie eine sehr einfache Empfehlung, aber wenn Sie nicht auf der Hut sind, löschen Sie am Ende die falsche Zeile. Wählen Sie TABELLE|AUSGEWÄHLTE ZEILE(N) LÖSCHEN. Wenn Sie fortfahren, erhalten Sie noch eine Warnung, dass Sie das nicht rückgängig machen können. Es ist eine Einbahnstraße.

Sollten Sie den Cursor in der falschen Zeile oder Spalte positioniert haben oder ZEILE LÖSCHEN wählten, während Sie Spalte meinten, könnten Sie sich großen Ärger einhandeln. Seien Sie also *vorsichtig*! Es ist ein Stückchen Weisheit, dass einmal vorsichtig sein genauso viel Wert hat wie zweimal loslegen. Speichern Sie Ihr Dokument zuerst und löschen Sie danach. Wenn Sie etwas falsch gemacht haben, schließen Sie das Dokument – ohne es zu speichern – und öffnen es erneut. Nun versuchen Sie es erneut und seien Sie dieses Mal ein wenig vorsichtiger.

Mehrere Zellen gleichzeitig verändern

Ist Ihnen aufgefallen, dass viele unserer Anweisungen auf den letzten Seiten mit so markigen Worten beginnen wie »Stellen Sie sicher, dass Sie sich in der richtigen Zelle befinden« oder »Klicken Sie in die Zelle, deren Ränder Sie verändern möchten ...« Die brennende Frage ist: Was ist, wenn ich *mehr als eine* Zeile bzw. Spalte gleichzeitig verändern möchte? Kann ich das tun? Ist es überhaupt möglich? Geht es? Nun, es geht und es ist einfach.

Um Veränderungen an mehr als einer Zelle vorzunehmen, müssen Sie nur Ihre Maus benutzen, in die erste Zelle klicken und bis zur letzten zu ändernden Zelle ziehen. Auf diese Weise können Sie eine Menge Zellen markieren (durch Klicken der linken Maustaste und Gedrückthalten, während Sie markieren). Nun können Sie jede gewünschte Veränderung an diesen Zellen vornehmen; ihnen eine neue Schriftart verpassen, die Schrift auf kursiv stellen oder neue Zellenwände durch einen einzigen Menübefehl zuweisen.

Bevor Sie Veränderungen an einer Tabelle vornehmen, überprüfen Sie immer, dass Sie die richtige Zelle oder die richtigen Zellen in einer Tabelle markiert haben.

Um Zellen miteinander zu verbinden, müssen Sie diese Zellen als Erstes markieren. Wählen Sie dann den Befehl TABELLE|ZELLEN VERBINDEN. Haben Sie einige Zellen miteinander verbunden und möchten dies rückgängig machen, wählen Sie den Befehl TABELLE|ZELLEN TEILEN. Sie können keine einzelne Zelle teilen, bevor sie nicht mit anderen verbunden wurde, und Sie können auch keine einzelne Zelle verbinden.

Ändern der Spaltenbreite: Der einfache Weg

Zurück zu Abbildung 15.3, da zeigten wir, wie man die Spaltenbreite mit Hilfe der Infobox TABELLE verändern kann. Dieser Weg eignet sich hervorragend, wenn Sie exakt wissen, wie breit eine Spalte sein muss, oder wenn Sie die Spaltenbreite automatisch einstellen möchten. Doch was ist, wenn Sie sich verschätzen? Mit anderen Worten, Sie sind sich über die exakte Spaltenbreite nicht sicher, aber es ist augenfällig, dass die in Frage kommende Spalte zu breit bzw. zu schmal ist. Sie möchten Sie schmaler bzw. breiter machen, und Sie wollen dies jetzt tun und nicht später.

Zuerst stellen Sie den Cursor in die Spalte, deren Breite Sie ändern möchten. Wählen Sie im Menü den Befehl ANSICHT|LINEAL (oder drücken Sie [Strg]+[R]). In Abbildung 15.8 enthält das Lineal rechteckige Symbole, die den linken und rechten Rand der Spalte repräsentieren (es ist für die Spalte, nicht für die Zelle). Die Spalte beherbergt ähnliche Inhalte in jeder Zelle (und das sind Zellen, und nicht Spalten).

Mit dem Lineal verändern Sie die Breite der gesamten Spalte, aber Sie müssen die Textausrichtung für jede Zelle dieser Spalte einzeln vornehmen. Die Moral der Geschichte? Markieren Sie vorher die Spalte, wenn Sie eine konsistente Textausrichtung in dieser Spalte beibehalten möchten.

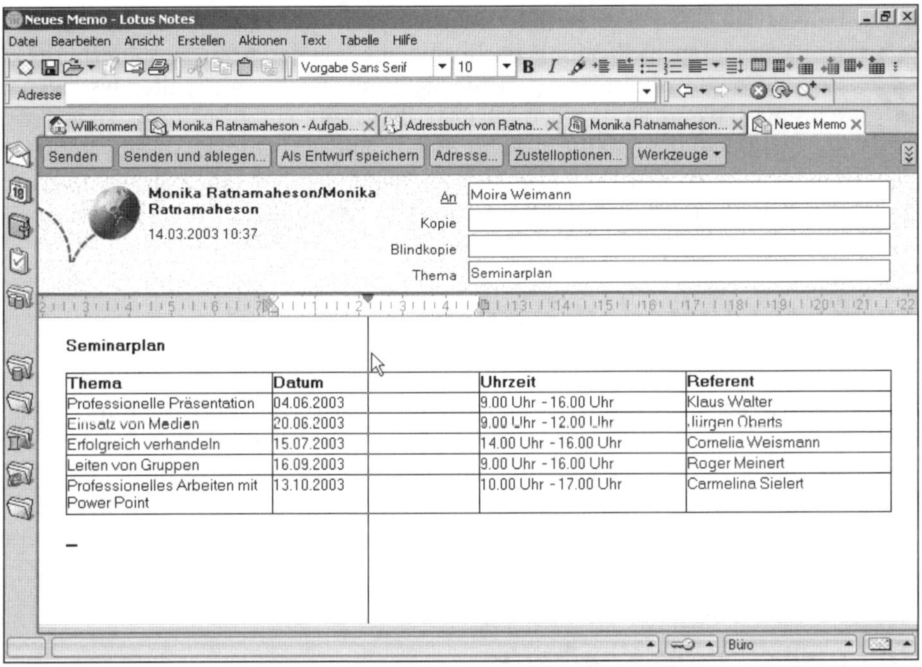

Abbildung 15.8: Wenn Sie das Lineal aktiviert haben, können Sie die Spaltenbreite einfach durch das Verschieben des Randes im Lineal verändern.

Zum Schluss nehmen Sie das rechteckige Symbol, um die Spaltenbreite zu verändern. Die meisten Anwender finden diese Methode einfacher als die Vorabdefinition in einer Dialogbox. Aber wenn Sie lieber die Dialogbox zur manuellen Einstellung von Spaltenbreiten verwenden möchten, dann tun Sie das. Bei all diesem Klicken und Schreiben könnten Sie sich die Fingernägel abbrechen.

Tabelle löschen

Obwohl es selten vorkommt, aber manche Leute möchten hin und wieder eine ganze Tabelle entfernen. Das ist ein wenig kompliziert. Sie können nicht einfach alle Zellen markieren und dann die Taste `Entf` drücken. Wenn Sie das tun, löschen Sie nur den Inhalt aller Zellen und haben am Ende eine Tabelle mit leeren Zellen. Statt dessen müssen Sie zunächst die gesamte Tabelle markieren. Positionieren Sie den Cursor vor und außerhalb der Tabelle und drücken dann die Tastenkombination [⇧]+[↓]. Dann, und nur dann, können Sie die Taste `Entf` drücken, um das gesamte Ding zu entfernen.

Denken Sie daran, dass zwei der Tabellentypen – AN FENSTER ANPASSEN und ANPASSEN MIT RÄNDERN – speziell dafür gedacht sind, die Tabellengröße zu steuern. Diese Einstellungen können Änderungen, die Sie für die Breite von Spalten festlegen, überschreiben. Wenn Sie Probleme haben, die Breite einer Spalte zu ändern, sollten Sie die Tabelleneinstellung FESTE BREITE ändern. Öffnen Sie die Registerseite TABELLENLAYOUT im Menü EIGENSCHAFTEN: TABELLEN und nehmen Sie die gewünschten Einstellungen vor.

Wozu man Kopfzeilen braucht

Stellen Sie sich diese herzzerreißende Situation vor: Sie drucken einen 50 Seiten langen Monsterbericht. Gerade als die letzten Seiten aus dem Drucker herauskommen, bläst ein leichter Wind zum geöffneten Fenster herein und verstreut alle Blätter im Raum. Sie heben alle Seiten auf und versuchen wieder Ordnung hineinzubringen. Das ist nicht einfach, da die Seiten nicht nummeriert sind. Das ist schlecht, nicht wahr? Was ist da zu tun? Beim nächsten Mal erstellen Sie eine Kopfzeile (oder Fußzeile) und fügen dort die Seitennummern ein. Das war's.

Ein Dokument, eine Kopfzeile

Seitennummern erscheinen in Kopf- oder Fußzeilen. Dabei handelt es sich um ein Stückchen Text am Anfang (*Kopfzeile*) oder am Ende (*Fußzeile*) jeder gedruckten Seite. Wenn Sie möchten, können Sie auch noch andere Informationen in Kopf- und Fußzeilen einfügen. Ist ein Dokument dringend oder enthält Informationen, die Spione oder schlechte Jungs gegen das Unternehmen verwenden könnten, tragen Sie entsprechende Informationen in die Kopfzeile ein. Jede Zeile enthält dann den Text »DRINGEND!« oder »Nicht den schlechten Kerlen zeigen«. Der Leser wird die Nachricht wohl kaum übersehen, auch wenn nur eine Seite von den anderen herausgelöst wurde.

Kopf- und Fußzeilen werden über DATEI|EIGENSCHAFTEN DOKUMENT... erstellt. Klicken Sie dort auf den Register-Tab mit dem Druckersymbol. Sie sehen dann die Infobox so, wie diese in Abbildung 15.9 angezeigt wird. Klicken Sie die Optionsschaltfläche KOPFZEILE an, wenn Sie Text eingeben möchten, der auf jeder Seite am Seitenanfang stehen soll. Sie müssen nicht Einstein sein, um herauszufinden, dass Sie auf FUSSZEILE klicken müssen, wenn Sie Text am Ende jeder Seite gedruckt haben möchten.

Sie werden keine Kopf- oder Fußzeile auf dem Bildschirm sehen, diese erscheinen nur auf der ausgedruckten Seite. Wenn Sie sehen möchten, wie die Kopf- oder Fußzeilen wirklich aussehen, wählen Sie DATEI|VORSCHAU...

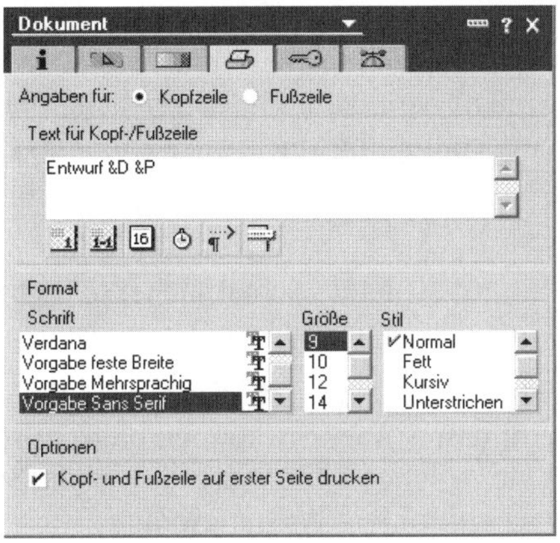

Abbildung 15.9: Auf der Registerseite Drucken der Infobox Dokument können Sie Kopf- und Fußzeilen erstellen.

Sie können alle möglichen Informationen in eine Kopf- oder Fußzeile hineinpacken und diese auch formatieren. Geben Sie einen beliebigen Text ein. Wenn die Kopf- oder Fußzeile mehrere Zeilen enthält wie etwa eine Adresse, drücken Sie am Ende der einzelnen Zeile die Taste [↵]. Im Textbereich Kopf-/Fusszeile der Eigenschaftenbox Dokument finden Sie sechs Schaltflächen, um den Text der Kopf- oder Fußzeile zu ändern. Sie bieten Ihnen folgende Möglichkeiten:

✔ **Seitenzahl einfügen:** Klicken Sie auf die Schaltfläche Seitenzahl einfügen, wenn Sie die Seitenzahl zur Kopf- oder Fußzeile hinzufügen möchten. Sie können auch das Wort »Seite:« schreiben und dann auf die Schaltfläche klicken. Die Kopf- oder Fußzeile sieht dann in etwa so aus: `Seite: &P`. Die Zeichen `&P` werden in die aktuelle Seitenzahl umgewandelt, wenn Sie drucken, sodass Sie auf der Seite 5 den Text `Seite: 5` sehen.

✔ **Gesamtzahl der Seiten einfügen:** Klicken Sie auf die Schaltfläche Gesamtseitenzahl einfügen, wenn die Gesamtseitenzahl angezeigt werden soll. Wenn nun das Dokument herumgewirbelt wird, ist es um einiges einfacher, wieder Ordnung herzustellen. Natürlich können Sie auch das zugige Fenster schließen, um solch einem Problem aus dem Wege zu gehen.

✔ **Datum einfügen:** Klicken Sie auf die Schaltfläche Datum einfügen, wenn Sie in die Kopf- bzw. Fußzeile das Datum einfügen möchten. Das Ausdrucken von Datum und Uhrzeit ist ganz handlich, wenn der Leser erfahren möchte, welches der aktuellste Ausdruck aus einer ganzen Reihe von gedruckten Kopien ein und desselben Dokuments ist.

✔ **Uhrzeit einfügen:** Wenn Sie auf die Schaltfläche Uhrzeit einfügen klicken, wird in der Kopf- bzw. Fußzeile die aktuelle Zeit (die Uhrzeit des Computers) jedes Mal eingefügt, wenn Sie das Dokument drucken. Notes druckt die Zeit im Format 15:48:42

- **TABULATOR EINFÜGEN:** Durch Klicken auf die Schaltfläche TABULATOR EINFÜGEN verschiebt Notes den nächsten Teil der Kopfzeile nach rechts, so als würden Sie die Tabulatortaste beim Schreiben im Dokument benutzen. Mit dieser Schaltfläche können Sie Kopf- bzw. Fußzeilen ansprechender gestalten. Beispielsweise kann das Datum in der linken oberen Ecke der Seite erscheinen, die aktuelle Uhrzeit steht in der Mitte, während auf der rechten Seite die Seitenzahl steht.
- **TITEL EINFÜGEN:** Klicken Sie auf die letzte Schaltfläche, so fügt Notes den Titel des bearbeiteten Dokuments in die Kopf- bzw. Fußzeile ein. Dieser ist dann auf allen Seiten zu sehen.

Sie können Schriftart, -größe und -stil definieren, um das Aussehen von Kopf- und Fußzeilen zu beeinflussen. Aber Sie können nicht mischen und kombinieren. Der gesamte Text in einer solchen Zeile weist die gleiche Schriftart, die gleiche Größe und auch den gleichen Stil auf. Wie langweilig!

So, um das Ganze abzuschließen, stellen Sie sich vor, Sie arbeiten in Ihrem täglichen Terminplaner und geben Folgendes in die Textbox für die Kopfzeile ein:

```
Dies ist eine Kopfzeile|Seite &P|&W
```

Wenn Sie anschließend das Dokument drucken, wird die Seite 6 so aussehen:

```
Dies ist eine KopfzeileSeite 6  Täglicher Kalender
```

Hier ist der Schlüssel zum besseren Verständnis der Kopf- und Fußzeilen-Symbole von Notes:

<table>
<tr><th>Dies</th><th>steht für dies</th></tr>
<tr><td>&P</td><td>Seitenzahl einfügen</td></tr>
<tr><td>&Q</td><td>Gesamtseitenzahl einfügen</td></tr>
<tr><td>&D</td><td>Datum einfügen</td></tr>
<tr><td>&T</td><td>Uhrzeit einfügen</td></tr>
<tr><td>|</td><td>Tabulator einfügen</td></tr>
<tr><td>&W</td><td>Überschrift einfügen</td></tr>
</table>

Kopf- und Fußzeilen erscheinen auf jeder Seite mit Ausnahme der ersten, es sei denn, Sie aktivieren in der Infobox DOKUMENT das Kontrollkästchen KOPF- UND FUSSZEILE AUF ERSTER SEITE DRUCKEN.

Kopfzeilen für jedes Dokument

Das Erstellen von Kopf- und Fußzeilen in der eben beschriebenen Weise ist ganz nett, wirkt sich aber nur auf das momentan aktuelle Dokument aus. Sie möchten vielleicht stattdessen eine Kopf- oder Fußzeile für jedes in einer bestimmten Datenbank zu druckende Dokument erstellen. *Hinweis:* Sie können eine Kopf- oder Fußzeile für jedes in einer bestimmten Datenbank zu druckende Dokument erstellen. Dokumente, die Sie aus anderen Datenbanken drucken, heben keine Kopf- oder Fußzeile, es sei denn, Sie erstellen eine Kopf- und Fußzeile auch für diese anderen Datenbanken.

Um eine solche universale Kopf- oder Fußzeile zu erzeugen, wählen Sie zunächst Datei|Datenbank|Eigenschaften. In der folgenden Dialogbox Datenbank klicken Sie auf den Register-Tab mit dem kleinen Drucker und Sie sind im Geschäft. Hier können Sie Text und alle anderen Merkmale auf die gleiche Art und Weise eingeben, wie wir dies auf den vorangegangenen Seiten getan haben. Der einzige Unterschied ist, dass die Kopf- oder Fußzeilen-Einstellungen nun für jedes in der Datenbank enthaltene Dokument gelten.

Die Dialogbox, die Sie beim Festlegen der Kopf- und Fußzeilen für ein Dokument benutzen, ähnelt sehr stark der Dialogbox zur Definition der Kopf- und Fußzeilen für eine Datenbank. Seien Sie sehr vorsichtig und achten Sie auf den Titel der jeweiligen Eigenschaften-Box.

Zum Drucken einrichten

Jede Seite zum Drucken einzurichten, das ist eine Kunst. Also auf geht's, wählen Sie Datei|Seitenformat..., um die in Abbildung 15.10 gezeigte Dialogbox zu sehen.

Hinweis: Der Titel dieser Dialogbox ändert sich und hängt jeweils von dem Druckertyp ab, den Sie verwenden.

Sie werden diese Dialogbox oft benutzen (wenn nicht immer), um die Seitenränder durch Eingabe von Zahlen in die entsprechenden Felder einzustellen. Obwohl Sie die Seitenränder für einzelne Absätze definieren können, sollten Sie die Optionen Extra links und Extra rechts verwenden, um weiteren Raum zu Ihren Absatzrändern hinzuzufügen.

Sollten Sie in der Kopf- oder Fußzeile Seitenzahlen eingefügt haben, können Sie Notes mitteilen, mit welcher Seitenzahl das Drucken beginnen soll. Füllen Sie zu diesem Zweck das Feld Seitenzahl der ersten Seite aus. Dies könnte dann recht nützlich sein, wenn Sie einen mit Microsoft Word verfassten Bericht haben und Sie noch einige Seiten aus einer Notes-Datenbank einfügen möchten. Sie drucken die Seiten eins bis fünf aus Word und drucken anschließend die Seiten sechs bis elf aus Notes. Setzen Sie jetzt das Feld Seitenzahl der ersten Seite, so könnten die Leser denken, dass alle gedruckten Seiten vom gleichen Ort stammen.

Sollten Sie vorhaben, Ihre gedruckten Seiten an einen Druckservice zur Reproduktion zu senden, aktivieren Sie das Kontrollkästchen Zuschnittsmarken drucken, um dem Personal des Druckservices die Arbeit zu erleichtern. Andererseits, wenn Sie wie die meisten Personen nur sehr selten Material an eine professionelle Druckerei senden, brauchen Sie dieses Merkmal nicht einzusetzen.

Klicken Sie auf die Schaltfläche PAPIER, um Notes mitzuteilen, auf welches Papierfach Ihr Drucker zugreifen soll, um die erste Seite zu drucken, und auf welches Fach, um die restlichen Seiten zu drucken. Wenn Sie allerdings keinen dieser verrückten Drucker mit mehreren Papierfächern besitzen, brauchen Sie auch keine Zeit mit dieser Schaltfläche zu verschwenden. Besitzen Sie jedoch einen solchen Drucker (Sie Glückliche/r), dann ist diese Taste ein schöner Weg, die erste Seite mit dem im Unternehmen üblichen Briefkopf zu bedrucken.

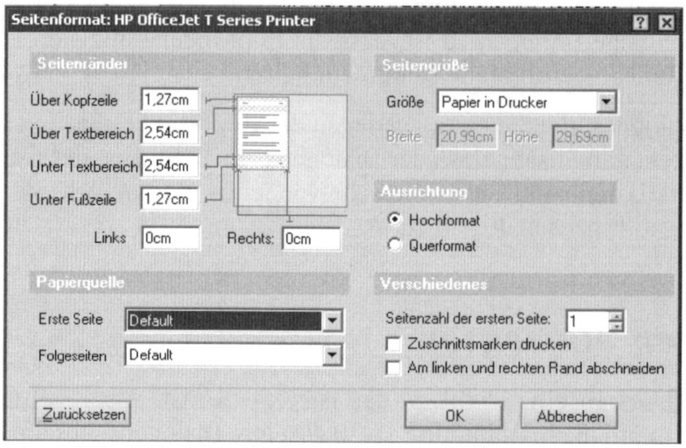

Abbildung 15.10: In der Dialogbox SEITENFORMAT legen Sie Ihre Druckeinstellungen fest.

Suchen und Ersetzen

Jeder macht Fehler. Denken Sie daran: Irren ist menschlich, Vergeben ist göttlich, und den gleichen Fehler zu wiederholen ist unvermeidlich. In Bezug auf das Machen von Fehlern stellen Sie sich einmal vor, dass Sie ein langes Memo schreiben und dann entdecken, dass Sie einige Fehler gemacht haben. Sie könnten beispielsweise entdecken, dass Sie sich auf Susi bezogen haben, während sie auf ihren richtigen Namen Susanne besteht.

Es wird Zeit, alle Stellen im Dokument mit Susi zu finden und durch Susanne zu ersetzen. Wählen Sie im Menü BEARBEITEN|SUCHEN/ERSETZEN... oder drücken Sie die Tastenkombination [Strg]+[E]. Sehen Sie in der Dialogbox, wie sie Abbildung 15.11 zeigt, wie wir dort bereits unsere Einstellungen vorgenommen haben.

Die Suche nach Text in Ihrem Dokument zum Zweck des Ersetzens erfordert ein wenig Planung, damit es korrekt funktioniert. Beachten Sie beispielsweise die von uns (Abbildung 15.11) aktivierten Kontrollkästchen:

- ✔ **GROSS-/KLEINSCHREIBUNG BEACHTEN:** Aktivieren Sie dieses Kontrollkästchen, so achtet Notes auch auf großgeschriebene Buchstaben.
- ✔ **AKZENTE BEACHTEN:** Aktivieren Sie dieses Kontrollkästchen, wenn Sie nach einem Wort suchen, welches diese Zeichen über bestimmten Buchstaben enthält (Beispiele: Akzent (`),

Akzent Zirkumflex (^), Cedille (~) usw.). Bei aktivierten Kontrollkästchen achtet Notes auf diese speziellen Zeichen und ignoriert das Erscheinen von Wörtern, in denen diese nicht auftauchen.

- ✔ **Ganzes Wort:** Wählen Sie dieses Kontrollkästchen, damit Notes nicht auf den Gedanken kommt, die eventuell in bestimmten Wörtern vorkommende Zeichenfolge Sue zu ersetzen.

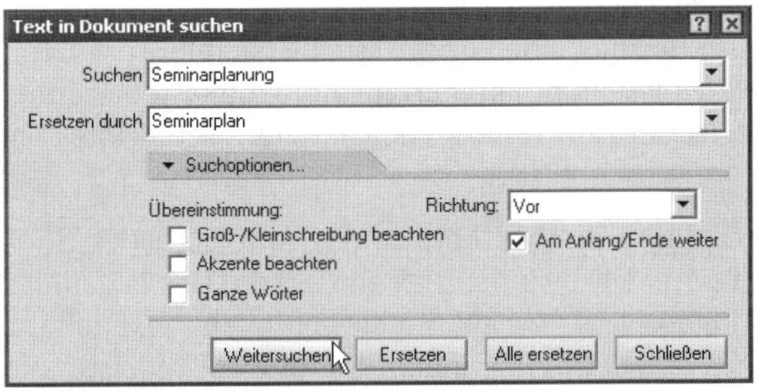

Abbildung 15.11: Die Dialogbox Text in Dokument suchen

Um sicherzugehen, dass Wörter, die Sie ersetzen wollen, wirklich im ganzen Dokument gefunden und ersetzt werden, empfiehlt es sich, den Cursor an den Anfang des Dokuments zu positionieren, bevor Sie den Text nach bestimmten Wörtern durchforsten. Notes erlaubt Ihnen aber auch, die Aktion Suchen und Ersetzen in der Mitte des Dokuments zu beginnen: am Ende des Dokuments angelangt, wird es die Suche am Anfang des Dokuments fortsetzen, bis alle Abschnitte geprüft sind.

Nachdem Sie alle Ihre Entscheidungen getroffen haben und auch den zu suchenden wie den zu ersetzenden Text eingegeben haben, können Sie loslegen. Sie können eine der folgenden Richtungen einschlagen:

- ✔ **Vor:** Beginnt an der Cursor-Position und durchsucht das Dokument vorwärts bis zum ersten oder nächsten Auftreten des Suchtextes, ohne etwas zu ersetzen.
- ✔ **Zurück:** Beginnt an der Cursor-Position und sucht in Richtung Anfang des Dokuments, ohne etwas zu ersetzen.

Nachdem Sie die Suchrichtung festgelegt haben, klicken Sie auf eine der drei Schaltflächen für die Optionen Suchen und/oder Ersetzen:

- ✔ **Weitersuchen:** Verlässt den aktuell gefundenen Suchbegriff und sucht nach dem nächsten.
- ✔ **Ersetzen:** Ersetzt nur das aktuelle Auftreten des Suchbegriffs. Es ersetzt das aktuelle Auftreten des Suchbegriffs und sucht nach dem nächsten.

- **Alle ersetzen:** Erledigt die Aufgabe schnell durch Ersetzen jedes auftauchenden Suchbegriffs, ohne bei jedem Auftreten nachzufragen.

Seien Sie bei dieser Methode sehr vorsichtig. Ersetzen Sie beispielsweise das Wort »oben« durch »hoch«, wird aus »aufgeschoben« plötzlich »aufgeschhoch«.

Wählen Sie das Kontrollkästchen Am Anfang/Ende weiter, um das ganze Dokument zu durchlaufen. Beginnen Sie zum Beispiel eine Vorwärtssuche nach bestimmten Wörtern in der Mitte des Dokuments, hält Notes bei nicht aktiviertem Kontrollkästchen inne, wenn das Ende des Dokuments erreicht ist. Ist das Kontrollkästchen aktiviert, setzt Notes seine Suche am Anfang des Dokuments fort.

Der clevere kleine Sucher könnte das Auftreten des Suchbegriffs hinter der Dialogbox Text in Dokument suchen entdecken. Das bedeutet, Sie müssen manchmal die Dialogbox verschieben, um die gefundene Textstelle zu sehen. Nehmen Sie die Dialogbox aus dem Weg, indem Sie in die Titelleiste klicken und sie mit gedrückter Maustaste verschieben.

Klicken Sie auf die Schaltfläche Schliessen, wenn Sie mit dem Suchen und Ersetzen von Text fertig sind.

Wenn Sie schlecht in Rechtschreibung sind

Auch wenn Sie wirklich gut in Rechtschreibung sind, so treten dennoch hin und wieder in den nächsten Jahren gelegentliche Schreibfehler auf. Sie sollten jederzeit solche Eventualitäten in Betracht ziehen, bereit, sich auf einen Fehler zu stürzen und diesen zu korrigieren, bevor Sie diesen an Tausende von Empfängern versenden, die sich über einen leicht zu behebenden Fehler möglicherweise heimlich ins Fäustchen lachen.

In der Dialogbox in Abbildung 15.12 können Sie sehen, dass die Person, die dieses Memo herausgegeben hat, das Wort *Kombination* falsch geschrieben hat. Es könnte aber auch sein, dass sie nicht wusste, wie das Wort geschrieben wird. Das ist egal, denn die Rechtschreibprüfung findet den Fehler.

Nachdem Sie Ihr Dokument gespeichert haben (um sicherzugehen), wählen Sie Bearbeiten|Rechtschreibprüfung... oder klicken in der Navigationsleiste auf die Schaltfläche Rechtschreibprüfung. Ungeachtet dessen, wo Sie zuletzt Ihren Cursor positioniert hatten, beginnt die Rechtschreibprüfung am Anfang des Dokuments. Wird ein unbekanntes Wort gefunden, markiert Notes dieses (manchmal hinter der Dialogbox) und wartet auf eine Aktion von Ihnen.

Das betreffende Wort erscheint auch im Textfeld Nicht im Wörterbuch und im unteren Textfeld erhalten sie Vorschläge (die mitunter hilfreich oder aber durchaus belustigend sind). Bei Eigennamen gerät die Rechtschreibprüfung oft ganz aus dem Häuschen. Bleibt das Textfeld für Vorschläge leer, hat das Wörterbuch keine Vorschläge zu bieten.

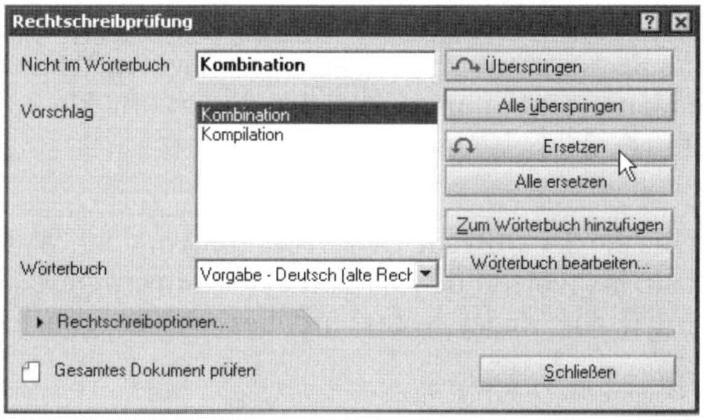

Abbildung 15.12: Notes kann auch Ihre Rechtschreibung überprüfen, damit Sie immer alles richtig schreiben.

Während die Rechtschreibprüfung den Text Wort für Wort durchläuft, stehen Ihnen die folgenden Optionen offen.

- ✔ **Überspringen:** Klicken Sie auf die Schaltfläche Überspringen, wenn Sie dieses Mal den Fehler überspringen möchten; aber Notes wird den gleichen Fehler auch im Rest des Dokuments noch einmal aufspüren.
- ✔ **Alle überspringen:** Klicken Sie auf Alle überspringen, um auch jedes weitere Auftreten dieses Wortes im Dokument zu ignorieren.
- ✔ **Ersetzen:** Markieren Sie in der Liste mit Vorschlägen den Vorschlag, den Sie übernehmen wollen (oder geben Sie im Textfeld Nicht im Wörterbuch einen anderen Vorschlag ein) und klicken Sie auf die Schaltfläche Ersetzen, um den vorherigen Begriff durch einen besseren zu ersetzen.
- ✔ **Alle Ersetzen:** Klicken Sie auf diese Schaltfläche, nachdem Sie einen der Vorschläge aus der Vorschlagliste ausgewählt haben (oder geben Sie im Textfeld Nicht im Wörterbuch einen anderen Vorschlag ein), um jedes weitere Auftreten dieses Wortes durch den gewünschten Begriff zu ersetzen.
- ✔ **Zum Wörterbuch Hinzufügen:** Wählen Sie Hinzufügen, um das Wort zum Notes-Wörterbuch hinzuzufügen, sodass Notes nie wieder dieses Wort markiert. Diese Option ist besonders für Namen und Adressen nützlich.

6

Wörterbuch bearbeiten: Klicken Sie auf diese Schaltfläche, um die Wörter, die Sie Notes selbst beigebracht haben, zu bearbeiten oder zu korrigieren.

Klicken Sie auf SCHLIESSEN am unteren Ende der Dialogbox, wenn Sie nicht ausreichend auf den Schock vorbereitet sind, wie viele Fehler Sie gemacht haben oder wenn Sie des Editierens überdrüssig sind...

Wenn Sie die Rechtschreibprüfung auf einen kleinen Textbereich in Ihrem Dokument anwenden möchten, markieren Sie diesen und klicken dann auf die Rechtschreibprüfung.

Verwenden Sie die Schaltfläche HINZUFÜGEN mit Vorsicht. Wenn Sie falsch geschriebene Wörter zum Wörterbuch hinzufügen, können diese nicht mehr als Fehler erkannt werden. Nie wieder. Notes wird diese Fehler ignorieren.

Sperren von Dokumenten

Ein neues Feature in Notes 6 ist die Fähigkeit, ein Dokument zu sperren. Nehmen wir als Beispiel eine Datenbank, die von Ihrer gesamten Abteilung genutzt wird und auf die jeder Editor-Zugriff hat. (Das heißt, Benutzer haben das Recht, in der Datenbank Dokumente zu erstellen und zu bearbeiten). Sie können sich sicher vorstellen, welches Unwetter sich in solchen Situationen zusammenbrauen kann. Was geschieht, wenn mehrere Personen zum selben Zeitpunkt das gleiche Dokument bearbeiten?

Die Lösung für diese Konfliktsituation bietet das Sperren von Dokumenten. Wenn Sie ein Dokument sperren, teilen Sie Notes erstens mit, dass Sie Änderungen an dem Dokument durchführen wollen, und zweitens, dass Notes verhindern soll, dass andere das gleiche Dokument zum gleichen Zeitpunkt bearbeiten.

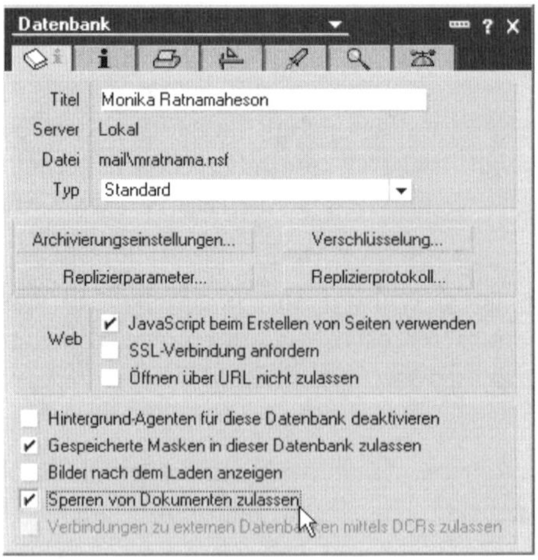

Abbildung 15.13: In dieser Dialogbox können Sie eine Datenbank sperren.

Die gute Nachricht ist, dass das Sperren von Dokumenten ein automatisches Merkmal ist, d.h. Sie müssen gar nichts tun. Wenn Sie die Tasten [Strg]+[B] drücken, um ein Dokument zu bearbeiten, sperrt Notes das Dokument automatisch, um zu vermeiden, dass andere Personen das Dokument zum gleichen Zeitpunkt ebenfalls bearbeiten. Wenn Sie das Dokument schließen und speichern, hebt Notes die Sperre automatisch auf, sodass eine andere Person es nun bearbeiten kann.

Die Dokumentensperre ist ein neues Feature von Notes 6, das vom Besitzer der Datenbank in der Dialogbox Datenbank aktiviert wird (vergleiche Abbildung 15.13). Sie können auf die Datenbank-Infobox über die Menüoptionen Datei|Datenbank|Eigenschaften zugreifen. Weil Sie vielleicht nicht für alle Datenbanken, mit denen Sie arbeiten, Manager-Zugriff haben, müssen Sie sich eventuell an andere Personen (den Datenbank-Besitzer oder den Administrator) wenden, wenn Sie dieses Merkmal gerne verwenden wollen. Andernfalls können Sie das Kontrollkästchen Sperren von Dokumenten zulassen einfach aktivieren, und das war's.

Notes, wie Sie es wollen

16

In diesem Kapitel

- Die Willkommen-Seite anpassen
- Verknüpfungen erstellen
- Mail- und Kalendervorgaben einstellen
- Benutzervorgaben festlegen
- Das Passwort verwalten

Es gibt Menschen, die sind mit der Welt, so wie sie ist, zufrieden – andere dagegen überhaupt nicht. Wenn Sie zur letzteren Kategorie gehören, ist dieses Kapitel genau das Richtige für Sie.

Wenn Sie der Ansicht sind, dass Notes 6 einfach rundherum großartig ist, können Sie dieses Kapitel überspringen. Aber wenn Sie zu den Leuten gehören, die gerne Ihren eigenen Weg gehen oder gerne etwas mehr wissen als andere, so lesen Sie weiter.

Hier erfahren Sie, wie Sie Notes auf Ihre Bedürfnisse und Wünsche abstimmen, Verknüpfungen erstellen und Vorgaben definieren können, damit Notes sich Ihren Vorstellungen entsprechend verhält. Das gilt auch für das Feature Mail und Ihren Kalender.

Die Notes Willkommen-Seite

Wenn Sie Notes starten, werden Sie mit der Willkommen-Seite konfrontiert, wie sie auch in Abbildung 16.1 zu sehen ist. (Weitere Details zur Willkommen-Seite finden Sie in Kapitel 2.) Was Sie auf dieser Willkommen-Seite sehen, hängt von einigen Dingen ab. Sie können z.B. Aufmachung und den Inhalt verändern. Ihr Administrator hat einige Kontrolle über das, was Sie sehen, so kann er – oder sie – dafür sorgen, dass Sie wichtige Ankündigungen, oder was auch immer, dort sofort zu sehen bekommen.

Die Willkommen-Seite verändern

Es ist einfach, die Aufmachung der Willkommen-Seite zu verändern. Ganz oben in der Willkommen-Seite finden Sie neben den Worten FÜR OPTIONEN ZUR EINFÜHRUNGSSEITE HIER KLICKEN ein kleines Dreieck. Ja, Sie vermuten richtig, hier können Sie den Stil Ihrer Willkommen-Seite verändern. Wie Sie in Abbildung 16.2 sehen, bietet Notes Ihnen viele Möglichkeiten, die Willkommen-Seite nach eigenem Gefallen zu gestalten.

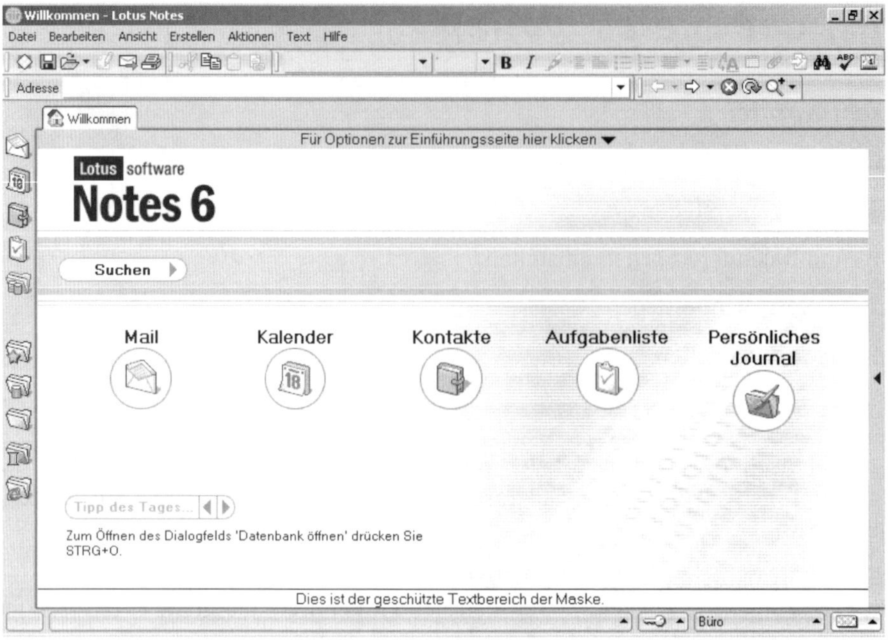

Abbildung 16.1: Die standardmäßige Willkommen-Seite von Notes 6

In Abbildung 16.2 haben wird die Dropdown-Liste der Option AKTUELLE AUSWAHL aktiviert. Notes 6 bietet Ihnen sechs Willkommen-Seiten, aus denen Sie wählen können.

- ✔ **ALLGEMEIN:** Diese Konfiguration ist die einfachste der Willkommen-Seiten. Sie enthält fünf runde Hauptschaltflächen: Mail, Kalender, Kontakte, Aufgabenliste und Adressbuch. Sie sehen diese Willkommen-Seite, die standardmäßig eingestellt ist, auch in Abbildung 16.1.
- ✔ **ALLGEMEIN PLUS KALENDER:** Dieses Layout enthält die gleichen Informationen wie die Willkommen-Seite ALLGEMEIN, zeigt aber zusätzlich im rechten Bildschirmbereich Ihren Kalender an.
- ✔ **SCHLAGZEILEN MIT LYCOS:** Diese Konfiguration enthält Ihren Posteingang, Ihren Kalender sowie eine spezielle Seite der Website Lycos.
- ✔ **SCHLAGZEILEN MIT LYCOS (GB):** Dieses Layout ist identisch mit dem Layout von SCHLAGZEILEN MIT LYCOS. Zusätzlich enthält die Webseite von Lycos jedoch Themen, die für Notes-Benutzer in Großbritannien von besonderem Interesse sind.
- ✔ **SCHLAGZEILEN MIT TERRA:** Diese Konfiguration enthält Ihren Posteingang, Ihren Kalender sowie eine spezielle Seite der Website Terra (in spanischer Sprache).
- ✔ **ALLGEMEIN ERWEITERT:** Dieses Layout enthält Ihren Posteingang, Ihren Kalender und zeigt zusätzlich die fünf großen runden Navigationsschaltflächen der Standard-Willkommen-Seite ALLGEMEIN an sowie eine spezielle Box, in der Sie eine Suche durchführen können.

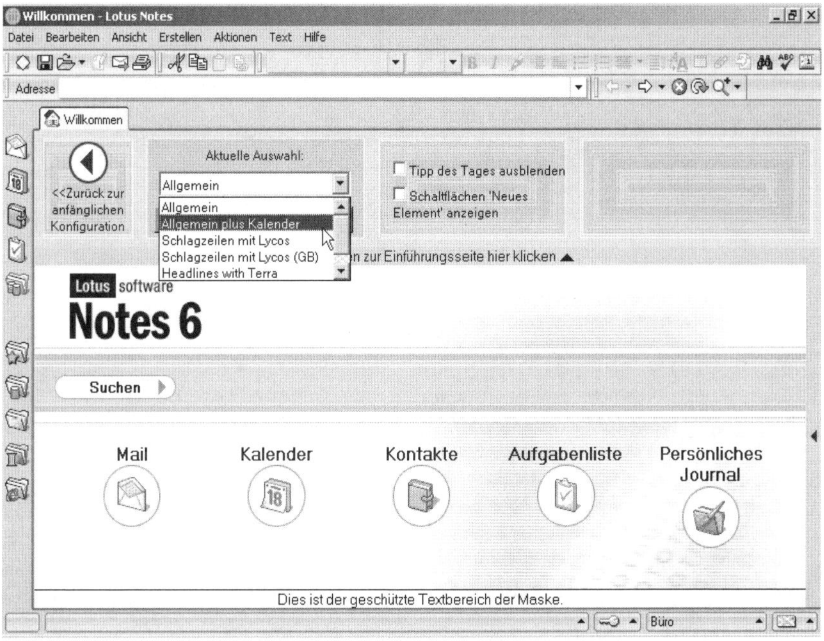

Abbildung 16.2: Gestalten Sie die Willkommen-Seite nach eigenem Geschmack.

Welche Willkommen-Seite Sie auswählen, bleibt ganz Ihnen überlassen – entscheiden Sie sich für diejenige, die Ihnen am besten gefällt. Und weil es so einfach ist, von einer Willkommen-Seite auf eine andere zu wechseln, empfiehlt es sich, ein paar Tage die eine Willkommen-Seite zu verwenden, um festzustellen, ob man gut mir ihr zurechtkommt, und dann in eine andere Willkommen-Seite zu wechseln, um auch diese einmal auszutesten.

Abbildung 16.3 zeigt die Willkommen-Seite, die uns am meisten zusagt – ALLGEMEIN ERWEITERT. Sie ist am besten auf unsere Bedürfnisse zugeschnitten.

Ein definitiver Vorteil, den Ihnen alle Willkommen-Seiten außer ALLGEMEIN bieten, ist die Möglichkeit, diese Seiten noch weiter auf Ihre Bedürfnisse anzupassen, indem Sie die Elemente der Seite verändern. Vielleicht möchten Sie ja die Seite ALLGEMEIN ERWEITERT verwenden, aber den Inhalt der Seite dahin gehend ändern, dass auch Ihre Aufgabenliste enthalten ist, oder vielleicht eine Datenbank anstelle des Kalenders verwenden.

Wie Sie in Abbildung 16.3 sehen, verfügt jeder Bereich der Willkommen-Seite (so genannte *Rahmen*) in der Mitte des rechten Randes über ein kleines blaues Dreieck. Wenn Sie eines diese Dreiecke anklicken, wird die Liste RAHMENINHALT WECHSELN ZU angezeigt, aus der Sie genau auswählen können, was in einem Rahmen angezeigt werden soll. In Abbildung 16.4 haben wir beispielsweise die Aufgabenliste ausgewählt.

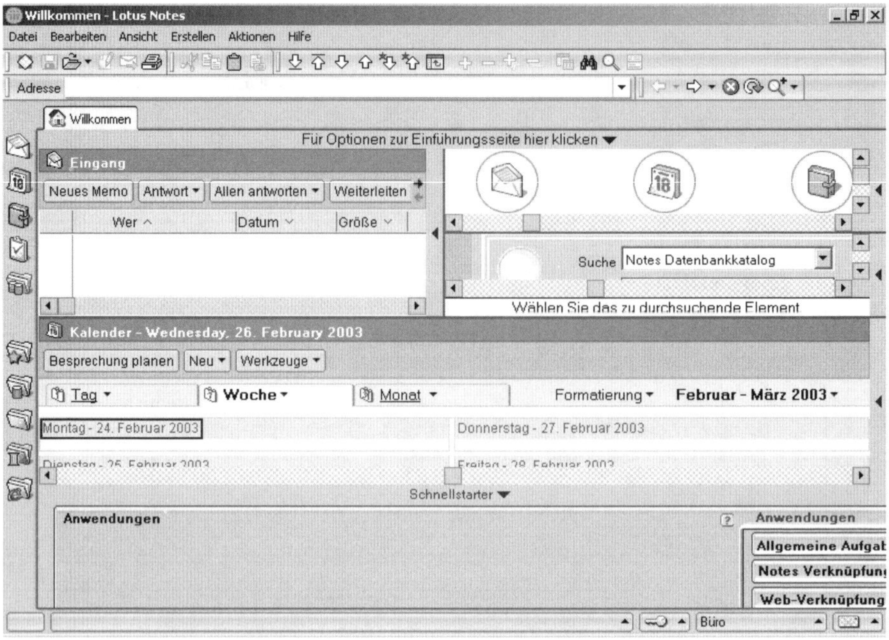

Abbildung 16.3: Die Willkommen-Seite ALLGEMEIN ERWEITERT

Wie Sie in Abbildung 16.4 sehen, bietet Ihnen die Liste RAHMENINHALT WECHSELN ZU verschiedene Möglichkeiten. Hier die genauen Details der einzelnen Optionen und in welcher Situation Sie diese einsetzen können.

- ✔ **ALLGEMEINE AUFGABEN:** Das ist eine andere Bezeichnung für die fünf großen runden Schaltflächen der Willkommen-Seite ALLGEMEIN, die standardmäßig angezeigt wird. Sie bietet einen schnellen Zugriff auf die Ordner MAIL, KALENDER, KONTAKTE, AUFGABENLISTE und PERSÖNLICHES JOURNAL. Diesen Rahmen sehen Sie im oberen rechten Bildschirmbereich in Abbildung 16.4.
- ✔ **EINGANG:** Die Schaltfläche, die der Willkommen-Seite am häufigsten hinzugefügt wird, ist der Ordner EINGANG. Sie sehen einen solchen Rahmen in der oberen linken Ecke des Bildschirmbereichs in Abbildung 16.4.
- ✔ **PAPIERKORB:** Wählen Sie diese Schaltfläche, um die E-Mail-Nachrichten anzuzeigen, die Sie vor kurzem gelöscht haben.
- ✔ **KALENDER:** Wählen Sie diese Option, wenn auf Ihrer Willkommen-Seite erscheinen soll, wo Sie im Moment sein sollten... Sie wissen schon, es geht um Ihren Terminplan. Sie sehen diesen Rahmen in der unteren Hälfte des Bildschirmbereichs in Abbildung 16.3.
- ✔ **AUFGABE:** Ihre Notes-Aufgabenliste wird auf Ihrer Willkommen-Seite angezeigt.

- **Abonnements:** Wählen Sie diese Option, um bestimmten Datenbanken und Dokumente, die Sie interessieren, markieren zu können. Wählen Sie diese Option, werden automatisch Aktualisierungen in Echtzeit angezeigt, wenn bei diesen überwachten Elementen Änderungen auftreten. Genaueres darüber lesen Sie im Kasten »Erstellen eines Abonnements« weiter unten in diesem Kapitel.
- **Webseite:** Wählen Sie diese Option, um eine beliebige Webseite – entweder aus dem Internet oder dem Intranet Ihrer Firma – in Ihrer Willkommen-Seite anzuzeigen.
- **Datenbank:** Wählen Sie diese Option, haben Sie die Möglichkeit, jede beliebige Notes-Datenbank in die Willkommen-Seite mit aufzunehmen.
- **Datei-ordner:** Eine coole Sache! Wählen Sie diese Option, können Sie einen auf dem eigenen PC gespeicherten Ordner, den Sie häufig benötigen, in einem Fenster in der Willkommen-Seite anzeigen. Sehen Sie sich zur Illustration in Abbildung 16.4 den Rahmen im mittleren rechten Bildschirmbereich der Willkommen-Seite an.

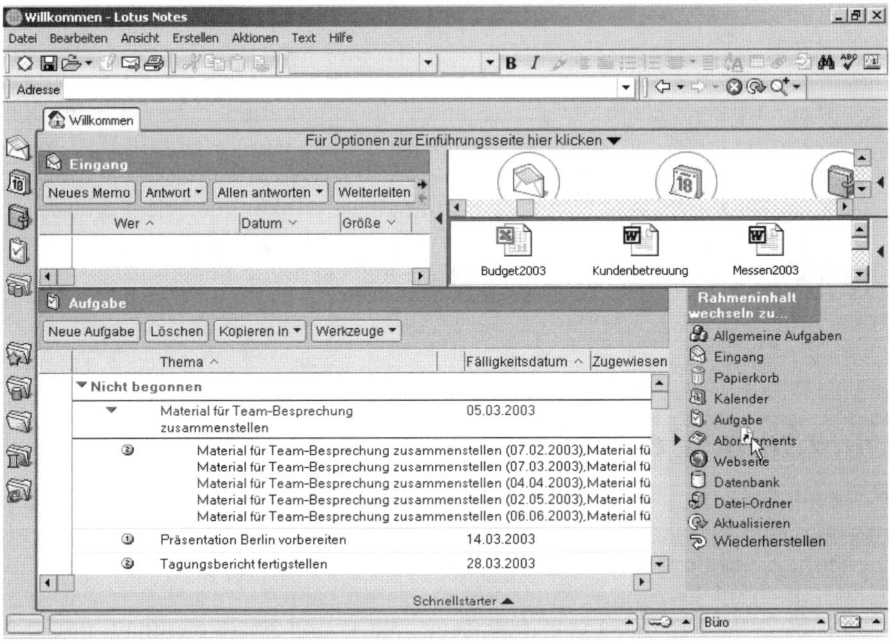

Abbildung 16.4: Ändern des Inhalts der Willkommen-Seite

Sie können das Layout einer Willkommen-Seite auch ändern, indem Sie Höhe und Breite von Rahmen ändern – ähnlich wie Sie die Spaltenbreite in Ihrem Posteingang ändern (*Hinweis:* anklicken und ziehen).

Erstellen eines Abonnements

Zu den Dingen, die sich auf Ihrer Willkommen-Seite anzeigen lassen können, gehören auch Abonnements. Stellen Sie sich vor, dass Sie jeden Morgen in einer Diskussionsdatenbank überprüfen, ob jemand seit gestern etwas hinzugefügt hat. Ein Abonnement zu benutzen ist ein leichter Weg, Notes das Suchen nach Informationen zu überlassen. Es wird automatisch überprüfen, ob neue Nachrichten hinzugekommen sind und sie dann in Ihren Headlines (optional) anzeigen. Sie können jede Datenbank abonnieren.

Damit Sie Notes dazu bringen, ein Auge auf eine Datenbank zu richten, müssen Sie diese zuerst öffnen. Wählen Sie Erstellen|Abonnement... und benutzen Sie dann die in der unten stehenden Abbildung gezeigte Maske, um Notes mitzuteilen, auf was es für Sie achten soll. Sie können sich von Notes informieren lassen, wann immer ein neues Dokument dazukommt oder wenn ein Dokument von einem bestimmten Autoren kommt. Auch Dokumente, die bestimmte Themen enthalten oder eine gewisse Größe haben, können von Notes gefunden werden. Klicken Sie auf die Schaltfläche OK, wenn Sie das Abonnement fertig definiert haben.

Wenn wirklich keine der sechs Standard-Konfigurationen der Willkommen-Seite, die Notes bietet, Sie zufrieden stellen kann, erzeugen Sie einfach Ihre eigene Willkommen-Seite. Anstatt die Inhalte einer bereits existierenden Willkommen-Seite zu modifizieren, erzeugen Sie eine brandneue Willkommen-Seite. Hierfür können Sie beliebig mit Layout und Inhalt experimentieren, Sie müssen nur die Schaltfläche neue Einführungsseite erstellen anklicken. Sie finden diese Option in der Willkommen-Seite, wenn Sie den Titel Für Optionen zur Einführungsseite hier klicken gewählt haben.

Verknüpfungen erstellen

Sehr häufig kommt es vor, dass Sie andere auf bestimmte Notes-Dokumente, Datenbanken oder Ansichten aufmerksam machen wollen. Vielleicht haben Sie ein neues Dokument in das Kostenberichtssystem Ihrer Firma gestellt und wollen Ihren Chef darauf hinweisen, damit er es gutheißen und Ihnen eine gute Rückmeldung geben kann. Oder vielleicht haben Sie eine neue Datenbank gefunden, die eine grundlegende Marketing-Analyse enthält, und wollen einen Freund darauf aufmerksam machen.

Zu diesem Zweck müssen Sie einen DocLink erstellen. Abbildung 16.5 zeigt, wie ein DocLink aussieht. Wie Sie sehen, braucht der Leser die Verknüpfung nur anzuklicken und eins, zwei, drei ... schon befindet er sich in dem betreffenden Dokument.

Sie können eine Verknüpfung zu einem Dokument, einem bestimmten Dokumentabschnitt, einer Ansicht oder einer Datenbank erstellen.

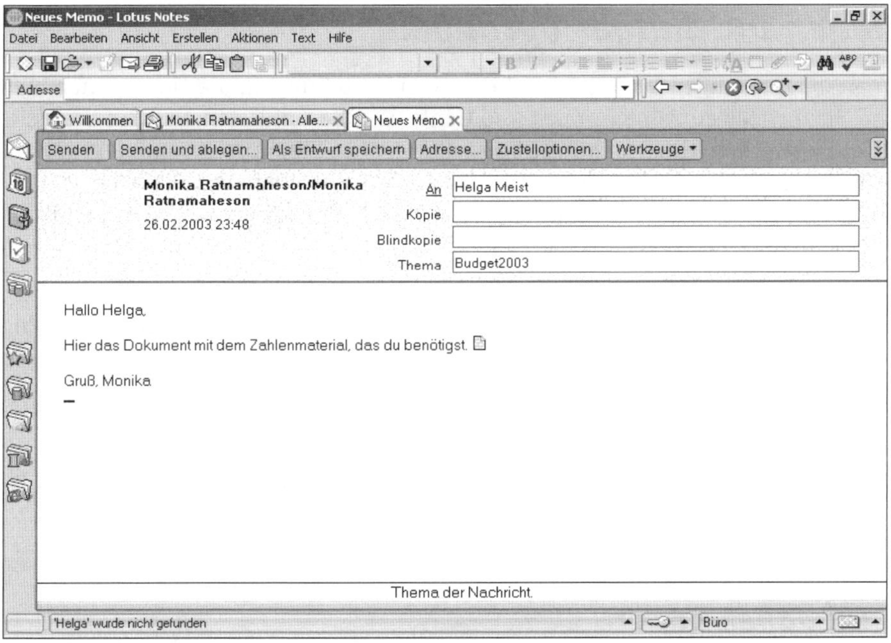

Abbildung 16.5: Mit einem DocLink gelangen Sie schnell zu bestimmten Dokumenten, Ansichten oder Datenbanken.

Gehen Sie folgendermaßen vor, um eine Verknüpfung zu erstellen:

1. **Öffnen Sie das Dokument, die Ansicht oder Datenbank, für die Sie eine Verknüpfung erstellen wollen.**
2. **Wählen Sie BEARBEITEN|ALS VERKNÜPFUNG KOPIEREN.**
3. **Wählen Sie eine der angezeigten Optionen (ANKERVERKNÜPFUNG, DOKUMENTVERKNÜPFUNG, ANSICHTSVERKNÜPFUNG oder DATENBANKVERKNÜPFUNG).**

   Dieser Schritt kopiert die Verknüpfung in die Zwischenablage.
4. **Schließen Sie das Dokument bzw. die Ansicht oder Datenbank, auf die sich die Verknüpfung bezieht.**
5. **Öffnen Sie das Dokument (oder die E-Mail-Nachricht), die die Verknüpfung enthalten soll.**
6. **Wählen Sie die Menüoptionen BEARBEITEN|EINFÜGEN, um die Verknüpfung einzufügen.**
7. **Speichern oder senden Sie das Dokument oder die Nachricht.**

Festlegen unzähliger Vorgaben

Wenn man die unzähligen Vorgaben und Benutzereinstellungen, die Notes Ihnen bietet, addiert und Sie für jede einzelne in Euro und Cents bezahlen müssten, würden Sie sicher eine Menge Geld loswerden. Eine schlimme Vorstellung, aber Sie müssen sich vergegenwärtigen, dass Ihnen in der Tat einige Hundert verschiedene Schaltflächen und Dialogboxen zur Verfügung stehen, mit denen Sie die Funktionsweise von Notes auf Ihre eigenen Bedürfnisse zuschneiden können.

Die gute Nachricht ist, dass viele dieser Optionen Ihnen gar nicht wichtig sind. Unser Ziel in diesem Abschnitt ist, Ihnen, lieber Leser, zu zeigen, wie Sie zu den verschiedenen Dialogboxen gelangen, in denen Sie die Vorgabeneinstellungen ändern können. Dann werden wir Ihren Blick auf die wichtigsten von ihnen lenken.

Die Möglichkeit eine Vorgabeneinstellung zu ändern, soll Sie noch lange nicht dazu veranlassen, von dieser Möglichkeit auch Gebrauch zu machen.

Mail-Vorgaben ändern

Wir empfehlen Ihnen, vorerst die Mail-Standardeinstellungen beizubehalten, die Notes bietet, um festzustellen, welche Einstellungen Ihnen zusagen und welche Sie gerne anders hätten. Wenn Sie sich dann nicht länger zurückhalten können und unbedingt an den Einstellungen herumwerkeln wollen, dann tun Sie das nach eigenem Belieben. Gehen Sie folgendermaßen vor, um die Funktionsweise Ihrer Mail-Datenbank zu ändern:

1. **Öffnen Sie Ihren Mail-Ordner.**

2. **Wählen Sie Aktionen|werkzeuge|Vorgaben, um die Dialogbox Vorgaben zu öffnen (vergleiche Abbildung 16.6).**

Wie Sie in Abbildung 16.6 sehen, verfügt die Registerseite Mail in der Dialogbox Vorgaben über vier eigene Registerseiten: Allgemein, Briefkopf, Signatur und Farben. Details zu den Farbeinstellungen finden Sie in Kapitel 7. Im vorliegenden Kapitel wollen wir uns mit den Registerseiten Allgemein, Signatur und Briefkopf beschäftigen.

Die Registerseite Allgemein

In dieser Registerseite können Sie die Merkmale allgemeiner Mail-Vorgaben z.B. für die Rechtschreibprüfung und das Löschen anpassen.

- ✔ **Benutzerkonfiguration:** Das erste Feld in der Registerseite Allgemein – Diese Mail-Datei gehört xx – wird verwendet, um für die Datei, deren Vorgaben Sie festlegen, den Namen des Besitzers einzugeben. In beinahe allen Fällen gehört Ihr Name in dieses Feld. Sie werden den Eintrag nur ändern, wenn die Maildatei für die Verwendung durch eine andere bestimmte Person eingerichtet wurde (etwa für den Firmenchef), aber tatsächlich von einer anderen Person verwendet und verwaltet wurde (etwa durch die Sekretärin des Chefs). Fazit: Ändern Sie dieses Feld nur, wenn Sie sich absolut sicher sind, dass dies notwendig ist.

- ✔ **Rechtschreibprüfung:** In Abbildung 16.6 können Sie sehen, dass die Standardeinstellung es vorsieht, dass Notes die Rechtschreibung einer E-Mail-Nachricht kurz vor dem Senden der Nachricht automatisch prüft. Wenn Sie aus irgendeinem kühlen Grunde nicht wollen, dass Notes automatisch eine Rechtschreibprüfung für Ihre Nachrichten durchführt (sicherlich zeigen Sie damit ein Urvertrauen in Ihre Rechtschreibfähigkeiten), können Sie dieses Feature deaktivieren – wie empfehlen jedoch, es besser beizubehalten. Lassen Sie das Kontrollkästchen MAIL-NACHRICHTEN AUTOMATISCH VOR DEM ABSENDEN AUF RECHTSCHREIBFEHLER PRÜFEN einfach aktiviert. Um zu erfahren, wie Sie in das Benutzerwörterbuch Einträge hinzufügen oder diese bearbeiten können, lesen Sie den folgenden Abschnitt »Benutzervorgaben einstellen«.

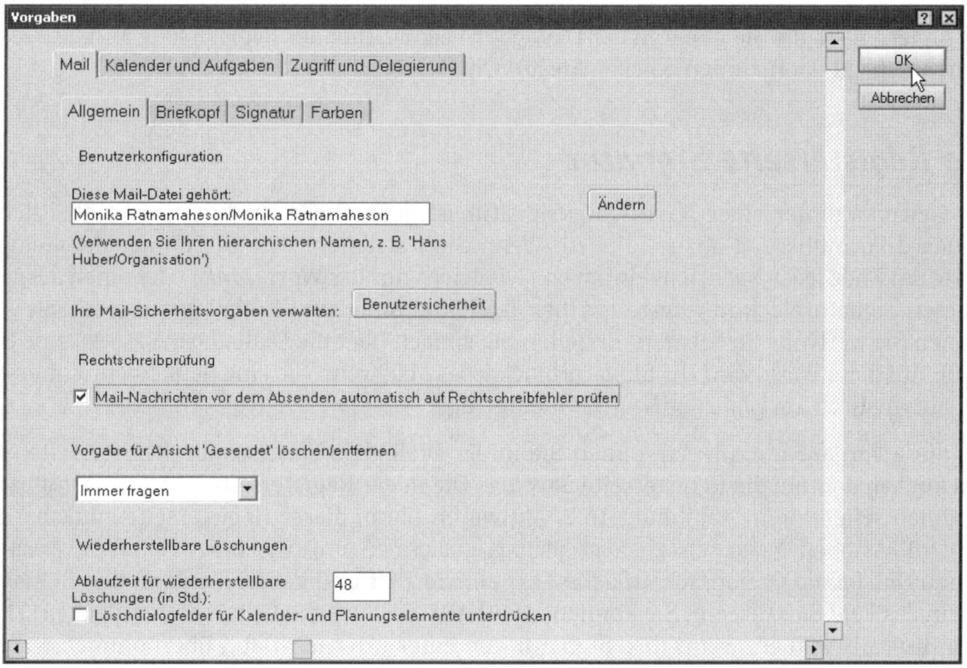

Abbildung 16.6: In dieser Dialogbox legen Sie Ihre Vorgaben fest.

Vorgabe für Ansicht 'Gesendet' löschen/entfernen: Ein verhältnismäßig kleiner Fehler, den Benutzer von Notes (teilweise schon seit vielen Jahren) machen, ist der, dass Sie versuchen, Nachrichten aus einem Ihrer Mail-Ordner zu *löschen*, obwohl Sie die Nachricht nur an einen anderen Ort *verschieben* wollen. Um den Benutzer vor einem Schritt zu warnen, den er nicht wirklich beabsichtigt, zeigt

Notes einen Warnhinweis an, wenn Sie versuchen eine Nachricht aus der Ansicht GESENDET zu löschen. Wenn Sie diesen Warnhinweis unterdrücken wollen, wählen Sie in der Dropdown-Liste VORGABE FÜR ANSICHT ‚GESENDET' LÖSCHEN/ENTFERNEN die Option IMMER LÖSCHEN.

Wiederherstellbare Löschungen: Wenn Sie Nachrichten löschen, werden diese zunächst lediglich in den Papierkorb verschoben. Alle 48 Stunden werden die Nachrichten, die sich im Papierkorb befinden, jedoch tatsächlich und permanent gelöscht. Diese planmäßig und regelmäßige Leerung des Papierkorbs ist ein neues Feature in Notes 6 – das Feature WIEDERHERSTELLBARE LÖSCHUNGEN. Sie können den Timer für den Löschvorgang im Feld ABLAUFZEIT FÜR WIEDERHERSTELLBARE LÖSCHUNGEN (IN STD.) ändern. Wir empfehlen das nicht, aber wenn Sie wollen, können Sie dieses Feld ändern. So haben Sie mehr (oder weniger) Zeit zwischen dem Zeitpunkt, zu dem Sie eine Nachricht löschen, und dem Zeitpunkt, wenn diese Nachricht wirklich gelöscht und aus dem Papierkorb entfernt wird, und können Ihre Meinung auch noch einmal ändern.

Um Änderungen, die Sie in der in der Dialogbox VORGABEN auf der Registerseite MAIL/ALLGEMEIN vornehmen, zu übernehmen, klicken Sie auf OK.

Die Registerseite Signatur

Der Gedanke hinter einer Nachrichtensignatur ist, jede Nachricht mit einer einheitlichen Standard-Formulierung abzuschließen: Wenn Sie feststellen, dass Sie immer die gleichen Worte am Ende jeder Nachricht eintippen – vielleicht nur das Wort *Danke* oder einen ausgearbeiteten Signaturblock mit Text, der Ihre Telefonnummer und E-Mail-Adresse enthält – so können Sie wertvolle Zeit sparen. Erstellen Sie einfach über die Dialogbox VORGABEN eine Signatur. Auf diese Weise wird Ihr Signaturblock jedes Mal, wenn Sie eine neue Nachricht erstellen, automatisch am Ende der Nachricht eingefügt.

Um diese Vorgabe festzulegen, öffnen Sie in der Dialogbox VORGABEN die Registerseite MAIL und klicken dort auf die Registerseite SIGNATUR. Die in der Registerseite SIGNATUR verfügbaren Optionen sehen Sie in Abbildung 16.7. Aktivieren Sie in dieser Registerseite zunächst das Kontrollkästchen MEINE AUSGEHENDEN MAIL-NACHRICHTEN AUTOMATISCH MIT SIGNATUR VERSEHEN. Prüfen Sie, ob die Optionsschaltfläche TEXT aktiviert ist und geben Sie dann den Signaturtext in das Feld SIGNATUR ein. Sie können als Alternative auch die Optionsschaltfläche HTML- ODER BILDDATEI wählen, wenn Ihre Signatur von einer externen Datei übernommen werden soll.

Klicken Sie auf die Schaltfläche OK, wenn Sie Ihre Signatureinstellungen beendet haben.

Eine der häufigsten Informationen, die in einem Signaturblock angegeben werden ist die E-Mail-Adresse, was uns unnötig und sogar etwas dumm erscheint. (Wenn Sie anderen eine E-Mail-Nachricht senden, müssen Sie dieser Person Ihre E-Mail-Adresse nicht mitteilen, denn diese Person braucht nur auf die Schaltfläche ANTWORTEN zu klicken, um Ihnen eine Nachricht zu senden.) Und nicht zu vergessen: Ihre E-Mail-Adresse wird am Kopf jeder Nachricht, die Sie senden, sowieso angezeigt.

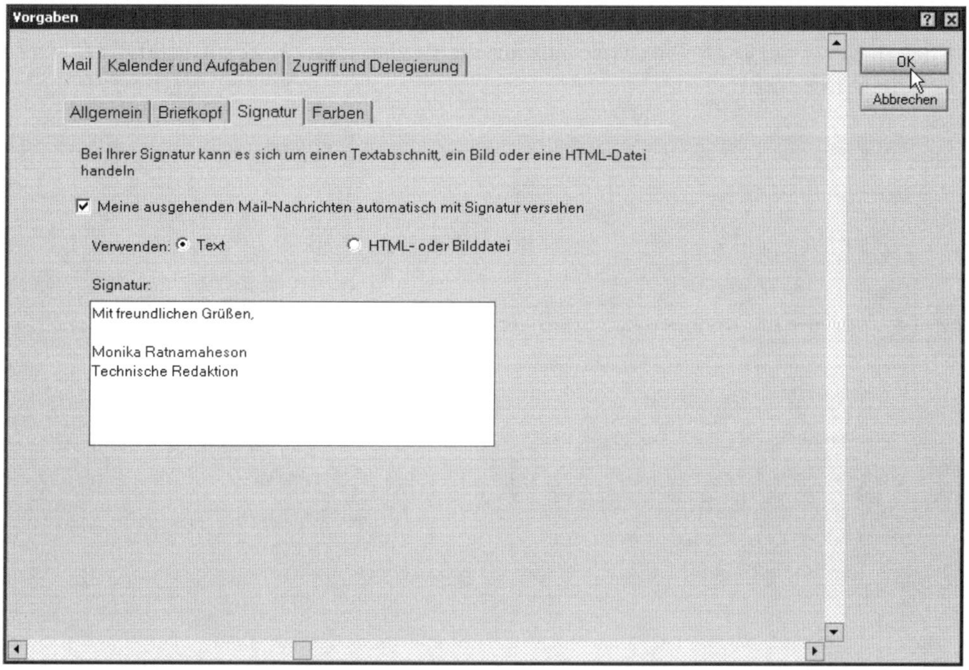

Abbildung 16.7: Legen Sie eine Signatur fest, die am Ende jeder zu sendenden Nachricht erscheinen soll.

Die Registerseite Briefkopf

Schon seit den Tagen von Notes Release 4 waren Sie in der Lage, Ihren eigenen Briefkopf zu wählen – diese coolen Grafiken, die sich oben auf der zu sendenden E-Mail befinden. Der Briefkopf ist auch ein Feature in Notes 6, allerdings ist es besser denn je. (Pony Express ist jedoch noch immer unser Favorit!) Um ein Bild auszuwählen, das oben auf der Mail erscheinen soll, öffnen Sie Ihre Mail und wählen dann AKTIONEN|WERKZEUGE|VORGABEN...|BRIEFKOPF. Wählen Sie Ihren Briefkopf in der Dropdown-Liste und prüfen Sie im Vorschaufenster, wie er aussieht.

Kalendervorgaben einstellen

Führen Sie die folgenden Schritte in der Dialogbox KALENDER UND AUFGABEN durch, um Notes nach Ihrem Geschmack zu gestalten:

1. **Öffnen Sie Ihren Kalender.**
2. **Wählen Sie AKTIONEN|WERKZEUGE|VORGABEN... aus dem Menü, um die Dialogbox VORGABEN zu öffnen.**
3. **Klicken Sie in der Dialogbox VORGABEN auf die Registerseite KALENDER UND AUFGABEN (siehe Abbildung 16.8).**

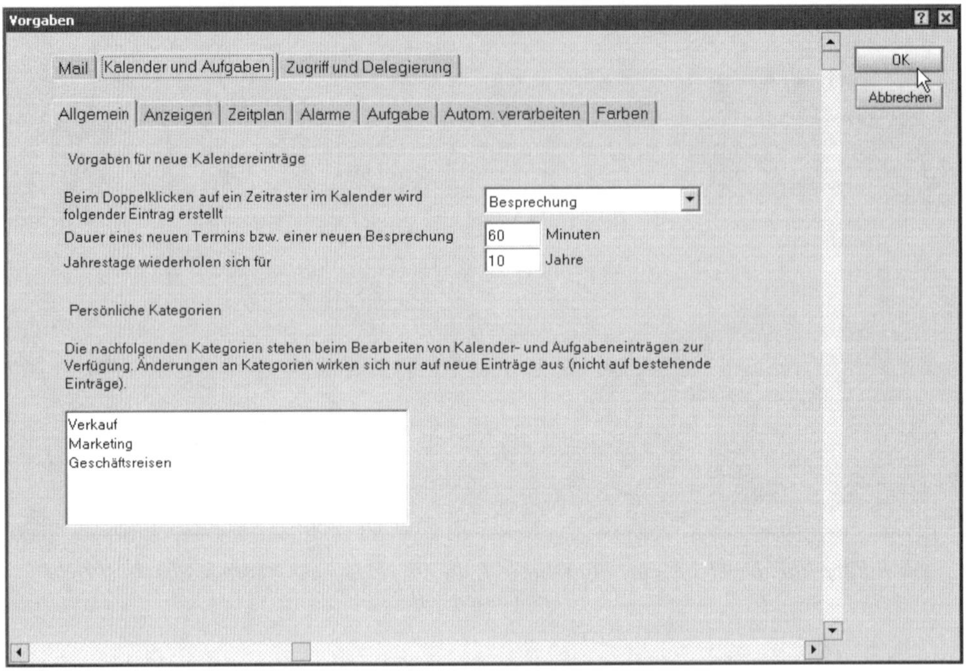

Abbildung 16.8: Legen Sie in dieser Dialogbox die Kalendervorgaben fest.

Lassen Sie sich durch die vielen Registerseiten in der Registerseite KALENDER UND AUFGABEN nicht verschrecken, denn es gibt mehrere, die nicht wirklich wichtig sind. Die wichtigen Registerseiten sind:

- ✔ **Allgemein:** In der Registerseite ALLGEMEIN (siehe Abbildung 16.8) verwenden Sie das erste Feld, um festzulegen, was ein Doppelklick auf einen Zeitabschnitt in Ihrem Kalender auslösen soll.
- ✔ **Anzeigen:** Verwenden Sie die Felder in der Registerseite ANZEIGEN, um festzulegen, welche Wochentage auf Ihrem Kalender angezeigt werden sollen und um welche Uhrzeit Ihr Arbeitstag beginnt.
- ✔ **Zeitplan:** Verwenden Sie die Felder in der Registerseite ZEITPLAN, um Notes Details über Ihren Arbeitstag mitzuteilen. Diese Einstellung ist besonders wichtig, wenn Sie anderen Personen Einblick in Ihren Kalender geben, bevor sie Ihnen eine Einladung senden. Ange-

nommen, Sie arbeiten niemals am Freitag. In diesem Fall sollten Sie also den Freitag auf dieser Registerseite deaktivieren. Nachdem Sie das getan haben, wird Notes es nicht zulassen, dass irgendjemand vorschlägt, Sie an diesem Tag zu treffen. sie können in der Registerseite ZEITPLAN auch festlegen, ob bestimmte Personen Ihren Kalender einsehen dürfen, um zu sehen, wann Sie Zeit haben.

- ✔ **Automatisch verarbeiten:** Verwenden Sie die Optionen in der Registerseite AUTOMATISCH VERARBEITEN, damit Notes automatisch auf Einladungen antwortet, wenn Sie laut Ihrer Einstellungen zeitlich verfügbar sind. Sie können beispielsweise ...wenn Sie klug sind... beschließen, den Namen Ihrer Chefin in die Felder dieser Registerseite einzutragen, weil Sie wahrscheinlich immer an den Besprechungen teilnehmen, zu denen Sie von ihr eingeladen werden. Der einzige Nachteil des automatischen Annehmens von Einladungen über die Option AUTOMATISCH VERARBEITEN ist, dass Sie am Morgen, wenn Sie an Ihren Arbeitsplatz kommen, Ihren Kalender ganz besonders gewissenhaft prüfen müssen. Andernfalls wissen Sie vielleicht gar nichts von den Besprechungen, die Notes über die Option AUTOMATISCH VERARBEITEN ohne ihr Wissen bereits für Sie fest eingeplant hat.

- ✔ **Farben:** Verwenden Sie die Registerseite FARBEN, wenn Sie festlegen wollen, welche Farbkombination Notes für jeden Eintragstyp in Ihrem Kalender benutzen soll. Wenn z.B. alle Besprechungen in Lila angezeigt werden sollen und die Termine in Hellgrün, können Sie diese Einstellungen hier vornehmen.

Benutzervorgaben einstellen

Führen Sie die folgenden Schritte in der Dialogbox BENUTZERVORGABEN durch, um Notes nach Ihrem Geschmack zu gestalten:

1. **Betreten Sie Ihr Büro.**
2. **Schalten Sie Ihren PC ein.**
3. **Holen Sie sich einen Kaffee (ohne Zucker).**
4. **Kehren Sie an Ihren Arbeitsplatz zurück.**
5. **Starten Sie Notes.**
6. **Wählen Sie DATEI|VORGABEN|BENUTZERVORGABEN... aus dem Menü, um die Dialogbox BENUTZERVORGABEN zu öffnen.**

Die Dialogbox BENUTZERVORGABEN ist in fünf Hauptregisterseiten aufgeteilt: ALLGEMEIN, INTERNATIONAL, MAIL, ANSCHLÜSSE und REPLIZIERUNG.

In Abbildung 16.9 sehen Sie die Registerkarte ALLGEMEIN der Dialogbox BENUTZERVORGABEN. Viele der Optionen sind klar verständlich. Sie müssen kein toller Wissenschaftler sein, um herauszufinden, was passiert, wenn Sie die Größe des Lesezeichen-Icons von KLEIN auf GROSS setzen. (Hinweis: Denken Sie besser immer groß). Es ist sicherlich auch gut zu wissen, dass an die 90

Prozent aller Schaltflächen und Kontrollkästchen in der Dialogbox Benutzervorgaben sehr speziell sind und die Chancen sehr gut stehen, dass Sie diese gar nicht ändern müssen.

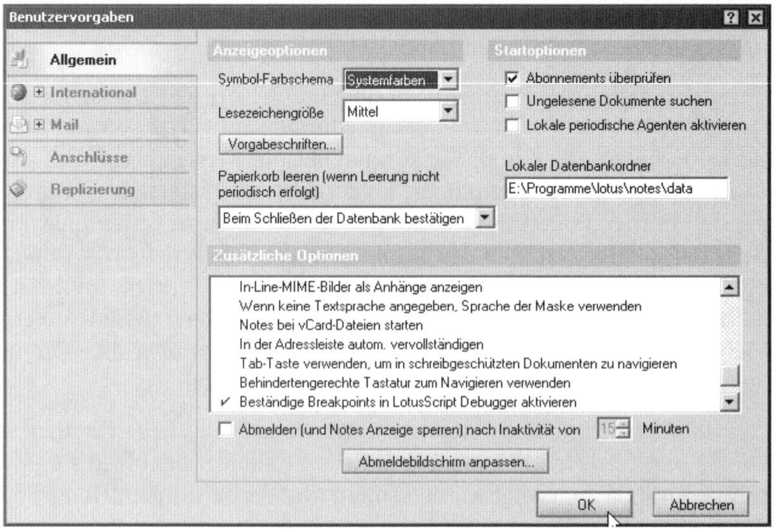

Abbildung 16.9: In dieser Dialogbox legen Sie die Benutzervorgaben fest.

Wenn Sie mit den Einstellungen Benutzervorgaben herumexperimentieren, kann das schlimme Folgen haben, also seien Sie vorsichtig! Für viele Änderungen sollten Sie im Vorfeld das Okay Ihres Administrators einholen.

Einige Dinge in dieser Dialogbox verdienen spezielle Beachtung. In der Registerseite Allgemein sind das die Optionen:

- **Ungelesene Dokumente suchen:** Wenn Sie das Kontrollkästchen Ungelesene Dokumente suchen aktivieren, erscheint beim nächsten Start von Notes eine Dialogbox, die Ihnen mitteilt, wie viele ungelesene Memos oder Nachrichten Sie haben – natürlich auch in Ihrem Posteingang.
- **Abmelden:** Aktivieren Sie das Kontrollkästchen Abmelden (und Notes-Anzeige sperren) nach Inaktivität von XX Minuten, wenn Sie wollen, dass Notes sich nach einem festgelegten Zeitraum automatisch abmeldet (das Gleiche bewirken Sie, wenn Sie [F5] drücken). Diese Zeitangabe in Minuten geben Sie in das Textfeld Minuten ein.
- **Abmeldeschirm anpassen:** In der Dialogbox Bildressourcen einfügen stehen Ihnen viele Optionen zur Verfügung, um ein persönliches Design auszuwählen.

In der Registerseite International achten Sie auf folgende Optionen:

✔ **Maßeinheiten:** Prüfen Sie die Einstellung Maßeinheit in der Registerseite International, um festzustellen, ob Maße, wie beispielsweise in den Dialogboxen für die integrierten Lineale, in Zoll oder Zentimeter angegeben sind.

✔ **Rechtschreibprüfung:** Verwenden Sie die Option Rechtschreibprüfung auf der Registerseite International, um Sprache und Wörterbucher (Englisch, Französisch usw.) auszuwählen, die Notes für die Rechtschreibprüfung verwenden soll.

✔ **Benutzerwörterbuch bearbeiten:** Klicken Sie auf die Schaltfläche Benutzerwörterbuch bearbeiten, um alle Wörter anzuzeigen, die Sie während der Rechtschreibprüfung eingegeben haben. Sie können diese Schaltfläche auch verwenden, um dem Benutzerwörterbuch neue Wörter hinzuzufügen oder um ein Wort zu entfernen, dass Sie versehentlich hinzugefügt haben.

Ihr Notes-Passwort festlegen

Jedes Mal, wenn Sie Notes verwenden wollen, müssen Sie Ihr Passwort eingeben. Die Tatsache, dass Sie Ihr Passwort kennen, und die Tatsache, dass kein anderer dieses Passwort kennt, in Kombination ist eine der Sicherheitsgrundlagen von Notes.

Sie hätten es doch sicherlich nicht gerne, wenn jemand eine E-Mail-Nachricht in Ihrem Namen sendet? Was wäre, wenn jemand sich einen schlechten Scherz erlaubt, sich an Ihrem Computer anmeldet und dann eine Nachricht an einen Mitarbeiter verschickt (die von Ihnen zu kommen scheint), die ihn darüber in Kenntnis setzt, dass er ab sofort gefeuert ist? Das wäre sicherlich nicht so ganz in Ihrem Sinne, nicht wahr?

Letztendlich ist alle eine Frage des Passwortes. Passwörter sind ein derart wichtiges Thema, dass Firmen und Unternehmen mittlerweile Regeln und Vorschriften aufstellen, die genau festlegen, wie Passwörter gehandhabt werden sollen – wie viele Buchstaben ein Passwort haben sollte, wie oft Sie Ihr Passwort ändern sollten usw.

Wenden Sie sich an den Administrator oder Sicherheitsexperten Ihrer Firma oder, bevor Sie sich an Ihrem Passwort zu schaffen machen – schließlich sind Regeln dazu da, um beachtet zu werden!

Hier einige Tipps für den Umgang mit Ihrem Passwort:

✔ **Variieren Sie:** Verwenden Sie nicht das gleiche Passwort in Notes wie in anderen Programmen oder Orten (wie etwa Ihr Netzwerk-Passwort etc.).

✔ **Mischen Sie durch:** Wählen Sie ein Passwort, dass sowohl leicht als auch schwierig ist. Es soll leicht einzutippen und zu merken sein, soll aber gleichzeitig schwer von anderen zu erraten sein. Mit anderen Worten ist es keine sehr gute Idee, die Namen Ihres Ehepartners oder Ihrer Kinder für diesen Zweck zu verwenden.

- **Nicht ausposaunen:** Schreiben Sie Ihr Passwort nicht auf einen dieser Haftnotizzettel. Sollten Sie das dennoch machen, kleben Sie diesen nicht an Ihren Monitor. Das wäre nicht ganz im Sinne des Erfinders, da stimmen Sie sicher zu?
- **Regelmäßig ändern:** Ändern Sie Ihr Passwort hin und wieder – etwa alle drei Monate oder zweimal im Jahr.

Ihr Passwort ändern

Das Ändern des Passwortes ist sehr einfach – es gibt wirklich keinen Grund, Ihr Passwort nicht hin und wieder einmal zu wechseln. Vielleicht sind Sie auch gezwungen, Ihr Passwort regelmäßig zu ändern – Ihr Administrator kann Ihre Einstellungen so konfigurieren, dass Sie in bestimmten Abständen, beispielsweise alle sechs Monate, ihr Passwort ändern *müssen*.

Wenn es, aus welchem Grund auch immer, an der Zeit ist, Ihr Passwort zu ändern, gehen Sie folgendermaßen vor, um ein neues Passwort zu erstellen:

1. **Wählen Sie DATEI|SICHERHEIT|BENUTZERSICHERHEIT.**
2. **Geben Sie in der folgenden Dialogbox Ihr aktuelles Passwort ein, um Notes eine Rückmeldung zu geben, dass Sie wirklich die Person sind, die Sie vorgeben zu sein.**

   (Sie fragen sich, warum Sie das aktuelle Passwort wissen müssen, um es zu ändern?)

   Die Dialogbox BENUTZERSICHERHEIT wird angezeigt. Hierbei ist die Registerseite ALLGEMEIN geöffnet. (siehe Abbildung 16.10)

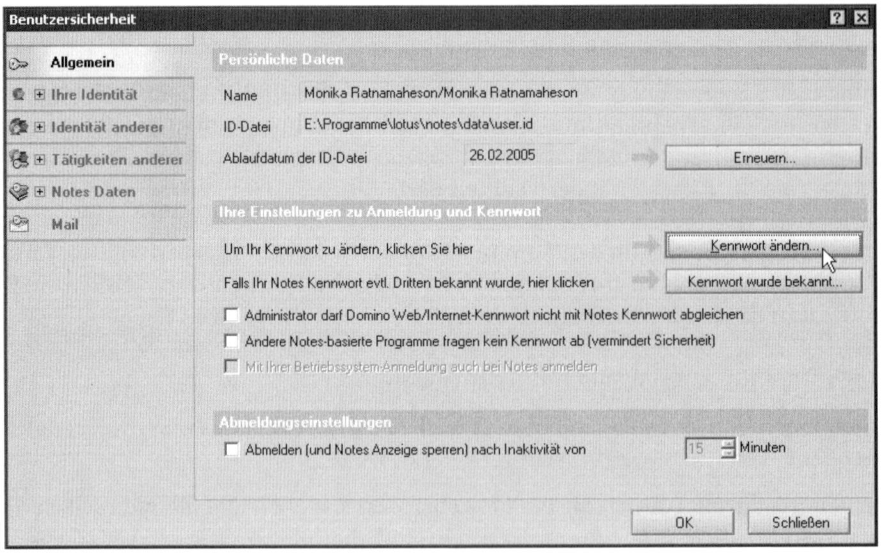

Abbildung 16.10: Wenn Sie Ihr Passwort bestätigt haben, zeigt Notes diese Dialogbox an.

3. **Klicken Sie auf die Schaltfläche KENNWORT ÄNDERN.**
4. **Geben Sie Ihr aktuelles Passwort erneut ein.**

   Die Dialogbox KENNWORT ÄNDERN wird angezeigt (siehe Abbildung 16.11).

Abbildung 16.11: In dieser Dialogbox können Sie Ihr Passwort ändern.

In der Dialogbox KENNWORT ÄNDERN müssen Sie Ihr neues Passwort zweimal eingeben – einmal im Feld NEUES PASSWORT EINGEBEN und einmal im Feld NEUES PASSWORT BESTÄTIGEN. Dies ist eine Maßnahme, um sicherzustellen, dass Sie Ihr Passwort beim ersten Mal richtig eingegeben haben.

5. **Klicken Sie auf die Schaltfläche OK und dann auf SCHLIESSEN.**

Sie haben Ihr Passwort vergessen?

Wenn Sie Ihr Passwort vergessen, kann Notes Ihnen nicht viel weiterhelfen – sonst hätte ein Passwort ja eigentlich wenig Sinn, nicht wahr?

Um wieder an Ihr Passwort in Notes zu gelangen, können Sie persönlich nichts tun – hier sind Sie auf andere angewiesen. Und die einzige Möglichkeit (nun, da Sie Ihr Passwort vergessen haben und darum nicht auf Notes und Ihre E-Mail zugreifen können) ist, dass Sie zum Telefonhörer greifen und jemanden anrufen – um präziser zu sein: Sie müssen Ihren Administrator anrufen. (Sie könnten natürlich auch Ihre Mutter anrufen, aber sie kann Ihnen da nicht weiterhelfen – sie kann Sie höchstens mit einem Kuchen über den Verlust hinwegzutrösten und Ihnen gut zuzureden.)

Ihr Zertifikat erneuern

Ein weiteres Sicherheitsmerkmal, dass Notes Ihnen neben dem Passwort bietet ist das *Zertifikat.* Dieses Stück Technik ist recht kompliziert – Sie müssen uns einfach vertrauen, wenn wir sagen, dass Sie ohne dieses Zertifikat keinen Zugriff auf die Notes-Daten in Ihrer Firma oder Unternehmen haben können.

Und wie bei Ihrem Passwort sehen die Einstellungen für Ihr Zertifikat vor, dass es in bestimmten Abständen – z.B. alle fünf Jahre – seine Gültigkeit verliert.

Wenn dieser Tag X kommt – und Sie kennen dieses Datum, denn Notes teilt es Ihnen mit –, unternehmen Sie Folgendes, um ein neues Zertifikat zu bekommen.

1. **Wählen Sie Datei|Sicherheit|Benutzersicherheit.**
2. **Geben Sie in der folgenden Dialogbox Ihr aktuelles Passwort ein, um Notes eine Rückmeldung zu geben, dass Sie wirklich die Person sind, die Sie vorgeben zu sein.**

   Die Dialogbox Benutzersicherheit wird geöffnet.

   (Sie fragen sich, warum Sie das aktuelle Passwort wissen müssen, um es zu ändern?)
3. **Klicken Sie in der Dialogbox Benutzersicherheit auf die Schaltfläche Erneuern...**
4. **Klicken Sie auf die Schaltfläche Senden.**

   Nun können Sie sich erst mal zurücklehnen und abwarten, bis der Administrator Ihnen per E-Mail ein neues Zertifikat sendet.
5. **Öffnen Sie die E-Mail-Nachricht und wählen Sie Aktionen|Zertifikat annehmen.**

Sie haben keinerlei Zugriff auf die Domino-Server Ihrer Firma, wenn Sie kein gültiges Zertifikat haben. Darum sollten Sie nicht vergessen, ein neues Zertifikat anzufordern, wenn Ihr aktuelles Zertifikat in Kürze verfällt.

Teil V

Weltweit Notes

»Ich bekomme gerne Beschwerdebriefe per E-Mail. Löschen macht weniger Mühe als wenn man das Ganze in den Papierwolf befördern muss.«

In diesem Teil ...

Wir können nicht alle in unseren Büros bleiben, die täglichen Routinearbeiten erledigen und dann um 17 Uhr nach Hause gehen. Einige müssen sich einfach auf die Überholspur des Lebens begeben. Wenn Sie so ein Mensch sind, dann lechzen Sie womöglich danach zu erfahren, wie Sie Notes auf Ihre Geschäftsreisen mitnehmen können und wie Sie Notes dazu bringen, mit anderen Programmen zu interagieren.

Okay, Sie toller Typ. Sie wollen es wissen! Dieser Teil des Buchs ist den Funktionen von Notes gewidmet, für so interessierte Personen, wie Sie es sind.

Daten rein und Daten raus

17

In diesem Kapitel

- Daten über die Zwischenablage in Ihr Notes-Dokument kopieren
- Notes-Daten mit der Zwischenablage in ein Nicht-Notes-Dokument kopieren
- Daten nach Notes importieren
- Daten aus Notes exportieren
- Eingebettete Daten in Notes

Die Benutzung von Notes hat viele Vorteile gegenüber Ihren durchschnittlichen Programmen, die meist auch nur eine einzige Funktion ausführen. Es sei denn, Sie haben sich uns gerade angeschlossen und sind sich einiger dieser Vorteile schon bewusst. Zum Beispiel, dass Notes unter verschiedenen Betriebssystemen und auf unterschiedlichen Computern arbeitet. In allen diesen Umgebungen können Sie Informationen aus anderen Anwendungen (z.B. Microsoft Word) hernehmen und in Notes benutzen.

Dieses Kapitel erklärt die verschiedenen Varianten, Daten aus anderen Programmen zu Notes zu schaffen und wie Sie Daten aus Notes in anderen Programmen benutzen. Der erforderliche Arbeitsaufwand, um Informationen von einer Anwendung in die andere zu bekommen, ist manchmal sehr einfach, kann aber auch kompliziert werden. Und so können Sie es tun:

- ✔ Kopieren zur und Einfügen aus der Zwischenablage
- ✔ Erstellen von Anhängen
- ✔ Anwenden der Befehle DATEI|IMPORTIEREN... und DATEI|EXPORTIEREN...
- ✔ Verknüpfen
- ✔ Einbetten

Wo ist der Klebstoff?

Zurück zu den guten alten Zeiten, wenn Sie damals ein Bild, ein Stück Text, ein Diagramm oder eine Tabelle in irgend etwas gerade Geschriebenes einfügen wollten, haben Sie erst einmal das Papier aus der Schreibmaschine gezerrt. Dann haben Sie die Schere benutzt, um ein Bild, ein Stück Text, ein Diagramm oder eine Tabelle auszuschneiden. Wenn Sie dann noch eine Flasche Kleber gefunden haben, konnten Sie es auf den freien Platz in der geschriebenen Kopie einkleben. Diese Vorgehensweise war nicht gerade fortschrittlich und konnte eine ziemliche Schweinerei sein. Auch war es ziemlich schwierig, das Papier in die Schreibmaschine zurückzustopfen, wenn man noch etwas schreiben musste.

Aber jetzt haben wir das Zeitalter der Brotmaschinen, der lasergesteuerten Raketen und (durch die Einführung des Personal Computers) des Ausschneidens und Einfügens ohne Schere und Kleber. Sie können die freundliche Zwischenablage benutzen, um Objekte – wie etwa ein Diagramm aus Microsoft Excel, einen Absatz aus Microsoft Word oder eine Grafik aus einer Webseite – direkt in Ihr Notes-Dokument einzufügen. Und so funktioniert es:

1. **Öffnen Sie das Element (Dokument, Excel-Arbeitsblatt, Webseite usw.), die das Objekt enthält, das Sie in Ihr Notes-Dokument aufnehmen möchten.**

Technisch versierte Menschen nennen dieses Programm *Home-Programm* oder *Quellprogramm.*

2. **Markieren Sie das gewünschte Objekt und wählen Sie (je nach Programm) den Befehl BEARBEITEN|KOPIEREN oder drücken Sie [Strg]+[C], um die Auswahl in die Zwischenablage zu kopieren.**

3. **Wechseln Sie zu Notes, stellen Sie den Cursor an die Stelle, an der Sie das Objekt haben möchten, und wählen Sie BEARBEITEN|EINFÜGEN oder drücken Sie [Strg]+[V].**

   Wenn das Objekt nicht zu groß war für die Zwischenablage (wenn Sie zum Beispiel versuchen, 3000 Zellen eines Arbeitsblattes zu kopieren), sehen Sie jetzt eine Kopie der Originaldaten in Ihrem Notes-Dokument.

Dieses System ist dem Ausschneiden-und-Kleben-System vorzuziehen, da die Seite mit dem eingefügten Objekt nicht mit den anderen Seiten zusammenklebt. Sie können das eingefügte Objekt auch schneller und nahtlos umstellen oder es löschen, wenn Sie Ihre Meinung ändern. Nicht zuletzt können Sie dieses Objekt nach dem Einfügen in Notes auch bearbeiten.

Das funktioniert gut, wenn das Quellprogramm die Zwischenablage unterstützt, Sie dieses Programm öffnen können und auch an die zu kopierenden Informationen herankommen. Beachten Sie aber, dass Notes die Kopie der Daten nicht aktualisieren kann, wenn die Daten im Quellprogramm verändert werden sollten. Wenn Sie etwas in Notes kopiert und eingefügt haben, kann Notes nicht erfahren, was im Quellprogramm passiert.

Im Gegensatz zu vielen anderen in diesem Kapitel erläuterten Techniken können Sie die Methode Kopieren-und-Einfügen auch verwenden, um Daten von einem Notes-Dokument in ein anderes zu kopieren. Die meisten anderen Techniken funktionieren nur mit Daten und Dateien, die außerhalb von Notes erstellt wurden.

Werfen Sie Ihre Büroklammern weg

Was ist jedoch, wenn Sie die Zwischenablage nicht verwenden können? Ihre nächste Waffe, mit Nicht-Notes-Daten umzugehen, ist das *Anhängen* von Dateien an Dokumente. Es ist völlig egal, ob Notes das Dateiformat unterstützt, ob die Originalanwendung jemals etwas von einer Zwischenablage gehört hat oder welches Waschmittel Sie verwenden. In einem Rich-Text-Feld können Sie jede Datei – ob Word-Dokument, Excel-Arbeitsblatt oder JPEG-Grafikdatei – an jedes Notes-Dokument anhängen.

Setzen Sie den Cursor auf die Position, an der ein Symbol der angehängten Datei erscheinen soll, und wählen Sie dann DATEI|ANHÄNGEN... oder klicken Sie in der Navigationsleiste auf die Schaltfläche ANHÄNGEN mit dem Büroklammer-Icon. Die Dialogbox ANHÄNGE ERSTELLEN wird angezeigt. Benutzen Sie die Box SUCHEN IN, um die gewünschte Datei zu finden. Wählen Sie dann den Dateinamen aus dem Listenfeld darunter aus oder geben Sie den Namen in das Feld DATEINAME: ein. Wenn Sie die Datei gefunden haben, klicken Sie ERSTELLEN, und voilà, ein Icon für die angehängte Datei – eine komplette, intakte Datei – erscheint in Ihrem Notes-Dokument.

Eine angehängte Datei wird durch ein Icon angezeigt. Das Icon besteht aus dem typischen Symbol des jeweiligen Programms. Ein Word-Dokument wird beispielsweise als großes blaues W angezeigt und ein Excel-Arbeitsblatt erscheint mit einem großen grünen X-Icon. Angehängte Dateien werden auch mit dem Dateinamen angezeigt. In Abbildung 17.1 sehen Sie einen Anhang mit Namen `diagramm.xls`.

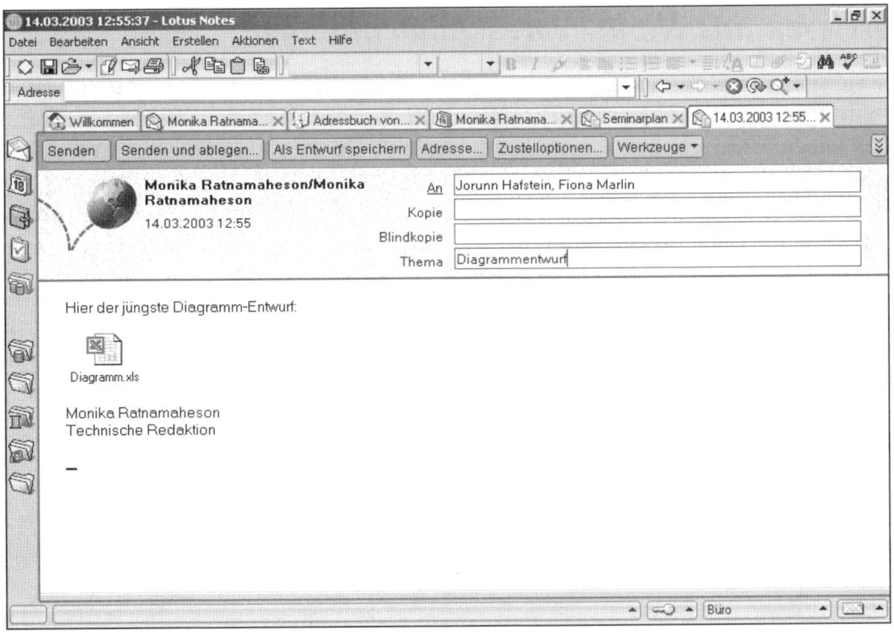

Abbildung 17.1: In einem Rich-Text-Feld können Sie jede Datei an jedes Notes-Dokument anhängen.

Enthält ein Notes-Dokument eine angehängte Datei, wird dem Leser lediglich ein Icon angezeigt, das diese Datei repräsentiert, die Datei selbst ist nicht geöffnet. Doppelklicken Sie das Icon, um die Datei zu öffnen. Denken Sie daran: ein Dateianhang dient schlichtweg nur dazu, diese Datei an andere weiterzugeben, und nicht dazu, diese Daten in Ihrem Notes-Dokument zu benutzen.

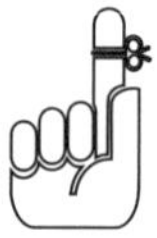

Obwohl Sie und der Leser des Dokuments in der Regel die Option Ansicht in der Dialogbox Anhang verwenden können, um den Inhalt eines Anhangs zu betrachten (oder auszudrucken), können Sie Änderungen an einem Anhang nur vornehmen, wenn Sie das Programm, mit dem die ursprüngliche Datei erstellt wurde (wie etwa Microsoft Excel), auf Ihrem PC installiert haben.

Importieren und Exportieren

Okay, Sie möchten nun einige Informationen aus anderen Quellen in Ihr Dokument aufnehmen. Die ursprüngliche Anwendung unterstützt jedoch die Zwischenablage nicht. Sie können also nicht die Befehle Kopieren und Einfügen verwenden. Sie wollen aber auch die Datei nicht anhängen, da der Leser kein Icon, sondern die Datei sehen soll. Es ist nahe liegend, die Datei in ihrem ursprünglichen Format nach Notes zu importieren. Das Gleiche trifft zu, wenn Sie Daten von Notes nicht in die Zwischenablage kopieren können. Dann können Sie die Notes-Daten exportieren, um sie in eine andere Anwendung zu bringen.

Importieren aus Nicht-Notes-Anwendungen

Stellen Sie sich vor, Sie erstellen gerade in Notes ein Dokument, und Sie müssen eine Menge Seiten einfügen, die Sie aber schon in Microsoft Word geschrieben haben. Sie können die Zwischenablage benutzen, um Daten über die Befehle Kopieren und Einfügen in das Dokument einzufügen. Angenommen, Sie stellen jedoch fest, dass die Daten zu umfangreich sind, um über die Zwischenablage eingefügt zu werden, oder sind mit dem Problem konfrontiert, dass für die betreffende Datei die Menüoptionen Kopieren und Einfügen nicht verfügbar sind.

Was tun Sie jetzt? Sie importieren die Word-Datei. Ähnlich wie beim Kopieren und Einfügen wird eine Datei beim *Importieren* von ihrem ursprünglichen Format (in diesem Beispiel Microsoft Word) konvertiert und direkt in das Notes-Dokument übernommen, an dem Sie gerade arbeiten. Und zwar genau in das Rich-Text-Feld, in dem Sie gerade schreiben. Sie können auch Dateien aus anderen Programmen konvertieren (importieren), wie von Lotus 1-2-3 oder von WordStar.

Wie importiert man etwas? Genau so geht es:

1. **Gehen Sie mit dem Cursor auf die Stelle im Rich-Text-Feld, an der Sie die Datei einfügen wollen.**

   Übrigens, denken Sie nicht einmal daran, ein Dokument in ein anderes als ein Rich-Text-Feld zu importieren.

2. **Wählen Sie DATEI|IMPORTIEREN...**

   Sie sehen jetzt eine Dialogbox wie in Abbildung 17.2.

3. **Im Listenfeld SUCHEN IN: wählen Sie das Laufwerk und das Verzeichnis, von denen Sie denken, dass die Datei sich dort befindet.**

4. **Im Listenfeld DATEITYP: wählen Sie den Typ der zu importierenden Datei aus.**

5. **Entweder markieren Sie den Namen der Datei, oder Sie schreiben ihn in das Feld DATEINAME: und klicken dann auf IMPORTIEREN.**

   Ta-da! Die Datei erscheint in Ihrem Notes-Dokument.

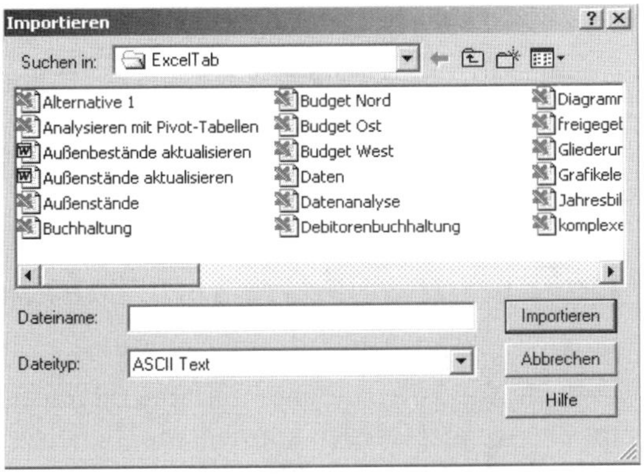

Abbildung 17.2: Die Dialogbox IMPORTIEREN

Wenn Sie eine Datei importieren, konvertiert Notes diese zu einem richtigen Text, also nutzen Sie das aus und ändern Sie die Zeichensätze, gestalten Sie die Worte fett oder was auch immer Sie wollen.

Mit dem Befehl DATEI|IMPORTIEREN... eine fremde, Nicht-Notes-Datei in ein Rich-Text-Feld aufzunehmen ist immer dann sinnvoll, wenn das Quellprogramm der Datei nicht auf Ihrer Workstation installiert ist (vielleicht hat Ihnen jemand anderes die Word-Datei gegeben und Sie haben kein Word auf Ihrem Computer) oder nicht über die Zwischenablage kopiert und eingefügt werden kann.

Hier ist eine Übersicht der Dateitypen, die Sie in ein Rich-Text-Feld importieren können:

- ✔ ASCII-Textdatei
- ✔ Binäre Datei mit Text
- ✔ BMP-, CGM-, GIF-, JPEG-, PCX-, und TIFF 5.0-Grafikdateien
- ✔ Microsoft Word- und Excel-Dateien
- ✔ Microsoft RTF (Rich-Text-Format) Dateien

- ✔ HTML (HyperText Markup Language)-Dateien
- ✔ Lotus 1-2-3-Arbeitsblätter und PIC-Dateien
- ✔ WordPerfect 5.x-, 6.0, 6.1, 7 und 8-Dateien
- ✔ Lotus WordPro-Dateien

Müssen Sie eine Datei importieren, die nicht in der Liste enthalten ist, versuchen Sie herauszubekommen, ob das Quellprogramm die Datei in einem Format abspeichern kann, das Notes unterstützt. Wenn Sie zum Beispiel ein Quattro Pro Spreadsheet verwenden, dann können Sie Quattro Pro starten, um die Datei als Lotus 1-2-3-Arbeitsblatt abzuspeichern. Danach importieren Sie das 1-2-3-Arbeitsblatt nach Notes.

Auch wenn Sie Daten importieren können, versuchen Sie es erst über die Befehle KOPIEREN und EINFÜGEN. Es ist meist schneller und einfacher.

Exportieren: Ein Dokument verlässt sein Zuhause

Genau so, wie Sie Dokumente aus anderen Programmen nach Notes konvertieren (importieren) können, so lassen sich auch Notes-Dokumente in Dateien konvertieren (exportieren), die in einem anderen Programm verwendet werden können. Möglicherweise haben Sie ein Notes-Dokument, das Sie einigen Kollegen geben möchten, die zu Notes keinen Zugang haben. (Die wissen gar nicht, was Sie versäumen.) Sie können ein Notes-Dokument beispielsweise in ein Microsoft Word-Dokument konvertieren und dann die Datei Ihren Kollegen per Internet-E-Mail zusenden oder (und das können Sie eigentlich inzwischen vergessen) auf einer Diskette aushändigen.

Um eine Notes-Datei in ein anderes Format zu konvertieren, gehen Sie in folgenden Schritten vor:

1. **Finden und öffnen Sie das Notes-Dokument, das Sie exportieren möchten.**
2. **Wählen Sie DATEI|EXPORTIEREN...**

   Sie sehen jetzt die in Abbildung 17.3 gezeigte Dialogbox.
3. **Benutzen Sie das Kombinationsfeld SPEICHERN IN:, um den Ort festzulegen, an dem die zu exportierende Datei gespeichert werden soll.**
4. **In das Textfeld DATEINAME: geben Sie den Namen der Datei an.**
5. **Benutzen Sie die Dropdown-Liste DATEITYP:, um Notes mitzuteilen, was für ein Dateityp es sein soll.**
6. **Klicken Sie EXPORTIEREN, und Sie sind fertig.**

   Jetzt können Sie (oder Ihre Freunde) die neue Datei im entsprechenden Programm öffnen.

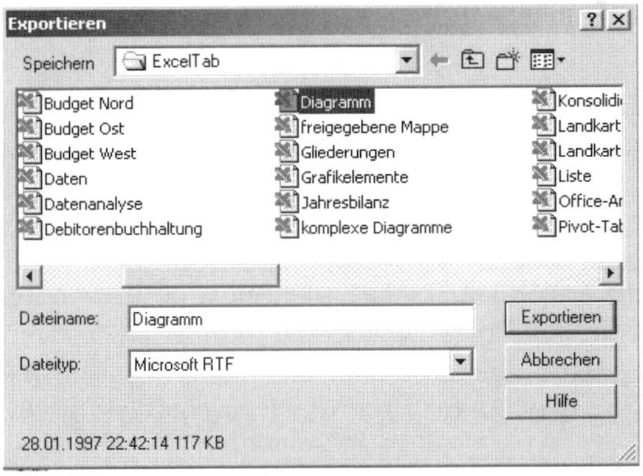

Abbildung 17.3: Die Dialogbox EXPORTIEREN

Folgende Dateitypen können Sie beim Export eines Notes-Dokuments erstellen:

- ASCII-Textdatei
- CGM- und TIFF 5.0-Grafikdateien (zum Erstellen von Grafiken)
- Microsoft RTF-Dateien

Ebenso wie DATEI|IMPORTIEREN... sollten Sie DATEI|EXPORTIEREN... nur dann einsetzen, wenn Sie die Zwischenablage nicht verwenden können, um ein Notes-Dokument in ein anderes Programm zu transferieren.

Dokumente in einer Ansicht

Sie können nicht nur ein einzelnes Dokument, sondern gleich eine ganze Menge davon nach Notes importieren. So etwas wäre dann angebracht, wenn Sie zum Beispiel ein Lotus 1-2-3-Arbeitsblatt haben und es so importieren möchten, dass jede Spalte des Spreadsheets in der Notes-Datenbank zu einem separaten Dokument wird. Wenn Ihr Arbeitsblatt 4362 Zeilen voller Informationen enthält, erhalten Sie 4362 neue Dokumente in Ihrer Notes-Datenbank.

Erste Schritte ...

Wichtiges zuerst: Sie müssen 1-2-3 benutzen, um das Spreadsheet mit seinen sehr speziellen Einstellungen einzurichten. Sie müssen auch alle verrückten Formatierungen und leeren Zeilen im Arbeitsblatt entfernen. Befolgen Sie folgende zwei Regeln, bevor Sie ein Spreadsheet nach Notes importieren:

- Die Spaltenüberschriften des Arbeitsblattes müssen sich in der ersten Zeile des Arbeitsblattes befinden und sie müssen mit den Feldnamen der Notes-Datenbank übereinstimmen. Das ist wichtig, also rufen Sie die Person an, die diese Datenbank erstellt hat, wenn

Sie sich nicht sicher sind, wie die *genauen* Feldnamen in der Datenbank bezeichnet sind. Verwechseln Sie nicht den statischen Text neben dem Feld mit dem tatsächlichen Feldnamen.

- ✔ Die Zeilen des Spreadsheets müssen in der zweiten Zeile des Arbeitsblattes beginnen und sie müssen in einem soliden Block sein. Wenn Sie irgendwelche leeren Zeilen mitten im Arbeitsblatt haben, werden diese als leere Dokumente in Ihrer Datenbank abgelegt.

Wenn Sie ein Excel-Arbeitsblatt so importieren möchten, dass jede Spalte des Spreadsheets in der Notes-Datenbank zu einem separaten Dokument wird, müssen Sie diese Datei zunächst über das Excel-Programm als Lotus 1-2-3-Arbeitsblatt speichern, denn Notes kann nur (Lotus) 1-2-3-Arbeitsblätter verstehen.

Wenn Sie irgendeinen anderen Dateityp importieren müssen, wie zum Beispiel eine große Textdatei oder ein Excel-Arbeitsblatt, dann ist es besser, *diese* Datei in ein Lotus 1-2-3-Arbeitsblatt zu konvertieren und dann als 1-2-3-Arbeitsblatt nach Notes zu importieren. Es sollte für Sie nicht gerade überraschend sein, dass (Lotus) 1-2-3-Dateien sich am leichtesten nach (Lotus) Notes importieren lassen.

Die nächsten Schritte ...

Nachdem Sie Ihr Arbeitsblatt tadellos in Ordnung gebracht haben, öffnen Sie die Datenbank, in die Sie das Arbeitsblatt importieren möchten, und wählen Datei|Importieren...

Sie sollten eine Ansicht auf dem Bildschirm geöffnet haben, wenn Sie diesen Befehl wählen. Anders ausgedrückt: Öffnen Sie die Datenbank, ohne ein Dokument zu öffnen. Versuchen Sie auch nicht, eines zu erstellen. Wenn Sie das nicht so machen, denkt Notes, dass Sie das Arbeitsblatt nur in einem einzigen Dokument ablegen möchten.

Verwenden Sie die in Abbildung 17.4 gezeigte Dialogbox, um den Speicherort der Datei (Suchen in:) und den Dateityp (Dateityp:) anzugeben. Wählen Sie dann die Datei aus oder geben Sie den Namen in die Box Dateiname: ein. In Abbildung 17.4 wählten wir ein Excel-Arbeitsblatt.

Klicken Sie auf Importieren, zeigt Notes die Dialogbox strukturierten Text importieren an, die wie in Abbildung 17.5 aussieht. Dort können Sie Notes mitteilen, wie es die Zeilen des Arbeitsblatts importieren soll. Sie müssen entscheiden, ob Notes alle oder nur die ausgewählten Zeilen als Dokumente importieren soll und ob Notes die Spaltenüberschriften aus dem Spreadsheet übernehmen soll.

Sie müssen in dieser Dialogbox fünf Fragen beantworten (in etwa im Uhrzeigersinn, angefangen in der oberen linken Ecke der Dialogbox):

- ✔ Sind die neuen Dokumente Haupt- oder Antwortdokumente?
- ✔ Welche Maske soll Notes verwenden, um das neue Dokument darzustellen?

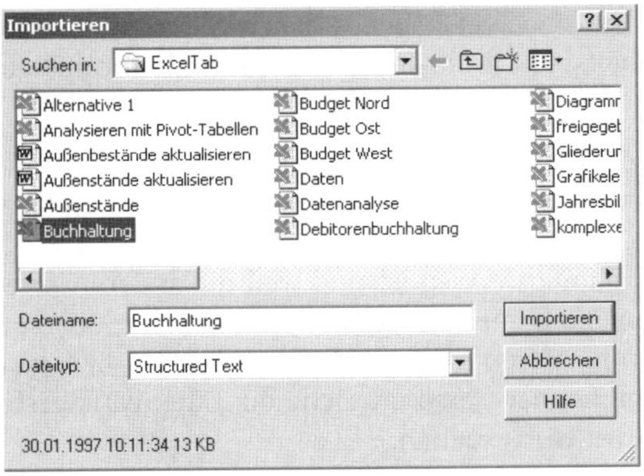

Abbildung 17.4: Die Dialogbox IMPORTIEREN

- ✔ Wie sollen die Felder (Spalten) heißen? Da Sie unserem Rat gefolgt sind und genau darauf geachtet haben, dass die Überschriften in den Spalten die gleichen sind wie in den Feldern, wählen Sie DURCH WKS-TITEL DEFINIERT.
- ✔ Welcher Bereich des Spreadsheets soll importiert werden? Sie können entweder die Koordinaten (wie **A1 . . D341**) der Zellen eingeben oder den Bereichsnamen.
- ✔ Soll Notes berechnete Felder während des Imports eines jeden Dokuments erneut berechnen? Wenn Sie das möchten, aktivieren Sie das Kontrollkästchen FELDER IN MASKE WÄHREND DOKUMENTENIMPORT NEU BERECHNEN. Sind Sie sich nicht sicher, konsultieren Sie den Datenbankentwickler.

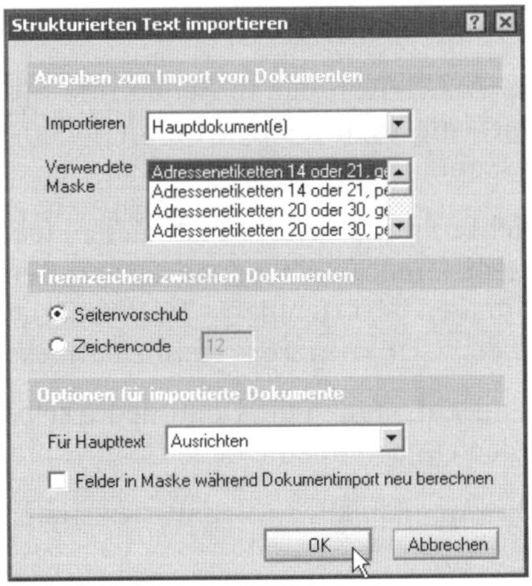

Abbildung 17.5: Wie soll die Ansicht importiert werden?

Wenn Sie diese Fragen beantwortet haben, klicken Sie auf OK, und Sie sind im Geschäft. Notes importiert das Arbeitsblatt und konvertiert jede Zeile Ihrer Datenbank in ein neues Dokument.

So wie sich die meisten Aufgaben im Computerland auf unterschiedlichen Wegen erledigen lassen, so können Sie auch Dokumente mit verschiedenen Methoden importieren. Wir haben nur den Import eines Lotus 1-2-3-Arbeitsblatts diskutiert, weil das der gängigste Weg ist und weil die anderen Arten des Importierens auf Ansichtsebene zu kompliziert sind. Wenn Sie aber überzeugt davon sind, dass Sie eine Datei importieren müssen, die kein 1-2-3-Arbeitsblatt ist, schlagen wir vor, dass Sie Hilfe bei der Person, welche die Datenbank erstellt hat, oder bei Ihrem örtlichen Notes-Guru suchen.

Hey, Ansicht, mach mir ein Spreadsheet

Eine Ansicht zu exportieren, ist noch leichter, als in eine Ansicht zu importieren. Dahinter verbirgt sich der Gedanke, ein Arbeitsblatt zu erstellen, dessen Spalten einer Ansicht entnommen werden.

Eine Ansicht in ein Arbeitsblatt zu exportieren ist die gebräuchlichste Form des Exportierens auf Ansichtsebene. Sie können eine Ansicht in jede der nachfolgenden Dateitypen exportieren:

- ✔ **Ein 1-2-3-Arbeitsblatt**, kompatibel mit jeder Version von Lotus 1-2-3 und auch zugänglich für die meisten anderen Spreadsheets und Datenbankprogramme, wie zum Beispiel Excel, Access usw.
- ✔ **Eine strukturierte Textdatei**, was nichts anderes als eine ASCII-Datei ist. Sie könnte in irgendein anderes Programm importiert werden.
- ✔ **Eine tabulare Textdatei**, (ASCII-Text, der in Zeilen und Spalten organisiert und durch Tabulatoren getrennt ist), die man leicht in andere Spreadsheets oder Datenbankprogramme importieren kann.

Sie können Daten einer Ansicht in strukturierte Textdateien, tabulare Textdateien und Lotus 1-2-3-Arbeitsblatt-Dateien exportieren. Abhängig vom gewählten Exporttyp können Sie entweder den in der Ansicht sichtbaren Text (tabulares Textformat) oder die Text- und Felddaten, die sich in Dokumenten befinden (strukturiertes Textformat), exportieren.

Beim Exportieren aus einer Ansicht werden die Dokumente selbst nicht aus der Ansicht entfernt, sondern die Daten werden einfach in eine neue Datei kopiert.

Um Ansichtsdaten in ein 1-2-3-Arbeitsblatt, in strukturierte oder tabulare Textdateien zu exportieren, folgen Sie diesen Anweisungen:

1. **Öffnen Sie die gewünschte Ansicht und wählen Sie die Dokumente aus, die Sie exportieren möchten.**

2. **Wählen Sie DATEI|EXPORTIEREN...**

   Die in Abbildung 17.6 dargestellte Dialogbox EXPORTIEREN wird angezeigt.

3. **Im Kombinationsfeld DATEITYP: wählen Sie den Dateityp der Exportdatei (Lotus 1-2-3, Strukturierter Text oder Tabularer Text) aus.**

4. **Im Textfeld DATEINAME: legen Sie einen Dateinamen fest.**

5. **Klicken Sie auf EXPORTIEREN.**

6. **In der nächsten Dialogbox teilen Sie Notes mit, ob Sie ALLE DOKUMENTE oder nur AUSGEWÄHLTE DOKUMENTE exportieren möchten.**

7. **Um die Ansicht-Titel für die exportierte Datei zu übernehmen, aktivieren Sie das Kontrollkästchen ANSICHT-TITEL ÜBERNEHMEN.**

8. **Klicken Sie OK.**

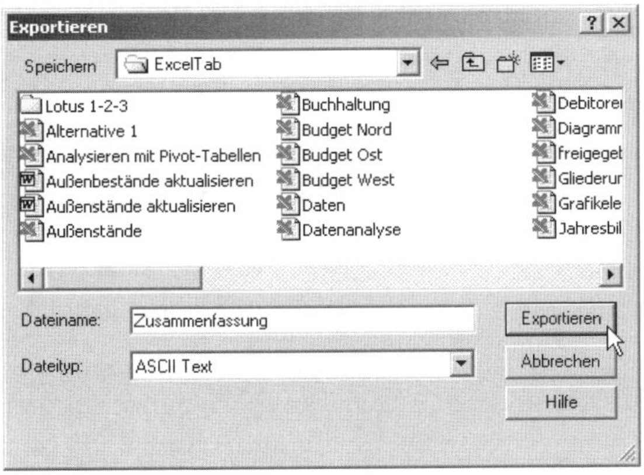

Abbildung 17.6: Die Dialogbox EXPORTIEREN

Wenn Sie eine Ansicht exportieren, dann exportiert Notes nur die Felder, die in der Ansicht definiert sind. Wenn Sie Felder exportieren müssen, die nicht in der Ansicht enthalten sind, dann sollten Sie sich mit dem Datenbankentwickler auseinander setzen, um ein oder zwei Spalten hinzuzufügen, die diese zusätzlichen Felder zeigen können.

Wenn Sie vorhaben, Daten einer Notes-Ansicht zu einem anderen Programm als Lotus 1-2-3 zu exportieren, sollten Sie dennoch die Ansicht zu einem 1-2-3-Arbeitsblatt exportieren. Benutzen Sie dann das andere Programm, um das Arbeitsblatt weiter zu konvertieren. (Microsoft Excel kann zum Beispiel ein Lotus 1-2-3-Arbeitsblatt öffnen.) Glauben Sie uns, das Format Lotus 1-2-3 zu verwenden ist viel, viel einfacher als strukturierte oder tabulare Textformate.

Was ist ein DocLink?

Manschettenknöpfe (im Amerikanischen Cufflinks) für den Lieblingsdoktor? Eine Wurst für den Arzt? Nicht in der Notes-Sprache. Ein *DocLink* ist eine Verknüpfung von einem Dokument mit einem anderen.

Angenommen, Sie senden ein Memo an einen Mitarbeiter, in dem Sie einen Bericht in einer anderen Datenbank erwähnen. Anstatt zu sagen: »Finden Sie das Dokument doch allein, Sie fauler Hintern!«, können Sie ein kleines Icon dieses Berichts in Ihr Memo setzen. Wenn der faule Hintern nun Ihr Memo erhält, öffnet ein bloßer Doppelklick auf das Symbol das entsprechende Dokument.

Der Empfänger muss natürlich Zugang zur Datenbank und dem Dokument haben, zu dem Sie die Verknüpfung in Ihrem Memo herstellen. Eine Fehlermeldung erscheint auf dem Bildschirm, wenn jemand ein DocLink anklickt, aber keine Zugriffsberechtigung für das Dokument, die Datenbank oder für den Server, der die Datenbank enthält, besitzt. Eine der Datenbanken, auf die andere keinen Zugriff haben, ist Ihre eigene Mail-Datenbank. Sie würden doch wohl nicht auf die Idee kommen, zu einer Ihrer Mail-Nachrichten eine Verknüpfung zu erstellen, oder?

Um ein DocLink zu erstellen, müssen Sie zuerst das Dokument, *zu dem Sie die Verknüpfung herstellen möchten,* öffnen (oder in einer Ansicht oder einem Ordner markieren). Dann wählen Sie BEARBEITEN|ALS VERKNÜPFUNG KOPIEREN|DOKUMENTVERKNÜPFUNG. Anschließend wechseln Sie zu dem Dokument, welches das DocLink enthalten soll, stellen sicher, dass Sie sich in einem Rich-Text-Feld befinden, und wählen dann BEARBEITEN|EINFÜGEN.

Wenn die Empfänger das Memo erhalten, kann jeder das DocLink anklicken. Das eigentliche Dokument öffnet sich vor deren Augen. Das schlägt doch das permanente Tippen dieses Berichts um Längen, oder etwa nicht? Nur zur Information: Sie müssen im Bearbeitungsmodus sein, um ein DocLink zu einem Dokument hinzuzufügen, jedoch nicht, um ein DocLink zu öffnen. Auch wenn wir Ihnen hier als Beispiel nur ein Memo präsentierten, können Sie ein DocLink in jedes Notes-Dokument einer jeden Notes-Datenbank einfügen.

Kleiner Tipp: Wenn Sie ein Dokument lesen, in dem sich ein DocLink befindet, wählen Sie ANSICHT|VORSCHAU AUF DOKUMENTVERKNÜPFUNG, um ein bisschen etwas von dem verknüpften Dokument zu sehen (ohne es tatsächlich öffnen zu müssen). Es ist genau wie eine Vorschau auf eines Ihrer Dokumente in Ihrer Mail-Datenbank.

Ein neues Feature in Notes 6 macht es sehr einfach, eine Ansicht in eine Tabelle zu konvertieren, die sich problemlos an beliebiger Stelle einfügen lässt (wie in einer E-Mail-Nachricht, einem Notes-Dokument oder einem ganz anderen Programm). Öffnen Sie die betreffende Ansicht, wählen Sie die gewünschten Dokumente aus (indem Sie den linken Rand der Zeile anklicken, bis ein Häkchen angezeigt wird) und wählen Sie BEARBEITEN|AUSWAHL ALS TABELLE KOPIEREN. Wie Sie in Abbildung 17.7 sehen, ist das Tolle, dass automatisch ein DocLink in der Tabelle erstellt wird, die dem jeweiligen Dokument entspricht. (Genaueres über DocLinks können Sie in Kapitel 16 nachlesen.)

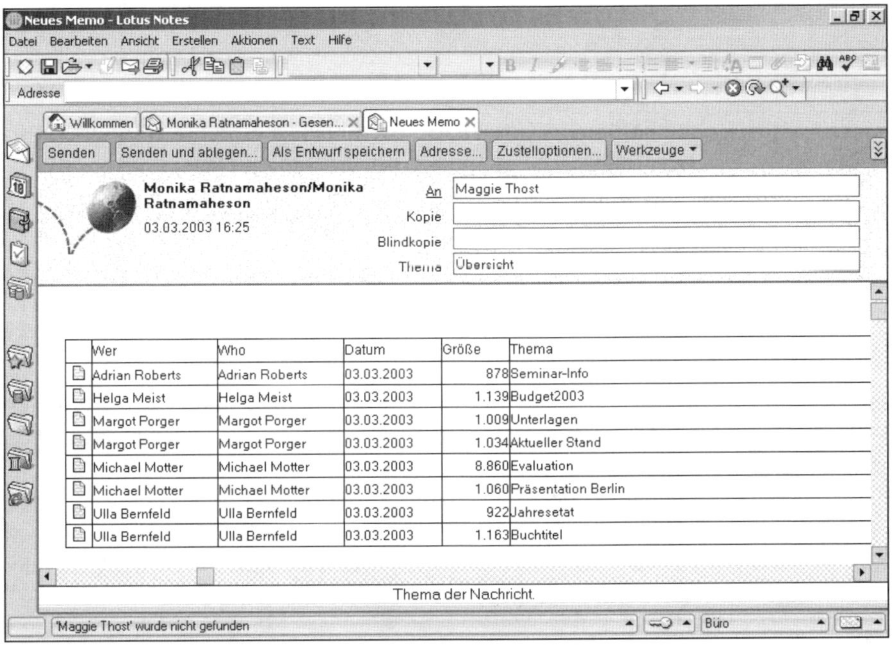

Abbildung 17.7: Verwenden Sie das neue Feature DocLink in Notes 6, um eine ganze Tabelle zu kopieren und einzufügen.

Wenn Sie nicht verknüpfen können, dann betten Sie ein

Für Personen, die Ihr Dokument lesen, reagiert und sieht ein eingebettetes Objekt fast genau wie ein verknüpftes aus. Alle beide können ein Icon oder aber Daten sein, das hängt ab von der Komplexität der Daten in der Server-Datei. Im Unterschied zu verknüpften Daten werden bei Daten, die in ein Notes-Dokument eingebettet sind, die Daten selbst verwendet, und keine Verknüpfung. Änderungen in der Originaldatei haben *keine* Auswirkungen auf die eingebetteten Daten.

Stellen Sie sich vor, Sie möchten, dass jemand Berichte über Ausgaben in einem Spreadsheet-Format erstellt. Dann soll er diese zum Speichern in ein Notes-Dokument einer Datenbank eintragen. Sie könnten ein Lotus 1-2-3-Spreadsheet, in dem sich Text und Formeln für das Eintragen der Daten befinden, in ein Notes-Dokument einbetten. Wenn der Benutzer in Notes ein Ausgabenformular erstellt, wird das eingebettete Spreadsheet aktiviert und der Benutzer findet sich in 1-2-3 wieder. Dort kann er anschließend die Daten eintragen. Ist die Arbeit in 1-2-3 beendet und abgespeichert, kehrt der Benutzer zu Notes zurück, wo die Daten jetzt Bestandteil des Notes-Dokuments sind.

Um Informationen in ein Notes-Dokument einzubetten, beachten Sie folgende Vorgehensweise:

1. **Öffnen Sie die originale Datei in ihrem originalen Programm.**
2. **Kopieren Sie die einzubettenden Informationen über die Befehle BEARBEITEN|KOPIEREN oder durch Drücken der Taste [Strg]+[C] in die Zwischenablage.**
3. **Öffnen Sie das Notes-Dokument und setzen Sie den Cursor in das Rich-Text-Feld.**
4. **Wählen Sie BEARBEITEN|SELEKTIV EINFÜGEN...**
5. **Wählen Sie das Format unter ALS.**
6. **Klicken Sie auf die Optionsschaltfläche EINFÜGEN oder drücken Sie [Strg]+[V].**

Einbetten bedeutet nicht, dass die Leser des Notes-Dokuments Zugang zur originalen Datei haben müssen, denn sie haben ihre eigene Kopie dieser Datei. Die Leser müssen jedoch die *Server-Anwendung* auf ihrem Computer haben, damit sie die originalen Daten bearbeiten können. Durch Doppelklick auf eingebettete Daten werden sowohl die Server-Anwendung als auch die Datei geöffnet. Irgendwelche Veränderungen der eingebetteten Datei haben möglicherweise keine Auswirkungen auf weitere Kopien dieser Datei in Dokumenten anderer Benutzer. Das hängt davon ab, ob die Dokumente für alle Benutzer repliziert wurden.

Die Suche nach Text ist ein wertvolles Hilfsmittel. Beides, Verknüpfen und Einbetten, erlaubt dem Leser nach Text zu suchen, solange er sich an die folgenden zwei Regeln hält:

- ✔ **Sie müssen die Daten als Text oder Rich-Text verknüpfen bzw. einbetten.**
- ✔ **Die Daten müssen sichtbar sein; sie können nicht nur durch ein Icon (wie ein Anhang) dargestellt werden.**

Dieses Arbeiten mit Einbetten und Verknüpfen wird als OLE und DDE bezeichnet (auch noch heute von den Personen, die in Abkürzungen sprechen). OLE (im Spanischen »olé« ausgesprochen) steht für *Object Linking and Embedding*, DDE für *Dynamic Data Exchange*. Verbringen Sie keine schlaflosen Nächte, um darüber nachzudenken, welche der zwei Methoden Sie benutzen. Das ist unwichtig. Darum kümmert sich Notes hinter den Kulissen.

Notes und das Web

18

In diesem Kapitel

- Notes mit Webseiten verwenden
- Verschiedene Möglichkeiten, ins Web zu gehen
- Webseiten öffnen
- Den Persönlichen Web-Navigator verwenden
- Webseiten weiterleiten
- Hotspots erzeugen

In diesem Kapitel finden Sie alle Informationen, wie Sie Lotus Notes 6 mit Webseiten verwenden können. Ob es sich um Seiten aus dem Intranet Ihrer Firma handelt oder um Daten, die im weltweiten Internet herumschwirren, Notes hat hier eine wichtige Rolle zu spielen.

Webseiten in Notes öffnen

Geben Sie den betreffenden URL in das Adressenfeld der Werkzeugleiste ein. Das ist mit Sicherheit der direkteste Weg zu einer Webseite (siehe Abbildung 18.1).

Ein kurzer Ausblick auf den Fachjargon: *URL* bezeichnet die Adresse einer beliebigen Webseite und ist die Abkürzung von *Universal Resource Locator*. Diese Details dürfen Sie nun wieder vergessen: Es reicht, wenn Sie wissen, dass ein URL die Adresse einer beliebigen Webseite ist.

Sie können auf Webseiten aber auch auf andere Weise zugreifen:

- ✔ **Lesezeichen:** Lesezeichen, die Sie in der Lesezeichenleiste speichern, können sowohl auf Notes-Datenbanken als auch auf Webseiten verweisen.
- ✔ **Verknüpfungen:** Wenn Sie in einem Notes-Dokument einen URL (wie beispielsweise www.mitp.de) sehen, brauchen Sie nur darauf klicken, um die Webseite zu öffnen.
- ✔ **Dokument:** Mitunter werden Sie in Notes-Anwendungen auf Webseiten stoßen. Auch in Ihrer Mail können Webseiten enthalten sein, denn es ist sehr einfach, Webseiten an andere per E-Mail weiterzuleiten.
- ✔ **Willkommen-Seite:** Sie können in Ihrer Willkommen-Seite bunt zusammengewürfelte Informationen anzeigen lassen, so lässt sich etwa Ihr Posteingang oder Kalender mit der Intranet-Homepage Ihrer Firma kombinieren.

In den meisten Fällen werden Sie Webseiten nicht mit Notes öffnen, auch wenn Ihnen das so vorkommen mag. Neben Lotus Notes verfügen die meisten Anwender auf Ihrem Computer über einen Web-Browser wie Microsoft Internet Explorer oder Netscape Communicator. In der Regel ist Notes auf solche Programme abgestimmt, und auch wenn Sie beispielsweise eine Webseiten-Verknüpfung in Ihrem Notes-Posteingang anklicken, erledigt die Web-Browser-Software im Hintergrund die Arbeit: sie findet die Seite und zeigt sie Ihnen an.

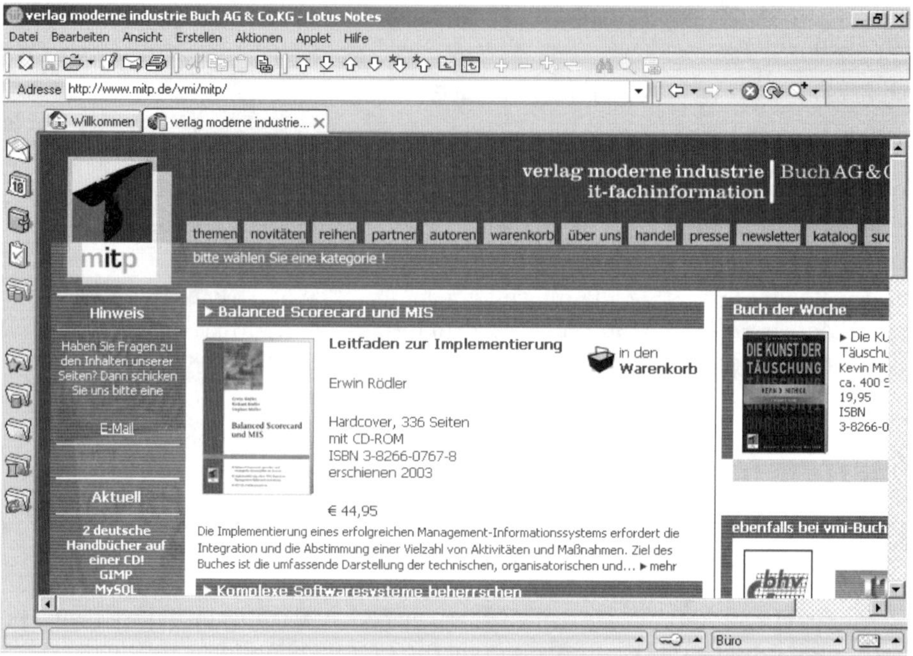

Abbildung 18.1: Sie können Webseiten direkt in Notes öffnen.

Notes für Ihren Web-Browser konfigurieren

Ausgehend von einer bestimmten Einstellung in Ihrem Arbeitsumgebungsdokument, die in Ihrem Persönlichen Adressbruch gespeichert ist (Näheres finden Sie in Kapitel 19), entscheidet Notes, wie es mit dem Web-Browser interagieren soll.

Wie sonst auch, sollten Sie mit eventuellen Konfigurationsänderungen Ihrer Workstation zurückhaltend sein und solche im Vorfeld mit Ihrer Firmenleitung absprechen – es sei denn, Sie leiten die Firma selbst.

Um die Art und Weise zu ändern, wie Notes Webseiten auffindet, müssen Sie das betreffende Arbeitsumgebungsdokument bearbeiten. In der Regel wählen Sie hierfür die Menüoptionen Datei|Mobil|Aktuelle Arbeitsumgebung Bearbeiten... und klicken anschließend die Registerseite

Internet-Browser an. In der Zeile mit der Angabe des Internet-Browsers wird ein Feld angezeigt, das die Methode angibt, die Notes gegenwärtig für den Zugriff auf das Web verwendet. Neben diesem Feld sehen Sie die Schaltfläche mit einem nach unten gerichteten Dreieck. Um die Methode für den Internet-Zugriff zu ändern, klicken Sie auf dieses Dreieck. Die Dialogbox Schlüsselwörter wählen wird angezeigt (siehe Abbildung 18.2).

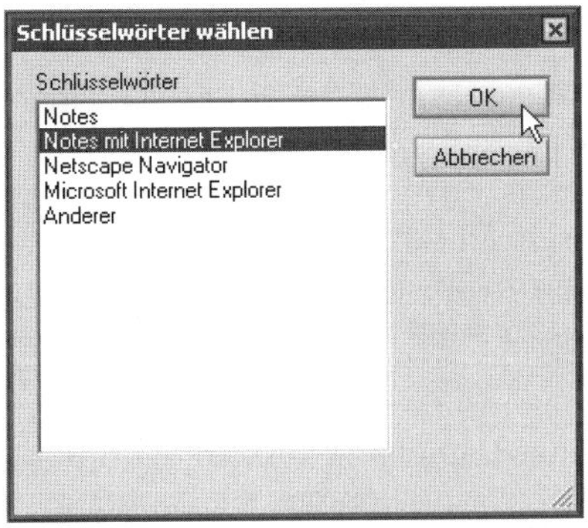

Abbildung 18.2: In der Box Schlüsselwörter wählen ändern Sie die Methode, mit der Notes auf Webdokumente zugreift.

Wie Sie in Abbildung 18.2 sehen, stellt die Liste Schlüsselwörter wählen fünf Optionen zur Auswahl:

✔ **Notes:** Wählen Sie diese Methode, wenn auf Ihrem Computer kein eigener Web-Browser installiert ist und Sie den vergleichsweise einfachen Web-Browser verwenden wollen, der in Notes integriert ist.

✔ **Notes mit Internet Explorer:** Die bestmögliche Option, vorausgesetzt Sie haben den Internet Explorer auf Ihrem Computer installiert.

✔ **Netscape Navigator:** Wählen Sie diese Methode, wenn der Netscape Communicator oder Netscape Navigator auf Ihrem Computer installiert ist.

✔ **Microsoft Internet Explorer:** Diese Option ähnelt der Option Notes mit Internet Explorer, speichert aber keine Seiten, die lokal gespeichert sind.

✔ **Anderer:** Die bestmögliche Option, wenn der auf Ihrem Computer installierte Browser (Opera, Mozilla usw.) in der Liste nicht mit aufgeführt ist.

Welche Option Sie wählen, ist natürlich abhängig davon, ob und falls ja welchen Web-Browser Sie auf Ihrem Computer installiert haben.

Offline browsen

Die interessanteste Methode in Abbildung 18.2 ist sicherlich die zweite Option **Notes mit Internet Explorer**. Benutzen Sie diese Einstellung, arbeiten Notes und der Internet Explorer wirklich Hand in Hand. Wenn Sie beispielsweise eine Webseite öffnen, wird die Seite vom Internet Explorer gesucht, aber Notes ist ebenfalls an dem Vorgang beteiligt – Notes speichert (natürlich optional) eine Kopie dieser Seite auf Ihrem PC.

Was ist daran so super? Es bedeutet, dass Sie Notes verwenden können, um Webseiten zu durchsuchen – auch wenn Sie gar keine Internetverbindung haben! Angenommen, die Personalabteilung Ihrer Firma hat ins Firmen-Intranet neue Vorschriften zur Abwesenheit im Krankheitsfall gestellt. Mit diesem Merkmal können Sie Notes (mit Internet Explorer) verwenden, um die betreffenden Seiten zu speichern, sodass Sie sie auf dem Nachhauseweg im Zug oder im Flugzeug 1.000 Kilometer von Europa entfernt durchlesen können.

Wenn sie also die Option **Notes mit Internet Explorer** wählen, werden die Seiten, die Sie anzeigen, standardmäßig in einer Datenbank auf Ihrem Computer namens Persönlicher Web-Navigator gespeichert. Diese Datenbank können Sie dann auch im Flugzeug verwenden, um die gewünschten Webseiten zu studieren.

Auch wenn Ihr System sicherlich so konfiguriert ist, dass jede besuchte Webseite automatisch gespeichert wird, können Sie sicherstellen, dass eine bestimmte Webseite gespeichert wird, sodass Sie sie später verfügbar haben: Wählen Sie die Menüoptionen Aktionen|Seite speichern.

Um die Seiten in Ihrem Persönlichen Web-Navigator anzuzeigen, wählen Sie Datei|Datenbank|Öffnen... (oder drücken Sie die Tastenkombination [Strg]+[O]) und wählen Sie dann Persönlicher Web-Navigator.

Sie können den Persönlicher Web-Navigator nur verwenden, wenn Sie im Arbeitsumgebungsdokument die Option **Notes mit Internet Explorer** festgelegt haben.

Sie können Notes auch so konfigurieren, dass bestimmte Webseiten automatisch überwacht werden und bei etwaigen Änderungen automatisch eine neue Kopie der Seite in Ihren Persönlicher Web-Navigator gespeichert wird. Fragen Sie den Administrator, ob Ihre Firma die Verwendung von Notes *Page Minder* und *Web Ahead* unterstützt, wenn diese Features Ihnen zusagen.

Eine Webseite in Notes weiterleiten

Angenommen, Sie finden eine Webseite, die sich auch ein Kollege ansehen sollte. Die einfachste Methode ist, diese Webseite per E-Mail an diesen Kollegen weiterzuleiten. Natürlich könnten Sie eine neue Nachricht öffnen und dann die Webseite oder die Webseiten-Adresse kopieren und in die Nachricht einfügen. Aber – es gibt noch einen viel einfacheren Weg!

Öffnen Sie zunächst die Webseite und wählen Sie AKTIONEN|WEITERLEITEN (siehe Abbildung 18.3). Die Dialogbox OPTIONEN WEITERLEITEN wird geöffnet.

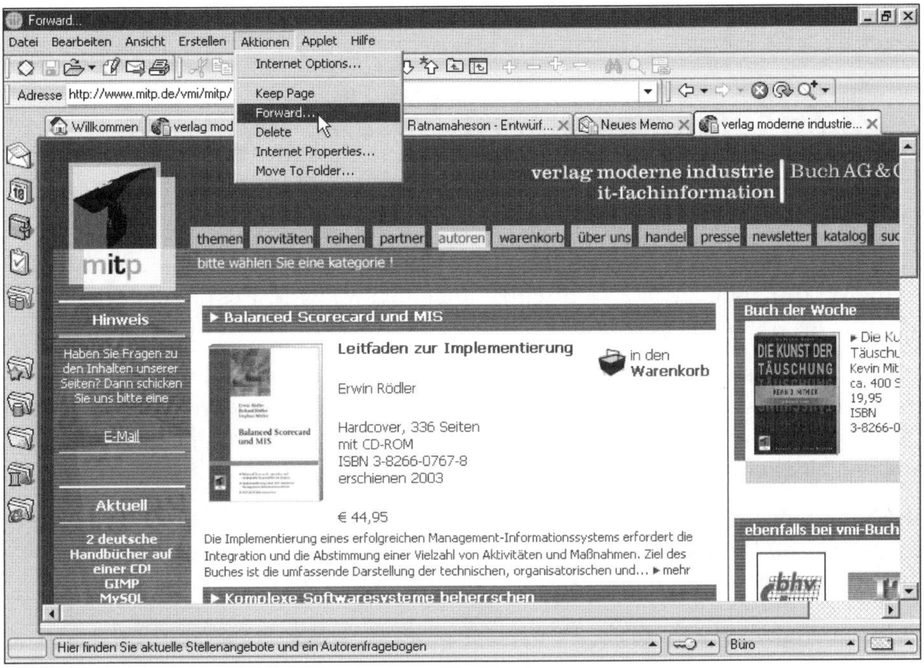

Abbildung 18.3: Mit dieser Option können Sie eine Webseite weiterleiten.

Sie müssen Notes mitteilen, was Sie weiterleiten wollen. Darum klicken Sie entweder auf die Schaltfläche LESEZEICHEN AUF SEITE WEITERLEITEN oder auf KOPIE DER SEITE WEITERLEITEN. In beiden Fällen erhalten Sie eine E-Mail-Nachricht, die entweder die Webseite selbst oder eine Verknüpfung auf die Webseite enthält und die Sie nun adressieren und senden können.

- ✔ **LESEZEICHEN AUF SEITE WEITERLEITEN:** Wählen Sie diese Option, erhält der Empfänger nur eine Verknüpfung für die Web-Adresse. Klickt er diese Verknüpfung an, öffnet sich der Web-Browser, um nach der Webseite zu suchen. Diese Option ist in der Regel am günstigsten, wenn in dem Zeitraum zwischen dem Zeitpunkt, zu dem Sie diese Informationen an Ihren Kollegen weitergeben, und dem Zeitpunkt, wenn er sie liest, damit zu rechnen ist, dass sich die betreffende Seite ändert – denken Sie beispielsweise an eine Webseite mit Aktienkursnotierungen.
- ✔ **KOPIE DER SEITE WEITERLEITEN:** Wählen Sie diese Methode, erhält der Empfänger in der E-Mail-Nachricht auch die Webseite selbst. Ein Vorteil ist, dass der Empfänger nicht mit dem Internet verbunden sein muss, um die Seite anzuzeigen, denn die gesamte Webseite wird in seinem Posteingang bereitgestellt.

Wenn Sie eine Webseite nicht in der Mail-Datenbank speichern, sondern einer anderen Datenbank (z.B. der Datenbank DISKUSSIONEN) hinzufügen wollen, können Sie die Webseite aus Ihrem Browser-Fenster kopieren und in das Notes-Dokument einfügen.

Eine Verknüpfung zu einer Webseite erzeugen

Einen weiteren wichtigen Punkt haben wir noch für dieses Kapitel: Eine spezielle Methode, Verknüpfungen zu einer Webseite zu erzeugen.

Wenn Sie (entweder in einer E-Mail-Nachricht oder einem beliebigen anderen Notes-Dokument) eine Verknüpfung zu einer Webseite aufnehmen wollen, ist es am einfachsten, Sie geben den URL der Webseite ein (z.B. `http://www.mitp.de`).

Die gute Nachricht ist, dass diese Methode sehr einfach und für den Empfänger Ihrer E-Mail sehr transparent ist. Die meisten Leute wissen heutzutage, dass eine http://-Verknüpfung sich anklicken lässt. Die schlechte Nachricht ist, dass einige URLs sehr kompliziert sind – sie können lang und hässlich sein, vor allem, wenn Sie sie mitten in Ihr Dokument platzieren wollen.

Genau an diesem Punkt sollten wir an Hotspots denken, denn diese sind prägnant und hübsch. Ein *Hotspot* ist eine Methode, um ein beliebiges Wort anklickbar zu machen, das mit einer bestimmte Webseite verbunden ist. Vergleichen Sie hierzu Abbildung 18.4.

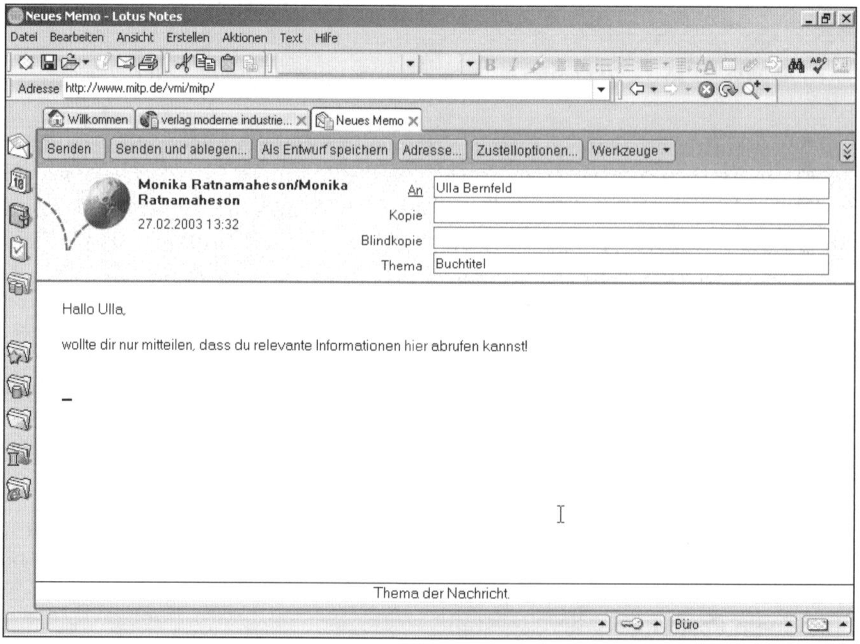

Abbildung 18.4: Sie können Hotspots auch als Webseiten-Verknüpfungen verwenden.

Der Gedanke ist, dass auch wenn der URL, auf den sich das Dokument bezieht, lang und kompliziert ist, im Dokument dennoch hübsch und ordentlich und in Konsistenz mit dem übrigen Format (Schrift, Fett, Kursiv usw.) des Dokuments präsentiert wird.

Um einen Hotspot zu erzeugen, der Ihren Leser zu einer Webseite bringt, führen Sie folgende Schritte durch:

1. **Öffnen Sie die gewünschte Webseite.**
2. **Kopieren Sie die Webadresse der Webseite in die Zwischenablage, indem Sie den URL der Webseite im Adressfeld markieren und die Menüoptionen BEARBEITEN|KOPIEREN... wählen (oder auch die Tastenkombination [Strg]+[C] verwenden).**
3. **Wechseln Sie wieder zu Notes und wählen Sie das Wort, das der Leser anklicken soll, um zu der Webseite zu gelangen.**
4. **Wählen Sie die Menüoptionen ERSTELLEN|HOTSPOT|VERKNÜPFUNGSHOTSPOT.**

   Die Dialogbox HOTSPOT RESSOURCENVERKNÜPFUNG wird angezeigt.

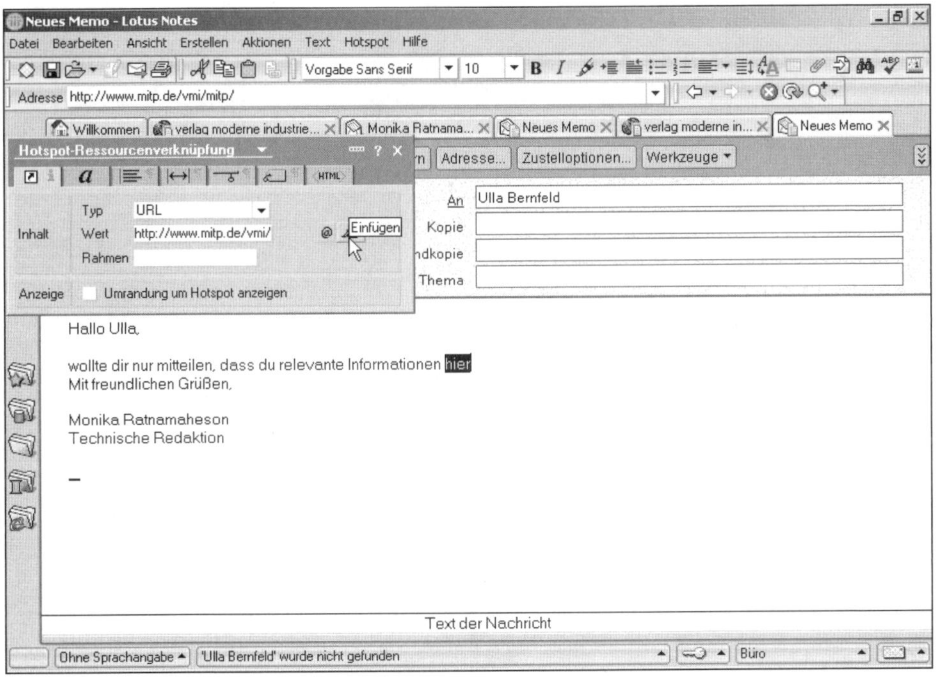

Abbildung 18.5: Erstellen Sie eine Hotspot-Verknüpfung, um eine Webseite zu öffnen.

5. **Klicken Sie in das Feld WERT.**
6. **Aktivieren Sie entweder in der Dialogbox die Schaltfläche EINFÜGEN, drücken Sie die Tastenkombination [Strg]+[V] oder wählen Sie die Menüoptionen BEARBEITEN|EINFÜGEN..., um den URL der Webseite einzugeben.**
7. **Schließen Sie die Dialogbox HOTSPOT RESSOURCENVERKNÜPFUNG, indem Sie das X am oberen rechten Bildschirmrand anklicken.**

Abbildung 18.5 zeigt das Erstellen einer URL-basierenden Hotspot-Verknüpfung.

Sie können eine Hotspot-Verknüpfung an fast alle Elemente anhängen – an jedes Textsegment in einer beliebigen Schrift oder auch an eine Grafik.

Notes für Straßenkämpfer

19

In diesem Kapitel

- Was ist Replizierung?
- Notes mitteilen, wo Sie sind
- Replizieren
- Offline arbeiten
- Ausgesuchte Replizierungs-Vignetten lesen

Sie kennen sicher den Spruch, »Kannst du das denn nicht mitnehmen?«. Nun, das stimmt nicht, jedenfalls nicht für Lotus Notes 6. Denn Sie können Notes mitnehmen. Genauer gesagt, eines der großen Wunder von Notes ist, dass Sie auch dann mit Notes arbeiten können, wenn Sie nicht an Ihr Netzwerk angeschlossen sind.

Nur weil Sie vom Büro weit wegreisen müssen, heißt das nicht, dass Sie Ihre Mail nicht lesen oder Ihre Datenbank nicht benutzen können. Generell bleiben Sie in Verbindung mit dem, was im Büro geschieht. In diesem Kapitel zeigen wir, wie Sie Notes unterwegs benutzen können. Und auch wenn Sie nicht vorhaben, sich in Kürze an Bord eines Flugzeugs zu begeben, sollten Sie dieses Kapitel lesen. Unabhängig davon, aus welchem Grund Sie nicht an Ihr Firmennetz angeschlossen sind (vielleicht arbeiten Sie einfach lieber von zu Hause aus?), wird dieses Kapitel Ihnen alles über Replizierung verraten.

Was ist Replizierung?

Gehen wir davon aus, dass Ihr Büro einen Notes-Server in München hat, einen in Frankfurt und einen in Hamburg. Auf jedem dieser Server hat Ihr Administrator eine Kopie der Datenbank gespeichert, die Ihre Firma zur Diskussion der Marketing-Strategien des nächsten Jahres verwendet. Sie benötigen die Dokumente, die von Ihren bayrischen Kollegen der Datenbank zugeführt worden sind, auf den Datenbanken in Frankfurt und Hamburg. Wenn außerdem jemand in Hamburg ein Dokument bearbeitet, dann sollen die Änderungen auch Frankfurt und München mitgeteilt werden. Und wenn jemand in Frankfurt ein Dokument löscht? Dann soll es auch in Hamburg und München gelöscht werden.

Replizierung heißt der Vorgang, den Notes zur Synchronisation der drei Datenbanken untereinander benutzt. Ihr Administrator plant Anrufe zwischen den Servern; der Server in Frankfurt könnte den Server in Hamburg um acht Uhr morgens anrufen und dann den Münchner Server um neun Uhr morgens. Dann würde er den Hamburger Server noch mal um elf Uhr morgens anrufen, den Münchner noch mal um ein Uhr nachmittags...

Das ist nett, doch warum sollte Sie das interessieren? Weil Sie denselben Vorgang benutzen, wenn Sie Notes außerhalb des Büros benutzen.

Anwender von Notes R5 sollten aufpassen. In Notes 6 ist das Replizieren in wichtigen Punkten ganz anders – und natürlich viel besser zu handhaben, versteht sich!

Warum replizieren?

Sie haben Ihren Laptop vorbereitet und sind reisefertig. Schnappen Sie sich ein Taxi zum Flughafen, geben Sie die Koffer ab und begeben Sie sich an Bord des Flugzeugs. Sie sind für die nächsten ein, zwei Stunden in diesem Sitz gefangen, also warum sollten Sie die Zeit nicht nutzen und sich um die unerledigte E-Mail kümmern. Am Ende des Flugs haben Sie elf neue E-Mails zu versenden und noch dazu ein paar Dokumente in der Datenbank erstellt, die Sie mitgenommen haben.

Jetzt schnell vorspulen zur Ankunft in Ihrem Hotel. Sie haben eingecheckt, die Anzüge im Schrank aufgehängt, die Leckereien in der Bar begutachtet und den Hotelpagen bezahlt. Jetzt möchten Sie die E-Mail versenden und die Dokumente veröffentlichen, die Sie im Flugzeug verfasst haben. Außerdem möchten Sie nachsehen, ob Ihnen irgendeine Mail geschickt wurde, als Sie in 10.000 Meter Höhe schwebten. Wie funktioniert das? Sie haben richtig geraten, Sie replizieren die Datenbanken auf Ihrem Laptop mit denen des Domino-Servers im Büro.

Auch wenn Sie nicht vorhaben, auf irgendwelche Reisen zu gehen, sollten Sie dieses Kapitel dennoch lesen. Denn wenn Sie Notes auf Ihrem Computer zu Hause einrichten möchten, sind die erforderlichen Arbeitsschritte fast die gleichen. Sie können mit den Datenbanken Ihres Systems arbeiten, sich in Ihr Firmennetz einwählen und die Daten replizieren. Auch wenn Sie im Keller sitzen, Sie können auch dort Ihre E-Mail lesen und Notes-Datenbanken verwenden.

Wie funktioniert das Replizieren?

Hier eine Checkliste der vier Dinge, die Sie für die Replizierung zwischen Ihrem Computer und einem Domino-Server mitbringen müssen:

- ✔ Eine Möglichkeit, um eine Verbindung zum Server aufzubauen (zum Beispiel ein Modem).
- ✔ Ein Arbeitsumgebungs-Dokument
- ✔ Eine Kopie der Datenbank oder mehrerer Datenbanken, die Sie verwenden, wenn Sie nicht mit dem Netz verbunden sind.
- ✔ Den Replikator

Aufbau der Serververbindung

Für die Replizierung benötigen Sie eine physische Verbindung zum Server und eine Möglichkeit, Notes mitzuteilen, dass Sie über diese Verbindung verfügen.

Vielleicht wird die physische Verbindung zu Ihrem Server von Ihrem Computer aus über ein Kabelmodem in Ihrem Büro Zuhause aufgebaut, und die weitere Verbindung zum Netzwerk Ihrer Firma und zum betreffenden Server erfolgt dann über das Internet. Dies ist die beste Art der Verbindung, denn Kabelmodems sind sehr schnell.

Vielleicht verwendet Ihre Verbindung aber auch ein Modem, was sehr wahrscheinlich ist, wenn Sie in einem Hotelzimmer sitzen. Dann haben Sie eine Verbindung von Ihrem Computer zum Modem im Hotelzimmer und die weitere Verbindung zum Netzwerk Ihrer Firma und schließlich zum betreffenden Server erfolgt über das Internet.

Es gibt aber auch noch eine andere Möglichkeit. Ihre Firma hat Ihr Netzwerk (und sogar den Domino-Server) so eingerichtet, dass Sie die Möglichkeit der direkten *Netzwerkeinwahl* haben. Mit anderen Worten verläuft die Verbindung von Ihrem Computer zum Modem und von dort zum Netzwerk Ihrer Firma und wird dort an Ihren Server weitergeleitet.

Die Wahrscheinlichkeit ist sehr groß, dass Sie sich mit den Detailfragen dieser Verbindung nicht zu befassen brauchen. Das Ganze ist eine ernsthafte Angelegenheit: Denken Sie nur an die Aspekte der Sicherheit, die zu berücksichtigen sind, wenn es Benutzern möglich ist, sich über das Internet in das Netzwerk einer Firma einzuwählen. Die meisten Firmen haben eigene Abteilungen, die sich um die wichtigen Details kümmern, damit der Remote-Zugriff funktionieren kann.

Wenn Sie die physische Verbindung aufgebaut haben, benötigen Sie ein *Verbindungsdokument*. Dieses Dokument teilt Notes mit, wie Ihre Verbindung aufgebaut ist. Abbildung 19.1 zeigt ein Beispiel für ein Verbindungsdokument.

Arbeitsumgebungsdokumente verwenden

Wenn Sie ein Straßenkämpfer sind, arbeiten Sie wahrscheinlich immer mit dem gleichen Computer. Sie befinden sich mit Ihrem Laptop manchmal im Büro und sind dort ans Netzwerk angeschlossen. Manchmal sind Sie aber auch gar nicht mit dem Netzwerk verbunden, z. B. wenn Sie im Flugzeug sitzen oder mit dem ICE zwischen München und Berlin unterwegs sind. Und mitunter kann es auch vorkommen, dass Sie über ein Modem mit dem Netzwerk verbunden sind, z.B. wenn Sie in einem Hotelzimmer in Barcelona sitzen.

So viele Standortwechsel und das tägliche Anschließen und Neu-Anschließen des Netzwerkkabels kann für Notes etwas verwirrend sein. Wie sollte Notes wissen, wo Sie sich gerade befinden und, noch wichtiger, welche Verbindungsmethode es verwenden sollte?

Über das Arbeitsumgebungsdokument teilen Sie Notes mit, wo Sie sich gerade befinden. Im oben genannten Szenario arbeiten Sie an drei verschiedenen Standorten (Büro, Flugzeug,

Hotelzimmer) und haben darum drei verschiedene Arbeitsumgebungsdokumente: ein Dokument für jeden Standort.

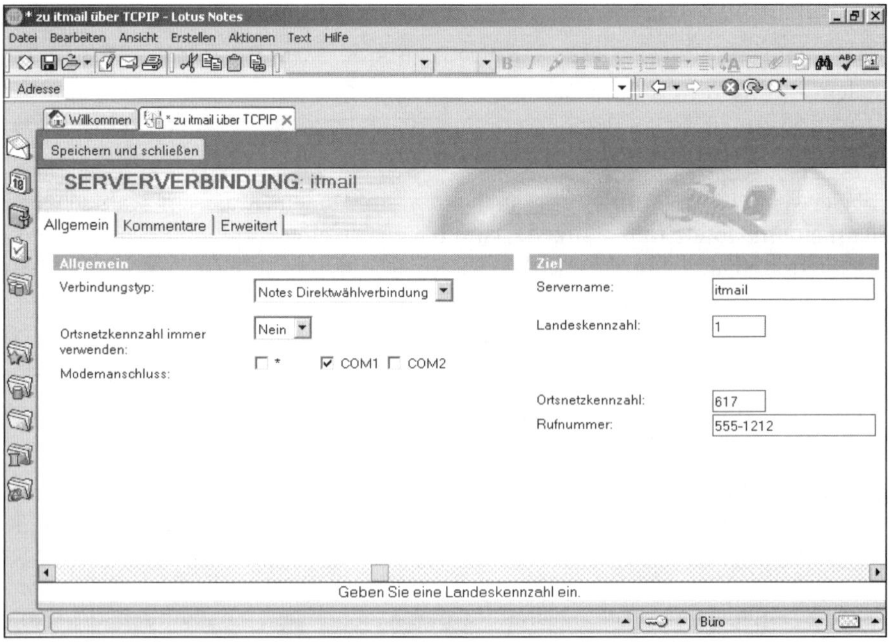

Abbildung 19.1: Verbindungsdokumente teilen Notes mit, wie eine Verbindung zu einem Server aufgebaut werden soll.

Und wenn Sie nur einen Standort haben – sei es Ihr Büro in der Firma oder auch Ihr Büro zu Hause –, verwenden Sie zumindest ein Arbeitsumgebungsdokument. Einige Benutzer wiederum verwenden mehrere Arbeitsumgebungsdokumente. (Mehr über das Erstellen und Verwenden von Arbeitsumgebungsdokumenten erfahren Sie in Kapitel 18.) Abbildung 19.2 zeigt ein Beispiel für ein Arbeitsumgebungsdokument.

Eine Kopie der Datenbanken mitbringen

Nun es offensichtlich, dass Sie offline arbeiten. Sie müssen auf dem Computer, den Sie während Ihrer Reise benutzen, eine Kopie der betreffenden Datenbank (Ihrer Mail-Datenbank beispielsweise) haben. Normalerweise verwenden Sie Datenbanken, die sich auf einem Server befinden, aber wenn Sie im Flugzeug sitzen, sind Sie ohne jegliche Server-Verbindung. Nun, es wird wohl besser sein, wenn Sie diese Datenbank in Ihrem Computer mitbringen. Das wird mit hoher Wahrscheinlichkeit Ihre Mail-Datenbank sein, aber Sie können so viele Datenbanken mitbringen, wie Sie wollen. Wenn Ihre Firma z.B. eine Diskussionsdatenbank hat, die Sie regelmäßig verwenden, oder vielleicht ein auf Notes basierendes System zur Ablage von Spesenabrechungen, können Sie auch diese mitbringen.

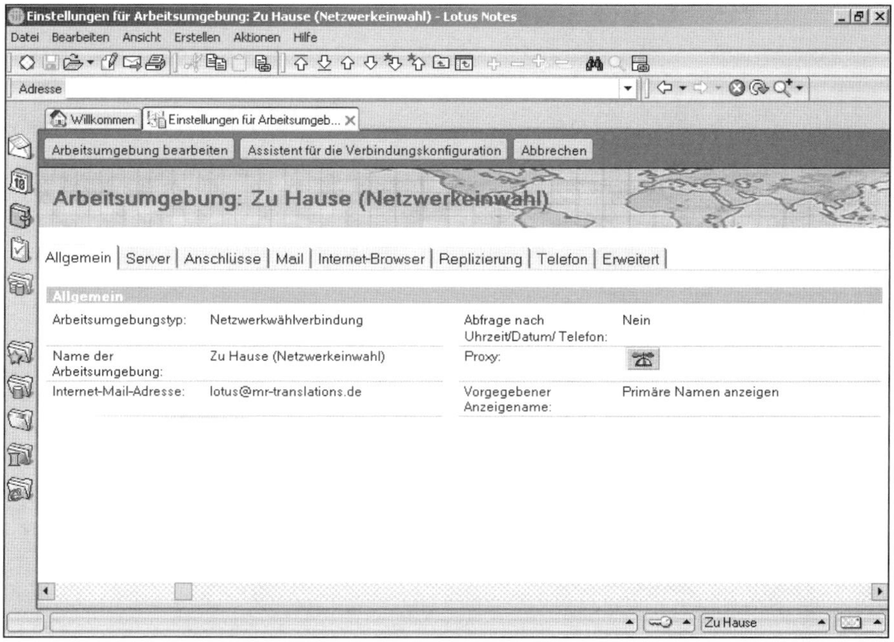

Abbildung 19.2: Arbeitsumgebungsdokumente teilen Notes mit, wie von einem bestimmten Standort aus eine Verbindung zu einem Server aufgebaut werden soll.

Mit dem Replikator synchronisieren

Ganz oben in der Replizierhierarchie steht der Replikator selbst. Das ist der Teil von Notes, der alles unter einen Hut bringt – hier verwendet Notes die Arbeitsumgebungsdokumente, Verbindungsdokumente und Datenbanken, die Sie mitbringen, um das, was sich auf Ihrem Computer befindet, mit dem zu synchronisieren, was sich auf dem Server befindet. Abbildung 19.3 stellt Ihnen diesen Replikator vor.

Kopien einer Datenbank mitnehmen

Normalerweise möchten Sie eine Kopie einer Datenbank machen, um diese auf die Reise mitzunehmen. Vorausgesetzt, Sie haben genug Platz auf Ihrer Festplatte, können Sie jede nur erdenkliche Datenbank mitnehmen; mindestens eine Kopie Ihrer Mail-Datenbank sollten Sie jedoch immer dabei haben.

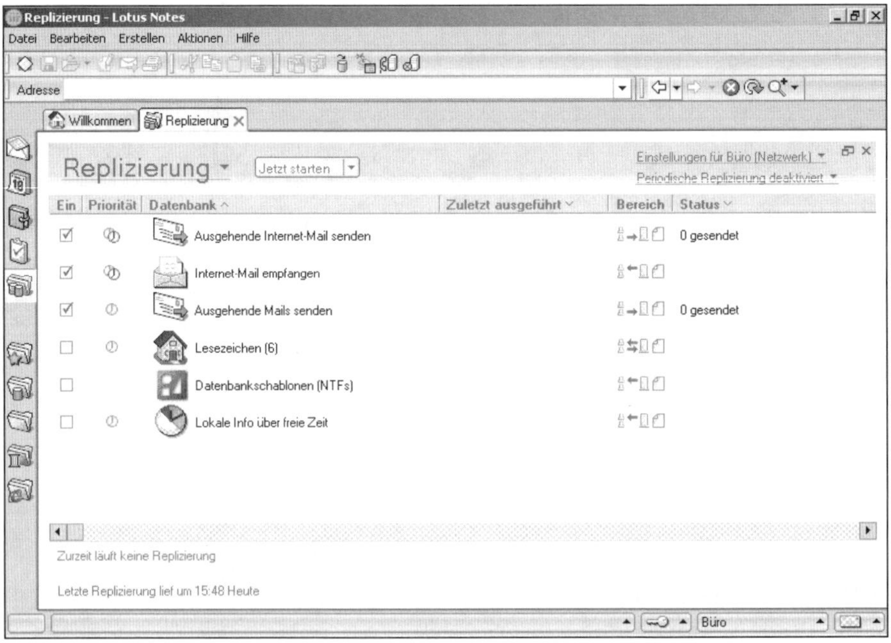

Abbildung 19.3: Die Replizierung koordiniert alles.

Um eine brandneue, allererste Replikatskopie einer Datenbank anzufertigen, führen Sie die folgenden drei Schritte durch:

1. **Öffnen Sie die gewünschte Datenbank.**
2. **Wählen Sie DATEI|REPLIZIERUNG|NEUE REPLIK**
3. **Klicken Sie in der folgenden Dialogbox REPLIK ERSTELLEN FÜR DATENBANK auf die Schaltfläche OK (siehe Abbildung 19.4).**

Abbildung 19.4: Nehmen Sie eine Datenbank mit auf Ihre Reise.

Sie können die Dialogbox REPLIK ERSTELLEN FÜR DATENBANK auch verwenden, um die Arbeitsumgebung und den Dateinamen für Ihre Kopie zu ändern. Allerdings ist es meist besser, die Standardeinstellungen zu akzeptieren, da man mit ihnen gut fährt und sie zu ändern oft mehr Probleme mit sich bringt, als es das Ganze wert ist.

Klicken Sie in der Dialogbox die Schaltfläche REPLIKEINSTELLUNGEN an, um die Optionen in der Dialogbox REPLIK ERSTELLEN FÜR DATENBANK zu erweitern (siehe Abbildung 19.5).

Abbildung 19.5: In dieser Dialogbox können Sie eine Replikatskopie erstellen.

Verwenden Sie diese optionalen Einstellungen um

- ✔ **REPLIK VERSCHLÜSSELN MIT:** Aktivieren Sie dieses Kontrollkästchen, um Ihre Datenbankkopie zu verschlüsseln. Das ist eine derart gute Idee, dass einige Firmen es zur Vorgabe machen, dass alle Datenbanken, die Sie außer Hauses mitnehmen, verschlüsselt sein sollen. Wenn Sie sich dafür entscheiden, eine Datenbank zu verschlüsseln, müssen Sie aus der Dropdown-Liste auch den Verschlüsselungsgrad auswählen: HOHE VERSCHLÜSSELUNG, MITTLERE VERSCHLÜSSELUNG oder EINFACHE VERSCHLÜSSELUNG.
- ✔ **VOLLTEXTINDEX FÜR SUCHFUNKTION ERSTELLEN:** Aktivieren Sie dieses Kontrollkästchen, wenn Sie die Möglichkeit haben wollen, die Datenbank zu durchsuchen, wie in Kapitel 13 beschrieben.

Wenn Sie die eine Replikatskopie Ihrer Mail-Datenbank anfertigen, sollten Sie dieses Kontrollkästchen aktivieren, denn gerade in dieser Datenbank erhalten die meisten Benutzer eine Menge wichtiger Informationen. Unter Verwendung der Volltextindexsuche ist es wesentlich einfacher, Dokumente zu finden, wenn man Sie schnell zur Hand haben will.

- ✔ **SOFORT ERSTELLEN:** Lassen Sie dieses Kontrollkästchen aktiviert, damit die Kopie der Datenbank erstellt und sofort repliziert wird.

Klicken Sie in der Dialogbox REPLIK ERSTELLEN FÜR DATENBANK auf die Schaltfläche WEITERE EINSTELLUNGEN, so wird die Dialogbox REPLIZIERPARAMETER FÜR angezeigt (siehe Abbildung 19.6).

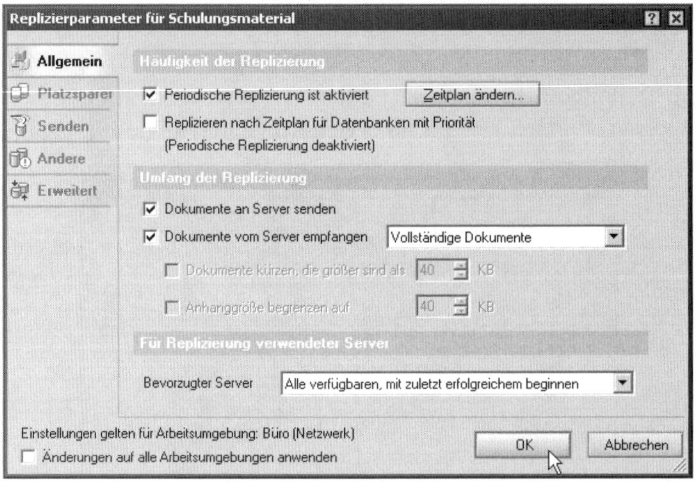

Abbildung 19.6: Hier können Sie weitere Feinheiten für die Replizierung einstellen.

Verwenden Sie diese (ganz und gar optionalen) Einstellungen, um noch weitere Aspekte für die Datenbank festzulegen, z.B. wie oft sie repliziert werden soll und ob die Replizierung in einer Richtung oder in beiden Richtungen stattfinden soll. Im Abschnitt »Welche Datenbanken sollen repliziert werden?« werden die wichtigen Elemente dieser Dialogbox genauer erläutert.

All diese zusätzlichen Einstellungen und Schaltflächen sind sehr interessant, aber in den meisten Fällen ist es ausreichend, wenn sie sich beim Erstellen einer neuen Replikatskopie einer Datenbank (was Sie sicherlich nicht allzu oft tun werden) einfach an folgende drei Schritte halten: Öffnen Sie die Datenbank, wählen Sie dann DATEI|REPLIZIERUNG|NEUE REPLIK... und klicken Sie auf OK. Eine einfache Sache.

Replizieren

Die Replikatorseite ist Ihr erster Halt, wenn Sie eine Verbindung zu Ihrem Domino-Server aufbauen wollen, um die Aktualisierungen, die seit der letzten Replizierung stattgefunden haben, zu senden und zu empfangen. Die Replikatorseite listet alle Datenbanken auf, die Sie replizieren müssen, und sie teilt Ihnen ebenfalls den Zeitpunkt mit, wann die letzte Replizierung durchgeführt wurde.

Öffnen Sie den Replikator wie in Abbildung 19.7 dargestellt, indem Sie das abgebildete Lesezeichen-Icon REPLIZIERUNG anklicken.

Die wirkliche Aktion, die auf der Replikatorseite stattfindet, versteckt sich hinter der Schaltfläche JETZT STARTEN (oben). Klicken Sie diese Schaltfläche an, wenn Sie bereit sind zu replizieren. Die Datenbanken auf dieser Seite werden in der Reihenfolge repliziert, in der sie aufgelistet sind. Sie können diese Liste neu ordnen, indem Sie Datenbanken mit der Maus jeweils höher und tiefer in der Liste ziehen. Es empfiehlt sich die Mail-Datenbank ganz oben auf die Liste zu setzen, weil diese wahrscheinlich Ihr wichtigstes Anliegen ist.

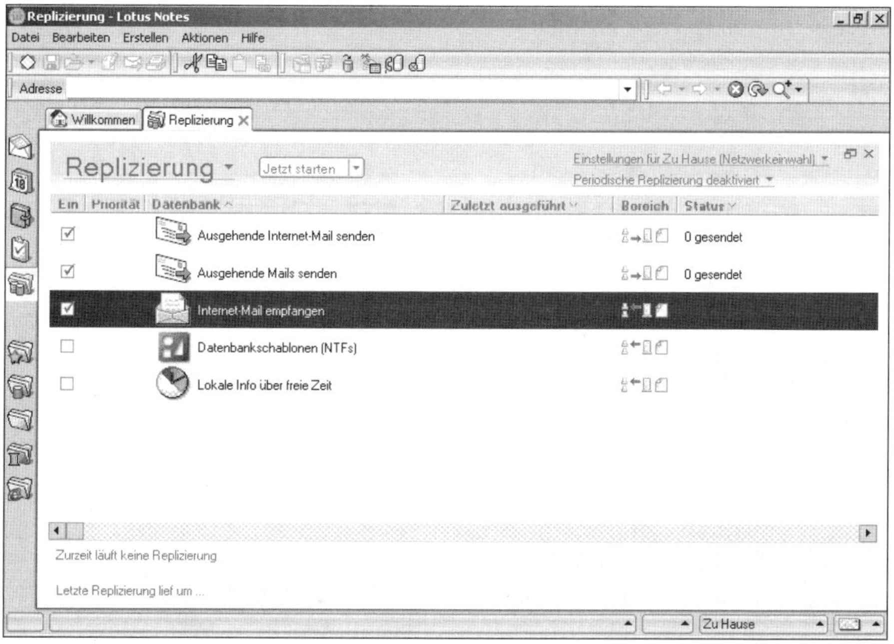

Abbildung 19.7: In dieser Dialogbox beginnen Sie mit der Replizierung.

Wenn Sie die Schaltfläche JETZT STARTEN anklicken, kommt der Prozess in Gang. Notes beginnt mit der Replizierung der Datenbanken und sendet zunächst die von Ihnen vorgenommenen Aktualisierungen an den Server. Dann holt Notes die Aktualisierungen vom Server und speichert Sie in Ihre lokale Datenbank. Sie können das Geschehen mittels einer Echtzeit-Anzeige verfolgen – sie zeigt an, welche Datenbank gerade repliziert wird, und macht Angaben, wie viel Zeit vermutlich noch nötig ist, bis Notes den Vorgang abgeschlossen hat (siehe Abbildung 19.8 unten).

Welche Datenbanken sollen repliziert werden?

Mitunter kann es sein, dass Sie eine bestimmte Datenbank überspringen wollen. Vielleicht sind Sie in Eile und wollen nur E-Mail-Nachrichten senden und empfangen – die Replizierung der anderen Datenbanken möchten Sie sich für später aufheben.

Der einfachste Weg, die Replizierung einer der Datenbanken auf dem Replikator vorübergehend außer Kraft zu setzen, besteht darin, das Kontrollkästchen in der Spalte Ein der Replikatorseite zu deaktivieren. (Lesen Sie den vorherigen Abschnitt, um weitere Einzelheiten über die Replikatorseite zu erfahren.) Notes wird nur die Datenbanken replizieren, die Sie in dieser Spalte ausgewählt haben, aber keine Sorge – Sie können es sich immer noch anders überlegen.

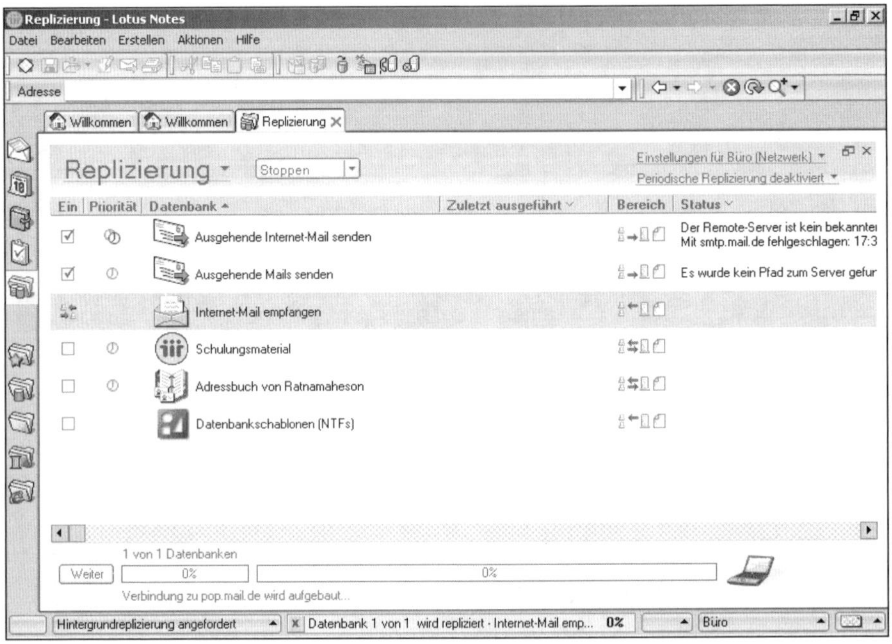

Abbildung 19.8: Verfolgen Sie das Fortschreiten des Replizierungsprozesses.

Sie können eine Datenbank aus dem Replikator ganz entfernen, indem Sie diese Datenbank im Replikator auswählen und dann die Option Löschen wählen. Oder klicken Sie mit der rechten Maustaste auf die Datenbank und wählen aus der folgenden Dropdown-Liste die Option Entfernen.

Weitere Replizierungsoptionen erhalten Sie, wenn Sie in der Replikatorseite die Pfeilschaltfläche neben der Schaltfläche Jetzt starten anklicken. Eine Dropdown-Liste erscheint (siehe Abbildung 19.9).

In dieser Dropdown-Liste können Sie zwischen drei Optionen wählen:

- **Jetzt starten:** Wählen Sie diese Option, wird der Replizierungsprozess begonnen und alle Datenbanken, die in der Replikatorseite aufgeführt und in der Spalte Ein mit einem Häkchen versehen sind, werden repliziert.

Die Wahl dieser Option setzt den gleichen Prozess in Gang wie das Anklicken der Schaltfläche JETZT STARTEN.

- **NUR MAIL JETZT STARTEN:** Wählen Sie diese Option, um die Replizierung ausschließlich für Ihre E-Mail-Nachrichten zu starten.
- **DATENBANKEN MIT HOHER PRIORITÄT JETZT STARTEN:** Wählen Sie diese Option, um die Replizierung ausschließlich für die Datenbanken zu starten, die in der Spalte PRIORITÄT den Eintrag HOHE PRIORITÄT aufweisen.

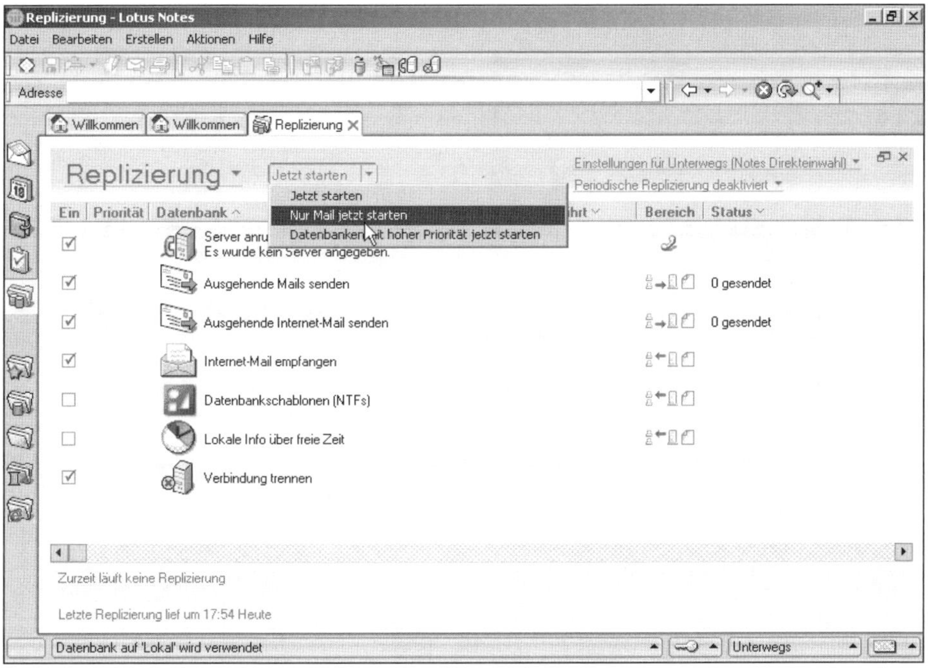

Abbildung 19.9: Bestimmen Sie, welche Datenbanken repliziert werden.

Um einer Datenbank, die repliziert werden soll, den Status HOHE PRIORITÄT zuzuweisen, klicken Sie die Spalte PRIORITÄT dieser Datenbank mit der rechten Maustaste an und wählen dann aus dem folgenden Popup-Menü die Option HOHE PRIORITÄT (siehe Abbildung 19.10).

Datenbanken, für die HOHE PRIORITÄT gewählt wurde, erscheinen in der Spalte PRIORITÄT mit einem Icon mit zwei Uhren. Alle übrigen Datenbanken (mit regulärem Status) erscheinen mit einem Icon mit einer Uhr.

In Abbildung 19.10 sehen sie, dass für jede Datenbank auf der Replikatorseite eine Bereichseinstellung (in der rechten Spalte) festgelegt ist. Diese Spalte wird verwendet, um festzustellen, welche Replizierungseinstellungen eine bestimmte Datenbank zum Replizierungszeitpunkt aufweist. Sie können z.B. eine automatische Replizierung festlegen, sodass stündlich eine Replizierung erfolgt. Sie ersparen sich dadurch, selbst stündlich daran zu denken, die Schaltfläche JETZT STARTEN zu aktivieren. Oder vielleicht haben Sie eine Datenbank, in der lediglich Dokumente empfangen, aber niemals gesendet werden. Vielleicht wollen Sie Ihre Mail-Datenbank so einstellen, dass Sie nur Nachrichten repliziert, die Sie innerhalb der vergangenen 90 Tage erhalten haben. Um diese Einstellungen zu ändern, klicken Sie das Icon in der Spalte BEREICH der jeweiligen Datenbank an. Nun wird die Dialogbox REPLIZIERPARAMETER FÜR angezeigt (siehe Abbildung 19.11).

Es bestehen gute Aussichten, dass Sie sich mit der Dialogbox REPLIZIERPARAMETER FÜR nie herumschlagen müssen.

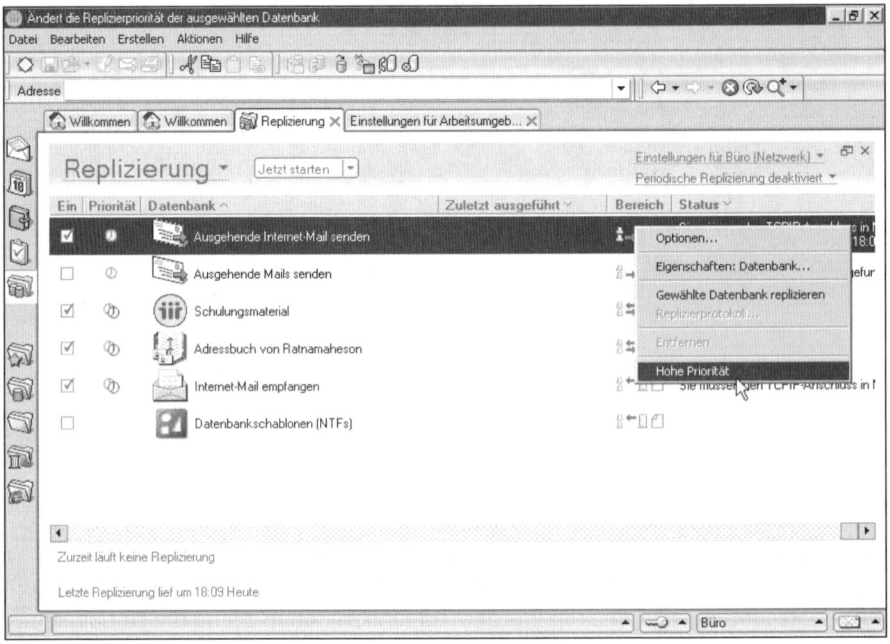

Abbildung 19.10: Die Priorität für die Replizierung einer Datenbank festlegen

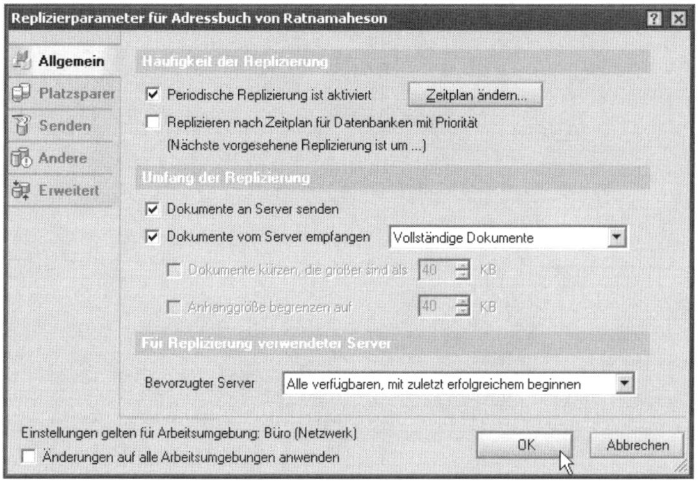

Abbildung 19.11: Steuern, wie und wie häufig eine Datenbank repliziert werden soll

Automatische Replizierung planen

Wie Sie in Abbildung 19.11 sehen, erfolgt eine PERIODISCHE REPLIZIERUNG nicht automatisch. Sie müssen dieses Feature aktivieren. Hierzu aktivieren Sie das Kontrollkästchen PERIODISCHE REPLIZIERUNG IST AKTIVIERT. Dann klicken Sie auf die Schaltfläche REPLIZIERUNGSPLAN FESTLEGEN, und die Dialogbox REPLIZIERUNGSPLAN FÜR ZU HAUSE (NETZWERKEINWAHL) wird angezeigt. (Siehe Abbildung 19.12). In dieser Dialogbox legen Sie fest, wann Ihr Computer eine Verbindung zum Server aufbauen soll.

Wie Sie in Abbildung 19.12 sehen, können Sie beim Starten von Notes eine automatische Replizierung festlegen und aus vordefinierten Zeitabständen auswählen. Bei Datenbanken mit dem Status HOHE PRIORITÄT können Sie auch spezielle Zeitabstände eingeben.

Tipps und Tricks für die Replizierung

Sehen Sie sich in Abbildung 19.11 das Kontrollkästchen DOKUMENTE VOM SERVER EMPFANGEN an. Dieses Feature kann besonders nützlich sein, wenn eine langsame Verbindung (beispielsweise über ein Modem) zwischen Ihrem Computer und dem Server besteht. Sie können beispielsweise in der Dropdown-Liste die Option TEILDOKUMENTE wählen, sodass Notes Teile von Dokumenten auf dem Server sucht.

Wenn Sie häufig mit dem Problem konfrontiert sind, dass der Download-Vorgang großer Anhänge lange Zeit in Anspruch nimmt und Sie die ganzen Anhänge während der Reise gar nicht benötigen, ist dieses Feature für Sie geeignet.

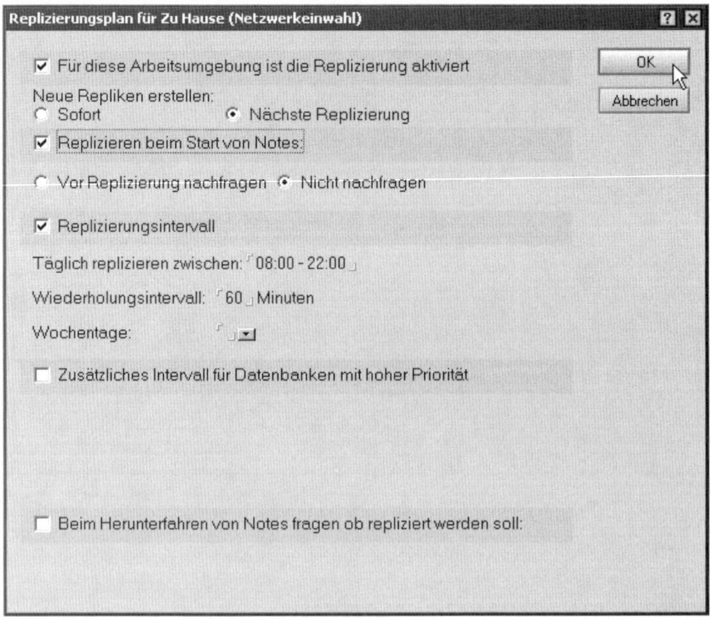

Abbildung 19.12: Zeitabstände und Details der automatischen Replizierung festlegen

Eine andere Möglichkeit, Zeit bei der Replizierung zu sparen, finden Sie in der Registerseite PLATZSPARER in der Dialogbox REPLIZIERPARAMETER FÜR (siehe Abbildung 19.13).

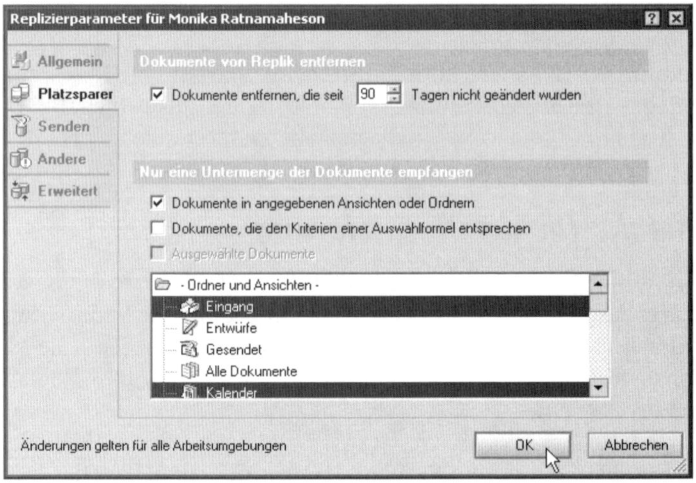

Abbildung 19.13: Verwenden Sie einen Platzsparer, um die Replizierung zu beschleunigen.

Wenn Sie nur an kürzlichen Aktualisierungen interessiert sind, wie E-Mail-Nachrichten, die Sie innerhalb der vergangenen drei Monate erhalten haben, wählen Sie das Kontrollkästchen Dokumente entfernen, die seit XX Tagen nicht geändert wurden. Dann geben Sie in das Textfeld die gewünschte Anzahl von Tagen ein.

Vorsicht! Es kann gefährlich sein, wenn Sie Dokumente aus einer Datenbank löschen, denn in diesem Fall werden *die Dokumente aus sämtlichen Kopien dieser Datenbanken gelöscht* – nicht nur aus der Kopie auf Ihrem Computer!

Die Felder im Abschnitt nur eine Untermenge der Dokumente empfangen sind eine weniger riskante Variante, um den Zeitaufwand der Replizierung zu verringern, denn mit Hilfe dieser Einstellungen können Sie ganz genaue Angaben machen, welche Dokumente beim Replizieren der Datenbank empfangen werden sollen. In Abbildung 19.13 wurde beispielsweise die Option gewählt, nur die neuen Dokumente aus dem Posteingang und Kalender zu empfangen. Die Ordner und Ansichten, die Sie wählen können, hängen natürlich von der jeweiligen Datenbank ab.

Den Computer außerhalb des Büros benutzen

Sicherlich benutzen Sie Notes die meiste Zeit, während Sie im Büro und an das Netzwerk angeschlossen sind. Notes weiß, dass Sie an das Netzwerk angeschlossen sind. Wenn Sie also eine E-Mail schnell hinschreiben, wischt es sie schnell weg und lässt sie durch das Kabel in der Wand zum Server verschwinden.

Was ist, wenn Sie aber *nicht* an das Netzwerk angeschlossen sind? Was ist, wenn Sie zu Hause arbeiten oder Ihren Computer auf eine Reise mitgenommen haben und sich jetzt im Hotelzimmer befinden? Notes sollte wissen, dass es eine E-Mail, die Sie senden, jetzt *nicht* durch das Netzwerk schicken kann, weil da keines ist. Stattdessen lässt Notes die von Ihnen verfassten Nachrichten auf Ihrem Computer stapeln. So können Sie diese später senden, wenn Sie Ihren Server anwählen.

Wenn Sie Ihren Computer das erste Mal zu Hause (oder im Hotelzimmer) anschalten, müssen Sie zuerst den Menübefehl Datei|Mobil|Aktuelle Arbeitsumgebung wählen... aufrufen und dann das entsprechende Arbeitsumgebungs-Dokument wählen. Oder Sie klicken in der unteren rechten Ecke des Bildschirms auf die Registerseite Arbeitsumgebung und wählen die Arbeitsumgebung auf diese Weise aus. Weitere Details finden Sie in Kapitel 18. Mit diesem Befehl teilen Sie Notes mit, wo Sie sich befinden und was es mit den von Ihnen erstellten, ausgehenden Nachrichten machen soll.

Mail von unterwegs senden

Wenn Sie unterwegs sind, unterscheidet sich das Schreiben und Versenden von E-Mail-Nachrichten im Vergleich zum Netzwerk bis auf zwei Kleinigkeiten kaum.

- ✔ **Unterschied 1:** Die E-Mail wird erst später ausgeliefert, nämlich wenn Sie den Server anwählen. Das kann ein bisschen gewöhnungsbedürftig sein. Wenn Sie mit dem Büronetzwerk verbunden sind, dann wird eine E-Mail mehr oder weniger sofort ausgeliefert. Wenn Sie unterwegs sind, wird die Mail erst dann ausgeliefert, wenn Sie mit Ihrem Domino-Server eine Verbindung herstellen.
- ✔ **Unterschied 2:** Wenn Sie die Schaltfläche Adresse... in der Aktionsleiste mögen, dann machen Sie sich auf eine Überraschung gefasst. Wenn Sie die nämlich im Büro benutzen, können Sie damit durch das öffentliche Verzeichnis der Firma blättern, das sich auf dem Domino-Server befindet. Wenn Sie die Schaltfläche Adresse... jedoch zu Hause anklicken, dann sehen Sie nicht das öffentliche Firmenverzeichnis; Sie sehen nur die Personen und Gruppen Ihres persönlichen Adressbuches. (Wenn Sie E-Mail an Personen senden möchten, die sich nicht in Ihrem persönlichen Adressbuch befinden, dann müssen Sie deren genaue E-Mail-Adressen in den Nachrichten eingeben.)

Wenn Sie sich absolut hundertprozentig sicher sind, dass Sie die Namen des öffentlichen Firmenverzeichnisses auch in Ihrem persönlichen Adressbuch benötigen, dann kontaktieren Sie Ihren Administrator.

Dokumente unterwegs erstellen

Noch ein paar gute Neuigkeiten: Ebenso wie das Lesen funktioniert auch das Erstellen von Dokumenten von unterwegs kaum anders, als wenn Sie diese auf einer lokalen Datenbank erzeugen. Wenn Sie im Netzwerk arbeiten, können andere Ihre Dokumente noch in der Minute sehen und lesen, in der Sie diese speichern. Schreiben Sie Dokumente dagegen irgendwo in der Wildnis, erhalten Ihre Mitarbeiter im Büro erst dann Zugang zu diesen Dokumenten, wenn Sie Ihre Datenbank mit der des Servers replizieren.

Genug! Server anwählen und replizieren!

Sollten Sie zur Replizierung bereit sein – beispielsweise weil Sie einige Dokumente zu einer Datenbank hinzugefügt haben oder nachsehen möchten, ob in der Datenbank im Büro neue Nachrichten warten, oder weil Sie vielleicht die fünfzehn neu verfassten E-Mails verteilen wollen –, klicken Sie auf das Lesezeichen Replikator und dann auf die Schaltfläche Start in der Aktionsleiste. Oder klicken Sie in der Replikatorseite auf die Schaltfläche Jetzt starten.

Notes stellt eine Verbindung zum Server her und synchronisiert die Datenbanken Ihres Computers mit denen des Servers. Sie können den Verlauf rechts auf der Replikatorseite verfolgen

Verbinden Sie sich von zu Hause oder von einem Hotelzimmer aus mit dem Server, könnten Sie das Modem sich »räuspern« hören, wenn es den Server anwählt. Nach Abschluss des Replizierens, zeigt Notes Ihnen auf der Replikatorseite an, was während des Anrufs passiert ist. Sie sehen genau, wie viele neue Dokumente Sie versendet und wie viele Sie erhalten haben, wie viele Datenbanken repliziert wurden und wie viele Mail-Nachrichten gesendet wurden.

Die Replizierung außerhalb des Büros durchführen

Hier ein gängiges Szenario für die praktische Durchführung einer Replizierung auf täglicher Grundlage – und wie Sie hier jeweils Notes verwenden würden.

Außerhalb des Büros arbeiten

Ihre Firma hat eine Verkaufs-Diskussionsdatenbank und diese Datenbank haben Sie auf Ihrem Laptop mitgenommen. Während Sie nun in 10.000 Meter Höhe schweben (natürlich Business Class) beschließen Sie, die Zeit mit Lesen in dieser Datenbank etwas totzuschlagen. Sie schalten also Ihren Computer an, starten Notes und wechseln das Arbeitsumgebungsdokument auf INSEL. Jetzt weiß Notes, dass Sie keine Möglichkeit haben, mit dem Server im Büro eine Verbindung herzustellen, da Sie sich ja in der Luft befinden.

Sie öffnen die Datenbank und beginnen zu lesen. Sie sehen ein Dokument, auf das Sie eine Antwort schreiben möchten, und benutzen jetzt das Menü ERSTELLEN, um ein Dokument in die Datenbank einzufügen. Das gerade hinzugefügte Dokument ist jetzt auf einer Kopie der Datenbank gespeichert, die Sie mit im Flugzeug haben. Offensichtlich ist es aber *nicht* in der Datenbank auf Ihrem Domino-Server in der Firma gespeichert. Zumindest noch nicht.

Wenn Ihr Flugzeug endlich an der Westküste ankommt, müssen Sie Folgendes tun:

1. **Schnappen Sie sich ein Taxi zum Hotel.**
2. **Checken Sie dort ein.**
3. **Schließen Sie den Computer an eine Steckdose an und schalten Sie ihn ein.**
4. **Starten Sie Notes.**
5. **Wählen Sie DATEI|MOBIL|AKTUELLE ARBEITSUMGEBUNG WÄHLEN aus dem Menü, um so zu den Einstellungen Ihrer Reise-Arbeitsumgebung (NOTES DIREKTWÄHLVERBINDUNG) zu gelangen.**
6. **Gehen Sie in die Seite REPLIKATOR, stellen Sie sicher, dass die Datenbank, die Sie bearbeitet haben, in der Spalte EIN ausgewählt ist und deaktivieren sie die Datenbanken, die Sie nicht benötigen.**
7. **Klicken Sie auf die Schaltfläche JETZT SENDEN.**

Wenn der Computer fertig ist, mit dem Server zu Hause zu replizieren, sind zwei Dinge passiert. Erstens ist das Dokument, das Sie im Flugzeug erstellt und gespeichert haben, jetzt in der Datenbank zu Hause im Büro. Und zweitens ist jetzt jedes Dokument, das ein Kollege im Büro in diese Datenbank geschrieben hat, nun in der Kopie der Datenbank auf Ihrem Laptop.

Datenbanken vom Hotelzimmer aus aktualisieren

Ihre Mitarbeiter haben Ihnen aber nicht nur Memos geschickt, sondern auch in anderen Datenbanken Dokumente eingefügt, gelöscht oder bearbeitet. Um diese Änderungen auch in Ihren lokalen Kopien der Datenbanken erscheinen zu lassen, müssen Sie folgende Schritte ausführen:

1. **Öffnen Sie den Replikator.**
2. **Wählen Sie die Datenbanken, die Sie replizieren wollen.**

   Alle markierten Datenbanken werden repliziert. Klicken Sie darum für die Datenbanken, die Sie replizieren wollen, die entsprechenden Kontrollkästchen in der Spalte Ein der Replikatorseite an. Deaktivieren Sie die Kontrollkästchen der Datenbanken, die nicht repliziert werden sollen.

3. **Klicken Sie die Schaltfläche Jetzt starten an.**

Datenbanken im Büro replizieren

Sie sind zu Hause! Eine erfolgreiche Reise – zehn neue Aufträge plus Süßigkeiten und Geschenke für die Kinder. Sie schließen Ihren Laptop wieder an die Docking-Station an und freuen sich über die Aussicht, wieder das »ach so schnelle« Netzwerk und nicht mehr das »immer so langsame« Modem benutzen zu können.

Aber hier nun die Anweisungen, die Sie erst einmal ausführen müssen:

1. **Wählen Sie Datei|Mobil|Aktuelle Arbeitsumgebung wählen... aus dem Menü, um so zu Ihrem Büroprofil (Netzwerk) zu gelangen.**
2. **Wählen Sie in der Replizierungsseite die Schaltfläche Jetzt starten ein allerletztes Mal.**

   Prüfen Sie, ob Sie auch alle Datenbanken, die Sie bearbeitet haben und die Sie benötigen, markiert haben.

   Auf diese Weise kann Ihre Workstation nun alle Dokumente synchronisieren, die Sie auf dem Rückflug nach Hause hinzugefügt haben.

Teil VI

Die Zehnerlisten

In diesem Teil ...

Sie haben zehn kleine Zehen, mit denen Sie im Sand wackeln können, und zehn gelangweilte Finger, die auf Ihren Befehl hin schnipsen. Die Kapitel dieses Teils enthalten ebenfalls Sätze mit zehn Dingen, von denen wir denken, dass sie hilfreich, interessant oder sogar notwendig sind.

Betrachten Sie diese Kapitel nicht als Firlefanz, Sahnehäubchen oder Krönung des Lebens. Nein, diese Kapitel sind die Resultate von stundenlangem Erstellen von Listen durch die Autoren. Und wir denken, dass Sie froh darüber sein werden, dass wir diese Informationen hinzugefügt haben.

Zehn Dinge, die Sie niemals tun sollten

20

In diesem Kapitel

- Die zehn schlimmsten Fehler, die Sie bei der Benutzung von Lotus Notes 6 machen können.
- Die Gründe, warum Sie diese wirklich niemals tun sollten.

Normalerweise fordern wir Sie auf, abenteuerlustig zu sein, neue Dinge auszuprobieren, Menüs, die Sie noch nie gesehen haben, durchzusehen und generell auf Messers Schneide zu leben. Doch genau wie der werdende Mykologe lernen muss, sich vor giftigen und gefährlichen Pilzen fernzuhalten, so sollten Sie über zehn Dinge in Lotus Notes 6 Bescheid wissen, die Sie niemals tun sollten.

Ändern Sie nicht Ihren Notes-Namen

Vielleicht haben Sie gerade Ihren Namen geändert. Vielleicht haben Sie geheiratet und werden Ihren und den Namen Ihres Ehepartners als Doppelnamen tragen – von jetzt an heißen Sie nicht mehr Lea Schnepfenberger, sondern Lea Schnepfenberger-Weißhaupt. Oder mussten Sie beispielsweise Ihren Namen ändern, weil Sie einen neuen Job in der Firma bekommen haben – anstelle von Georg Wagner\Consulting\GrandEurope heißt es jetzt Georg Wagner\Support\GrandEurope.

Nun möchten Sie Ihren Namen auch in Notes ändern, sodass die neuen von Ihnen gesendeten Nachrichten oder die von Ihnen geschriebenen Dokumente Ihren neuen Namen als Autor enthalten.

So verlockend es auch sein mag, Sie sollten wirklich niemals den Namen ändern, der in Ihrer Benutzer-ID eingetragen ist. Wenn Sie das machen (und Sie werden es nicht tun, weil wir Ihnen gesagt haben, es nicht zu tun, richtig?), werden Sie als direkte Folge all Ihre Zertifikate verlieren. Und das wären wirklich sehr schlechte Nachrichten!

Wenn Sie noch nie zuvor von *Zertifikaten* gehört haben, sollten Sie schnellstens etwas darüber in Erfahrung bringen. Genaueres hierzu finden Sie in Kapitel 16. Ohne Zertifikat bleibt Ihnen der Zugriff auf sämtliche Notes- oder Domino-Server Ihrer Firma verschlossen.

Mit anderen Worten: wenn Sie Ihren Namen ändern, besteht die Gefahr, dass Sie sich von Notes aussperren.

Wenn Sie aber tatsächlich Ihren Namen ändern wollen, weil Sie stichhaltige Gründe dafür haben, sollten Sie mit Ihrem Netzwerkadministrator sprechen. Wählen Sie DATEI|SICHERHEIT|BENUTZERSICHERHEIT| und geben Sie Ihr Notes-Kennwort ein, um Zugriff auf die Dialogbox BENUTZERSICHERHEIT zu erhalten. Klicken Sie zunächst auf die Schaltfläche IHRE IDENTITÄT links in der Dialogbox und dann auf die Schaltfläche NAMENSÄNDERUNG. Wie Sie in Abbildung 20.1 sehen, finden Sie in der Dialogbox NOTES NAMENSÄNDERUNGEN eine Liste der Personen, die Sie kontakten sollten, wenn Sie Ihren Namen ändern wollen. Sie können mehrmals die [Esc]-Taste drücken (um die Dialogbox zu verlassen) und anschließend diesen Personen eine E-Mail-Nachricht senden, in der Sie Ihr Anliegen erklären. Sie können aber auch (und das ist der schnellere Weg) einfach die Schaltfläche MAIL SENDEN... in der Dialogbox anklicken.

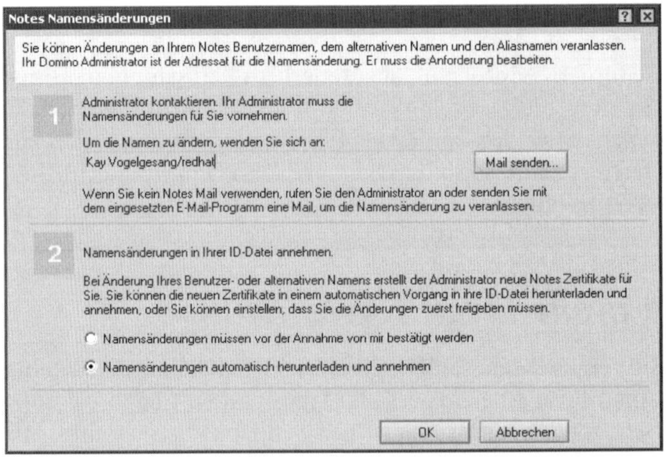

Abbildung 20.1: Prüfen Sie die Dialogbox NOTES NAMENSÄNDERUNGEN, um herauszufinden, wen Sie kontaktieren müssen, um Ihren Namen zu ändern.

Löschen Sie nicht Ihre E-Mail-Datenbank

Wahrscheinlich haben Sie Manager-Zugriff auf Ihre eigene E-Mail-Datenbank. Das ist gut, denn Sie wollen ja Ihre Mail-Masken individuell erstellen können, Sie möchten auch die Arbeitsweise Ihrer Ordner verändern und generell alles, was man mit der Mail-Datenbank machen kann, auch ausführen. Wenn Sie aber nicht vorsichtig sind, dann kann Manager-Zugriff böse Folgen haben.

Als Manager können Sie durch den Befehl DATEI|DATENBANK|LÖSCHEN Ihre *gesamte* Mail-Datenbank komplett, total, unwiderruflich für immer – wir scherzen hier nicht – löschen. Und wenn wir sagen die gesamte Datenbank, dann meinen wir das auch so! Dieser Befehl wird auch die allerletzte E-Mail, jeden Ordner, jeden Kalendereintrag löschen!

Wenn es schon zu spät ist und Sie Ihre Mail-Datenbank bereits gelöscht haben, rufen Sie Ihren Administrator an. Machen Sie sich darauf gefasst, zu Kreuze zu kriechen, und hoffen Sie, dass Ihr Administrator ein Backup angefertigt hat. Wenn das nicht der Fall ist, muss Ihr Administrator ein neues Konto für Sie einrichten und eine neue Benutzer-ID generieren, und Sie starten wieder von der Pike auf.

Niemals E-Mails ohne Rechtschreibkontrolle speichern oder senden

Sie haben nur eine Chance, einen guten ersten Eindruck zu hinterlassen, also vermasseln Sie es nicht, indem Sie E-Mails senden oder Dokumente veröffentlichen, die mit Fehlern gespickt sind. Welche Entschuldigung haben Sie dafür, eine E-Mail mit Rechtschreibfehlern zu senden, wenn Sie immer BEARBEITEN|RECHTSCHREIBPRÜFUNG wählen können, um Ihre Fehler zu korrigieren. Schande über Sie! Besser für Sie, wenn Sie die automatische Rechtschreibkontrolle aktivieren, Kapitel 15 erklärt die Einzelheiten.

Entfernen Sie nicht Ihr Passwort

Passwörter sind aus zwei Gründen in Notes wichtig:

- ✔ Erstens, Sie wollen doch nicht, dass jemand Ihre E-Mail liest oder dass sich irgendwer an Ihrem Schreibtisch niederlässt und einige Nachrichten (vielleicht auch noch unanständige!) unter Ihrem Namen erstellt, richtig?
- ✔ Zweitens sind Sie Ihrer Firma gegenüber die Verpflichtung eingegangen, niemandem Ihre Benutzer-ID zu überlassen. Wenn jemandem aus der Konkurrenzfirma Ihre Benutzer-ID in die Hände fällt, kann diese Person wie Sie handeln. Und es ist ganz klar: solange es Notes betrifft, sind *Sie* diese Person. Somit kann dieser widerliche Mensch alle streng vertraulichen Datenbanken Ihrer Firma lesen, die eigentlich nur für Sie zugänglich sein sollten.

Also denken Sie nicht einmal daran, das Benutzer-ID-Passwort zu entfernen. Solange Ihre Benutzer-ID ein Passwort hat, brauchen Sie selbst (und der Rest der Firma) sich bei einem Diebstahl nicht zu sorgen, ob der Dieb an irgendwelche vertraulichen Informationen gelangen konnte.

Wenn es zu spät ist und Ihre (nicht durch Passwort geschützte) Benutzer-ID aufs Spiel gesetzt wurde, sollten Sie *sofort* Ihren Administrator kontaktieren.

Vergessen Sie nicht, die Taste F5 zu drücken, wenn Sie zum Mittagessen gehen

Haben Sie den vorherigen Abschnitt gelesen? Die gleichen Sicherheitsbedenken treffen auf eine unbeaufsichtigte Notes-Workstation zu, auch wenn Ihre Benutzer-ID ein Passwort hat. Auf diese Weise werden Halunken, die Ihren Computer benutzen möchten, auf das Passwort verwiesen und ausgesperrt, wenn sie es nicht eingeben können.

Also bevor Sie Ihre Workstation unbeaufsichtigt lassen, vergessen Sie nicht F5 zu drücken.

Stapeln Sie nicht temporäre Dateien

Notes legt auf Ihrer Festplatte temporäre Dateien an, wenn Sie eine angehängte Datei ausführen lassen. Das kann zur Folge haben, dass die ganze Festplatte voll mit temporären Dateien ist. Manchmal erinnert sich Notes daran, diese zu löschen, wenn Sie mit der Ausführung fertig sind, manchmal aber auch nicht.

Zwischendurch, so einmal im Monat, sollten Sie in Ihr Windows-Programmverzeichnis sehen, in Ihr Notes-Datenverzeichnis und in Ihr TEMP-Verzeichnis für Dateien, deren Namen mit einer Tilde anfangen (was so aussieht: ~) oder die Erweiterung .TMP aufweisen. Wenn Sie solche Dateien finden, löschen Sie diese, um wertvollen Platz auf der Festplatte zu schaffen.

Vergessen Sie die Handbücher nicht!

Natürlich wissen wir, dass jeder es hasst, Computerhandbücher zu lesen. Aber die von Notes sind nicht so schlecht wie andere. Sie sind sicher nicht das Aufregendste, was Sie jemals lesen werden, aber sie enthalten nützliche, sogar wesentliche Informationen über den Gebrauch dieses Programms.

Also, wenn Sie in der Klemme sitzen, erwägen Sie, den nächsten Satz Notes-Dokumentationen sorgfältig durchzulesen. In der Computersprache sagt man, wenn alles andere versagt: RTFM (Read The Flippin' Manual – Lies das verdammte Handbuch). Wenn Sie eine Kopie der Handbücher benötigen, können Sie diese kostenlos von der Webseite `http://notes.net/notesua.nsf` herunterladen, entweder im Notes-Datenbankformat oder im Format des Adobe Acrobat Reader (.pdf).

Vergessen Sie nie, früh und oft abzuspeichern

Notes ist wie jedes andere Computerprogramm; unerwartete Stromausfälle können tragisch sein. Es ist wichtig, dass Sie sich angewöhnen, Ihre Arbeit frühzeitig und oft abzuspeichern. Sie können entweder DATEI|SPEICHERN aus dem Menü wählen, die Schaltfläche DATEI – SPEICHERN benutzen oder einfach [Strg]+[S] drücken.

Schalten Sie auf die passende Umgebung, wenn Sie wieder im Büro sind

Wenn Sie Ihren Computer in vielen verschiedenen Umgebungen benutzen, zum Beispiel am Netzwerk im Büro, zu Hause über ein Modem oder im Flugzeug ohne irgendwelche externen Verbindungen, müssen Sie den passenden Standort einstellen. Nur so kann Notes Ihren Postausgang organisieren und sich mit Datenbanken verbinden.

Wenn Sie beispielsweise vom Hotel ins Büro gehen und vergessen, den passenden Standort aus der Statusleiste auszuwählen, kann es passieren, dass Sie eine Reihe von Hinweisen auf Ihrem Bildschirm wiederfinden, die Ihnen nur mitteilen, dass Notes irgendwelche Sachen nicht findet. Das könnte damit enden, dass Ihre Mail lokal gespeichert wird, da Notes nicht mehr weiß, dass diese gesendet werden soll. Oder Sie können dem Server die Veränderungen, die Sie an lokalen Kopien Ihrer Datenbank gemacht haben, nicht mehr übermitteln. Wenn Sie den passenden Standort wählen, werden diese und viele andere Aufgaben hinter den Kulissen von Notes erledigt. Mehr Information dazu finden Sie in Kapitel 19. Hier finden Sie heraus, wie Sie an den Wechsel des Standortes erinnert werden können.

Schreiben Sie nichts, was nicht jeder lesen könnte

Wenn Sie wütend sind und eine eilige und scharfe Antwort schreiben, sollten Sie mit dem Abschicken 24 Stunden warten. Wenn Sie eine abfällige Bemerkung über das erbärmliche Verhalten eines Kollegen in einer Besprechung machen wollen, behalten Sie diesen Gedanken für sich. Wenn Sie gerade einen absolut schrägen Witz gehört haben und ihn mit einem Kollegen über E-Mail teilen wollen, überlegen Sie sich zuerst, ob er möglicherweise verletzend sein könnte.

Am Ende Ihres Arbeitstages sollten Sie immer Folgendes im Kopf haben: Sie wissen nie, wo etwas von Ihnen Geschriebenes enden wird. Und alles, was das elektronische Postfach als E-Mail verlässt, könnte für Ihre Karriere und Ihre Firma katastrophale Folgen haben. Oh weh, ... diese Dinge können Albträume verursachen und sind Gegenstand langer Gerichtsprozesse!

Die zehn häufigsten Notes-Probleme

21

In diesem Kapitel

- Die zehn häufigsten Probleme, auf die Sie während der Arbeit mit Notes stoßen könnten.
- Zehn einfache Wege, um zehn bekannte Probleme zu vermeiden.

Sie können doch nicht erwarten, dass jeder jederzeit immer perfekt arbeitet, und Notes bildet da keine Ausnahme. In diesem Kapitel diskutieren wir die zehn häufigsten Probleme, die Ihnen in der Arbeit mit Notes unterkommen können. Anschließend bieten wir Ihnen zehn passende Lösungen für diese Probleme. (Aufmerksame Leser, die bemerken, dass nicht nur zehn, sondern elf mögliche Probleme mit elf passenden Lösungen diskutiert werden, erhalten einen Bonuspunkt.)

Ihr Laptop stellt keine Verbindung zu Ihrem Server her

Problem: Jedes Mal, wenn Sie versuchen, Notes von unterwegs zu erreichen, erhalten Sie die Fehlermeldung *Modem konnte keinen Wählton feststellen.*

Lösung: Wussten Sie, dass es zwei Arten von Telefonleitungen gibt? Eine heißt *analog* und die andere *digital*. Sie brauchen den Unterschied zwischen beiden nicht zu kennen, aber Sie müssen wissen, dass Notes (und für diesen Zweck auch alle anderen Computerprogramme) mit einem Modem nur analoge Leitungen benutzen kann. Wenn Sie die eben erwähnte Fehlermeldung beim Anwahlversuch erhalten, könnte das Problem darauf zurückzuführen sein, dass die Leitung, an die das Modem angeschlossen wurde, digital und nicht analog ist. Die meisten Büros (und viele Hotelzimmer) sind mit digitalen Leitungen ausgestattet, und das bringt alle möglichen Probleme für Notes und natürlich auf für Ihren Computer und das Modem mit sich.

Fazit: Sie müssen eine analoge Leitung finden, um Ihr Modem benutzen zu können. Selbstverständlich können Sie den Unterschied zwischen einer analogen und einer digitalen Leitung nicht durch das bloße Betrachten der Dose an der Wand erkennen. Wahrscheinlich müssen Sie jemanden fragen.

Wenn alles fehlschlägt, können Sie Ihr Modem an die Leitung anschließen, die für das nächste Faxgerät benutzt wird. Faxgeräte brauchen auch analoge Leitungen.

Wenn Sie immer noch Probleme haben, checken Sie die momentane Arbeitsumgebung. Sie finden diese in der Statusleiste unter Datei|Mobil|Aktuelle Arbeitsumgebung bearbeiten. Dann prüfen Sie, ob das gerade benutzte Arbeitsumgebungsdokument die korrekten Informationen enthält.

Um den Inhalt des aktuellen Arbeitsumgebungsdokuments zu überprüfen, klicken Sie auf den Arbeitsumgebungsbereich in der Statusleiste und wählen aus der Dropdown-Liste die Option Aktuelle bearbeiten.

Sie können ein Feld nicht bearbeiten

Problem: Sie versuchen, ein Dokument zu erstellen (oder vielleicht zu bearbeiten), und Sie können ein spezielles Feld nicht bearbeiten. Sie haben es mit den Pfeiltasten, der Tabulatortaste und sogar mit der Maus versucht, Sie bekommen jedoch nicht einmal den Cursor in das Feld.

Lösung: Sie müssen sich im Bearbeitungsmodus befinden. Am leichtesten gelangen Sie in diesen Modus durch einen Doppelklick irgendwo im Dokument. Natürlich brauchen Sie den entsprechenden Zugang zur Datenbank und zu dem Dokument, das Sie bearbeiten möchten. Wenn Sie den passenden Zugriff nicht haben, ist das ein Problem, das Ihr Administrator (weniger) oder Datenbankentwickler (eher) lösen sollte. Notes hat viele Sicherheitsmerkmale, und sie stehen alle unter der Kontrolle des Administrators oder des Datenbankentwicklers. Rufen Sie die eine oder andere dieser Personen an und erklären Sie das Problem.

Um herauszufinden, wer der Entwickler oder Verwalter einer Datenbank ist, wählen Sie im Menü Datei|Datenbank|Zugriff, rollen das Listenfeld rauf und runter, markieren einen Namen und überprüfen dann in der oberen rechten Ecke der Dialogbox Zugriffskontrollliste den Zugriff, der dieser Person erlaubt ist.

Sie können eine Verknüpfung nicht benutzen

Problem: Sie doppelklicken auf ein Verknüpfungs-Icon DocLink, aber Sie können das Ziel-Dokument nicht öffnen. (Weitere Einzelheiten über DocLinks finden Sie in Kapitel 16. Laut Ansicht eines Notes-Gurus hat ein DocLink für Notes die gleiche Bedeutung wie ein Lesezeichen für einen Web-Browser.)

Lösung: Teilen Sie der Person, die das Dokument erstellt hat, mit, dass Sie auf das Ziel-Dokument nicht zugreifen können. Wahrscheinlich hat diese Person ein DocLink zu einem anderen Dokument erzeugt, das sich in einer Datenbank auf einem Server befindet, auf den Sie keinen Zugriff haben oder zu dem Sie im Moment keine Verbindung herstellen können. (Das gleiche Problem kann auch bei einem Lesezeichen auftreten.)

Ihr Server antwortet nicht

Problem: Sie doppelklicken auf ein Lesezeichen – vielleicht das Ihrer Mail-Datenbank –, aber als Antwort erhalten Sie eine Fehlernachricht wie *Server (servername) antwortet nicht oder Netzwerkzugriff konnte innerhalb einer vorgegebenen Zeit nicht ausgeführt werden* oder vielleicht auch *Entferntes System antwortet nicht mehr*.

Lösung: Jede dieser Fehlermeldungen deutet auf ein Netzwerkproblem hin, über das Sie keine Kontrolle haben. (Es ist nicht *Ihr* Job, die Server in guter Arbeitsverfassung zu halten!) Wie in so vielen Fällen beginnt die Lösung dieses Problems damit, dass Sie den Administrator anrufen.

Sie haben nicht das richtige Zertifikat

Problem: Wenn Sie versuchen auf den Server zuzugreifen, sehen Sie die Fehlermeldung *Ihre Benutzer-ID ist für den Zugriff auf diesen Server nicht zertifiziert*. In Kapitel 16 finden Sie mehr Informationen über Zertifikate.

Lösung: Rufen Sie Ihren Administrator an und erklären Sie ihm das Problem.

Eine Datenbank lässt sich nicht öffnen

Problem: Wenn Sie versuchen, ein bestimmtes Lesezeichen oder eine bestimmte Datenbank zu öffnen, sehen Sie die Fehlermeldung *Sie sind nicht für den Zugriff auf diese Datenbank berechtigt*.

Lösung: Rufen Sie wieder Ihren Administrator an und teilen Sie ihm mit, dass die Zugriffskontrollliste der fraglichen Datenbank unkorrekt ist.

Rufen Sie die Zugriffskontrollliste (ACL) auf, wenn Sie mit Ihrem Administrator reden, auf diese Weise klingen Sie zumindest so, als würden Sie wissen, über was Sie sprechen.

Sie können die Volltext-Suche nicht benutzen

Problem: Sie haben eine Suche eingeleitet, aber sie dauert einfach ewig.

Lösung: Wenn die Datenbank, die Sie durchsuchen, sich auf einem Domino-Server befindet, liegt das Problem normalerweise daran, dass der Administrator den Server (oder die Datenbank) nicht für eine Suche eingerichtet hat. Fazit: Setzen Sie sich mit dem Administrator in Verbindung und teilen Sie ihm mit, dass die Suche beschleunigt werden sollte.

Sie können ein selbst erstelltes Dokument nicht löschen

Problem: Sie haben ein Dokument in Ihrer Datenbank erstellt, und nun möchten Sie es löschen. Aber das funktioniert nicht, egal wie oft Sie Löschen drücken.

Lösung: Rufen Sie Ihren Administrator oder Datenbankentwickler an und bitten Sie denjenigen, den Sie erreichen, zu überprüfen, ob die Datenbank die Namen der Autoren ordnungsgemäß in die Dokumente aufnimmt und ob die Zugriffskontrollliste es zulässt, dass Sie Dokumente löschen.

Sie können einen Anhang nicht öffnen

Problem: Sie doppelklicken auf einen Anhang, aber Sie bringen das andere Programm nicht dazu, ihn zu laden.

Lösung: Um einen Anhang zu öffnen, müssen Sie auf Ihrem Computer das Programm installiert haben, mit dem das Objekt ursprünglich erstellt wurde. Wenn der Anhang ein Microsoft Excel-Arbeitsblatt ist und Sie kein Excel auf Ihrem Computer installiert haben, dann können Sie diese Datei weder öffnen noch bearbeiten. (Es kann auch sein, dass Sie eine neuere Version von Notes installieren sollten; kontaktieren Sie Ihren Administrator, der weiß, was zu tun ist.)

Aber auch wenn Sie das Programm zum Ausführen eines Objekts nicht haben, sollten Sie zumindest in der Lage sein, es zu betrachten. Wählen Sie in der Dialogbox Anhang anstelle von Öffnen die Option Anzeigen.

Sie wissen nicht, wer Ihr Administrator ist

Problem: Sie haben das Buch gelesen und fast jedes Mal, wenn wir ein mögliches Problem diskutiert haben, haben wir zur Lösung die Ausrede »Rufen Sie den Administrator« benutzt. Ihr Problem ist, dass Sie überhaupt nicht wissen, wer diese Person ist!

Lösung: Fragen Sie Ihren Manager oder jemand anderen in Ihrem Büro. Oder erwägen Sie den Gedanken, den Job zu wechseln und selbst Administrator zu werden. Dann können Sie sich selbst anrufen.

Sie haben das Passwort vergessen

Problem: Sie können sich nicht mehr an Ihr Passwort erinnern.

Lösung: Rufen Sie den Administrator. Er wird

- ✔ sauer sein mit Ihnen;
- ✔ Sie möglicherweise auslachen;
- ✔ Ihnen schließlich sagen, was Sie tun müssen, um ein neues Passwort zu bekommen.

Zehn neue Dinge, die Sie über Lotus Notes 6 wissen sollten

22

In diesem Kapitel

- Der Desktop ist weg
- Die Mail ist anders
- Der Kalender ist anders
- Die Replizierung ist einfacher
- Anhänge sind besser
- Notes ist einfacher zu benutzen als je zuvor

Lotus Notes gibt es seit 1989 – und wie man so sagt: »Du hast einen weiten Weg hinter dir, Baby.« Knallhart führen wir die neuen Merkmale an, die im einzelnen für jeden Anwender von Interesse sind, der von früheren Versionen ein Upgrade ausführt. Wenn Sie ein Notes-Neuling sind, also die anderen Versionen dieser Software noch nicht benutzt haben, wird Sie so manches in diesem Kapitel nicht berühren.

Tatsächlich gibt es mehr als 10 (nun, zugegeben es sind elf) neue Merkmale in Notes 6. Wir haben uns jedoch darauf beschränkt, die wichtigsten Neuerungen herauszupicken.

Desktop, oh Desktop, für was bist du da?

Tschüss, Ihr Notes-Datenbank-Icons! Das Erste, was Ihnen beim Öffnen von Notes 6 auffällt: Der gute alte Desktop ist verschwunden. Er wurde durch eine Notes-Willkommen-Seite ersetzt. (Keine Sorge, alle Ihre Datenbank-Icons sind noch da, allerdings nun in der Lesezeichenleiste.) Tatsächlich ist Notes 6 stolz auf seine neue (viel bessere, aber darüber kann man ja streiten) Benutzeroberfläche. Sie ist schöner und leichter zu benutzen. Die neuen Schaltflächen in der Aktionsleiste, die browserartigen Vor- und Zurück-Schaltflächen machen Notes einfacher (und amüsanter) zu benutzen als je zuvor.

Sie können aber sicher sein, dass Sie alles, was Sie in vorherigen Versionen von Notes machen konnten, jetzt auch machen können. Und trotzdem wird es Sie ein oder zwei Tage kosten, sich an die neuen Menüs und Schaltflächen zu gewöhnen. Glauben Sie mir, es lohnt sich.

Wollen Sie Näheres über die Willkommen-Seite erfahren, so finden Sie sämtliche Details in Kapitel 2.

Neue Mail

Der wahrscheinlich größte Unterschied, den Sie feststellen werden, wenn Sie Ihre Version mit Notes 6 aktualisiert haben und mit Ihrer Mail-Datenbank arbeiten, ist, dass beim Löschen einer Nachricht die Nachricht sofort gelöscht wird. Stellen Sie sich das einmal vor! Mit anderen Worten ist es nicht mehr notwendig, die Taste F9 zu drücken, um diese Optionsauswahl nochmals zu bestätigen. Das kann auch bei anderen Datenbanken der Fall sein, die Sie verwenden, für Ihre Mail-Datenbank trifft dies jedoch auf alle Fälle zu.

Ihnen werden auch andere coole Dinge in Ihrer Mail auffallen – z.B. die Tatsache, dass Ordner nun auflisten, wie viele Dokumente sie enthalten, Auch ist es jetzt viel einfacher, den Inhalt des Posteingangs anzupassen und die Elemente, die angezeigt werden, auszuwählen. Sie können auch Nachrichten von bestimmten Personen in speziellen Farben markiert anzeigen und sogar den Posteingang so anpassen, dass er *genau* Ihren Vorstellungen entspricht.

Um noch weitere Neuerungen bei Notes 6 zu finden, lesen Sie die Kapitel 3 bis 7, in denen es auch um Ihre Mail geht.

Neuer und verbesserter Kalender

Wenn Sie so durch Ihre neue Release von Notes spazieren, werden Sie früher oder später auf den neuen und verbesserten Kalender stoßen. Der neue Kalender ist schöner als je zuvor und kommt mit einer Menge neuer Merkmale und Funktionen. So können Sie beispielsweise Einträge mit einem Farbcode versehen, sodass Besprechungen immer in einer anderen Farbe als beispielsweise Termine angezeigt werden. Die Krönung all dieser Neuerungen ist die Möglichkeit Kalendereinträge in der Kalenderansicht bearbeiten zu können, ohne das Dokument selbst öffnen zu müssen. Kapitel 8 macht Sie auf die Schnelle fit für die Verwendung der neuen Kalendermerkmale! Ach, übrigens – Ihr neuer Kalender lässt sich auch viel leichter drucken (endlich!).

Bessere Verwaltung von Anhängen

Die Art und Weise, wie Notes 6 Anhänge handhabt, ist besser als je zuvor. Wenn sie beispielsweise einen Anhang von Notes auf Ihrem eigenen Computer speichern wollen, können Sie weiter an Ihrem Job in Notes arbeiten, während die Datei im Hintergrund kopiert wird – Sie müssen nicht mehr abwarten, bis der Download-Vorgang endlich abgeschlossen ist! Auch ist es leichter, Dateien anzuhängen und zu entfernen. Näheres hierzu finden Sie in Kapitel 6.

Mit Lotus Notes 6 haben Sie auch die Möglichkeit, eine E-Mail-Nachricht weiterzuleiten oder zu beantworten, ohne die Anhänge mitzusenden (bei Bedarf können Sie dies natürlich auch tun). Das erspart Ihnen eine Menge Zeit und Mühe.

Die Drag&Drop-Methode

Lotus Notes 6 bietet viele Merkmale, die die Benutzerfreundlichkeit steigern, und das bedeutet nichts anderes, als dass Notes 6 sich noch einfacher verwenden lässt. Der wichtigste Grund, warum Notes einfacher zu verwenden ist, ist die Tatsache, dass Sie vieles über die Drag&Drop-Methode erledigen können – ob Sie nun einen Anhang von Ihrem Eingang auf Ihren Desktop, eine neue Datenbank in den Replikator, eine vCard direkt in den Kontakte-Ordner Ihres Persönlichen Adressbuches (Kapitel 11) oder aber ein Dokument aus Ihrem Posteingang auf Ihr Desktop ziehen, um ein neues Lesezeichen zu erstellen.

Neuer Briefkopf - wirklich cool!

Schon in den Tagen von Notes R4 hatten Sie die Möglichkeit, Ihren eigenen Briefkopf auszuwählen – mit diesen coolen Grafiken am oberen Rand Ihrer E-Mail. Briefköpfe gibt es auch in Notes 6, allerdings sind sie besser denn je. (Hüpfender Globus ist unser momentaner Favorit.) Um das Bild auszuwählen, das oben auf der E-Mail erscheinen soll, öffnen Sie Ihre Mail und wählen dann AKTIONEN|WERKZEUGE|VORGABEN|BRIEFKOPF.

SmartIcons gehören der Vergangenheit an

SmartIcons werden nun als Schaltflächen der Navigationsleiste bezeichnet. Was macht es schon aus, wie man sie bezeichnet? Diese Schaltflächen wie z.B. DRUCKEN und ERWEITERN befinden sich am oberen Rand der Bildschirmanzeige und erleichtern Ihre Arbeit. Wollen Sie mehr über diese neuen Schaltflächen erfahren, sind Sie in Kapitel 2 genau richtig.

Neuer und verbesserter Replikator

Wenn Sie zu jenen Straßenkämpfern gehören und Notes nicht unbedingt vom Büro aus verwenden, also mitunter gar nicht an Ihr Netzwerk angeschlossen sind, werden Sie mit Notes leichter denn je zuvor zurechtkommen. Sie können nun beispielsweise durch Drag&Drop eine Datenbank in die Replikatorseite befördern, um diese mitzunehmen – es ist nicht mehr erforderlich zu lernen, wie Sie eine Replikatskopie erstellen, die erste Replizierung initiieren usw. Sie können auch einzelne Dokumente und Ordner in die Replikatorseite ziehen, wenn Sie nur bestimmte Teile einer Datenbank mitnehmen wollen. (Weitere Informationen finden Sie in Kapitel 19.)

Sperren von Dokumenten

In bestimmten Datenbanken können Sie nun ein Dokument *sperren*, sodass keine andere Person, die Zugang zu diesem Dokument hat, dieses bearbeiten kann, es sei denn, Sie entsperren das Dokument. Das ist großartig, denn damit sind Replizierungskonflikte ausgeschlossen.

Quick Notes

Die Notes Willkommen-Seite verfügt nun über ein neues Element namens Quick Notes – halten Sie Ausschau nach dem kleinen blauen Pfeil am rechten Bildschirmrand. Wenn Sie ihn anklicken, wird ein kleines Fenster angezeigt, in dem Sie sehr schnell und einfach eine neue E-Mail-Nachricht senden, eine Person in Ihr Persönliches Adressbuch eintragen, einen Journaleintrag hinzufügen oder eine Erinnerung in Ihren Kalender einfügen können. Die Verwendung von Quick Notes ist unkompliziert und Sie brauchen nicht mehr nach Ihrer E-Mail suchen, den Posteingang öffnen usw.

F5

Sie verwenden [F5], um Ihren Desktop (durch Passwortschutz) zu sperren, sodass Sie zum Mittagessen gehen können und Sie keine Sorgen machen müssen, dass ein anderer während Ihrer Abwesenheit an Ihrem Computer herumspielt. In Notes 6 wird automatisch ein leerer Bildschirm angezeigt, bis Sie zurückkommen und sich erneut anmelden.

Teil VII

Anhang

»Wer sieht sich dieses Manuskript an? Ich habe eine E-Mail erhalten mit dem Betreff, »Der eingebettete Virus, der die Verlags-Server zerstörte, als das Manuskript abgelehnt wurde.«

In diesem Teil ...

Was wäre ein Computerbuch ohne obskure Terminologie? Dieser Teil bietet ein Glossar, um Ihnen einen guten Durchblick zu verschaffen.

Glossar

A

@Function: Ein Formelelement mit vorprogrammierten Berechnungen. Das Schreiben einer Formel wird dadurch vereinfacht. Beispiele sind @Sum, @UserName, @Now.

Abfrage nach Maske: Eine spezielle Form, Kriterien für eine Volltextsuche einzutragen. Sie benutzen die gleiche Maske, die auch zum Erstellen des Dokuments benutzt wird.

Abfragefunktion: Eine Dialogbox, die Sie ausfüllen und die es einfach macht, Kriterien für eine Volltextsuche festzulegen.

Abonnement: Eine Instruktion, die Sie Notes erteilen, Ihnen ein Memo zu senden, wenn spezielle Stellen in der Notes-Umgebung oder im Web neue Informationen enthalten.

Abschnitt: Teil einer Notes-Maske oder eines Dokuments mit eigenen Feldern. Es kann komprimierbar sein, das heißt, der Benutzer kann wählen, ob er den Inhalt anzeigt oder verbirgt. Der Abschnitt kann auch beschränkten Zugriff haben, damit nur bestimmte Leute seine Felder bearbeiten können.

Abwesenheitsprofil: Auch *Abwesenheits-Agent* genannt. Ein spezieller Agent, der für die automatische Beantwortung aller eingehenden Nachrichten verantwortlich ist, während Sie im Urlaub sind.

Administrator: Die Person, die für das Funktionieren der Server in Ihrem Unternehmen verantwortlich ist. An ihn sollten Sie sich wenden, wenn Sie Fragen oder Probleme haben.

Agent: Ein Miniprogramm oder ein Satz Anweisungen, das/der Aufgaben in Notes automatisiert. Der Abwesenheits-Agent schickt beispielsweise allen, die Ihnen eine Mail schicken, eine Nachricht, um sie über Ihre Abwesenheit zu informieren.

Aktionen: Aufgaben, die normalerweise einige Tastenkombinationen enthalten. Sie sind Schaltflächen oder einem speziellen Menü zugewiesen und werden dann mit Ansichten, Masken und Ordnern in Verbindung gebracht; so können Sie diese leichter ausführen. Aktionen werden ausgelöst, wenn Sie Schaltflächen in der Aktionsleiste, über die einige Datenbanken verfügen, anklicken. Die Schaltfläche ANTWORTEN in Ihrem Eingang ist eine dieser Schaltflächen.

Alarm: Eine sichtbare oder hörbare Erinnerung an ein geplantes Ereignis in Ihrem Kalender.

Allgemeiner Name: Der Teil Ihres Notes-Benutzernamens, der so klingt, wie Ihre Mutter Sie genannt hat. Wenn Ihr Benutzername Volker Bruns/Lotes ist, dann ist Ihr gebräuchlicher Name nur Volker Bruns.

Anhang: Eine Datei (wie ein Lotus 1-2-3-Arbeitsblatt oder ein Microsoft Word-Dokument), die in ein Notes-Dokument eingefügt wurde. Anhänge können Sie nur in Rich-Text-Felder einfügen.

Ansicht: Eine Zusammenfassung von Dokumenten in einer Datenbank. Die meisten Datenbanken haben mehr als eine Ansicht. Siehe auch *Ordner*.

Anwendungs-Entwickler: Die Person in Ihrem Unternehmen, die von Ihnen benutzte Datenbanken entwickelt hat. Auch bekannt als *Datenbank-Manager* oder *Anwendungs-Manager*.

Applikations-Server: Ein Domino-Server, der nur für die Anwendung von Datenbanken benutzt wird – anders ausgedrückt, er besitzt keine E-Mail-Datenbanken.

Arbeitsbereich: (1) Der erste Notes-Bildschirm, den Sie sehen und der mit den Registerseiten und Datenbank-Icons angefüllt ist. (2) Jedes Notes-Fenster. (3) Der Platz, an dem Ihr Chef Sie arbeiten lässt, wenn Sie gut sind.

Archiv Log: Eine Zusammenfassung von Dokumenten, die in einer Archiv-Datenbank abgelegt wurden.

Archiv-Profil: Eine spezielle Maske, die Kriterien für die Archivierung von Dokumenten festlegt. Das Archiv-Profil kann beispielsweise so eingestellt werden, dass alle Dokumente, die 365 Tage nicht geändert werden, in ihre Archiv-Datenbank kopiert und dann aus der Datenbank gelöscht werden.

Archiv: Ein komprimierter Speicher mit alten Nachrichten, die Sie wahrscheinlich nicht mehr benötigen, aber nicht endgültig löschen wollen. Ihr Administrator kann Sie auffordern, einen Teil Ihrer alten Mail in einem Archiv abzuspeichern, um auf dem Server Speicherplatz freizusetzen.

Auswahlbedingung: Eine Notes-Formel, die benutzt wird, um festzulegen, welche Dokumente repliziert werden.

Auswählen: (1) Text oder Daten kennzeichnen, um sie zu löschen, zu kopieren oder irgendwie zu verändern. (2) Dokumente in einer Ansicht aussuchen für eine Gruppenbehandlung wie Kategorisierung, Druck oder Löschen.

Automatisches Vervollständigen: Mit diesem Feature brauchen Sie nur den Empfängernamen eines Memos eingeben, alle anderen Adressdaten fügt Notes selbstständig ein.

Autor: (1) Die Person, die ein Dokument erstellt hat und es (normalerweise) als einzige bearbeiten oder löschen kann. (2) Ein Zugriffs-Level, den Sie auf eine Datenbank haben. Als Autor können Sie Dokumente lesen, neue erstellen und Ihre eigenen bearbeiten oder auch löschen. (3) Jemand wie die tollen Typen, die dieses Buch geschrieben haben.

Bearbeitungsmodus: Der Zustand eines auf dem Bildschirm angezeigten Dokuments, bei dem Sie in der Lage sind, den Inhalt der Felder zu verändern.

Bereich: Ein Abschnitt in einem Notes-Fenster. Die Anzahl, der Name oder Zweck eines Bereichs variieren abhängig von seinem Kontext.

Beschreibungs-Dokument: Ein Dokument, das den Zweck einer Datenbank und die Regeln für ihren Gebrauch beschreibt (auch das *Über-diese-Datenbank-Dokument* genannt).

Briefkopf: Verrückte Grafiken, die Sie in Ihre Mail-Datenbank-Masken einfügen können.

Browsen: Der offizielle, würdigere Ausdruck für Surfen oder Cruisen im Internet oder wenn Sie sich Seiten im Intranet Ihrer Firma ansehen. Nennen Sie es wie Sie wollen; es bedeutet, dass Sie entweder Informationen suchen oder auch nur herumstreifen (elektronisch, natürlich) um zu sehen, was es da so alles gibt.

Client: Ein anderer Ausdruck für *Workstation*, die Version von Notes, die auf Computer installiert wurde, damit Sie arbeiten können. Nicht zu verwechseln mit Servern; das sind Computer, die Informationen speichern.

Datenbank Template: Eine Schablone einer Datenbank, die als Ausgangspunkt benutzt wird, um eine eigene Datenbank zu erzeugen. Extrem Zeit sparend!

Datenbank: In Notes eine Ansammlung von Notes-Dokumenten, Ordnern, Ansichten, Agenten und anderen Design-Elementen. Generell jede Art von organisierter Informations-Ansammlung.

Depositor: Einen Zugriffsgrad auf einer Datenbank. Als Depositor können Sie nur Dokumente zu einer Datenbank hinzufügen. Sie können Sie nicht lesen, bearbeiten oder löschen.

Designer-Client: Eine separate Notes-Software, die es den Benutzern und Designern erlaubt, Datenbank-Elemente zu modifizieren.

Designer: Ein Zugriffsgrad auf eine Datendank. Zusätzlich zu all den Rechten, die Editoren haben, können Designer Masken und Ansichten einer Datenbank verändern.

DocLink: Ein Icon in einem Dokument, auf das Sie doppelklicken können, um so schnellstens zu einem anderen Dokument zu gelangen.

Dokument: (1) Ein individuelles Merkmal in einer Notes-Datenbank. In anderen Datenbank-Programmen würde ein Dokument *Datensatz* genannt werden. (2) Ein Stück Papier, das mit Zeug vollgeschrieben ist.

Domäne: (1) Alle Notes-Server in Ihrem Unternehmen. (2) Über was ein König oder eine Königin befehligt.

Domino: Die Merkmale von Notes, die sich auf Server beziehen.

Editor: Ein Zugriffslevel auf eine Datenbank. Editoren können Dokumente sowohl erzeugen als auch lesen und bearbeiten, sogar dann, wenn Sie nicht die ursprünglichen Erzeuger sind.

Eigenschaftenbox: Eine Reihe von Dialogbox-Seiten in Notes, jede durch Registerseiten dargestellt, die mit Merkmalen für bestimmte Details zusammenhängen. Sie wird auch *Infobox* genannt.

Elektronische Signatur: Ein bestimmter numerischer Code, der an ein Dokument angehängt wird, um zu beweisen, dass die sendende Person es auch geschrieben hat.

E-Mail: Eine elektronische Post-Nachricht.

Empfangsbestätigung: Eine spezielle Art von E-Mail-Nachricht, die Ihnen mitteilt, wann ein Empfänger eine von Ihnen gesendete E-Mail geöffnet hat.

Export: Ein Weg, um Notes-Dokumente in Dateien zu speichern, damit diese in anderen Programmen (z.B. Lotus 1-2-3 oder WordPerfect) benutzt werden können.

Fehlermeldung: Eine Dialogbox, die Notes Ihnen zeigt, wenn Sie diese allzu häufigen Fehler machen.

Feld: Ein Platz in einer Datenbank-Maske für spezifische individuelle Informationsteilchen. *Vorname* könnte ein Feld einer Maske für persönliche Daten sein.

Fenster: Einer der *Arbeitsbereiche*, den Sie vielleicht in irgendeinem Programm geöffnet haben. Jedes Notes-Fenster stellt ein separates Notes-Dokument, eine Ansicht, eine Webseite oder eine andere Aufgabe dar, die Sie ausgeführt haben. Jedes Notes-Fenster wird durch eine Schaltfläche der in der Nähe des oberen Bildschirmrandes repräsentiert (siehe *Arbeitsbereich*).

Frameset: Ein Design-Element einer Datenbank, der Rechtecke enthält und die der Entwickler hauptsächlich benutzt, um verschiedene Informationsteile aus dem Web anzuzeigen.

Fußzeile: Text, der ganz unten auf jeder gedruckten Seite erscheint und zusätzliche Informationen wie Seitennummer, Dokumententitel, Datum etc. enthält.

Gruppe: Eine Zusammenstellung von Namen von Benutzern, definiert entweder im öffentlichen Verzeichnis oder im persönlichen Adressbuch. Durch die Benutzung von Gruppennamen ersparen Sie sich beim Senden von E-Mails die einzelnen Namen der Mitglieder einer Gruppe zu tippen.

Headlines: Eine Datenbank, die konfiguriert wurde, um Sie an die wichtigsten neuen E-Mails, Kalenderereignisse, Aufgaben und modifizierte Web-Seiten zu erinnern.

Hierarchischer Name: Ein Benutzername, der nicht nur aus Ihrem gebräuchlichen Namen besteht, sondern auch Ihr Unternehmen, ein bestimmtes Level oder die Abteilung des Unternehmens enthält.

Hilfe-Dokument: Eine spezielle Ansammlung von Tipps über den Gebrauch einer Datenbank.

Home Page: (1) Siehe *Willkommen-Seite*. (2) Eine Hauptseite im WWW, von der aus Sie zu anderen Web-Seiten navigieren können.

Home-Server: Der einzige Notes-Server, der *Ihre* E-Mail-Datenbank enthält.

Hotspot: (1) Ein Platz, auf dem Sie nicht sitzen sollten. (2) Eine Stelle in einer Maske oder einer Grafik, die beim Anklicken mit der Maus eine Aktion startet.

HTML: HyperText Markup Language. Der Text und Code, der Informationen auf WWW-Seiten formatiert und anzeigt.

Icon: Eine Grafik, die für eine Datenbank, ein Programm, oder eine Aktion steht.

Import: Das was Sie machen, wenn Sie eine fremde Datei wie z.B. ein Microsoft Word-Dokument in ein Dokument einer Notes-Datenbank verwandeln wollen.

Index: Kürzerer Name für *Volltextindex*. Der Volltextindex einer Datenbank ermöglicht ein schnelleres und genaueres Durchsuchen von Dokumenten und bietet Merkmale, mit denen Sie die Suche verfeinern oder erweitern und die Ergebnisse sortieren können. Der Begriff weist auch auf den Hintergrundvorgang hin, bei dem Ansichten aktualisiert werden, um so momentane Informationen anzeigen zu können.

Infobox: Wird jetzt häufiger *Eigenschaften-Box* genannt. Es handelt sich hierbei um eine Dialogbox, die normalerweise mehrere Registerseiten enthält und Ihnen erlaubt, viele Aspekte (wie etwa Schriftgröße und Farbe, Ausrichtung, Absatzabstand usw.) des ausgewählten Elements zu verändern.

Input Validation Formula: Eine Formel innerhalb einer Maske, die überprüft, ob Sie tatsächlich Daten in ein Feld eingeben und ob es die richtigen Daten sind.

Installieren: Ein Vorgang oder ein Programm, durch das eine brauchbare Kopie des Programms auf die Festplatte geschafft wird.

Internet: Eine große Ansammlung von Computern, die zu einem gewaltigen, globalen Netzwerk verbunden sind.

Kalender: Ein Bereich Ihrer Mail-Datenbank, der zeitbezogene Dokumente enthält (wie Termine, Besprechungen oder Geburtstage).

Kategorie: Eine Zeile in einer Ansicht, die kein Dokument repräsentiert, sondern Daten aus einem bestimmten Feld. Diese Daten sind die gleichen bei allen Dokumenten, die unter dieser Kategorie aufgeführt sind. Alle Dokumente die im Feld *Bundesland* unter *Bayern* geführt werden, könnten z.B. unterhalb einer Zeile erscheinen, die den Begriff *Bayern* enthält

Kein Zugriff.: Zugriffslevel auf eine Datenbank. Wenn Sie keinen Zugriff zu einer Datenbank haben, können Sie diese nicht benutzen. Punkt und Schluss!

Kommentarstift: Ein einzigartiger Zeichensatz, der benutzt wird, um in einem Dokument redaktionelle Kommentare zu vermerken.

Kontakt: Ein Dokumententyp in Ihrem persönlichen Adressbuch. Sie erstellen ein Kontaktdokument in Ihrem persönlichen Adressbuch, um einem Ihrer Freunde einen E-Mail-Spitznamen zu geben oder um sich die komplizierte E-Mail-Adresse einer Person zu merken.

Kopfzeile: Text, der oben auf jeder gedruckten Seite erscheint.

LAN Workstation: Ein Computer, auf dem Notes installiert ist und der an das Netzwerk angeschlossen ist.

LAN: Lokale Netzwerk-Umgebung. Es handelt sich nur um einen Haufen Kabel, die Ihren Computer mit anderen verbinden.

Lesezeichen: Ein Hinweis auf ein Notes-Merkmal (wie eine Datenbank oder ein Dokument) oder auf eine Seite im Web oder im Intranet Ihrer Firma.

Lesezugriffsliste: Eine Art festzulegen, welche Personen ein von Ihnen verfasstes Dokument lesen dürfen. Sie definieren die Lesezugriffsliste eines Dokuments in der Dokument-Infobox auf der Registerseite mit dem Schlüssel.

Lineal: Der Teil des Notes-Bildschirms, den Sie zum Setzen von Rändern und Tabulatoren verwenden können.

Lizenz: Das Recht, Notes zu benutzen. Sie sollten eine solche besitzen.

Lotus Notes 6: Das Programm, um das es in diesem Buch geht.

MAIL.BOX: Eine spezielle Art Notes-Datenbank, die Nachrichten für eine bevorstehenden Auslieferung aufbewahrt.

Mail-Datenbank: Die Datenbank, in der sich all Ihre ein- und ausgehenden E-Mail Nachrichten befinden. Niemand außer Ihnen kann die Dokumente in Ihrer Mail-Datenbank lesen.

Mail-Server: Ein Domino-Server mit Mail-Datenbanken.

Manager: Das höchste mögliche Zugriffslevel auf eine Datenbank.

Maske: Benutzen Sie, um Dokumente zu erstellen, zu bearbeiten oder zu lesen.

Modem-Definitionsdatei: Eine spezielle ASCII-Datei, die Notes für den Gebrauch eines Modems benutzt. Jedes Modem hat seine eigene Modem-Definitionsdatei.

Modem: Eine Hardware, mit der Ihre Notes-Workstation einen Anruf an Ihren Server ausführen kann. Sehr nützlich, wenn Sie Ihre E-Mail oder andere Datenbanken zu Hause oder auf Geschäftsreise lesen möchten.

Modusstempel: Ein Bildchen, das Notes am Anfang einer Nachricht anbringt und das dem Empfänger mitteilt, in welchem Gemütszustand der Absender beim Senden der Nachricht war.

Mykophiler: Ein Pilz-Fanatiker.

Navigationsleiste: Teil der grafischen Schnittstelle, die sich in der Nähe des oberen Bildschirmrandes eines Notes-Fensters befindet und Schaltflächen enthält, mit denen Sie bestimmte Aufgaben ausführen können.

Navigator: Ein Datenbank-Element, das Grafiken und damit verbundene Befehle durch normale Menüpunkte ersetzt. Das macht die Datenbank viel benutzerfreundlicher.

Netzwerk: Eine Ansammlung von Computern, die durch Kabel und ein Netzwerk-Betriebssystem miteinander verbunden sind.

Newsletter: Eine spezielle Maske, die automatisch erzeugt wird, um Benutzer über ein neues Dokument in der Datenbank zu informieren.

Notes log: Eine besondere Notes-Datenbank, die sich auf dem Laufenden hält über Telefonate, die Sie von Ihrer entfernten Workstation geführt haben, natürlich nur, wenn Sie welche gemacht haben.

NOTES.INI: Eine ASCII-Datei auf jeder Notes-Workstation, die Konfigurationsinformationen über diese Workstation enthält.

Notes-Datenordner: Der Ordner auf einem Macintosh, der Ihre lokalen Datenbanken und DESKTOP.DSK. enthält.

Notes-Datenverzeichnis: Das Verzeichnis auf Ihrer Festplatte, das Ihre lokalen Notes-Datenbanken enthält.

Öffentlicher Schlüssel: Der Teil Ihrer Benutzer-ID, den andere Leute benutzen, um für Sie Mail-Nachrichten zu entschlüsseln.

Öffentliches Verzeichnis: Die Datenbank auf dem Notes-Server, die alle Notes-Benutzer, -Server, -Gruppen und -Verbindungen in Ihrem Unternehmen definiert.

Ordner: Ein Datenbank-Element, das Dokumente einer Datenbank aufbewahrt. Sie stellen Dokumente in einen Ordner oder entfernen diese daraus. Siehe auch *Ansicht*.

Passwort: Ein geheimer Code, den Sie jedes Mal eingeben müssen, wenn Sie Ihre Benutzer-ID benutzen.

Personendokument: Ein Dokumententyp in Ihrem persönlichen Adressbuch. Das öffentliche Verzeichnis hat ein Personen-Dokument für jeden Benutzer in Ihrem Unternehmen. Sie können Personen-Dokumente in Ihrem persönlichen Adressbuch erstellen. Dadurch können Sie einem Ihrer Freunde einen E-Mail-Spitznamen geben. Diese Dokumente können Ihnen auch helfen, sich eine komplizierte E-Mail-Adresse zu merken.

Persönliches Adressbuch: Die Datenbank auf der Festplatte Ihres Computers, in die Sie Personen, Gruppen und Verbindungsdokumente eintragen können.

Plattform: Das Gleiche wie *Betriebssystem*.

Pop-Up: Teil eines Notes-Dokuments, das verborgenen Text enthält. Durch Anklicken des Wortes können Sie den versteckten Text sehen.

PowerBook: Ein tragbarer Macintosh-Computer.

Power-Krawatte: Ein um den Hals gewickelter Knoten, der extreme Firmentreue symbolisieren soll, aber als Machtsymbol fehlgedeutet wird.

Private Ansicht: Eine Ansicht, die es nur auf Ihrer Workstation gibt.

Privater Schlüssel: Der Teil Ihrer Benutzer ID, der verwendet wird, um verschlüsselte Mail-Nachrichten zu entschlüsseln.

Protokoll: Ein technologischer Ausdruck für den Teil des Netzwerk-Betriebssystems, der verwendet wird, um Ihre Notes-Workstation mit Ihren Notes-Servern zu verbinden. Vielleicht haben Sie schon von Protokollen gehört, die NetBIOS, SPX, oder TCP/IP heißen. Oder Sie haben noch nie etwas von Protokollen gehört.

Reader: Zugriffslevel auf eine Datenbank. Als Leser können Sie nur Dokumente lesen, die andere erstellt haben, selbst aber keine erstellen.

Relationale Datenbank: Ein Datenbank-Programm, das vollständiges Teilen von Daten zwischen Datenbanken und Masken innerhalb von Datenbanken erlaubt. Notes ist keine richtige relationale Datenbank.

Remote Workstation: Eine Notes-Workstation, die nicht über das Netzwerk mit einem Server verbunden ist. Stattdessen benutzen entfernte Workstations oft Modems, um mit dem Notes-Server zu reden.

Replika-ID: Eine spezielle Seriennummer, die eine jede Datenbank besitzt und sie damit identifiziert, auch wenn es Kopien von ihr auf anderen Servern gibt.

Replizierung: Der Vorgang, bei dem sich zwei Kopien einer Datenbank zwischen zwei Servern oder einem Server und einem Netzwerk synchronisieren.

ResEdit: Das Programm, das Sie auf einem Macintosh benutzen, um Ihr Benutzervorgaben-Dokument zu bearbeiten.

Rich-Text: Ein spezieller Feldtyp, der mehr als einen Zeichensatz enthalten kann, formatiert sein kann (fett oder kursiv) oder ein eingebettetes Objekt oder einen Anhang enthalten kann.

Schaltfläche: Ein Bildchen oder ein Text, der wie eine Schaltfläche aussieht und eine Aktion oder Aufgabe startet, wenn Sie mit der Maus draufklicken.

Schlüsselwortfeld: Ein spezielles Feld, das Ihnen eine Auswahlliste zur Eingabe von Daten zeigt. Sie können Ihre Auswahl durch Anklicken treffen und müssen Einträge nicht eintippen. Schlüsselwortfelder können in verschiedenen Formaten angezeigt werden, wie etwa als Drop-down-Liste, Kontrollkästchen und Optionsschaltfläche.

Schnelltasten: Eine Tastenkombination, mit der man das Gleiche erreicht wie mit einem Menüpunkt. [Strg]+[Z] sind die Schnelltasten für BEARBEITEN|RÜCKGÄNGIG.

Schnittstelle: Der Name eines Teils des Computers, wo das Netzwerk oder Modem angeschlossen ist. Einige Computer haben mehr als nur eine Schnittstelle; Sie könnten auch eine Schnittstelle für das Netzwerk und eine für das Modem haben.

Seitenumbruch: Ein Code, den Sie in ein langes Dokument eingeben. Dieser Code weist Notes an, nachfolgenden Text auf eine neue Seite zu drucken. Normalerweise sind Seitenumbrüche nicht sichtbar.

Seite: In Notes ein Bildschirm voll mit datenbankbezogenen Informationen, generell als Eröffnungs-Bildschirm benutzt. Im Web ist eine Seite ein Bildschirm voller Informationen.

Serverbasierende E-Mail: Eine Einstellung, die Notes veranlasst, Ihre Nachrichten sofort zu senden. Das Gegenteil von workstationbasierender E-Mail.

Server: Ein gemeinsam benutzter Computer, der Notes-Datenbanken speichert.

Signatur: Auch *Elektronische Signatur* genannt; eine Garantie für den Empfänger, dass die Nachricht wirklich, ehrlich und ganz sicher von Ihnen stammt.

Sortieren: (1) Dinge in einer Liste in eine bestimmte Reihenfolge bringen. (2) Socken: Paarweise ordnen.

Spam: Müll-E-Mail, oder E-Mail, die an zu viele Leute gesendet wird. Typische Beispiele sind hysterische Nachrichten über webbasierende Viren, die Festplatten fressen und über die Sie jeden, den Sie kennen, informieren sollen. Es können auch E-Mail-Nachrichten von Hot Stuff sein, der für Sie eine persönliche Nachricht auf seiner Webseite hat.

Standard: Ein im Vorfeld festgelegter oder bevorzugter Wert, den der Benutzter verändern kann. Die standardmäßige Textfarbe ist z.B. schwarz.

Statischer Text: Text in einer Maske, der sich nicht verändert. Der Titel einer Maske ist ein Beispiel für statischen Text.

Statusleiste: Eine Informationszeile unten im Notes-Fenster, der Teil, den Sie zur Veränderung Ihres Dokuments verwenden können.

Stile: Mit Namen versehene Ansammlungen von Absatzattributen, die sie alle auf einmal einem einzigen Absatz zuweisen können.

Suchleiste: Die Dialogbox oben auf Bildschirm mit der Sie Suchtext und Regeln für die Suche angeben können.

Tabellen: Kleine Spreadsheets, die Sie in Notes-Dokumente einfügen können.

Taskleiste: Schaltflächen über dem Arbeitsbereich eines Notes-Fensters. Jedes von ihnen stellt ein offenes Fenster in Notes dar, enthält einen kurzen Namen des Fensters und ein X, das Sie benutzen, um die Task zu beenden.

Teilmaske: Bereich einer Maske mit eigenen Feldern, Text, Grafiken und Design, die Entwickler in mehreren Masken verwenden können.

Template: Eine spezielle Notes-Datenbank, die benutzt wird, um andere Datenbanken zu erstellen.

Twisties: Das sind die kleinen Pfeile, die neben den Titeln angezeigt werden.

Umgebung: Ein Name und die zugehörigen Daten, mit denen Sie Plätze definieren, wo Sie Notes benutzen, wie etwa im Büro im LAN, zu Hause über ein Modem oder überhaupt nicht verbunden in der Dusche. Umgebungen sind in Umgebungs-Dokumenten in Ihrem persönlichen Adressbuch definiert.

Ungelesen-Markierungen: Sterne oder farbiger Text; wird in Ansichten verwendet, um Ihnen zu zeigen, welches Dokument Sie noch nicht gelesen haben.

Ungenaue Suche: Eine Anweisung, die vor einer Suche ausgeführt wird. Sie sagen der Notes-Suchmaschine, dass Sie nach ähnlichen Varianten des Textes suchen soll.

UNIX: Ein Betriebssystem das Sie auf Notes-Workstations oder Servern benutzen können.

URL: Uniform Resource Locator; die Adresse einer beliebigen Webseite.

Verbindungsdokument: Ein spezielles Dokument in Ihrem persönlichen Adressbuch, das Ihrer Workstation mitteilt, wann und wie es den Domino-Server anrufen soll. Verbindungsdokumente sind besonders wichtig, wenn Sie Notes außerhalb Ihres Büros verwenden.

Verknüpfung: Die grafische Repräsentation eines anderen Dokuments in einem Dokument, einer Datenbank oder einer Ansicht. Klicken Sie auf die Verknüpfung, um das andere Dokument, die Datenbank oder die Ansicht zu öffnen.

Verschlüsselungs-Schlüssel: Ein bestimmter numerischer Code, der verwendet wird, um ein Dokument oder einen Teil eines Dokuments durcheinander zu schütteln und dann wieder richtig zusammenzusetzen.

Verschlüsselung: Ein Vorgang, bei dem ein Dokument oder ein Teil eines Dokuments durcheinander geschüttelt wird, bis es von der Person geöffnet wird, die den richtigen Entschlüsselungs-Schlüssel hat.

Volltextindex: Teil einer Datenbank, die Wörter und Sätze in allen Dokumenten der Datenbank lokalisiert. Später können Sie dann nach Text in diesen Dokumenten suchen.

Volltextsuche: Eine Datenbank muss dieses Merkmal besitzen, damit Sie in Dokumenten nach Text oder Sätzen suchen können.

Vorgabendokument: Das Macintosh-Äquivalent zu NOTES.INI, das Systemeinstellungen speichert.

Vorlage: Eine Schablone für verschiedene E-Mail-Typen. Sie können Vorlagen mit Text, Grafiken, Briefkopf und einer wiederverwendbaren Empfängerliste erstellen. Das ist praktisch, wenn Sie häufig Nachrichten (wie etwa einen Situationsbericht) im gleichen Format an die gleichen Personen schicken.

WAN: Wide Area Network; ein Haufen Computer, die anders als mit Netzwerkkabeln untereinander verbunden sind. Oft werden Telefonleitungen, Satelliten, Rundfunkstationen oder Blechkonserven mit Schnüren benutzt.

Webseite: Ein Dokument auf Web-Servern, das Grafiken, Verknüpfungen zu anderen Seiten oder Dokumenten, Text, angehängte Dateien und Multimedia-Merkmale enthalten kann.

Web-Server: Ein Computer irgendwo auf der Welt mit Webseiten im Internet.

Willkommen-Seite: Der Startbildschirm in Notes. Enthält Aufgaben, die Sie erledigen können, oder Orte, die Sie besuchen können.

Windows: Eine Arbeitsumgebung, die Sie auf Notes-Workstations oder -Servern benutzen können. Momentane Versionen sind unter anderem Windows 95, Windows 98, Windows 2000, Me und XP.

Workflow: Merkmale, die einer Notes-Datenbank zugefügt wurden. Sie erlauben dem Benutzer, Aufgaben zuzuweisen, andere über zugewiesene Verantwortungen zu informieren und die Vollendung der Aufgaben im Auge zu behalten.

Workstationbasierende E-Mail: Eine Einstellung, die Sie immer dann benutzen, wenn Ihr Computer nicht mit einem LAN verbunden ist. Notes hält Ihre ausgehende Mail nun so lange zurück, bis Sie einen Telefonanruf (mit einem Modem) an einen Notes-Server durchführen.

Workstation: Der Computer auf Ihrem Schreibtisch oder (wenn Sie einen Laptop haben) der Computer in Ihrem Aktenkoffer. Es ist der Computer, den jeder, der mit Notes arbeitet, benutzt.

World Wide Web: WWW; eine Ansammlung von Computern im Internet, die spezielle Seiten (siehe *Webseite*) enthalten und auf die Sie zugreifen können.

Zertifikat: Ein spezieller Stempel von Ihrem Administrator für Ihre Benutzer-ID. Sie brauchen ein firmenspezifisches Zertifikat, um die Server in Ihrem Unternehmen benutzen zu können.

Zugriffs-Kontroll-Liste (ACL): Der Teil einer jeden Datenbank, der festlegt, *wer* etwas in dieser Datenbank machen kann. Siehe auch *Kein Zugriff, Depositor, Reader, Autor, Editor, Designer* und *Manager.*

Zusammenarbeitsprogramm: Eine Anwendung, die speziell auf die Zusammenarbeit mehrerer Benutzer ausgerichtet ist.

Zustellbericht: Eine Rückmeldung, die Ihnen mitteilt, wann eine gesendete Nachricht in der Empfänger-Mail-Datenbank abgeliefert wurde.

Zwischenablage: Ein Speicherbereich, der benutzt wird, um etwas, das Sie kopiert oder ausgeschnitten haben, aufzubewahren, bis Sie es irgendwo anders einfügen.

Stichwortverzeichnis

Symbole

A

B

C

D

E

F

G

H

I

N

O

T

U

V

W

Z

3-8266-2954-X
www.mitp.de

Stanley E. Portny

Projektmanagement für Dummies

Vor Ihnen liegt nicht nur ein bislang unüberschaubares Projekt, sondern schon eine Ahnung hinsichtlich all der Probleme, die mit ihm einher gehen könnten?

Stanley Portny zeigt Ihnen, wie Sie Ihr Projekt auf Kurs halten und beim Kampf mit Zeitplänen, Finanzen und allen möglichen Widrigkeiten den Überblick nicht verlieren. Dabei lernen Sie, wie zum Beispiel der Computer Ihnen die Arbeit erleichtern kann und wie Sie Ihre Mitarbeiter motivieren. So werden Sie zu einem routinierten Projektmanager, der seine Projekte mit Bravour meistert.

Sie erfahren:

- ✔ Was ein Projektmanager überhaupt zu tun hat und wie Sie zum Super-Projektmanager werden
- ✔ Wie Sie Ihre Projektziele richtig benennen und die Finanzen im Griff haben
- ✔ Wie Sie Ihr Team aufbauen und die Leute bei der Stange halten
- ✔ Wie Sie sich von Risiken und Unsicherheiten nicht ins Boxhorn jagen lassen
- ✔ Wie so manche Technologie Ihre Arbeit unterstützt: E-Mail, MS Access, Word, Excel und MS Project